高职高专财经类专业系列教材
CAIJING

CAIJING

管理原理（第3版）

Guan li Yuan li

黄志平 \主　编

重庆大学出版社

内容提要

本书是针对高等职业教育需要而特地编写的创新教材，内容包括“认识管理→计划→组织→领导→控制”5个学习项目（含25个学习任务），目的是培养学习者具备中层、基层管理岗位需要的综合管理能力。

本书也是教育部高等学校高职高专工商管理类教学指导委员会精品课程“通用管理技能综合运用”的配套教材，特色是：采用面对面教学+在线学习的“混合学习模式”，以“学习者学习”为中心设计学习内容，超越“慕课”的在线学习平台与资源开放，配置泛在化学习助手“Lotus9 超级课表”APP。本书还开发有“社交化智能学习社区 Lotus9”网站，聚合这门精品课程共享资源供学习者在线学习。

无论是经济管理专业的师生，还是在职从业者，均能从本书中获得有价值的思想和技能，当然，对有创业需求者更是良师益友。

图书在版编目(CIP)数据

管理原理/黄志平主编．—3版．—重庆：重庆大学出版社，2015.2

高职高专财经类专业系列教材

ISBN 978-7-5624-8724-1

Ⅰ.①管…　Ⅱ.①黄…　Ⅲ.①管理学—高等职业教育—教材　Ⅳ.①C93

中国版本图书馆 CIP 数据核字（2014）第 287188 号

管理原理

（第3版）

黄志平　主　编

责任编辑：孙先芝　　版式设计：孙先芝

责任校对：贾　梅　　责任印制：赵　晟

*

重庆大学出版社出版发行

出版人：邓晓益

社址：重庆市沙坪坝区大学城西路21号

邮编：401331

电话：（023）88617190　88617185（中小学）

传真：（023）88617186　88617166

网址：http://www.cqup.com.cn

邮箱：fxk@cqup.com.cn（营销中心）

全国新华书店经销

自贡兴华印务有限公司印刷

*

开本：787×960　1/16　印张：21.5　字数：445千

2015年2月第3版　2015年2月第7次印刷

印数：18 001—20 000

ISBN 978-7-5624-8724-1　定价：39.00元

QIANYAN

第3版前言

由重庆大学出版社2006年出版的教材《管理原理》(黄志平主编),经过众多高职院校多年使用后,得到了师生们的认可和肯定。鉴于职业教育的快速发展以及管理学领域研究成果的迭出,教材需要及时适应这些变革和需要,因此,主编在2014年重组编写团队,采用案例矩阵、项目教学的理念,编撰了升级版教材《管理原理(第3版)》。

《管理原理(第3版)》体系和结构为“1(认识管理)+4(典型的管理职能)”,设计了认识管理、计划、组织、领导与控制5个学习项目(含25个学习任务)。每个学习项目包括学习要求、学习内容、知识归纳、参考读物和案例讨论等学习单元,力求“以学习者为中心”来设计教材的学习内容,为学习者提供结构良好的学习指导和激励。

本书严格意义上来讲首先是学材(学习者用的材料),满足学习者的学习(目的)需要的,因此,教师可以根据学习者、个人阅历进行必要的个性化取舍组合。另外,建议学习者在学习过程中假设自己就是管理者(进行角色扮演),基于管理者角度思考和解决管理问题,同时,还需要熟悉案例涉及的行业知识,以确保案例矩阵教学的效果。

本书对应课程的教学尝试了“混合学习”模式,因而建设了“Lotus9社交化智能学习社区”(http://www.lotus9.cn)、“108One汽车生活导航社区”(http://bbs.108one.cn),以及配套的“慕课”形式“Lotus9在线课堂”(http://edu.lotus9.cn)、“Lotus9超级课表”APP,让学习者能够基于真实项目进行线上线下学习和实作。同时,作者创建了“在线教育”主题论坛“响石公园”(http://bbs.lotus9.cn),为关注“混合学习”课程的教师和学生搭建起体验、交流、分享的平台。

本书由黄志平教授(重庆电子工程职业学院财经学院院长、教育部全国电子商务职业教育教学指导委员会委员)主编,聂强教授(重庆电子工程职业学院院长、教育部全国商业职业教育教学指导委员会委员)主审。

本书主要编写工作由重庆电子工程职业学院(国家示范性高职院校)王秀卿(副教授)、朱彤(副教授)、向红梅(副教授)、刘春秋、罗炜(副教授)、汪麟、蒋寒宇、郭心毅(博士/副教授)共同完成,参与编写的还有重庆电子工程职业学院的吴传淑、刘盈含、冉鑫、苏科、王希琼(教授)、冯朝军(博士/副教授)、沈宇红、黄志君,对本书编写有贡献的还有沈宇华(重庆市朝阳中学)、杨海林(重庆商社汽贸有限公司运营管理部部长)、邵清东(北京络捷斯特科技发展有限公司总经理)、李昌庆(重庆星空人力资源有限责任公司总经理)、唐畅(重庆金科房地产开发有限公司副总经理)、汪照(重庆商社进出口贸易有限公司副总经理)、邓韵(重庆丽笙世嘉酒店人力资源总监)、赖礼芳(中海物流深圳有限公司运营总监)等。

本书编写过程中参考了大量互联网博客、管理专业论文,虽然无法一一列举文章和作者,但是,他们对本书的编撰有极大帮助,在此表示衷心感谢。鉴于再版时间紧张,本书编写设想中尚存未能充分实现的部分,其中的不足真诚期望读者反馈宝贵意见,以便在未来再版时能够得到改进和完善。

重庆市(虎溪)大学城
Email:huang_zp@ 126.com
2014 年 11 月

MULU

目录

MULU

学习项目 1 认识管理

学习要求

能够充分理解组织与管理的内涵
能够区分管理者和操作者
说明学习管理史的价值
指出 20 世纪以前在管理方面的主要贡献
阐述科学管理的原则以及对管理的贡献
概括法约尔管理思想的主要观点以及对管理的贡献
解释韦伯的官僚行政组织思想
说明霍桑实验对管理的贡献
对比分析行为科学的各种流派的理论
理解环境的价值,区分外部环境和内部环境
定义组织文化,识别组织文化的特征
解释组织文化对管理的约束作用和培养过程

参考读物

《管理必读 50 种》	斯图尔特·克雷纳	海南人民出版社
《21 世纪的管理挑战》	彼得·德鲁克	三联书店出版社
《谁动了我的奶酪》	斯宾塞·约翰逊	中信出版社
《大话管理 100 年》	迈克尔·D.波顿	中国纺织出版社
《管理的历史》	摩根·威策尔	中信出版社
《惠普之道》	大卫·帕克	华夏出版社
《经理工作的性质》	H.明茨伯格	团结出版社

1.1 管理与管理者

案例

"惠普之道"

惠普公司(Hewlett-Packard Development Company, L.P.,简称HP)成立于1939年,主要专注于生产打印机、数码影像、软件、计算机与资讯服务等信息技术业务。其由企业价值、企业目标以及高效的经营策略和管理方式三大内容共同组成的"惠普之道"确保惠普公司稳定地发展,"惠普之道"成为国内外众多企业的学习榜样,国内赫赫有名的联想集团的很多管理思想和企业文化均源于此。

1.依靠利润进行发展:赢利是第一目标,产品销售现购现付,不予赊销,通过为顾客提供优质产品和服务而不是降价来扩大市场份额,将大部分利润用于再投资,再加上职工购买股票的资金和其他现金收入,作为发展所需的资金,而不依赖长期贷款。

2.致力于创新:惠普公司一直在开发真正代表技术进步的产品,并努力领会顾客的潜在需求,生产了数以千计的革新产品。1966年,公司建立了惠普实验室作为公司的中央研究机构。多年来,惠普每年用于研究与开发的开支占销售额的8%~10%,目前已超过了10%。

3.倾听顾客的意见:在惠普公司,为顾客服务的思想,首先表现在提出新的思路和技术,在此基础上开发有用的重要产品。顾客意见的反馈是很重要的,有助于我们设计和研制出满足顾客实际需要的产品。

4.对人的信任:惠普公司聘用最优秀的人才,强调密切配合的重要性,鼓舞他们必胜的意志。这是惠普公司内在凝聚力和创造力的源泉。

5.组织的扩展:在迅速扩展的公司里,组织结构必须频繁变动以适应市场变化的需要。20世纪60年代,惠普公司通过兼并取得了迅速的扩展。随着公司规模的扩大,并向多样化发展,为避免机构臃肿,惠普采取了分散经营的策略。

6.组织的管理:惠普的"目标管理"政策是指这样一套管理体系:通过明确提出总目标并取得一致意见,使人们能灵活地以他们认为最适合完成其职责的方式去致力于实现那些目标。它同控制管理方法恰好相反,是分散管理的哲学、自由企业制度的精髓。

7.对社会的责任:公司有责任履行一个好的集体公民的义务,包括对公司的职工、顾客、供应商和整个社会负有重要责任,而不仅仅只是为股东赚取利润。

惠普公司发现,除了产品和服务之外,自己的管理也很有价值,也就当仁不让地推出了“惠普之道 MBA”,成立惠普商学院,由惠普公司的高层经理现身说法,利用“惠普之道”管理模式来赚取可观的利润,每天400美元/人的收费标准居然引来了学习热潮。

无形的管理具有有形的价值与力量。

1.1.1 组织(Organization)

管理学上讨论管理是针对组织而言的,首先就从人造组织的内涵开始管理学的研究吧。组织是完成特定使命的人有系统地组合成的团体。组织通常具备3个特征:有明确的目的(管理者动力来源和管理活动的目标与标准)、由人组成、设计有系统性的结构。组织创立的理由会逐渐演化为组织的传统,甚至成为组织文化核心——组织精神的来源,对组织的运行产生重要影响。需要区别的是,平常人们使用组织这个词汇通常会有两层含义,组织等同于团体,或者组织等同于特制的活动,管理学上都在使用。

世界经理人文摘有限公司、重庆职业技术学院、香港长江实业(集团)有限公司、中国共产党北京市委员会、美国华人“百人会”、德国戴姆勒-奔驰公司、国际足球联合会、新浪网、中国青少年发展基金会等都是组织。

组织类别千差万别,可以用不同的标准进行分类,从是否有助于管理以满足成员心理需求的角度来分类,可将组织分为正式组织和非正式组织。管理学将精力集中在正式组织的管理问题上进行研究。

1)正式组织

正式组织是经过有计划的设计,将组织的活动分配给各层次,做出系统的综合并由规则来支持职责,并强烈地反映出管理者的思想和信念,但其成员并不一定重视或接受管理者的社会、心理和行政的假设。

正式组织具有以下特征:经过规划而不是自发形成的。其组织机构的特征反映出一定的管理思想和信念;有十分明确的组织目标;讲究效率,协调处理人、财、物之间的关系,以最经济有效的方式达到目标;分配角色任务,影响人们之间关系的层次;建立权威,组织赋予领导以正式的权力,下级必须服从上级;制订各种规章制度约束个人行为,实现组织的一致性;组织内个人的职位可以相互替代。

2)非正式组织

非正式组织是在满足需要的心理推动下,比较自然地形成的心理团体,其中蕴藏着浓厚的友谊与感情的因素,诸如同学会、老乡会、家族和兴趣爱好者协会等。

非正式组织的特征:组织的建立以人们之间具有共同的思想,相互喜爱,相互依赖为基础,是自发形成的;组织最主要的作用是满足个人不同的需要;组织一经形成,会产生各种行为规范,约束个人的行为。

非正式组织对正式组织来讲,具有正反两方面的功能。非正式组织的正面功能主要体现在:非正式组织混合在正式组织中,容易促进工作的完成;正式组织的管理者可以利用非正式组织来弥补成员的能力与成就的差异;可以通过非正式组织的关系与气氛获得组织的稳定;可以运用非正式组织作为正式组织的沟通工具;可以利用非正式组织来提高组织成员的士气等。非正式组织的负面功能主要体现为可能阻碍组织目标的实现等。

3)企业

典型的组织通常是指企业。企业是生产要素的所有者为追求自身的利益,通过契约方式组成的经济组织,具体而言是从事商品生产与经营活动,自主经营、自负盈亏、自我约束、自我发展的,具有法人地位的经济组织。

企业按照财产组织形式和所承担的法律地位,可以分为个人业主企业、合伙企业、公司企业,现代企业制度下通常选择公司企业形式。个人业主企业由单个人出资举办,并且由出资者完全经营管理,在企业经营失败出现资不抵债时,需要用出资者个人的家庭财产来抵偿,属于自然人企业。个人业主企业具有成立简单、经营灵活、无限责任、连带风险的特征。合伙企业由两个或者两个以上的个人出资成立,合伙人按照出资比例参与经营、承担责任、分享收益,属于自然人企业。合伙企业具有成立简单、经营灵活、无限责任、连带风险的特征。公司制企业由两个以上的出资者按照法定程序组建,当企业经营失败出现资不抵债时,以所出资本额为限承担有限责任,不需要用出资者个人的家庭财产来抵偿,属于法人企业。公司企业具有成立复杂、注册要求高、经营规范、有限责任、风险受控的特征。

企业应该按照现代企业制度来运营,适应市场经济特征要求,以完善的企业法人制度为基础,以有限责任为保障,以公司制为主要组织形式,符合"产权清晰、权责明确、政企分开、管理科学"。产权清晰是指出资者享有企业财产所有权、企业享有独立的法人财产权、管理者享有经营管理权,三权分立且相互制衡。权责明确是指企业享有独立的法人财产权,负责资产的保值和增值,自主经营、自负盈亏。政企分开是指政府行使行政管理职能,不干涉企业的经营管理活动,企业自主经营、自负盈亏。管理科学是指管理者应该建立完善的组织结构、合理的规章制度,运用科学的管理方法进行管理。股份公司组织结构如图 1.1 所示。

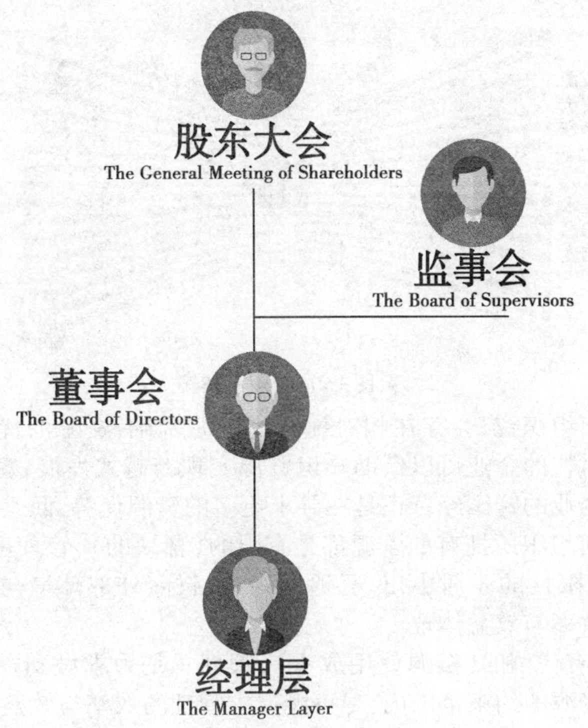

图 1.1　股份公司组织结构

1.1.2　管理(Management)

任何组织的生存都是以开展活动为基础的,开展任何活动都需要必备的条件,诸如人、财、物、技术、信息、时间等,这些条件被称为组织的资源(生产要素)。要确保组织生存就必须将所拥有的资源充分运用,使得输出的结果超过输入的资源。

管理是管理者有效配置组织的各种资源,以实现组织目标的活动与过程。通常的理解,管理是通过计划、组织、领导、控制等环节来协调人力、物力、财力等资源,以期有效地达成组织目标的过程。因此,管理总是力求做到资源输入最小化和结果输出最大化,在资源的约束范围内,尽可能追求管理的效率与效益。管理系统如图 1.2 所示。

资源是指可利用的、有助于目标达成的条件。资源是做任何事的必备条件,任何的管理都是资源的管理,资源就是管理的对象。组织的发展本质是资源的物质(形态)变换。

资源是做任何一件事的基础,目标追求的差异会导致资源需求的差异。技术密集型、资本密集型和劳动力密集型生产体现出所倚重的资源差异,分别为知识技术、金钱资本、劳动力。

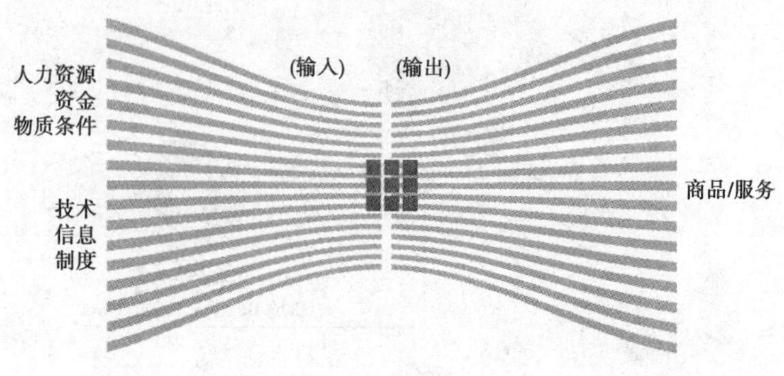

图 1.2　管理系统

任何个人、任何组织,都会存在相对优势的资源基础,资源的优势是在时间区域内动态变化的,网络时代的企业可以借助知识资源实现跨越式发展,短期内超越依赖传统资源的传统企业、企业的跨国经营正是在寻求更多的资源优势,回避自身的资源劣势。

任何个人、任何组织所拥有的资源都是有限的(稀缺的),管理正是在资源的有限性和欲望(目标)的无限性的矛盾中出现,追求组织目标、外部环境与内部条件的动态平衡,来实现管理的效率与效益体现。

调用资源都是有代价的(资源使用成本),管理总是力求做到资源输入最小化和结果输出最大化,在资源的约束范围内,尽可能追求管理的效率与效益。

 参考资料:华为技术有限公司

华为公司概况如表 1.1 所示。

表 1.1　华为公司概况

公司名称	华为技术有限公司	员工数	150 000 人(2013 年)
外文名称	HUAWEI	首席执行官 CEO	任正非
总部地点	中国深圳市龙岗区坂田华为基地	董事长	孙亚芳
成立时间	1987 年(丁卯年)	宣传语	华为,不仅仅是世界 500 强
经营范围	为电信运营商、企业和消费者等提供有竞争力的 ICT 解决方案和服务	所获荣誉	世界 500 强(2014 年第 285 位)
公司性质	民营企业	网络	2G、3G、4G
公司口号	丰富人们的沟通与生活	合作营业商	中国移动、中国联通、中国电信等
年营业额	385 亿美元(2013 年)	产品	路由器、LTE、敏捷网络、智能终端

资料来源:http://www.huawei.com.

● 人力资源

截至 2013 年 12 月 31 日，华为全球员工总数为 15 万余人，服务于华为的不同业务领域，其中研发员工比例达 45%（图 1.3）。近年来，华为海外员工本地化率持续增加，2013 年达到 79%。在海外，2013 年中高层管理人员本地化率达 20.7%。当前，华为外籍员工总数接近 3 万人，来自全球 160 个国家和地区。

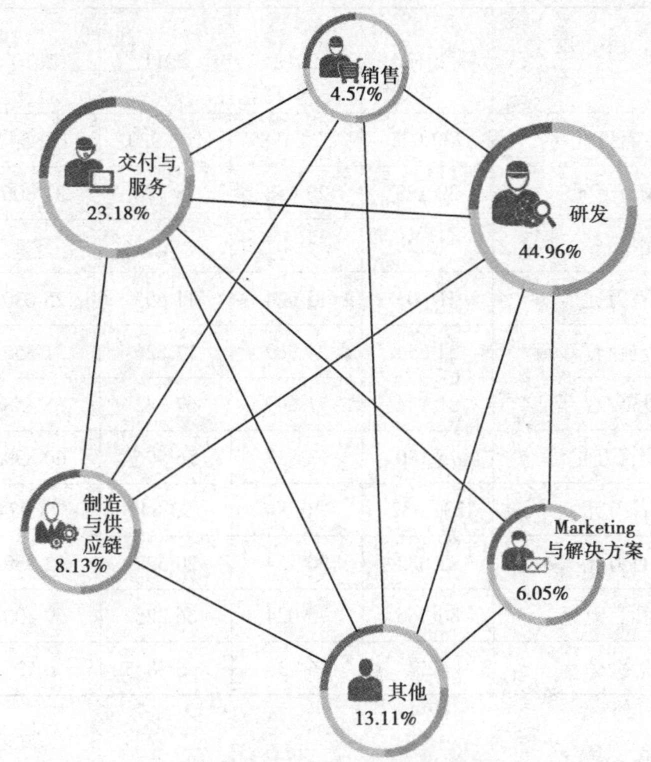

图 1.3　华为各领域员工构成图

华为不仅遵守当地法律规定的最低工资标准等要求，而且还推行了具备一定市场竞争力的薪酬制度。2013 年培训总人次达 1 162 848，人均培训学时 37.29。华为还建立了完善的员工保障体系，为全球员工构筑起“全覆盖”的“安全伞”，2013 年华为全球员工保障投入达人民币 63 亿元。

● 资金资源

华为公司近 5 年财务概要如表 1.2 所示。

● 技术资源

华为在德国、瑞典、美国、印度、俄罗斯、日本、加拿大、土耳其、中国等地设立了16 个研究所，进行产品与解决方案的研究开发人员约 70 000 名(占公司总人数 45%)。截至 2013 年 12 月 31 日，华为累计申请中国专利 44 168 件，外国专利申请累计 18 791 件，国际 PCT 专利申请累计 14 555 件，累计共获得专利授权 36 511 件。2013 年，华为研发费用支出为30 672百万元，占收入的 12.8%。近 10 年投入的研发费用超过151 000 百万元。

表 1.2　华为公司近 5 年财务概要

项　目 \ 年　度	2013	2012	2011	2010	2009
销售收入/百万元	239 025	220 198	203 929	182 548	146 607
营业利润/百万元	29 128	20 658	18 796	31 806	22 773
营业利润率/%	12.2	9.4	9.2	17.4	15.5
净利润/百万元	21 003	15 624	11 655	25 630	19 430
经营活动现金流/百万元	22 554	24 969	17 826	31 555	24 188
现金与短期投资/百万元	81 944	71 649	62 342	55 458	38 214
运营资本/百万元	75 180	63 837	56 996	60 899	43 286
总资产/百万元	231 532	210 006	193 849	178 984	148 968
总借款/百万元	23 033	20 754	20 327	12 959	16 115
所有者权益/百万元	86 266	75 024	66 228	69 400	52 741
资产负债率/%	62.7	64.3	65.8	61.2	64.6

- 核心价值观

①成就客户：为客户服务是华为存在的唯一理由，客户需求是华为发展的原动力。我们坚持以客户为中心，快速响应客户需求，持续为客户创造长期价值进而成就客户。为客户提供有效服务，是我们工作的方向和价值评价的标尺，成就客户就是成就我们自己。

②艰苦奋斗：我们没有任何稀缺的资源可以依赖，唯有艰苦奋斗才能赢得客户的尊重与信赖。奋斗体现在为客户创造价值的任何微小活动中，以及在劳动的准备过程中为充实提高自己而做的努力。我们坚持以奋斗者为本，使奋斗者得到合理的回报。

③自我批判：自我批判的目的是不断进步，不断改进，而不是自我否定。只有坚持自我批判，才能倾听、扬弃和持续超越，才能更容易尊重他人和与他人合作，实现客户、公

司、团队和个人的共同发展。

④开放进取:为了更好地满足客户需求,我们积极进取、勇于开拓,坚持开放与创新。任何先进的技术、产品、解决方案和业务管理,只有转化为商业成功才能产生价值。我们坚持客户需求导向,并围绕客户需求持续创新。

⑤至诚守信:我们只有内心坦荡诚恳,才能言出必行,信守承诺。诚信是我们最重要的无形资产,华为坚持以诚信赢得客户。

⑥团队合作:胜则举杯相庆,败则拼死相救。团队合作不仅是跨文化的群体协作精神,也是打破部门墙、提升流程效率的有力保障。

• 公司治理(结构)

华为公司以客户为中心、以奋斗者为本的核心价值观,持续改善公司治理架构、组织、流程和考核,使公司获得长期有效增长。华为公司治理架构如图1.4所示。

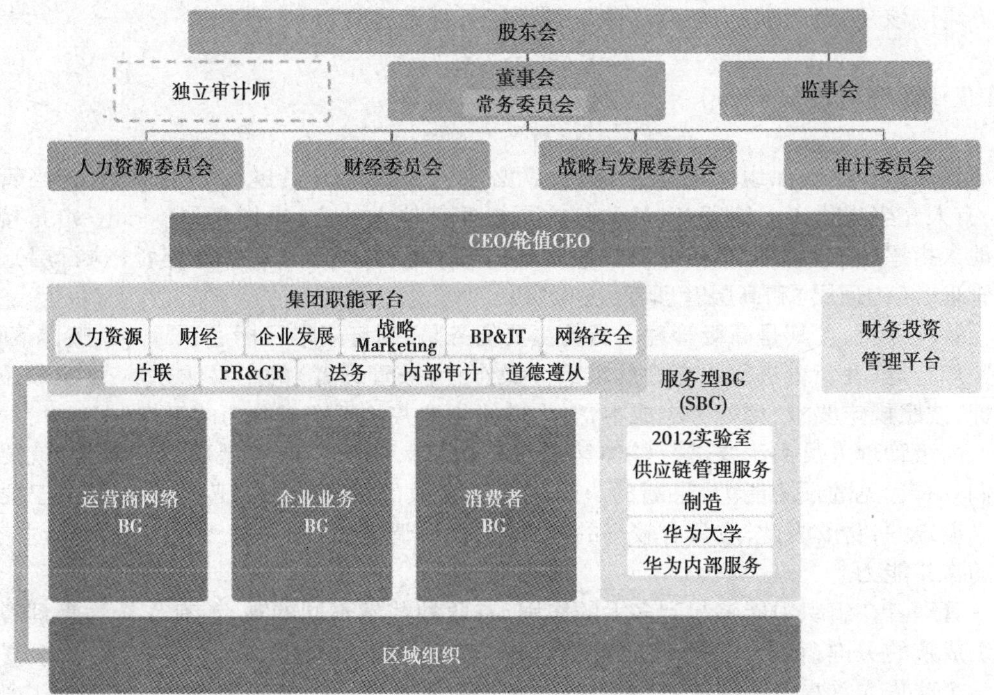

图1.4　华为公司治理架构

组织的类型差异、所处的时代和文化传统迥异将导致管理所依赖的资源和核心有差异,传统组织对人、财、物等硬件资源依赖程度高,新兴组织转向依赖技术、信息、时间等软件资源。从福特汽车公司的流水线生产到洛克菲勒的石油帝国,从可口可乐饮料横扫全球到微软的工业化软件帝国,从雅虎网站创造新经济神话到……显而易见的事实在反复印证这个结论。

管理是一切社会组织都存在的活动，主要解决的是集体劳动中的关系优化问题，寻求更高的效率和效益，以有限的资源满足人们无限的欲望。尽管我们讲解管理问题时，所列举的事实常常来自于企业，但是形成"管理是企业才有的事"的观点是错误的，不幸的是许多人已经形成这样的固定认识，应该说管理是通用的、有共性的，组织的不同并不会导致管理上的质的差别。

管理既是科学，又是艺术。首先，表现在管理追求因素之间的动态平衡，追求有限资源与无限需求、组织利润与用户满足、人际关系与工作事物等的平衡；其次，组织活动中认知性的知识或可编撰的知识是科学，组织活动中体验性的知识或意会的知识是艺术；最后，麦克尔·卡里瑟斯的《我们为什么有文化》中"婴儿达到目的的主要'工具'是另一个他熟悉的人"与管理的通俗理解"管理就是通过他人来做所要做的事情"何其相似，管理方略应该是"贤哲居上，能者居中，工者居下，智者居侧"。

1.1.3 管理者(Manager)

任何组织要确保组织的正常运转，就必须对组织的成员进行分工，有人充当管理者，有人充当操作者。管理者(Manager)是指挥其他人的人，操作者(Operatives)是接受其他人指挥的人。管理者在组织中通常根据职责权限划分为基层管理者(执行层)、中层管理者(沟通层)和高层管理者(决策层)。

管理人员，尤其是高级管理人员的主要任务是：制订战略目标、发展计划、整体策划、政策规定等，并负责进行强有力的推进。操作者(被管理者)的主要任务是：了解单位的目标，按照规定要求，处处考虑成本，努力进行创造并认真完成分内的工作。

高级管理人员由于要进行整体策划，设定目标，为单位的发展而制定政策，就要求他们具有远见的预测能力、果断的决策能力和有效的推行能力。普通操作者由于要达到已设定的目标，因此，应具有较高的技术能力、协调能力、独立的工作能力和有创造精神的奋斗能力。

管理者在组织中能够起到多大的作用，有两种截然不同的观点：有人认为管理者是组织成败的关键，有人认为管理者的作用并非像人们想象的那么多。

全球华人首富李嘉诚从一贫如洗的杂货店学徒开始白手起家，创立香港长江实业有限公司，经过30多年的悉心经营，发展成为涉足房地产、公共事业、酒店业、信息业等众多行业的产业巨头。截至2000年，李嘉诚家族拥有控制市值14 036亿港元的财产(投资)，占据香港股市市值的1/3，成功的管理在其中起到了非凡的作用。

优秀的管理者能够"变稻草为金条"，因此管理者越来越成为受人关注的专门职业，国外已经形成专业化的管理人才(职业经理人)市场，职业经理人在国内外人才市场受到追捧。1999年，美国企业首席执行官的平均收入是蓝领工人的475倍，差距还在逐年加大，反映出高级管理人员在企业管理中的作用巨大。

公司制的组织中，治理结构包括了股东大会、董事会、监事会和总经理，都具有对公司经营管理的管理权力。但是，在管理学中通常理解的管理者是董事会成员、总经理等。

故事中的管理：曲突徙薪

有位客人到某人家里做客，看见主人家灶上的烟囱是直的，旁边又有很多木材。客人告诉主人说，烟囱要改曲，木材须移去，否则将来可能会有火灾，主人听了没有作任何表示。

不久主人家里果然失火，四周的邻居赶紧跑来救火，最后火被扑灭了，于是主人烹羊宰牛，宴请四邻，以酬谢他们救火的功劳，但并没有请当初建议他将木材移走、烟囱改曲的人。

有人对主人说："如果当初听了那位先生的话，今天也不用准备筵席，而且没有火灾的损失，现在论功行赏，原先给你建议的人没有被感恩，而救火的人却是座上客，真是很奇怪的事呢！"主人顿时醒悟，赶紧去邀请当初给予建议的那位客人来吃酒。

管理心得：

一般人认为，足以摆平或解决企业经营过程中的各种棘手问题的人，就是优秀的管理者，其实这是有待商榷的。俗话说："预防重于治疗"，能防患于未然之前，更胜于治乱于已成之后，由此观之，企业问题的预防者，其实是优于企业问题的解决者。

1.1.4 管理职能

管理是通过管理职能来实现的，管理职能说明了管理应该做些什么。美国加利福尼亚大学洛杉矶分校教授哈罗德·孔茨与西理尔·奥唐奈在20世纪50年代撰写了最畅销的管理学著作《管理学原理》，提出管理职能的经典划分是计划、组织、人事、领导和控制，现在通常简化为计划、组织、领导和控制4方面工作。

1)计划(Planning)

计划是对未来活动的预先谋划和安排，计划是识别与设定目标，以及决定如何达成目标的过程。这个过程包括预测组织内外环境变化、选择目标、制定战略、拟订方案、编制计划等。涉及决定组织的追求目标，实现目标的行动线路，以及如何配置资源来实现目标。

计划是管理的首要职能。行使这个职能(或者完成"目标的制定和规划"作业)的目的是：明确企业活动的目标，或者活动方向和内容、要求；对如何达到目标进行安排规划和论证。计划是项困难的工作，其结果可能是战略也可能是报告。

2)组织(Organizing)

根据组织的目标、战略和内外环境设计组织结构,并为不同岗位配置人力资源的过程,从而使组织成员得以共同工作来实现组织目标。包括建立组织结构、制订规章制度、配备人员,结果是产生组织结构。

组织的基本目的是保证任务执行和目标的高效实现。组织基于目标和规划,建立或者调整组织机构、有效分工和协作、明确权责。

目标和规划必须由人来完成,其基本的落实过程是:目标规划——分解(更细的目标或者任务)——分类合并任务目标——部门设置——分解(更细的任务)——岗位和人员配备。

3)领导(Leading)

对组织成员施加影响,以推动其实现组织目标的过程。包括授权、激励、沟通、协调(正式形式为开会和文件,非正式形式为吃饭和聚会)等。向成员清晰描绘远景,调动成员能动性,使成员理解组织目标及其在组织目标实现过程中所起的作用。

领导是种影响力,是对成员施加影响的艺术或者过程,从而使成员心甘情愿地为实现组织目标而努力。美国管理学家孔茨、奥唐奈和韦里奇给出的领导的定义更具代表性,对领导的含义理解有3点:领导的本质是影响力,领导是一个艺术化的过程,领导的目的是激发成员服务于组织目标。

4)控制(Controlling)

制订评价工作的标准、监督活动过程、采取纠正错误行动,确保结果在目标允许的范围内。在管理中,控制的目的和价值(或者说能够解决的问题)主要有两个:限制偏差的累积和适应环境的变化。

管理者通过控制过程,评价组织的目标实现程度,确保组织目标实现的相应措施和手段,控制的结果是准确评估业绩和监控组织绩效。

管理职能如图1.5所示。

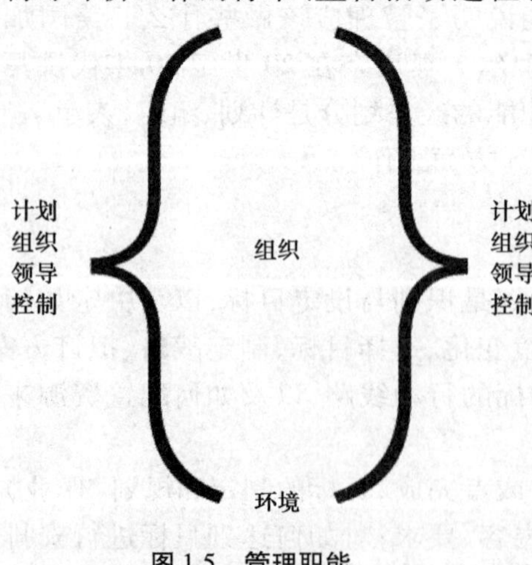

图1.5　管理职能

在组织中,不同层次管理者承担各种管理职能的比例是有区别的,越是高层管理者花费在计划与组织上的时间和精力越多,越是基层管理者花费在直接指挥与直接监控的时间越多。可以这样认为,高层管理者主要工作在组织的宏观规划上,基层管理者的主要工作在组织规划的执行与落实上。管理职能分布如图 1.6 所示。

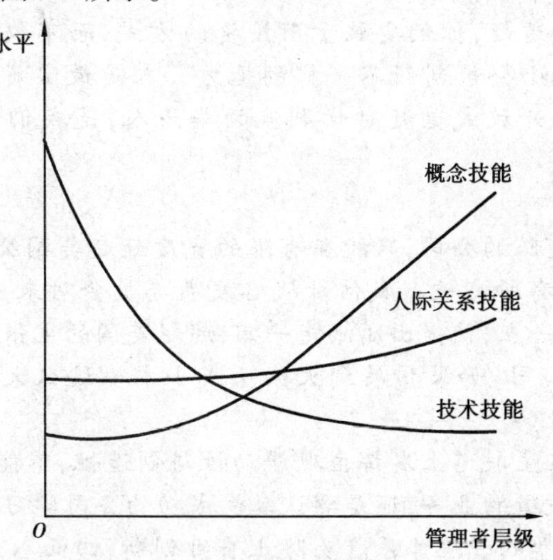

图 1.6 管理职能分布

参考资料:用乌龟精神,追上龙飞船

古时候有个寓言,兔子和乌龟赛跑,兔子因为有先天优势,跑得快,不时在中间喝个下午茶,在草地上小憩一会,结果让乌龟超过去了。华为就是一只大乌龟,25 年来,爬呀爬,全然没看见路两旁的鲜花,这 20 多年来一直在爬坡,许多人都成了富裕的阶层,而我们还在持续艰苦奋斗。爬呀爬……一抬头看见前面矗立着"龙飞船",跑着"特斯拉"那种神一样的乌龟,我们还在笨拙地爬呀爬,能追过他们吗?

一、大公司不是会必然死亡,不一定是惰怠保守的,否则不需要努力成为大公司

宝马追不追得上特斯拉,一段时间里是我们公司内部争辩的一个问题。多数人都认为特斯拉这种颠覆式创新会超越宝马,我支持宝马不断地改进自己、开放自己,宝马也能学习特斯拉的。汽车有几个要素:驱动、智能驾驶(如电子地图、自动换挡、自动防撞、直至无人驾驶……)、机械磨损、安全舒适。后两项宝马居优势,前两项只要宝马不封闭保守,是可以追上来的。当然,特斯拉也可以从市场买来后两项,我也没说宝马必须自创前两项呀,宝马需要的是成功,而不是自主创新的狭隘自豪。

华为也就是一个"宝马"(大公司代名词),在瞬息万变、不断涌现颠覆性创新的信息社会中,华为能不能继续生存下来?不管你怎么想,这是一个摆在我们面前的问题。我们用了 25 年的时间建立起一个优质的平台,拥有一定的资源,这些优质资源是多少高级干部及专家花费了多少钱才积累起来的,是宝贵的财富。过去所有失败的项目、淘汰的产品,其实就是浪费(当然浪费的钱也是大家挣来的),但没有浪费,大家今天就不会坐到这儿。我们珍惜这些失败积累起来的成功，如果不故步自封，敢于打破自己既得的坛坛罐罐，敢于去拥抱新事物，华为不一定会落后。当发现一个战略机会点，我们可以千军万马压上去，后发式追赶，你们要敢于用投资的方式，而不仅仅是以人力的方式，把资源堆上去，这就是和小公司创新不一样的地方。人是最宝贵的因素。不保守，勇于打破目前的既得优势，开放式追赶时代潮流的华为人，是我们最宝贵的基础，我们就有可能追上"特斯拉"。

（一）聚焦

我们是一个能力有限的公司，只能在有限的宽度赶超美国公司。不收窄作用面，压强就不会大，就不可能有所突破。我估计战略发展委员会对未来几年的盈利能力有信心，想在战略上多投入一点，就提出潇洒走一回，超越美国的主张。但我们只可能在针尖大的领域里领先美国公司，如果扩展到火柴头或小木棒这么大，就绝不可能实现这种超越。

我们只允许员工在主航道上发挥主观能动性与创造性，不能盲目创新，发散了公司的投资与力量。非主航道的业务，还是要认真向成功的公司学习，坚持稳定可靠运行，保持合理有效、尽可能简单的管理体系。要防止盲目创新，四面八方都喊响创新就是我们的葬歌。

大数据流量时代应该是很恐怖的，因为我们都不知道什么叫大数据。流量之大也令人不可想象。我说的大数据与业界说的也不一样，业界说的大数据，不是大，而是搜索，如邬贺铨院士说的，数据的挖掘、分析、归纳、使用，使数据创造出价值。我说的大数据是指数据流的波涛汹涌，指不知道有多么大的数据要传输与储存。当然我们希望传输的是净水，但我们也阻挡不了垃圾信息的传输与储存，使得大数据更大。不要为互联网的成功所冲动，我们也是互联网公司，是为互联网传递数据流量的管道做铁皮。能做太平洋这么粗的管道铁皮的公司以后会越来越少；做信息传送管道的公司还会有千百家；做信息管理的公司可能有千万家。别光羡慕别人的风光，别那么互联网冲动。有互联网冲动的员工，应该踏踏实实地用互联网的方式，优化内部供应交易的电子化，提高效率，及时、准确地运行。我们现在的年度结算单据流量已超过 25 000 亿元，供应点也超过 5 000 个。年度结算单据的发展速度很快会超过 5 万亿的流量。深刻地分析合同场景，提高合同准确性，降低损耗，这也是贡献，为什么不做好内"互联网"呢！我们要数十年地坚持聚焦在信息管道的能力提升上，别把我们的巨轮拖出主航道。

网络可能会把一切约束精神给松散掉，若没有约束精神，我们还会不会是一个主洪流滚滚向前进的公司？大家唱《中国男儿》，别人很震惊，这个时代还有这么多人来唱这种歌？在我们公司，眼前还有几千个核心骨干的团结，从而团结带领了 15 万员工。所以我们必然胜利。

（二）我们要持续不懈地努力奋斗

乌龟精神被寓言赋予了持续努力的精神，华为的这种乌龟精神不能变，我也借用这种精神来说明华为人奋斗的理性。我们不需要热血沸腾，因为它不能点燃为基站供电。我们需要的是热烈而镇定的情绪，紧张而有序的工作，一切要以创造价值为基础。

我们要正视美国的强大，它先进的制度、灵活的机制、明确清晰的财产权、对个人权利的尊重与保障，这种良好的商业生态环境，吸引了全世界的优秀人才，从而推动亿万人才在美国土地上创新、挤压、井喷。硅谷那盏不灭的灯，仍然在光芒四射，美国并没落后，它仍然是我们学习的榜样，特斯拉不就是例子吗？我们追赶的艰难，绝不像喊口号那么容易。口号连篇，就是管理的浪费。徐直军说的潇洒走一回是指不怕失败，不怕牺牲，努力为发展而奋斗。任何工作，我们都要从创造价值来考核评价。

超宽带时代会不会是电子设备制造业的最后一场战争？我不知道别人怎么看，对我来说应该是。如果我们在超宽带时代失败，也就没有机会了。这次我在莫斯科给兄弟们讲，莫斯科城市是由一个环一个环组成，最核心、最有钱的就是大环，我们十几年来都没有打进莫斯科大环，那我们的超宽带单独在西伯利亚能振兴吗？如果我们不能在高价值区域抢占大数据流机会点，也许这个代表处最终会萎缩、边缘化。这个时代在重新构建分配原则，只有努力占领数据流的高价值区，才有生存点。我们已经打进东京、伦敦……，相信最终也会打进莫斯科大环……

（三）自我批判是拯救公司最重要的行为

从"烧不死的鸟是凤凰""从泥坑里爬出的是圣人"，我们就开始了自我批判。正是这种自我纠正的行动，使公司这些年健康成长。

满足客户需求的技术创新和积极响应世界科学进步的不懈探索，以这两个车轮子来推动着公司的进步。华为要通过自我否定、使用自我批判的工具，勇敢地去拥抱颠覆性创新，在充分发挥存量资产作用的基础上，也不要怕颠覆性创新砸了金饭碗。

我们的2012实验室，就是使用批判的武器，对自己、对今天、对明天批判，以及对批判的批判。他们不仅在研究适应颠覆性技术创新的道路，也在研究把今天技术延续性创新迎接明天的实现形式。在大数据流量上，我们要敢于抢占制高点。我们要创造出适应客户需求的高端产品；在中、低端产品上，硬件要达到德国、日本消费品那样永不维修的水平，软件版本要通过网络升级。高端产品，我们还达不到绝对的稳定，一定要加强服务来弥补。

这个时代前进得太快了，若我们自满自足，只要停留3个月，就注定会从历史上被抹掉。正因为我们长期坚持自我批判不动摇，才活到了今天。今年，董事会成员都是架着大炮《炮轰华为》；中高层干部都在发表《我们眼中的管理问题》，厚厚一大摞心得，每一篇的发表都是我亲自修改的；大家也可以在心声社区上发表批评，总会有部门把存在的问题解决，公司会不断优化自己的。

二、价值观是组织的核心与灵魂。未来组织的结构一定要适应信息社会的发展,组织的目的是实现灵活机动的战略战术

我们用了25年时间,在西方顾问的帮助下,经数千人力资源的职业经理与各级干部、专家的努力,基本建立了如胡厚崑所描述的金字塔式的人力资源模型,并推动公司成功达到400亿美金的销售规模。建立金字塔模型的数千优秀干部、专家是伟大的,应授予他们"人力资源英雄"的荣誉,没有他们的努力与成功,就不可能进行今天的金字塔改造。金字塔管理是适应过去机械化战争的,那时的火力配置射程较近,以及信息联络落后,所以必须千军万马上战场,贴身厮杀。塔顶的将军一挥手,塔底的坦克手将数千辆坦克开入战场,数万兵士冲锋去贴身厮杀,才能形成足够的火力。而现代战争,远程火力配置强大,是通过卫星、宽带、大数据,与导弹群组、飞机群、航母集群……来实现。战争发生在电磁波中,呼唤这些炮火的不一定再是塔顶的将军,而是贴近前线的铁三角。千里之外的炮火支援,胜过千军万马的贴身厮杀。我们公司现在的铁三角,就是通过公司的平台,及时准确、有效地完成了一系列调节,调动了力量。今天我们的销售、交付、服务、财务,不都是这样远程支援的吗?前线铁三角,从概算、投标、交付、财务……,不是孤立一人在作战,而是后方数百人在网络平台上给予支持。这就是胡厚崑所说的"班长的战争"。铁三角的领导,不光是有攻山头的勇气,还应胸怀全局、胸有战略,因此,才有少将连长的提法。为什么不叫少校?这只是一种形容词,故意夸大,让大家更注意这个问题,并不是真正的少将。谁能给你授少将军衔?除非你自己去买颗纽扣缝到衣领上,缝一颗算少将,缝两颗就是中将了。

1.要按价值贡献,拉升人才之间的差距,给火车头加满油,让列车跑得更快些及做功更多。践行价值观一定要有一群带头人。人才不是按管辖面来评价待遇体系,一定要按贡献和责任结果,以及他们在此基础上的奋斗精神。目前,人力资源大方向政策已确定,下一步要允许对不同场景、不同环境、不同地区有不同的人力资源政策适当差异化。

我把"热力学第二定理"从自然科学引入到社会科学中来,意思就是要拉开差距,由数千中坚力量带动15万人的队伍滚滚向前。我们要不断激活我们的队伍,防止"熵死"。我们决不允许出现组织"黑洞",这个黑洞就是惰怠,不能让它吞噬了我们的光和热,吞噬了活力。

2.我们将试点"少将连长",按员工面对项目的价值与难度,以及已产生的价值与贡献,合理配置管理团队及专家团队。传统金字塔的最底层,过去级别最低,他们恰恰是我们面对CEO团队、面对复杂项目、面对极端困难突破的着力点……过去的配置恰恰是最软点着力。

我们是要让具有少将能力的人去做连长。支持少将连长存在的基础,是你那儿必须有盈利。我不知道在座各位是否有人愿意做雷锋少将,我是不支持的,雷锋是一种精神,但不能作为一种机制。我们要从有效益,能养高级别专家等开始改革,“优质资源向优质客户倾斜”。只有从优质客户赚到更多的钱,才能提高优质队伍的级别配置,否则哪来的钱呢?

3.内部人才市场、战略预备队的建设是公司转换能力的一个重要方式,是以真战实备的方式来建立后备队伍的。

内部人才市场,是寻找加西亚与奋斗者的地方,而不是落后者的摇篮。内部人才市场促进的流动,不仅让员工寻找自己最适合发挥能量的岗位,也是促进各部门主管改进管理的措施,流动焕发出生命力。

公司要逐步通过重装旅、重大项目部、项目管理资源池这些战略预备队,来促进在项目运行中进行组织、人才、技术、管理方法及经验的循环流动。从项目的实现中寻找更多的优秀干部、专家,来带领公司的循环进步。

要让人人明白希望在自己手里,努力终会有结果,是金子终会发光的。不埋怨,不怀念,努力前行。那些“胜则举杯相庆,败则拼死相救”的人,虽然记功碑写不上他什么,写得出成绩的是将军,写不出成绩的可能是未来的统帅,统帅是组织好千军万马。谁搞得清统帅内心的世界是怎么成长的,无私就是博大。

三、灵活机动的战略战术,来源于严格、有序、简单的认真管理

数据流量越来越大,公司也可能会越来越大。公司可以越来越大,管理决不允许越来越复杂。

公司管控目标要逐步从中央集权式,转向让听得见炮声的人来呼唤炮火,让前方组织有责、有权,后方组织赋能及监管。这种组织模式,必须建立在一个有效的管理平台上,包括流程、数据、信息、权力……历经20多年的努力,在西方顾问的帮助下,华为已经构建了一个相对统一的平台,对前方作战提供了指导和帮助。在此基础上,再用5~10年的时间,逐步实现决策前移及行权支撑。

郭平说:我们的增长方式要从优先追求规模成长,转向效率、效益驱动。项目经营管理是我们的重要手段,也是各级管理者的基本技能。绩效管理是公司干部管理优化、业务变革的实现形式与支撑保障,对责任结果与绩效的理解,要从更宽泛、更长远来看问题。现在我们的考核指标已经改革,未来还会不断减少过程考核的指标,结果比过程更重要。我们要紧紧地把握财经管理变革的正确方向。财经管理对准的是价值创造,而不是价值分配。我们要继续坚持做厚客户及供应商界面,简化内部的核算和考核。

华为的管理进步,正如郭平所说,要立足在项目管理进步的基础上,要好好培养及选拔项目管理的八大员,建立起成熟的程序、庞大的优质管理队伍。我们要以战略预备队的方式,建立起项目管理的干部、专家资源池,要通过人员循环流动任职的方式,把先进的方法、高效的能力,传递到代表处去。要善于发现金种子,并让他们到各地去开花。这些变革都是各级组织发挥价值创造的机会，也是培养干部、识别干部的实践基地。

这些年在管理变革中，涌现出大批优秀人才，我们从选拔“蓝血十杰”开始，对他们实施表彰，以鼓励那些默默无闻作出贡献的人。郭平说要寻找“蓝血十杰”，我认为一定要找到并授予他们光荣，而且逐级的评选鼓舞那些作出贡献的人。我们不仅要选拔未来优秀人才，也不要忘记历史功臣，才能让未来迈进的步伐更加坚定。新生力量取代我们是历史规律，但过去为公司发展牺牲了青春、健康、生命的人，永远都要记住他们曾经为华为公司可持续发展奠定了基础。

我们一定要站在全局的高度来看待整体管理构架的进步，系统地、建设性地、简单地建筑一个有机连接的管理体系，要端到端地打通流程，避免孤立改革带来的壁垒。我们要坚持实事求是，坚持账实相符，不准说假话。我们要努力使内部作业数据在必要的职责分离约束下，尽可能地减少一跳，提高运营效率。

不单单是技术、市场上要进步，我们要使管理严格、有序、简单，内部交易逐步电子化、信息化，基于透明的数据共同作业。我们要实现计划预算核算的闭环管理，以保障业务可持续发展，规避风险和敢于投资要平衡发展。

各级干部要互相知晓，财务干部要懂些业务，业务干部应知晓财务管理。有序开展财经和业务的干部互换及通融，财务要懂业务，业务也要懂财务，混凝土结构的作战组织才能高效、及时、稳健地抓住机会点，在积极进攻中实现稳健经营的目标，使公司推行的LTC、IFS能真正发挥作用。通过闭环管理来完善干部的考核与选拔。

2002年干部大会是在IT泡沫破灭，华为濒于破产、信心低下的时候召开的，董事会强调在冬天里改变格局，而且选择了鸡肋战略，在别人削减投资的领域加大了投资，从后十几位追上来。那时世界处在困难时期，而华为处在困难的困难时期，没有那时的勇于转变，就没有今天。今天华为的转变是在条件好的情况下产生的，我们号召的是发展，以有效的发展为目标。我们应更有信心超越，超越一切艰难险阻，更重要的是超越自己。

从太平洋之东到大西洋之西，从北冰洋之北到南美洲之南，从玻利维亚高原到死海的谷地，从无边无际的热带雨林到赤日炎炎的沙漠……，离开家乡，远离亲人，为了让网络覆盖全球，数万中外员工，奋斗在世界的每一个角落，只要有人的地方就有华为人的艰苦奋斗，我们肩负着为近30亿人的通信服务，责任激励着我们，鼓舞着我们。

我们的道路多么宽广，我们的前程无比辉煌，我们献身这壮丽的事业，无比幸福，无比荣光。

二〇一三年十二月三十日

资料来源：华为首席执行官任正非

1.2　管理的演变与进化

案例

用100人管1个人

空调企业奥克斯创造出了“100人管理1个人”的新方式。“100人管理1个人”，就是运用了传统企业里“1个人管100个人”的逆向思维方式。由于奥克斯电器厂共有1 000多名员工，空调的生产制造特别精细，质量管理十分苛刻，要实现高质量的目标，就必须有一支高素质的队伍。

但现实中，即使员工的文化水平一致，智商天赋也不会一致，思维方式更不会一致。如果靠一个质管员去管理这么多人，肯定管不好，因为质管员保证不了操作者每时每刻都想着质量，能干出100%的优质产品。倘若其中一个人的工作质量不能保证，就可能影响到一批产品的质量，一个企业的声誉。

为此，奥克斯空调的管理者想出了一个办法。他们在全体员工中，实行“五个挂钩”：一是个人工资与质量挂钩；二是个人年终奖金与质量挂钩；三是个人质量与本部门收入挂钩；四是个人质量与监督部门收入挂钩；五是管理部门之间的质量监督与收入挂钩。环环讲质量，环环讲效益，一环扣一环。任何一个人和岗位，都将受到身边数十个甚至百余个人和岗位的监督。这就是多数人管理少数人，“100人管理1个人”的新方法。

在没有采用这种方式之前，员工们对质量的认识含糊不清，零件返修频繁。采用了这种方式后，员工思想发生了巨大变化，产生了一种人人自危的压力，质量互检十分仔细，产品质量优良率长期保持着100%的记录。由于方法得当，质量保证，奥克斯品牌进入市场后很快打响。

奥克斯电器厂的成功变化得益于行为科学所提出的人性假设，假设人是“经济人”，本性上以个人利益、懒惰和逃避责任为行为准则，当个人利益与质量挂钩后形成质量管理的动力，最终提高了空调生产的质量。

其实，人性假设管理理论并非奥克斯电器厂创造发明的，只是引用百年管理发展中的经典管理理论。百年管理发展历史中提出了无数的管理理论和思想，推动着管理的革命，创造了许多的繁荣和辉煌。

最早的管理实践可以追溯到遥远的古代人类文明，诸如埃及金字塔、伊拉克巴比伦花园、中国万里长城建筑工程的组织，罗马天主教会按地理区域划分基层组织，《孙子兵法》关于指挥与用人……

管理活动源远流长,自古即有,但形成一套比较完整的理论,则是经历了一段漫长的历史发展过程。真正管理学的形成却源于 20 世纪初弗雷德里克·温斯洛·泰勒(Frederick Winslow Taylor)的开创性贡献。

1.2.1 管理理论与思想的演进

管理自初步形成理论以来,已经历了近一个世纪的演变,从泰罗对于工厂的科学管理到今天对于全球化、知识化、信息化的企业管理,其间凝结了无数管理实践者与思想者的汗水与心血,回顾历史可以站在巨人的肩膀上进行发展创新。

1)古典管理理论阶段(20 世纪初至 30 年代)

这一阶段是管理理论最初形成阶段。其间,在美国、法国、德国分别活跃着具有奠基人地位的管理大师,即"科学管理之父"——泰罗(F.W.Taylor)、"管理理论之父"——法约尔(H.Fayol)以及"组织理论之父"——马克斯·韦伯(M.Weber)。

泰罗重点研究在工厂管理中如何提高效率,代表著作是《科学管理原理》(1911 年)。科学管理的理论要点具体包括:科学管理的中心问题是提高劳动生产率,为此必须配备"第一流的工人",并且要使他们掌握标准化的操作方法;对工人的激励采取"有差别的计件工资制";工人和雇主双方都必须来一次"心理革命",变对抗为信任,共同为提高劳动生产率而努力;把计划职能同执行职能相分开,变原来的经验工作方法为科学工作方法;实行职能工长制;在管理控制上实行例外原则。泰罗的追随者们依其理论进行了动作与工时等效率问题的研究;傅勒还首先提出领导的权力要与员工共享,而非加诸于员工,并把这个想法叫作参与式管理。

法约尔的理论贡献体现在他的著作《工业管理与一般管理》(1916 年)当中,他从 4 个方面阐述了管理理论:企业职能不同于管理职能,后者包含在前者之中;管理教育的必要性与可能性;分工、职员与职权、纪律等管理十四条原则;管理五要素问题,其中,关于管理组织与管理过程职能划分理论,对后来的管理理论研究具有深远影响。

马克斯·韦伯则主张建立一种高度结构化的、正式的、非人格化的"理想的行政组织体系",他认为这是对个人进行强制控制的最合理手段,是达到目标、提高劳动生产率的最有效形式,而且在精确性、稳定性、纪律性和可靠性方面优于其他组织。他的这一套思想体现在其著作《社会和经济理论》之中。

这些先驱者创立的古典管理理论被以后的许多管理学者研究和传播,并加以系统化。其中,贡献较为突出的是英国的厄威克(L.F.Urwick)与美国的古利克(L.Gulick),前者提出了他认为适用于一切组织的十条原则,后者概括提出了"POSDCRB",即管理七项职能——计划、组织、人事、指挥、协调、报告和预算。在实践上,各个公司开始将理论付诸行动,通用汽车公司总裁斯隆对公司的改组,采用集中控制下的分权制,建立事业部,成为分权的开创者。

古典管理理论阶段的研究侧重于从管理职能、组织方式等方面研究效率问题，对人的心理因素考虑很少或根本不去考虑。

2）行为科学理论及管理理论丛林阶段（20 世纪 30 年代到 60 年代）

20 世纪 20 年代末到 30 年代初，全世界出现经济大危机。在美国，罗斯福政府从宏观上对经济实施管制，管理学者们则开始从微观上研究“硬件”以外的造成企业效率下降的影响因素。

行为科学理论阶段重视研究人的心理、行为等对高效率地实现组织目标（效果）的影响作用。这些研究起源于以梅奥（G.E.Mayo）为首的美国国家研究委员会与西方电气公司合作进行的霍桑实验（1924—1932 年），该实验的结论为：职工是“社会人”而非“经济人”，企业中存在着“非正式组织”，新型的领导能力在于提高职工的满足度，存在霍桑效应等。霍桑实验引起了管理学者对人的行为的兴趣，从而促进了行为科学理论的发展，该理论主要研究个体行为、团体行为与组织行为。

该时期具有代表性的，至今依然非常著名的理论成果包括：①马斯洛（A.H.Maslou）的需求层次理论认为，人的需求分为生理的需求、安定或安全的需求、社交和爱情的需求、自尊与受人尊重的需求以及自我实现的需求 5 个层次，当某一层次的需求满足之后，该需求就不再具有激励作用。在任何时候，主管人员都必须随机制宜地对待人们的各种需求。②赫次伯格（F.Herzberg）的双因素理论把影响人员行为绩效的因素分为“保健因素”与“激励因素”，前者指“得到后则没有不满，得不到则产生不满”的因素，后者指“得到后则感到满意，得不到则没有不满”的因素。主管人员必须抓住能促使职工满意的因素。③麦克莱兰（D.C.Macleland）的激励需求理论指出，任何一个组织都代表了实现某种目标而集合在一起的工作群体，不同层次的人具有不同的需求，因此，主管人员要根据不同人的不同需求来激励，尤其应设法提高人们的成就需要。④麦格雷戈（D.M.McGregor）的“X 理论—Y 理论”是专门研究企业中人的特性问题的理论。X 理论是对“经济人”假设的概括，而 Y 理论是根据“社会人”“自我实现人”的假设，并归纳了马斯洛与其他类似观点后提出的，是行为科学理论中较有代表性的观点。随着对人的假设发展至“复杂人”，又有人提出了超 Y 理论。⑤波特—劳勒模式由波特（L.M.Porter）和劳勒（E.E.Lawler）合作提出，该模式指出，激励不是一种简单的因素关系，人们努力的程度取决于报酬的价值、自认为所需要的能力及实际得到报酬的可能性。管理者应当仔细评价其报酬结构，把“努力—成绩—报酬—满足”这一连锁关系结合到整个管理系统中去。

第二次世界大战（以下简称二战）后的 20 世纪 40 年代到 60 年代，美国国势与经济水平都得到了大幅度的发展，除了行为科学理论得到长足发展以外，许多管理学者（包括社会学家、数学家、人类学家、计量学家等）都从各自不同的角度发表了自己对管理学的见解。其中,较有影响的是以巴纳德(C.Barnard)为创始人的社会合作系统学派、西蒙(H.A.Simon)为代表的决策学派以及德鲁克(P.F.Drucker)为代表的经验(案例)学派等,到80年代初发展为十一大不同学派,孔茨(H.Koontz)称其为管理理论丛林。

同一时期,还有一个新的现象不容忽视,这就是对顾客需求的重视。经济的发展、市场的繁荣促使卖方市场开始向买方市场转变,于是,由美国质量管理专家费根堡母(A.V.Feigenbaum)首倡的全面质量管理(TQM)"始于顾客,终于顾客"的思想开始引起管理界的重视,并为世界各国广为传播和接受。与其说TQM是质量管理,不如说它是以质量为中心的企业管理,而质量好坏的评判是由顾客说了算的,因此,首先要从外部了解需要,然后实施内部质量控制,最后落脚于"顾客满意"。

3)以战略管理为主的研究企业组织与环境关系的时代(20世纪60年代中后期到80年代初)

20世纪60年代末到70年代初,美国经济内临石油危机,外遇崛起的日本及欧洲的挑战,科技竞争愈演愈烈,管理学界开始重点研究如何适应充满危机和动荡环境的不断变化,谋求企业的生存发展,并获取竞争优势。较为突出的是,来自于战争的词汇——"战略"开始引入管理界。这一期间的管理理论有以下的发展:

安索夫(Ansoff)《公司战略》(1965年)一书的问世,开了战略规划的先河。待到1975年,安索夫的《战略规划到战略管理》出版,标志着现代战略管理理论体系的形成。该书中将战略管理明确解释为"企业高层管理者为保证企业的持续生存和发展,通过对企业外部环境与内部条件的分析,对企业全部经营活动所进行的根本性和长远性的规划与指导"。他认为,战略管理与以往经营管理不同之处在于面向未来,动态地、连续地完成从决策到实现的过程。

其间,论述企业组织与外部环境关系的著作还有劳伦斯与罗斯奇合著的《组织与环境》(1969年),提出公司要有应变计划,以求在变化及不确定的环境中得以生存;卡斯特(F.E.Kast)与罗森茨韦克(J.E.Resenzweig)的《组织与管理——系统权变的观点》(1979年)虽是权变理论学派的代表作,但其分析的问题亦是从长期角度看待企业如何适应环境,认为在企业管理中要根据企业所处的内外条件随机应变,组织应在稳定性、持续性、适应性、革新性之间保持动态的平衡。

迈克尔·波特(M.E.Porter)的《竞争战略》(1980年)可谓把战略管理的理论推向了顶峰,书中许多思想被视为战略管理理论的经典,比如5种竞争力(进入威胁、替代威胁、买方侃价能力、供方侃价能力和现有竞争对手的竞争)、3种基本战略(成本领先、标新立异和目标集聚)、价值链的分析等。通过对产业演进的说明和各种基本产业环境的分析,得出不同的战略决策。这一套理论与思想在全球范围产生了深远的影响。《竞争战略》与后来的《竞争优势》(1985年)以及《国家竞争优势》成为著名的"波特三部曲",中国的管理学界以及很多实际工作者对此都不陌生。

4)企业再造时代(20 世纪 80 年代到 90 年代初期)

20 世纪 80 年代,随着人们受教育水平的日益提高,随着信息技术越来越多地被用于企业管理,三四十年代形成的企业组织越来越不能适应新的竞争日益激烈的环境,管理学界提出要在企业管理的制度、流程、组织、文化等方方面面进行创新。美国企业从 80 年代起开始了大规模的“企业重组革命”,日本企业也于 90 年代开始进行所谓的“第二次管理革命”。这十几年间,企业管理经历着前所未有的,类似脱胎换骨的变革。

实践先于理论的产生,企业再造理论的最终构架由迈克尔·海默(M.Hammer)博士与詹姆斯·昌佩(J.Champy)完成。他们在其合著的《再造企业——管理革命的宣言书》(1993 年)中阐述了这一理论:现代企业普遍存在着“大企业病”,面对日新月异的变化与激烈的竞争,要提高企业的运营状况与效率,迫切需要“脱胎换骨”式的革命,只有这样才能回应生存与发展的挑战;企业再造的首要任务是 BPR(即业务流程重组),它是企业重新获得竞争优势与生存活力的有效途径;BPR 的实施又需两大基础,即现代信息技术与高素质的人才,以 BPR 为起点的“企业再造”工程将创造出一个全新的工作世界。

在上述二人的合著出版前的 1990 年,《哈佛商业评论》杂志就发表了海默的文章《改造工作:不要自动化,而要推翻重来》,海默批评了企业在改造中常犯的错误,即运用信息技术加速已落后了几十年(甚至几百年)的工作流程,指出要对流程进行重新思考,并提出了改造的 7 项原则。由于其为再造工程所作出的理论贡献,海默本人被美国《商业周刊》评为 90 年代最具影响力的“四大管理宗师”之一。

除海默之外,还有许多管理学家在为企业再造做咨询工作的同时,撰写文章。1993 年 11—12 月的《哈佛商业评论》上,发表了特蕾西·高斯、理查德·帕斯卡及安托尼·阿瑟斯的《重新创业的过山车——为更有力的明天在今天冒险》,其中特别强调,改造不是改变现在已有的,而是要创造现在所没有的。

5)全球化和知识经济时代的组织管理(20 世纪 90 年代以后)

20 世纪 80 年代末以来,信息化和全球化浪潮迅速席卷世界,跨国公司力量逐日上升,跨国经营也成为大公司发展的重要战略,跨国投资不断增加。知识经济的到来使信息与知识成为重要的战略资源,而信息技术的发展又为获取这些资源提供了可能;顾客的个性化、消费的多元化决定了企业只有能够合理组织全球资源,在全球市场上争得顾客的投票,才有生存和发展的可能。这一阶段的管理理论研究主要针对学习型组织及虚拟组织问题而展开。

1990 年,彼德·圣吉(P.M Senge)所著的《第五项修炼》出版,该书的主要内容旨在说明:企业唯一持久的竞争优势源于比竞争对手学得更快更好的能力,学习型组织正是人们从工作中获得生命意义、实现共同愿望和获取竞争优势的组织蓝图;要想建立学习型组织,系统思考是必不可少的“修炼”。该书出版不久,即在全球范围内引起轰动,并于 1992 年荣获世界企业管理协会最高荣誉奖——开拓奖，作者本人也被冠以 90 年代的“管理学宗师”。

在阿里·德赫斯(Ariede Geus)所著的《长寿公司》一书中，作者通过考察 40 家国际长寿公司，得出结论：“成功的公司是能够有效学习的公司”。在他看来，知识是未来的资本，只有学习才能为不断的变革做好准备。此外，罗勃特·奥伯莱(R.Aubrey)与保罗·科恩(P.M.Cohen)合著《管理的智慧》则描述了管理者在学习型组织中角色的变化：他们不仅要学会管理学习的技巧，也要使自己扮演学习的领导者、师傅和教师的多重角色。

除了学习型组织，90 年代还有一个热点——虚拟组织。1990 年《哈佛商业评论》第 6 期发表文章《公司核心能力》，作者建议公司将经营的焦点放在不易被抄袭的核心能力上，由此引发后来的“虚拟组织”热。虚拟组织与传统的实体组织不同，它是围绕核心能力，利用计算机信息技术、网络技术及通信技术与全球企业进行资源优势互补、互利的合作，合作目的达到后，合作关系随即解散。虚拟组织具有极大自由伸缩组合特征，运行活动异常灵活，可以很容易避免环境的剧烈变动给组织带来的冲击。1994 年出版的由史蒂文·L.戈德曼(S.L.Glodman)、罗杰·N.内格尔(R.N.Nagel)及肯尼斯·普瑞斯(K.Preiss)合著的《灵捷竞争者与虚拟组织》是反映虚拟组织理论与实践的较有代表性的著作。

正如盲人摸象这则寓言所比喻的管理理论是圆的：第一个人摸到大象的身躯就说大象像堵墙，第二个人摸到大象的鼻子就说大象像条蛇，第三个人摸到大象的腿就说大象像棵树，第四个人摸到大象的尾巴就说大象像条绳子，其实每个盲人摸到的是同一头大象。管理理论探索者所建立的管理理论与思想都是正确和有价值的，但是都仅仅是站在各自立场上的结果，存在各自的局限性。

1.2.2 经典理论——泰罗与科学管理

弗雷德里克·温斯洛·泰罗(Frederick Winslow Taylor)，出生于美国费城一个富有的律师家庭，中学毕业后考上哈佛大学法律系，但不幸因眼疾而被迫辍学。1875 年，他进入一家小机械厂当徒工，1878 年转入费城米德韦尔钢铁公司(Midvale Steel Works)当机械工人，他在该厂一直干到 1897 年。在此期间，由于工作努力，表现突出，很快先后被提升为车间管理员、小组长、工长、技师、制图主任和总工程师，并在业余学习的基础上获得了机械工程学士学位。

特殊经历使他有可能在工厂的生产第一线系统地研究劳动组织与生产管理问题。泰罗始终对工人的低效率感到震惊，工人们总是倾向于使用“磨洋工”的方式对待生产工作，泰罗认为工人的生产效率只达到了应有水平的 1/3。正是在米德韦尔钢铁公司的亲身感受促使泰罗下决心着手解决它，他在米德韦尔钢铁公司进行各种管理试验。

当时的管理者都是凭借预感和直觉作出决定,给工人分配任务很少考虑工人是否适合所从事的工作,也没有提出任何工作的有效标准,责任的概念还没有形成。更严重的是,管理者与工人之间存在天然的对立,双方不是在为共同的利益而合作,而将双方关系看成零和博弈(任何一方的收益则意味着另一方的损失)。

泰罗开始寻求在管理者和工人双方掀起"思想革命",提供科学管理四项原则(为每项工作开发科学的方法代替经验、科学地挑选和培训工人以保证工人逐渐成熟、管理者与工人衷心合作、管理者与工人各自承担相等的工作职责),以此为管理者和工人同时带来利益的保证,工人获得更多薪水、管理者获得更多利润。

1898—1901 年,泰罗又受雇于伯利恒钢铁公司(Bethlehem Steel Company),继续从事管理方面的研究。

1898 年,泰罗进行了管理学上著名的"搬运生铁块试验"和"铁锹试验"。搬运生铁块试验是在这家公司的 5 座高炉的产品搬运班组大约 75 名工人中进行的。工人的工作是将 92 磅重的生铁块装到货车上,每天通常能够搬运 12.5 吨,而泰罗相信通过寻找科学的方法,工人的生产效率能够提升到每天 47~48 吨。泰罗寻找体格强壮的工人,将每天的薪水从 1.15 美元提高到 1.85 美元,让其按照自己的方法装运生铁块,然后每天记录试验工人的行走速度、把握工具位置和每次搬运量,从各种组合中选出最有效的方法进行推广,最终达到自己设定的每天 48 吨的目标,其结果使生铁块的搬运量提高 3 倍。

铁锹试验也是著名的管理试验。泰罗发现堆料场的工人无论铲运任何种类的材料,使用的都是相同大小的铁铲,效率并没有达到最佳状态。因此,泰罗通过反复试验发现,21 磅是铁铲的最佳容量,要达到最佳的铁铲容量,铲运铁矿石应该使用小尺寸铁铲,铲运焦炭应该使用大尺寸铁铲。管理者在安排工人工作任务时,不再是模糊和大概的,而是根据需要用的材料类型,选择相应尺寸的铁铲。

从 1881 年开始,他进行了一项"金属切削试验",由此研究出每个金属切削工人工作日的合适工作量。经过两年的初步试验之后,给工人制订了一套工作量标准。泰罗在米德瓦尔开始进行的金属切削试验延续了 26 年之久,进行的各项试验达 3 万次以上,80 万磅的钢铁被试验用的工具削成切屑,总共耗费约 15 万美元。试验结果发现了能大大提高金属切削机工产量的高速工具钢,并取得了各种机床适当的转速和进刀量以及切削用量标准等资料。

泰罗的管理试验集中于"动作""工时"的研究,以及工具、机器、材料和工作环境等标准化研究,并根据这些成果制订了每日比较科学的工作定额和为完成这些定额的标准化工具。

泰罗毕生致力于"科学管理"的研究和推广,但他的做法和主张并非一开始就被人们所接受,而是日益引起社会舆论的种种议论。于是,美国国会于 1912 年举行对泰罗制和其他工场管理制的听证会,泰罗在听证会上作了精彩的证词,向公众宣传科学管理的原理及其具体的方法、技术,引起了极大的反响,并且迅速传播到法国、德国、俄罗斯和日本。

1)理论框架

科学管理的中心问题是提高效率。泰罗认为,要制订出有科学依据的工人的“合理的日工作量”,就必须进行工时和动作研究。方法是选择合适且技术熟练的工人,把他们的每一项动作、每一道工序所使用的时间记录下来,加上必要的休息时间和其他延误时间,就得出完成该项工作所需要的总时间,据此定出一个工人“合理的日工作量”,这就是所谓工作定额原理。

为了提高劳动生产率,必须为工作挑选“第一流的工人”。在制订工作定额时,泰罗是以“第一流的工人在不损害其健康的情况下维护较长年限的速度”为标准的。这种速度不是以突击活动或持续紧张为基础,而是以工人能长期维持正常速度为基础。泰罗认为,健全的人事管理的基本原则是:使工人的能力同工作相配合,管理当局的责任在于为雇员找到最合适的工作,培训他成为第一流的工人,激励他尽最大的努力来工作。

要使工人掌握标准化的操作方法,使用标准化的工具、机器和材料,并使作业环境标准化,这就是所谓标准化原理。泰罗认为,必须用科学的方法对工人的操作方法、工具、劳动和休息时间的搭配、机器的安排和作业环境的布置等进行分析,消除各种不合理的因素,把各种最好的因素结合起来,形成一种最好的方法,他把这叫作管理当局的首要职责。

实行刺激性的计件工资报酬制度。为了鼓励工人努力工作、完成定额,泰罗提出了这一原则。这种计件工资制度包含3点内容:①通过工时研究和分析,制订出一个有科学依据的定额或标准;②采用一种叫作“差别计件制”的刺激性付酬制度,即计件工资率按完成定额的程度而浮动,例如,如果工人只完成定额的80%,就按80%工资率付酬;如果超过了定额的120%,则按120%工资率付酬;③工资支付的对象是工人而不是职位,即根据工人的实际工作表现而不是根据工作类别来支付工资。泰罗认为这样做,既能克服消极怠工的现象,更重要的是能调动工人的积极性,从而促使工人大大提高劳动生产率。

工人和雇主两方面都必须认识到提高效率对双方都有利,都要来一次“精神革命”,相互协作,为共同提高劳动生产率而努力。在前面介绍的铁锹试验中,每个工人每天的平均搬运量从16吨提高到59吨;工人每日的工资从1.15美元提高到1.88美元;而每吨的搬运费从7.5美分降到3.3美分。对雇主来说,关心的是成本的降低;而对工人来说,关心的则是工资的提高,所以泰罗认为这就是劳资双方进行“精神革命”,从事协调与合作的基础。

把计划职能同执行职能分开,变原来的经验工作法为科学工作法。所谓经验工作法是指每个工人用什么方法操作、使用什么工具等,都由他根据自己的或别人的经验来决定。泰罗主张明确划分计划职能与执行职能,由专门的计划部门来从事调查研究,为定额和操作方法提供科学依据;制订科学的定额和标准化的操作方法及工具;拟订计划并发布指示和命令;比较"标准"和"实际情况",进行有效的控制等工作。至于现场的工人,则从事执行的职能,即按照计划部门制订的操作方法和指示,使用规定的标准工具,从事实际的操作,不得自行改变。

实行"职能工长制"。泰罗主张实行"职能管理",即将管理的工作予以细分,使所有的管理者只承担一种管理职能。他设计出8个职能工长,代替原来的一个工长,其中4个在计划部门,4个在车间。每个职能工长负责某一方面的工作,在其职能范围内,可以直接向工人发出命令。泰罗认为这种"职能工长制"有3个优点:①对管理者的培训所花费的时间较少;②管理者的职责明确,因而可以提高效率;③由于作业计划已由计划部门拟订,工具与操作方法也已标准化,车间现场的职能工长只需进行指挥监督,因此非熟练技术的工人也可以从事较复杂的工作,从而降低整个企业的生产费用。后来的事实表明,一个工人同时接受几个职能工长的多头领导,容易引起混乱。所以,"职能工长制"没有得到推广。但泰罗的这种职能管理思想为以后职能部门的建立和管理的专业化提供了参考。

在组织机构的管理控制上实行例外原则。泰罗等人认为,规模较大的企业组织和管理,必须应用例外原则,即企业的高级管理人员把例行的一般日常事务授权给下级管理人员去处理,自己只保留对例外事项的决定和监督权。这种以例外原则为依据的管理控制原理,以后发展成为管理上的分权化原则和实行事业部制管理体制。

泰罗在管理方面的主要著作有:《计件工资制》(1895年)、《车间管理》(1903年)、《科学管理原理》(其中包括在国会上的证词,1912年)。泰罗通过这一系列的著作,总结了几十年试验研究的成果,归纳了自己长期管理实践的经验,概括出一些管理原理和方法,经过系统化整理,形成了"科学管理"的理论。泰罗在管理理论方面做了许多重要的开拓性工作,为现代管理理论奠定了基础。由于他的杰出贡献,他被后人尊为"科学管理之父",这个称号被铭刻在他的墓碑上。

2)理论的发展

泰罗的科学管理理论在20世纪初得到了广泛的传播和应用,影响很大。因此在他同时代和他以后的年代中,有许多人也积极从事于管理实践与理论的研究,丰富和发展了"科学管理理论"。其中,比较著名的有:

(1)卡尔·乔治·巴思(Carl George Barth)

美籍数学家。他是泰罗最早、最亲密的合作者,为科学管理工作作出了很大贡献。他是个很有造诣的数学家,其研究的许多数学方法和公式,为泰罗的工时研究、动作研究、金属切削试验等研究工作提供了理论依据。

(2)亨利·甘特(Henry L. Gantt)

美国管理学家、机械工程师甘特是泰罗在创建和推广科学管理时的亲密合作者,他与泰罗密切配合,使"科学管理"理论得到了进一步的发展。特别是他的"甘特图"(Gantt Chart),是当时计划和控制生产的有效工具,并为当今现代化方法 PERT(计划评审技术)奠定了基石。他还提出了"计件奖励工资制",即除了按日支付有保证的工资外,超额部分给予奖励;未完成定额的,可以得到原定日工资,这种制度补充了泰罗的差别计件工资制的不足。此外,甘特还很重视管理中人的因素,强调"工业民主"和更重视人的领导方式,这对后来的人际关系理论有很大的影响。

(3)吉尔布雷斯夫妇(Frank B. Gilbreth and Lillian M. Gilbreth)

美国工程师弗兰克·吉尔布雷斯与夫人(心理学博士莉莲·吉尔布雷斯)在动作研究和工作简化方面作出了特殊贡献。他们采用两种手段进行时间与动作研究:①工人的操作动作分解为 17 种基本动作,吉尔布雷斯称之为"Therbligs"(这个字即为吉尔布雷斯英文名字母的倒写);②用拍影片的方法记录和分析工人的操作动作,寻找合理的最佳动作,以提高工作效率。通过这些手段,他们纠正了工人操作时某些不必要的多余动作,形成了快速准确的工作方法。与泰罗不同的是,吉尔布雷斯夫妇在工作中开始注意人的因素,在一定程度上试图把效率和人的关系结合起来。吉尔布雷斯毕生致力于提高效率,即通过减少劳动中的动作浪费来提高效率,被人们称之为"动作专家"。

(4)哈林顿·埃默森(Harrington Emerson)

美国早期的科学管理研究工作者,从 1903 年起就同泰罗有紧密的联系,并独立地发展了科学管理的许多原理。如他对效率问题作了较多的研究和实践,提出了提高效率的 12 条原则:①明确的目的;②注意局部和整体的关系;③虚心请教;④严守规章;⑤公平;⑥准确、及时、永久性的记录;⑦合理调配人、财、物;⑧定额和工作进度;⑨条件标准化;⑩工作方法标准化;⑪手续标准化;⑫奖励效率。在组织机构方面,提出了直线和参谋制组织形式等。另外,他还在职工的选择和培训、心理因素对生产的影响、工时测定等方面也作出了贡献。

科学管理最经典和成功的应用,包括美国福特汽车公司及 T 型黑色轿车工业化生产的大获成功。尽管泰罗的追随者在许多方面不同程度地发展了"科学管理"理论和方法,但总的来说,他们和泰罗一样,研究的范围始终没有超出劳动作业的技术过程,没有超出车间管理的范围。

1.2.3 经典理论——通用管理理论

1)法约尔的管理原则

泰勒的科学管理开创了西方古典管理理论的先河。在泰勒主义被传播之时,欧洲也出现了大批管理问题思考者,关注的目光从车间上升到整个组织,试图寻找和解释管理者的工作是什么、怎样的管理是有效的等问题的规律,建立起现代管理理论的基本框架。其中,影响最大的是法约尔及其一般管理理论。

亨利·法约尔(Henri Fayol,1841—1925年),法国人,早期就参与企业的管理工作,并长期担任企业高级领导职务。泰勒的研究是从"车床前的工人"开始,重点内容是企业内部具体工作的效率。法约尔的研究则是从"办公桌前的总经理"出发的,以企业整体作为研究对象。他认为,管理理论是指"有关管理的、得到普遍承认的理论,是经过普遍经验检验并得到论证的一套有关原则、标准、方法、程序等内容的完整体系";有关管理的理论和方法不仅适用于公私企业,也适用于机关和社会团体。

法约尔的著述很多,1916年出版的《工业管理和一般管理》是其最主要的代表作,标志着一般管理理论的形成。其主要内容如下:区别经营和管理为两个不同的概念;管理能力可以通过教育来获得(管理所以能够走进大学课堂);将管理活动分为计划、组织、指挥、协调和控制等五大管理职能;提出14项管理原则。

法约尔提出了一般管理的14项原则:劳动分工(专业化提高劳动效率但也引发工作厌倦感)、权力与责任(权力是管理者行使管理职能的基础但必须与责任相伴)、纪律(组织治理需要规则但遵守纪律的习惯却是有效的管理者造就的)、统一指挥(每个成员只有一位上司)、统一领导(组织的活动应该在统一的目标和共同的计划指导下进行)、个人利益服从整体利益(组织要生存必须将整体利益置于成员个人利益之上)、员工报酬(报酬的数量公平且形式多样)、集中(决策权的集中还是分散程度随条件而变化)、等级链(形成自高层到基层的指挥链)、秩序(员工职位安排以组织利润最大化和员工满意度为原则)、公平(鼓励员工忠诚地履行职责必须尊重员工的公平感理解)、人员稳定(长期雇佣员工能确保效率和组织稳定)、首创精神(鼓励员工的主动性形成组织的优势)、团队精神(适当等级和正确命令促进团结合作和奉献)。

亨利·法约尔是直到20世纪上半叶为止,欧洲贡献给管理运动的最杰出的大师,后来成为管理过程学派的理论奠基者,被后人尊称为"现代经营管理之父",对管理理论的发展和企业管理的历程均有着深刻的影响。他最主要的贡献在于3个方面:从经营职能中独立出管理活动,提出管理活动所需的五大职能和14条管理原则。这3个方面也是其一般管理理论的核心。它与泰勒的科学管理并不是矛盾的,只不过是从两个方面来看待和总结管理实践。

2)韦伯的行政组织理论

被称为"组织理论之父"的韦伯与泰勒、法约尔是西方古典管理理论的3位先驱。马克斯·韦伯(Max Weber,1864—1920年),生于德国,曾担任过教授、政府顾问、编辑,对社会学、宗教学、经济学与政治学都有相当的造诣。韦伯的主要著作有《新教伦理与资本主义精神》《一般经济史》《社会和经济组织的理论》等,其中,官僚组织模式

(Bureaucratic Model)的理论(即行政组织理论)对后世产生了最为深远的影响。

韦伯认为,任何组织都必须以某种形式的权力作为基础,没有这种权力,任何组织都不能达到自己的目标。人类社会存在3种为社会所接受的合法权力:由传统惯例或世袭得来的传统权力(Traditional Authority)、来源于别人的崇拜与追随的超凡权力(Charisma Authority)、由理性—法律规定的法定权力(Legal Authority)。

对于传统权力,韦伯认为:人们对其服从是因为领袖人物占据着传统所支持的权力地位,同时,领袖人物也受到传统的制约。但是,人们对传统权力的服从并不是以与个人无关的秩序为依据,而是习惯于义务领域内的个人忠诚。领导人的作用似乎只为了维护传统,因而这种权力形式效率较低,不宜作为行政组织体系的基础。

而超凡权力的合法性,完全依靠对于领袖人物的信仰,他必须以不断的奇迹和英雄之举赢得追随者。超凡权力过于带有感情色彩并且是非理性的,不是依据规章制度而是依据神秘的启示。所以,超凡的权力形式也不宜作为行政组织体系的基础。

韦伯认为,只有法定权力才能作为行政组织体系的基础,其最根本的特征在于它提供了慎重的公正。原因在于:管理的连续性使管理活动必须有秩序地进行,以“能”为本的择人方式提供了理性基础,领导者的权力受到约束,并非无限。

有了适合于行政组织体系的权力基础,韦伯勾画出的理想官僚组织模式(Bureaucratic Ideal Type),具有下列特征:

①组织中的成员应有固定和正式的职责并依法行使职权。组织是根据合法程序确定的,应有其明确目标,并靠着这一套完整的法规制度,组织与规范成员的行为,以期有效地追求与达到组织的目标。②组织的结构是由上而下逐层控制的体系。在组织内,按照地位的高低规定成员间命令与服从的关系。③强调人与工作的关系,成员间只有对事的关系而无对人的关系。④成员的选用与保障:每一职位均根据其资格限制(资历或学历),按自由契约原则,经公开考试合格予以使用,务求人尽其才。⑤专业分工与技术训练:对成员进行合理分工并明确每人的工作范围及权责,并不断通过技术培训来提高工作效率。⑥成员的工资及升迁:按职位支付薪金,并建立奖惩与升迁制度,使成员安心工作,培养其事业心。

韦伯认为,凡具有上述6种特征的组织,不但可使组织体现出高度的理性化,且其成员的工作行为也能达到预期效果,组织目标也能顺利实现。尽管现实并不存在韦伯描绘的理想官僚组织模式,但是为行政组织指明了制度化的组织准则,提供了可供选择的组织构建方式。

作为韦伯组织理论的基础,官僚制在19世纪已盛行于欧洲。韦伯从事实出发,把人类的行为规律性地服从于一套规则作为社会学分析的基础。他认为,一套支配行为的特殊规则的存在是组织概念的本质所在,没有它们,将无从判断一个组织的行为。这些规则对行政人员的作用是双重的:一方面,他们自己的行为受规则的制约;另一方面,他们有责任监督其他成员服从于这些规则。韦伯理论的主要创新之处源于他不去纠缠有关官僚制效率的争论，而把目光投向其准确性、连续性、纪律性、严整性与可靠性。韦伯这种强调规则、强调能力、强调知识的行政组织理论为社会发展提供了一种高效率、合乎理性的管理体制。现在普遍采用的高层、中层、基层3层次管理结构就是源于他的理论。

韦伯对组织管理理论的伟大贡献在于，明确而系统地指出理想的组织应以合理合法权力为基础，这样才能有效地维系组织的连续和目标的达成。为此，韦伯首推官僚组织，并且阐述了规章制度是组织得以良性运作的基础和保证。

1.2.4　人力资源管理理论

1）梅奥人际关系理论

（1）古典管理理论的困惑

古典管理理论的杰出代表泰勒、法约尔等人在不同的方面对管理思想和管理理论的发展作出了卓越的贡献，但是都着重强调管理的科学性、合理性、纪律性，而未给管理中人的因素和作用以足够重视。

古典管理理论是基于这样的假设：社会是由成群的无组织个人所组成；他们在思想上、行动上力争获得个人利益，追求最大限度的经济收入，即"经济人"；管理部门面对的仅仅是单一的职工个体或个体的简单总和。基于这种认识，工人被安排去从事固定的、枯燥的和过分简单的工作，成了"活机器"。

从20世纪20年代美国推行科学管理的实践来看，泰勒制在使生产率大幅度提高的同时，也使工人的劳动变得异常紧张、单调和劳累，因而引起了工人们的强烈不满，并导致工人怠工、罢工以及劳资关系日益紧张等事件的出现；另一方面，随着经济的发展和科学的进步，有着较高文化水平和技术水平的工人逐渐占据了主导地位，体力劳动也逐渐让位于脑力劳动，也使得西方的资产阶级感到单纯用古典管理理论和方法已不能有效控制工人以达到提高生产率和利润的目的。这使得对新的管理思想、管理理论和管理方法的寻求和探索成为必要。

（2）霍桑试验

与此同时，人的积极性对提高劳动生产率的影响和作用逐渐在生产实践中显示出来，并引起许多企业管理学者和实业家的重视。但是对此进行专门的、系统的研究，进而形成一种较为完整的全新管理理论则始于20世纪20年代美国哈佛大学心理学家梅奥等人所进行的著名的霍桑试验。这项在美国西方电器公司霍桑工厂进行的长达九年的实验研究，真正揭开了作为组织中的人的行为研究的序幕。

乔治·埃尔顿·梅奥（George Elton Mayo），是原籍澳大利亚的美国行为科学家。1924—1932年，美国国家研究委员会和西方电气公司合作，由梅奥负责进行了著名的霍桑试验（Hawthorne Experiment），即在西方电气公司所属的霍桑工厂，为测定各种有关因素对生产效率的影响程度而进行的一系列试验，由此产生了人际关系学说。

从 1924 年到 1932 年，试验分 4 个阶段。第一阶段：工场照明试验（1924—1927 年）。第二阶段：继电器装配室试验（1927 年 8 月—1928 年 4 月）。第三阶段：大规模的访问与调查（1928—1931 年）。第四阶段：接线板接线工作室试验（1931—1932 年）。

但试验结果却出乎意料：无论工作条件（照明度强弱、休息时间长短、厂房内温度高低等）是改善还是取消改善，试验组和非试验组的产量都在不断上升；在试验计件工资对生产效率的影响时，发现生产小组内有一种默契，大部分工人有意限制自己的产量，否则就会受到小组的冷遇和排斥，奖励性工资并未像传统的管理理论认为的那样使工人最大限度地提高生产效率；而在历时两年的大规模的访谈试验中，职工由于可以不受拘束地谈自己的想法，发泄心中的闷气，从而态度有所改变，生产率相应地得到了提高。

通过 4 个阶段历时近 8 年的霍桑试验，梅奥等人认识到，人们的生产效率不仅要受到生理方面、物理方面等因素的影响，更重要的是受到社会环境、社会心理等方面的影响。

（3）人际关系学说

霍桑试验的研究结果否定了传统管理理论对于人的假设，表明了工人不是被动的、孤立的个体，他们的行为不仅仅受工资的刺激；影响生产效率的最重要因素不是待遇和工作条件，而是工作中的人际关系。根据霍桑试验，梅奥于 1933 年出版了《工业文明中人的问题》，提出了与古典管理理论不同的新观点，主要归纳为以下几个方面：

工人是"社会人"，而不是单纯追求金钱收入的"经济人"。作为复杂社会系统成员，金钱并非刺激积极性的唯一动力，他们还有社会、心理方面的需求，因此社会和心理因素等方面所形成的动力，对效率有更大影响。影响生产效率的根本因素不是工作条件，而是工人自身。参加试验的工人意识到自己"被注意"，是一个重要的存在，因而怀有归属感，正是这种人的因素导致了劳动生产率的提高。在决定工人工作效率因素中，工人为团体所接受的融洽性和安全感，较之奖励性工资有更为重要的作用。

企业中除了"正式组织"之外，还存在着"非正式组织"，这种非正式组织是企业成员在共同工作的过程中，由于具有共同的社会感情而形成的非正式团体。这种无形组织有它特殊的感情、规范和倾向，左右着成员的行为。古典管理理论仅注重正式组织的作用，这是很不够的。非正式组织不仅存在，而且同正式组织是相互依存的，对生产率的提高有很大影响。

新型的领导在于通过对职工"满足度"的增加，来提高工人的"士气"，从而达到提高效率的目的。生产率的升降，主要取决于工人的士气，即工作的积极性、主动性与协作精神，而士气的高低，则取决于社会因素特别是人群关系对工人的满足程度，即他的工作是否被上级、同伴和社会所承认。满足程度越高，士气也越高，生产效率也就越高。所以，领导的职责在于提高士气，善于倾听和沟通下属职工的意见，使正式组织的经济需求和工人的非正式组织的社会需求之间保持平衡。这样就可以解决劳资之间乃至整个“工业文明社会”的矛盾和冲突，提高效率。

(4)评价

梅奥等人开启的人际关系理论的重要贡献主要有4个方面：发现了霍桑效应，即一切由“受注意了”引起的效应；职工是社会人；企业中存在非正式组织；新的领导能力在于提高员工的满意度。

人际关系学说第一次把管理研究的重点从工作上和从物的因素上转到人的因素上来，不仅在理论上对古典管理理论作了修正和补充，开辟了管理研究的新理论，还为现代行为科学的发展奠定了基础，而且对管理实践产生了深远的影响。

人才是企业发展的动力之源。人、财、物是企业经营管理必不可少的三大要素，而人力又是其中最为活跃、最富于创造力的因素。即便有最先进的技术设备，最完备的物质资料，没有了人的准确而全力的投入，所有的一切将毫无意义。对于人的有效管理不仅是高效利用现有物质资源的前提，而且是一切创新的最基本条件。但是人的创造性是有条件的，是以其能动性为前提的。硬性而机械式的管理，只能抹杀其才能。“只有满意的员工才是有生产力的员工”。因此，企业的管理者既要做到令股东满意、顾客满意，更要做到令员工满意。员工参与管理能够将他们的个人目标和企业的经营目标完美地统一起来，从而激发出更大的工作热情。

有效沟通是管理中的艺术方法。管理是讲究艺术的，对人的管理更是如此。那种高谈阔论，教训下属，以自我为中心的领导方式已不适用了。早在霍桑访谈试验中，梅奥已注意到亲善的沟通方式，不仅可以了解到员工的需求，更可以改善上下级之间的关系，从而使员工更加自愿地努力工作。倾听是一种有效的沟通方式。具有成熟智慧的管理者会认为倾听别人的意见比表现自己渊博的知识更重要。适时地赞誉别人也是管理中极为有效的手段。采用“与人为善”的管理方式，不仅有助于营造和谐的工作气氛，而且可以提高员工的满意度，使其能继续坚持不懈地为实现企业目标而努力。

企业文化是寻求效率逻辑与感情逻辑动态平衡的有效途径，发现非正式组织的存在是梅奥人际关系理论的重要贡献。员工不是作为一个孤立的个体而存在，而是生活在集体中的一员，他们的行为很大程度上是受到集体中其他个体的影响。怎样消除非正式组织施加于员工身上的负面影响也是当代管理者必须正视的一个问题。只有个人、集体、企业三方的利益保持均衡时，才能最大限度地发挥个人的潜能。培养共同的价值观，创造积极向上的企业文化是协调好组织内部各利益群体关系，发挥组织协同效应和增加企业凝聚力最有效的途径。

人际关系学说也存在着缺欠，就是过于强调人的作用，走到管理问题的另一个极端。

2)马斯洛需要层次理论

员工的行为差异与其动机和需要有密不可分的联系。需要是人的一种主观状态，是个体在生存过程中对既缺乏又渴望得到的事物的一种心理反应活动。由此可见，需要的形成是客观的，是由客观的事物造成的；需要的形成又是主观的，对同一事物引起的需要不同，而且有时他人几乎不能察觉。引起个体需要的事物必须具备两个条件：缺乏性和能引起个体渴望。有许多心理学家对需要做了深入的研究，马斯洛需要层次理论比较好地解释了其中的规律。

亚伯拉罕·马斯洛(Abraham. Harold. Maslow, 1908—1970 年)是美国人本主义心理学家。他于 1934 年在美国威斯康星大学获心理学博士学位，并在该校任教 5 年，然后迁往纽约，在哥伦比亚大学和布鲁克林学院任教；1951 年任布兰代斯大学心理系教授、系主任。马斯洛一生著述颇多，其中最著名的是 1943 年发表的《人类动机理论》，马斯洛提出了著名的人类基本需要等级论，即需要层次理论(Hierarchy of Needs Theory)。

需要层次理论认为，人随时都有某些需要有待满足，人的需要由低到高可以被划分为 5 个层次(图 1.7)：生理需要(The Physiological Needs)、安全需要(The Safety Needs)、爱与归属需要(The Love & Belongingness Needs)、尊重需要(The Esteem Needs)、自我实现的需要(The Needs for Self-actualization)。当某一个需要已经得到满足，则这项需要将不再有激励作用，而将有另一项需要出现，并要求满足，这个进程是连续不断的。中国古代的经典思维：仓廪实而知礼节、衣食足而知荣辱、饱暖思淫欲……都体现出需求是分层次满足的规律。

(1)生理需要

维持自我生存与种族延续所必需的，是人最原始最基本的需要，是一切需要之中最占优势和最基本的需要。包括：衣食住行、婚姻等需要。

(2)安全需要

人对秩序、自由、稳定以及免受恐惧与伤害的需要。包括：社会有秩序、人身安全以及生活、职业、劳动、健康、退休等安全需要。

(3)爱与归属需要

爱与归属需要也称社交需要，是指与他人进行社会交往，渴望得到支持和友爱，希望有所归属并得到承认的需要。爱是广泛意义上的爱，包括给予别人的爱和接受别人的爱的需要。归属是指成为团体的成员的需要。

(4)尊重需要

追求自我尊重(独立、自由、自信与成就等)和社会尊重(名誉、权力、赞赏等)的需要。人一方面要感到自己的重要性；另一方面也必须获得他人的认可，包括给予尊敬、赞美、赏识和承认地位，以支持自己的感受。这样才能产生自信、声望和力量的感受。

(5)自我实现需要

人希望自己潜在能力能够充分实现，成为自己期望中的人物与角色，是需要层次中的最高层次需要，包括胜任感、成就感等。通俗地讲就是一个人能够做什么，他就必须要做什么的需要。

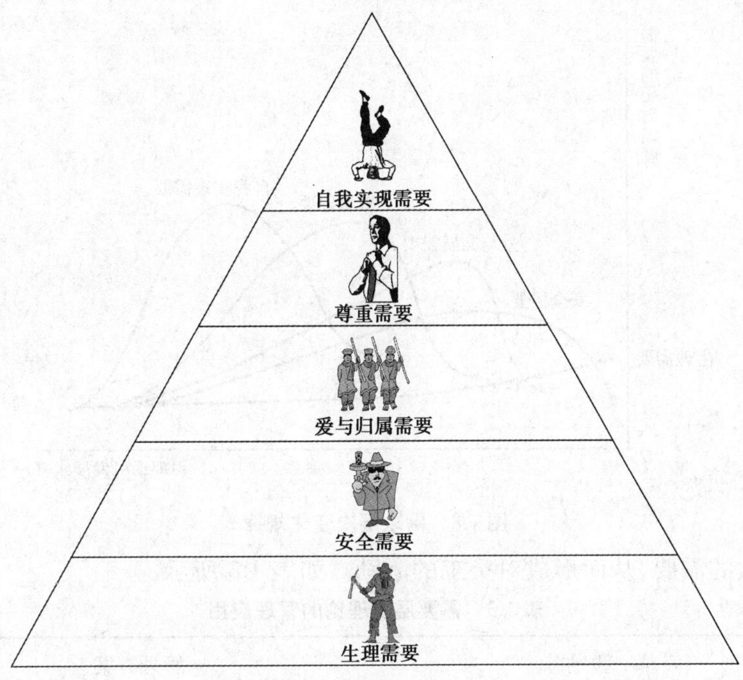

图 1.7　人的需求层次

前 3 种需要称为缺乏型需要，只有在满足了这些需要后，个体才能感到基本上舒适；后 2 种需要称之为成长型需要，主要是为了促进个体的成长与发展。

马斯洛认为，各层次需要之间的关系是：5 种需要像阶梯从低到高排列，低层次的需要获得满足后，就会向高层次的需要发展，已经得到满足的需要，其激励作用将削弱或者消失；心理变态者、抱负水平极低者、狂妄自大者、身居高位者、有创造天赋者、理想与信念坚定者、放弃某层次需要者 7 种人的需求层次例外；5 种需要不是每个人都能满足的，越是靠近顶部的成长型需要，满足的百分比越少（现代社会中各层次需要满足的比例分别是：生理需要 85%、安全需要 70%、爱与归属需要 50%、尊重需要 40%、自我实现需要 10%）；同一时期，个体可能同时存在多种需要，人的行为往往是受多种需要支配的，但总有一种需要占支配地位。

近来的研究有些新发现：缺乏型需要几乎人人天生都有，而成长型需要并不是所有人都有的，尤其是自我实现的需要，相当部分的人没有；满足需要时不一定先从最低层次开始，有时可以从中层或高层开始；有时个体为了满足高层次的需要而愿意牺牲低层次的需要；任何一种需要并不因为满足而消失，高层次需要发展时，低层次需要仍然存在，各层次的需要相互依赖与重叠。如图 1.8 所示。

根据需要层次理论，管理者可以找出相应的激励因素，采取相应的组织措施来满足

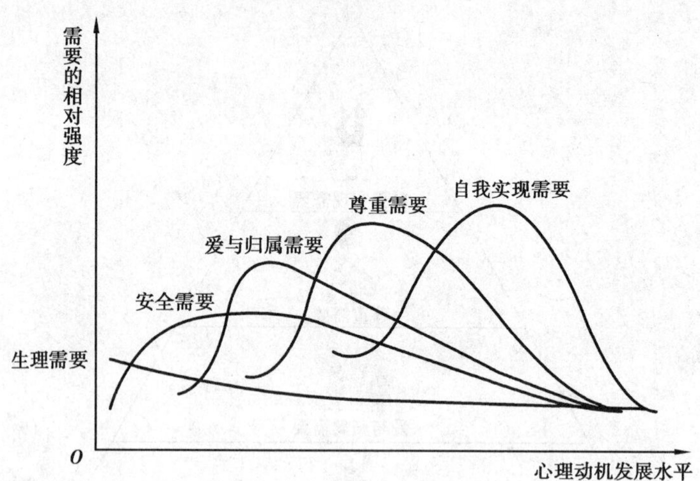

图 1.8　需求层次变化规律

员工不同层次的需要，从而形成对员工的激励。如表 1.3 所示。

表 1.3　需要层次理论的管理应用

需要层次	激励源	管理方案
生理需要	工资与奖金、工作环境、福利	工资奖金制度、医疗保健制度、作息时间、福利政策与制度
安全需要	职业保障	劳动用工制度、养老保险制度、医疗保险制度
爱与归属需要	企业精神、人际关系、组织的接纳	协商对话与交流制度、奖金分配制度、社团活动、娱乐活动、教育与培训
尊重需要	名誉、地位、权力、责任、薪酬公平	人事管理、奖励表彰制度、各种委员会参与管理的制度
自我实现需要	能发展个体特长的环境、有挑战性的工作	决策参与制度、提案制度、攻关小组活动

3）赫茨伯格与双因素理论

弗雷德里克·赫茨伯格是美国犹他大学管理学教授，研究激励问题的知名学者，著名的美国行为科学家。他在匹兹堡大学取得理学博士学位，主要著作包括《工作的激励》（1959）、《工作与人性》（1966）、《再论如何激励职工》（1968）等。赫茨伯格在管理学界的巨大声望，一方面是因为提出了著名的“激励—保健因素理论”（Motivation-Hygiene Theory），即双因素理论，另一方面则是因为他对“职务丰富化”理论所进行的开拓性研究。

20世纪50年代末期，赫茨伯格和他的助手们在美国匹兹堡研究中心对200名工程师、会计师进行了调查访问。调查的问题主要有两个：什么原因使你愿意干你的工作？什么原因使你不愿意干你的工作？调查结果表明，凡是激励人工作的因素都与工作本身有关，而使人不愿工作的因素都与工作环境有关。在这项调查的基础上，赫茨伯格于1959年在《工作的激励》中提出了激励的双因素理论。

双因素理论认为，有两种不同的因素在影响着人们的行为。一是保健因素，这是与工作环境有关的因素，主要有工作条件、安全、工资、监督、公司政策、人际关系等。这些都是员工在感到不满意时所常常抱怨的外部因素。这些因素如果不好则会导致员工的不满，但这些因素即使好也不会产生强烈的激励作用，只能防止不满情绪而已。人的行为的另一个影响因素是激励因素。这些因素与工作本身有关，主要包括成就、承认、工作本身、责任、晋升、个人的成长与发展等。这些因素可以起到对员工的强烈激励作用。如图1.9所示。马斯洛的需要层次理论中的生理需要、安全需要、社会需要常常属于保健因素，而尊重和自我实现这些高层次的需要则属于激励因素。

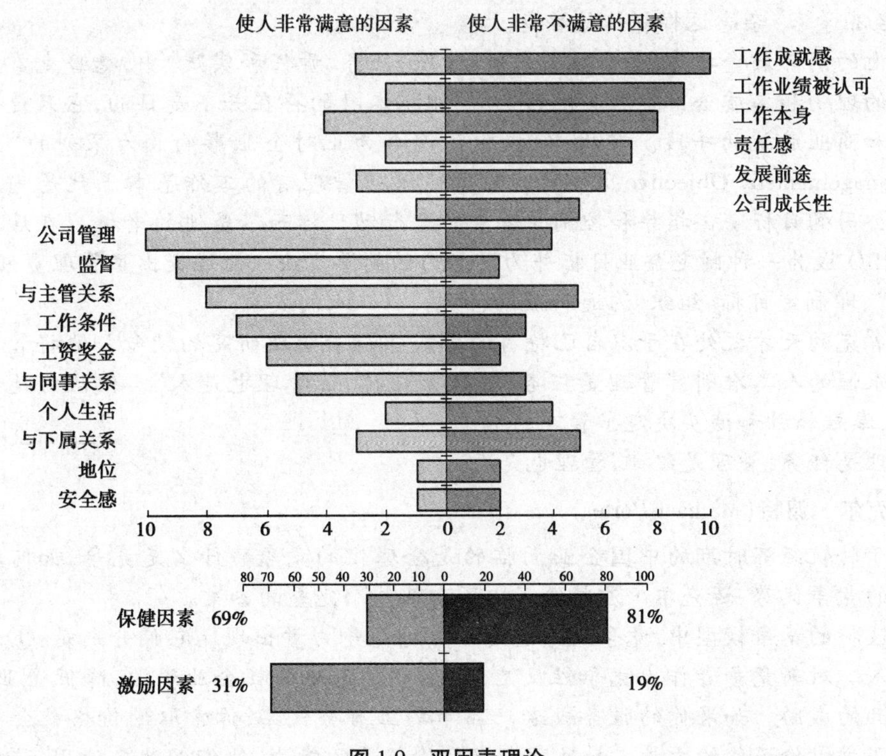

图1.9　双因素理论

双因素理论与传统激励观点不同之处在于,传统观点将员工的态度分为满意/不满意两种,而双因素理论则将其划分为4种,即满意/没有满意、没有不满意/不满意,激励因素影响前一对状态,而保健因素则对后两种态度起作用。也就是说,导致工作满意感的因素与导致工作不满意感的因素是彼此独立而不同的。因此在管理中应当正确识别与区分这两种因素,为员工提供适度的保健因素以防止出现工作不满意感,同时通过提供激励因素来达到激励员工的目的。

双因素理论促使企业管理人员注意工作内容方面因素的重要性,特别是它们同工作丰富化和工作满足的关系,因此是有积极意义的。赫茨伯格告诉我们,满足各种需求所引起的激励深度和效果是不一样的,要调动员工的积极性,不仅要注意物质利益和工作条件等外部因素,更要注意工作的安排和对员工的精神鼓励。

参考资料:管理大师

彼得·德鲁克(Peter F.Drucker)

"在一个充斥着自大狂和江湖骗子的行业中,他是一个真正的具有原创性的思想家。"《经济学家》杂志这样评价德鲁克。

在他的两部巅峰之作《管理实践》和《管理:任务、责任和实践》中,德鲁克首先对组织存在的理由和本质给出了启发性的见解:组织本身的存在并不是目的,它只是实现商业运营和商业成就的手段。其次,他提出了迄今为止对企业影响最为深刻的"目标管理"(Management by Objective,MBO)。他阐述道:"管理者的工作基本点就是完成任务以实现公司的目标……指导和控制管理者的是行动目标而不是他的老板。"在后人的努力下,MBO成为一种制定企业目标并为之努力的简单方法。他还提出了管理责任的"五大基础",即制定目标、组织、沟通和激励、衡量,以及人的发展。

德鲁克的天才之处在于以自己特有的方式执行着管理研究的使命。他将管理确定为一种永恒的人类准则,"管理是任务,管理是纪律,但管理也是人"。他认为是管理者的眼光、奉献精神和诚实决定了管理的水平。

管理是任务,管理是纪律,管理也是人。

迈克尔·波特(Michael Porter)

处于转轨经济时期的中国企业面临的是全球化的竞争。什么是竞争,如何才能建立自己的竞争优势,迈克尔·波特给了中国企业一个完整的答案。

在波特的竞争模型中,竞争规则总是以5种竞争力量出现。它们分别是:①新竞争者的进入。对新竞争者作出竞争性反应,将不可避免地消耗企业资源,降低企业利润。②代用品的威胁。如果你的服务或者产品市场上有替代品,你索取的价格就会受到限制。③买方讨价还价的力量。如果顾客有讨价还价的能力,他们必然会使用,这就会降低边际利润,影响企业的盈利率。④供应商讨价还价的能力。如果拥有超过你的力量,供应商自然会提高要价，不利于企业盈利率。⑤现有竞争者的对抗力。竞争总是会带来营销、研发方面的更大投入，或者是降价，这些都会降低利润。

根据这个竞争力模型，波特提出了3种企业的普遍性策略——对付竞争力量的可行方法：第一是差异化，其竞争基础在于为顾客提供附加值（质量、服务差异化），顾客也因此支付溢价；第二是成本领先策略，以尽可能低的成本提供商品或者服务；第三是集中和重点策略，在拥有明确的方向和战略基础上，集中企业资源参与竞争。

企业的长期竞争优势：低成本和差异化

菲利普·科特勒（Philip Kotler）

菲尔普·科特勒的营销学专著在中国出版的就达27本之多。他所倡导的“大量营销”“反向营销”“社会营销”概念，在中国如此走红。

早期的科特勒比较偏向“交易导向”的营销研究：公司在广告上花了多少钱，什么是销售力量的合理规模，公司如何明智地定价。在后期的研究中，科特勒开始转向“关系营销”，潜心解释这样一些问题：如何及时培养大市场，何时专注于现有市场，何时创立新品牌和何时延伸现有品牌，何时在渠道中采用“推”的策略以及何时采用“拉”策略，何时进入国际市场等问题。

“市场营销已经是整个经济活动的中心环节”，科特勒认为这是毋庸置疑的事实。无疑这也是中国企业面临的关键问题。

市场营销已经是整个经济活动的中心环节。

汤姆·彼得斯（Tom Peters）

是《追求卓越》一书使汤姆·彼得斯从麦肯锡公司的普通职员一跃而成为管理大师。书中通过对43家卓越组织的深入分析，捕捉到那些为传统管理学者们所忽略，但却是企业经营最基本的因素：将注意力放到顾客的身上，对人持续地关心，鼓吹实验和失败等。他总结出了经受长期检验的8项基本品质：贵在行动，靠近客户，自主创业，以人助产，价值驱动，不离本行，精兵简政，宽严并济。

在《管理的解放》一书中，彼得斯提出应该建立一种富有弹性、能够及时调整、满足当时经营者需要的新型公司。新型公司结构的关键就在于借助网络，能够在顾客之间、供应商之间、任何有助于生意的人之间实现实时的沟通。他认为，企业必须走向一种基于“商业网络”而不是基于“所有权”的新规模观，即一个企业的规模不是看它的资产数量，而是看它能在多大程度上迅速、灵活、富有弹性地吸纳、消化企业边界外各种资源，能有效地缩小新市场的进入成本和旧市场的退出成本。

与偏重于理论体系的彼得·德鲁克和迈克尔·波特不同，汤姆·彼得斯的研究更关注企业运营层面的基本元素。

21世界最大的挑战，将是培养能力，以管理那些超越传统界限的工程。

彼得·圣吉(Peter Senge)

“在将来,只有那些懂得如何激发组织内各个层次人学习热情和学习能力的组织,才能傲视群雄。”彼得·圣吉认为,在一个变化越来越快、越来越复杂的世界里,企业应该通过不断学习发展自身的适应能力。

彼得·圣吉将这样的组织称为“学习型组织”。通过研究,他发现一个学习型组织由5个部分组成:①系统思考。圣吉发明了一种系统模型,它能帮助经理找出重复形式,诸如某些问题产生方式和系统内置的发展局限。②自我超越。不断地学习使人对当前事实看得更清楚,而想象和现实之间的差异会引发创造张力,又使学习势在必行。③心智模式。指的是组织内基本的、起推动作用的价值观和原则。④共同的远景。⑤团体学习。包括深度会谈和讨论。

在学习型组织中,管理者是研究者也是设计者,却不是控制者和监督者。管理者应该鼓励他们的员工开放自己,接受新的思想,相互之间坦诚交流,彻底了解公司的运作模式,形成一个集体的想象力,并为达成共同的目标而努力。

在将来,只有那些懂得如何激发组织内部各层次人员学习热情的学习能力的组织,才能傲视群雄。

弗雷德里克·赫茨伯格(Fredrick Herzberg)

“用对待老鼠的办法对待知识财富,肯定无法使人的长处得以发挥。”中国企业的管理者们应该记住弗雷德里克·赫茨伯格的这句话。

有资料显示,中国企业的员工流动率越来越频繁。70%的优秀员工离开公司不是因为薪水,而是出于个人职业发展、没有获得应有的赏识等因素。员工的基本需要如薪金、福利、职业的安定等方面的满足并不能带来成就感。那么我们还能做什么?弗雷德里克·赫茨伯格的研究可以给我们很多启发。

赫茨伯格把激励因素分为两大类:一类指服务于人们的动物需要(保健因素);另一类则指那些能够满足人类区别于动物的需要(激励因素)。保健因素包括监督、人际关系、工作条件、薪金、福利、职业安定等,它是实际工作中将会威胁到员工身心健康的因素,所以同时又称为“维持因素”,这些因素低于员工认可和可以接受的程度,员工就会对工作感到不满。但是仅有保健因素不足以提供“激励因素”,真正意义上的激励,应该来自成就、个人的成长、职业的满意和赏识。所以赫茨伯格认为,“保健因素是工作中不满意因素的主要制造者,而激励因素则通向满意感”。

用对待老鼠的办法对待知识财富,肯定无法使人的长处得以发挥。

罗伯特·卡普兰(Robert S. Kaplan)

罗伯特·卡普兰的平衡计分卡(Balanced Scorecard)理论被《哈佛商业评论》评为75年来最具影响力的管理学说。他和戴维·诺顿在总结12家大型企业业绩评价体系的基础上,提出了平衡计分卡理论。

作为一个战略实施工具，平衡计分卡能够帮助战略实施人员明确公司在财务、客户、内部管理，以及学习与发展4个方面的内在联系。例如：企业的战略目标是增加利润，那么在财务方面的指标应当是增加销售额，降低成本；前者的驱动因素可能是提高现有客户的满意度，增加其购买量，并开发新的客户（客户方面）；后者的驱动因素可能是改善内部管理，尤其是与降低成本相关的方面如供应链管理、生产效率提升等方面（内部管理方面），以及新产品的研发（学习与发展方面）；而客户满意度的驱动因素则是公司在客户最关心的产品质量、交货周期、售后服务等方面工作的单项或者综合表现（内部管理方面）。

平衡计分卡提供了一个将公司实力、客户价值以及财务联系起来的框架。

爱德华·戴明（W.Edward Deming）

"戴明明白，质量管理并不像拧开水龙头那样一蹴而就。它是一种文化，是一个公司的生活方式。"一位美国工程师这样评价爱德华·戴明。与那些成立专门机构为推广自己理论的管理学家不同，戴明始终像一个"独行侠"，他的大部分专业生涯是在自己家的地下室里度过的。

但是，他的影响却经久不衰。如今在企业界盛行的"6西格玛"就出自戴明的理论。爱德华·戴明带给中国企业一种新的质量观：质量就是顾客对所提供产品和服务感受到的优良程度。企业需要通过使用"硬"的（测量统计等工具和手段）和"软"的手段（良好的人际关系和协调技术），将质量概念变为现实。

他提出了著名的"质量管理14点"，其中提到了一个PDCA的循环——戴明环：P（Plan）——计划；D（Do）——执行；C（Check）——检查；A（Action）——行动或者处理。这为成千上万的中国企业贯彻质量管理提供了实际可操作的模式和流程。

同现在众多的质量管理法不同，戴明不仅在技术层面上改进生产程序，他强调："质量管理98%的挑战在于发掘公司上下的知识诀窍。"

质量管理98%的挑战在于发掘公司上下的知识诀窍。

1.3 环　境

案例

Tesla（特斯拉）的牌照困境

美国Tesla（特斯拉）Motors由一群勇敢无畏的硅谷工程师于2003年创立，他们要向世界证明电动汽车的广阔前景。Tesla Roadster（图1.10）于2008年初上市，独领风骚。4年后，Roadster零排放汽车远销37个国家和地区，销量超过2 300辆。

图 1.10 特斯拉电动车

Tesla Motors(特斯拉汽车)

成立时间:2003 年

总部:美国加利福尼亚州帕洛阿尔托市 (Palo Alto)

员工总数:6 000 余名

商店和服务中心:125 余家,遍布世界各地,并且正在增加

覆盖范围:37 个国家和地区

特斯拉未入选 2014 年 5 月发布的《北京市示范应用新能源小客车生产企业及产品目录》,也就是说,目前在北京购买特斯拉旗下任何纯电动车,依然需要参加普通小客车摇号,中标后才能上牌。特斯拉中国正在努力争取"早日让北京地区消费者优先提前获取特斯拉上牌指标"。

但是,此前上海市政府宣布 Model S 可以获得免费的汽车牌照。上海对小客车的限购方式是以高额的上牌费来实现的,在上海,小客车上牌照的价格高达 8 万~12 万元,这相当于在上海,特斯拉既不用摇号,也不必缴纳高额的上牌费用,相当于特斯拉变相取得高额补贴。

而北京地区特斯拉上牌只能通过普通小汽车指标或者旧车置换,目前还不能通过新能源车指标上牌。自 2014 年起,北京小客车指标摇号政策更改为 2 月一次,2014 年第二期小客车摇号结果显示,个人普通小客车摇号中签率仅为 0.8%;相比之下,个人新能源小客车指标摇号中签率则高出很多,达到了 92%。

特斯拉电动汽车在北京、上海遇到不同的车牌政策,是其运营的环境因素所致。环境通常具有不确定性和复杂性,由此威胁着组织运行的成败,管理者需要将威胁影响降低到最低程度,强化调查与预测(增加对环境的深入了解)、制定战略实现战略管理、培育良好的组织文化,能够在很大程度上缓解这种威胁的压力,为组织运行争取相对稳定的环境。

任何组织都不是完全独立存在的,都是在众多约束条件下生存与发展的,这些约束条件就是组织生产与发展的环境(Environment)。过去讨论管理问题时常说"使用有限的资源去满足无限的欲望”，其实就是说明组织的运作是有条件进行的。

组织的约束条件来自两方面：外部环境和内部条件。外部环境一般性描述为由政治、经济、法律、科技、文化、自然等所构成的有形和无形约束条件；内部条件则描述为人员、资金、物质、技术、信息、管理等生产要素，其中最为无形的影响力量是综合而成的组织文化（内部环境）。

鉴于内部条件是组织可以掌握和调控的，外部环境是单个组织力量难以更改的，组织对待约束条件的处理是调整内部条件以适应外部环境，求得组织的生存与发展。

1.3.1 外部环境

组织的外部环境分为背景环境和具体环境，背景环境就是前面提到的由政治、经济、法律、科技、文化、自然等所构成的大环境，具体环境通常是指与实现组织目标直接相关的那部分环境，典型的情况包括政府、公众利益集团（诸如消费者协会）、顾客、中间商、竞争者组成的小环境。组织的外部环境如图1.11所示。

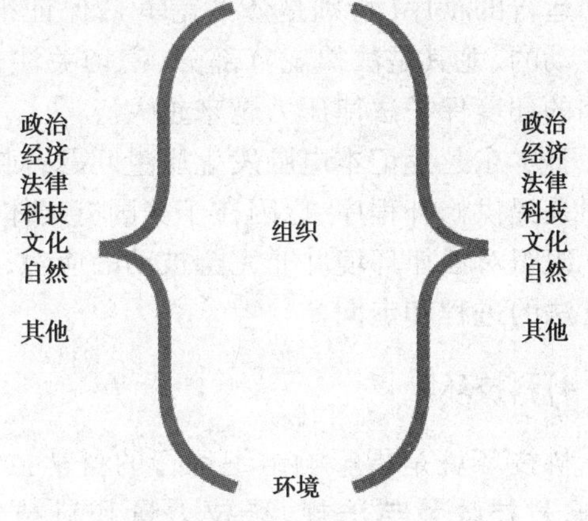

图1.11 外部环境

1）政治环境

政治环境是影响组织运行的政治因素及其运行状况，有政治制度、政治气氛、政党和政治人物等方面。政治环境的影响作用通常是间接的，甚至带有比较高的难以预测性和风险性。

中华人民共和国成立后，将所有私营组织改造为国营组织，社会主义制度从此让私营组织在中国大陆不复存在；美国总统布什赢得2000年大选上台，为感激大力支持自己的石油财团，批准石油财团提出的在美国生态自然保护区阿拉斯加开发石油；印度尼西亚苏哈托发动政变上台任总统后，大力屠杀印度尼西亚共产党人和华人，占据商业领域统治地位的华人被禁止使用中文……类似情况屡见不鲜。因此，美国波音飞机公司能否争得中国的客机订单，并非取决于波音飞机质量与价格，而是受制于中美之间的政治气候，最终会出现美国波音飞机公司花钱成立国会游说团，为中国货的最惠国待遇和加入WTO摇旗呐喊。

2）经济环境

亚洲金融危机重创了众多看似辉煌的企业，衰退让足够多的企业感受到经济环境面前企业管理的丝丝无奈。

经济环境具体可以分为宏观经济环境与微观经济环境。宏观经济环境包括经济体制、经济发展水平、经济结构和经济政策。经济体制是组织所在国家或者地区的经济组织形式;经济发展水平是组织所在国家或者地区的经济发展规模、速度及其程度,通常使用国民生产总值、国民收入、经济增长率等指标表示;经济结构是组织所在国家或者地区的经济成分比例,包括产业结构、消费结构、分配结构、交换结构和技术结构,体现经济发展质量的重要因素;经济政策是组织所在国家或者地区制定的经济发展目标、战略和策略措施。微观经济环境就是通常所指的市场,也是影响组织运行最直接的经济因素,是组织最需要关注的内容。

3)法律环境

法律环境是指与组织相关的法律系统和运行状况,构成组织运行的典型的强制性约束条件,包括法律意识、司法制度、司法机关与法律规范。法律环境确保整个社会组织之间运行的秩序(特别是公平竞争),保证组织的健康发展和有序运作。法律环境是动态变动的,尤其是法律规范部分,密切关注是组织运行的必要工作内容,组织在运行中面临的环境保护法律压力越来越大。

日本东芝笔记本电脑发生质量问题,对美国消费者进行了赔偿,而对中国消费者仅仅只是提供修补程序,原因在于美国有集体诉讼法律,而中国没有这样的法律。

组织对法律环境并非完全被动的应对,也可以预测立法的趋势和后果,预先游说影响立法的进程和走向。

4)科技环境

科技环境是指影响组织运行的科学技术因素,包括组织所在国家或者地区的科技体制、科技政策与法规、科技力量和科技发展水平,未来将越来越成为对组织运行产生重大影响的因素。科技在发展中的影响正在使人们超越自然地理条件的诸多限制,形成在效率与效益方面的巨大竞争力。组织的核心竞争力的相当部分来自于科技的力量,2001 年国外彩色电视重返国内市场,依靠的就是超越国内彩色电视生产上的技术,通过高清晰度电视机、背投电视机、等离子电视机赢得竞争优势和更高的利润额。

5)社会文化环境

社会文化环境是指影响组织运行的无形意识因素,包括社会因素和文化因素,主要有生活方式、人口结构、民族宗教、风土人情、文化传统等方面,影响的是组织成员的思想意识、行为方式,间接影响组织运行的效率和效益。

社会文化环境的影响是间接的、潜移默化的、长期累积的,通常这成为不同组织尤其是不同国家的组织之间管理上差异的重要原因。国外在国内举办的合资组织总是存在中外思想观念的冲突,导致公司运行结果令人失望,最近若干国外投资逐渐倾向于建立独资组织,就是希望避免中外双方在管理上的文化分歧。

鉴于社会文化问题越来越敏感,组织在国际化运行中需要避免触犯忌讳,更好地与不同背景下的人融合协作发展。

6)自然地理环境

自然地理环境是指组织所在地的地质与气候条件,通常被人们忽略的影响因素,毕竟大多数组织对自然地理条件没有苛刻要求。组织通常要求交通方便、靠近生产资源(市场、原材料、能源、人才集中地)所在地,但是,不同领域的组织就会有截然不同的反应。诸如考虑环保要求,凡是可能产生污染的组织只能在城市郊区立足,而房地产开发通常需要在人口集聚地区进行。其实这样的现象是众人见过的典型,商场能够看到夏末的时候开始卖秋天服装甚至是厚厚的冬装,源于气候变化对服装市场有极大的敏感性影响,商场是在抢占时间先机。

地质条件影响生产布局,气候条件影响生产质量,自然条件会形成竞争优势。除了少数特殊行业和产品对自然环境有较为苛刻要求外,比如制药和农化产品,自然环境通常的影响是间接的,主要体现在资源获取的难易程度、成本高低、速度快慢等方面。

1.3.2 内部环境

全球首富比尔·盖茨领导的美国微软公司在股票市场的市场价值曾经达到4 700亿美元,超过全球前50名软件公司的市场价值总和,甚至超过大多数国家的国民生产总值,在竞争激烈的IT行业平均利润率为6%的形势下,微软公司1999年初的纯利润率达到44.3%,造就了影响世界的软件帝国。

在惊讶于微软帝国的辉煌成功时,却没有多少人了解铸造成功还有微软公司精心营造的总部工作环境的功劳。

微软公司总部选址在美国西北角的小城雷德蒙(Redmond),而没有选择拥有全球最著名的哈佛大学与麻省理工学院的波士顿,没有选择微软公司创始地新墨西哥州的阿尔伯克基,也没有选择全球著名的高技术产业区加利福尼亚州的硅谷,最简单的原因是寻找可以供公司几十年发展的地方。但是,真正的原因恐怕是雷德蒙的环境和生活质量一流,1 800亩(1亩=666.67平方米)优雅宁静和充满大自然气息的园林,能够缓解微软公司员工所面临的激烈竞争压力,为天才智慧提供创造的环境,同时避开众多著名的IT公司,减少员工自由跳槽的机会,确保软件开发队伍的稳定。

微软公司总部所有的楼房，全是三四层楼的低层楼房，通常是白色墙面配深绿色玻璃窗，营造出与园林环境和谐的感觉，缓解高度智力劳动的工作压力。楼房常见结构是独特的X型，尽管走廊狭窄而复杂，却能够保证每个程序员拥有独立的办公室，而且每间办公室能够享受充足的阳光。每幢楼房均有小型酒吧，向员工提供免费饮料。更特别的是，所有员工的办公室均在不断调整变动，而15 000间数量庞大的办公室能够确保每位员工即使每天更换办公室，重回曾经待过的办公室也需要40年时间，以保持员工的新鲜感和适度的压力，同时配合部门进行适应市场需求的快速重组。

微软公司刻意营造的总部环境时刻在提供创造无限软件帝国的氛围。微软公司总部创造出香格里拉仙境式的软件园区，从员工公寓、餐厅、运动俱乐部到充足的停车位一应俱全，恰如其分的环境气氛引诱员工把一切时间投入到工作中，创造出辉煌的微软帝国。

非常有趣的(内部)环境管理现象在悄然兴起，谈恋爱总在花前月下、医院的病房总是白色或者淡蓝色、商场的通道总是比较狭窄、现代办公室布置通常是大开间、机械化的车间外边是广阔的草坪……无处不在地体现环境对人的巨大影响。

1)组织内部环境的价值

现代组织是个开放的大系统。组织内部环境是现代组织给人的第一印象，对于公众建立对组织的良好形象有着先入为主的影响。“近朱者赤，近墨者黑”，组织内部环境应该是组织管理中引导人的行为的无形之手。

组织的自然环境是组织生产经营活动的结果之一。组织自然环境优美说明组织及员工努力工作有成绩，表现出组织的经营管理实力，增强组织内外人员的信赖与亲近，为组织吸引投资和人才创造出良好的气氛和条件。

组织的人文环境处处渗透着组织精神，营造出组织的一种运行机制，反映出组织的独特个性，并且，能够将这种组织文化精神默默传承给所有员工，增强员工的自豪感和凝聚力，增强组织的竞争能力。组织的人文环境常常通过组织的自然环境体现出来。

1989年建成的72层的香港中国银行大厦，是香港当时最高的建筑物，坐落在香港金钟道与红棉道交叉路口。大厦底部是灰色花岗岩石台基，给人根基坚固、实力雄厚的印象；大厦外形别致，似节节上升的竹子，表达中国俗语“竹子开花节节高”似的生意兴隆和“虚心”的经营作风；大厦外墙采用铝和银白色的反光玻璃，主楼呈多个三角形的几何分割与组合，富于变化和动感。

据调查表明：良好的组织人文和自然环境可以使劳动生产率提高25%～35%、工伤事故减少40%～50%。因为，良好的工作环境可以减轻工作的心理和生理疲劳，也就可以提高劳动效率。

2)组织内部环境的构成

重庆姑娘以活泼开朗、大方能干、俊俏漂亮著称,形成这样的女性性格主要得益于重庆人文和自然环境的历史变迁。人文环境的历史变迁是重庆3次大规模的人口迁移,明末清初的湖广填四川、民国抗战的陪都引来各界社会精英无数、20世纪60年代三线建设大规模内迁沿海的重工业组织,形成比较优秀的人种。自然环境的历史变迁是重庆处于长江和嘉陵江环抱之中,每年大雾时间长,形成天然的美容条件滋养皮肤容颜;全境的多山丘陵地带使得出门必须爬坡上坎,常年不断地"自然健身"造就健美的身材;重庆处于四川盆地中的半岛,形成热岛效应使得气候潮湿闷热,加上喜欢麻辣刺激的饮食风味,促使性格蜕变得火爆泼辣。一方水土养育一方人,重庆人文和自然环境造就了重庆姑娘的独特性格。

组织又何尝不是如此呢!组织也是具有类人类生物特性的人造团体,将其视为具有人性化的有机物体就同样能够明白,组织内部环境可以造就具有组织性格特征的员工,组织的人文和自然环境每时每刻在潜移默化地影响员工的思想和行为。

组织内部环境应该是组织的完整组成部分,包括人文环境和自然环境。人文环境是体现在历史背景、精神文化和规章制度中,自然环境由地理和物理环境组成,通过潜移默化的渗透方式作用在其中的人员心里,最终影响人员的行为和结果。在构建组织内部环境过程中,人文环境和自然环境是相互融合而非分离进行的。

每个组织只要存在就会有相应的人文环境和自然环境,只是不同组织的人文环境和自然环境状态不同,对组织的经营管理效果产生截然不同的影响。

3)组织人文环境

需要建立的组织人文环境主要是指组织文化,体现在历史背景、精神文化和规章制度3方面。

组织文化主要包括3个层次:表层、中层、深层。表层的组织文化指可见之于形、闻之于声的物质文化,属于外显部分,如厂貌、厂旗、厂歌、产品、员工风貌等;中层的组织文化是制度文化,如组织规章制度、组织机构等;深层的组织文化是指积淀于组织及其员工心灵中的意识形态(精神文化),如理想信念、道德规范、价值取向、行为准则等,属于内隐部分。组织文化的3层次结构的关系是:物质文化是基础,精神文化是灵魂和核心,制度文化是关键与保证。最为重要的是深层文化,支配组织及其职工行为趋向,决定中层文化、表层文化的内核所在。表层文化、中层文化也会反作用于组织的深层文化。

4)组织自然环境

组织自然环境包括:地理地质条件、整体布局、建筑物、室内装修布置。组织自然环境的构建思路是从生产经营活动性质与特点、组织文化(精神)、人—自然环境的协调、建筑学特征方面综合考虑,将其融会在浑然一体中,而不是单纯从建筑学角度考虑,建筑应该体现管理理念与价值。

20 世纪 40 年代建造在法国东部偏僻山区的朗香小教堂,建筑规模很小,却跃居西方现代派建筑艺术的代表作,将现代艺术与建筑高度融合。体味这段描述就会明白其中的奥妙:“奇特的、激动的、无限流动的空间印象。它的每个角落都隐藏着光辉。弯曲倾斜的墙面,屋顶像翻转的船底,上面翘着 3 个手指似的东西——钟塔,教堂内部光线从墙上大小不一的洞页及墙与屋顶间留下的缝隙中射下来,屋内呈现一种阴柔暧昧的气氛,入口则缩在一处折缝中,使人不曾感到扑朔迷离,惘然若失……”建筑师利用光线和独特的空间分布创造出前所未有的建筑概念,使建筑的宗教职能与建筑的结构形式高度统一融合,体现出建筑的性格特征。

建筑在组织形象构成中具有拟人的性格特征,机场、酒店、学校、医院、工厂等职能不同的建筑,性格差异必然造成风格迥异,建筑的形式应该是建筑内在性格的镜子和外在表现。法国朗香教堂本来是宗教场所,建筑师把握这种特性(精神、经营特点),将教堂当作人体感觉器官来设计,从人们的心理体味出建筑的性格,将人带入神秘温馨的境界,引起人们在情绪上的共鸣。基督教的基本教义认为,信仰者只有一次生命,并且决定死后的命运是在天堂享受永恒欢乐,还是在地狱遭受无穷折磨。但是,人生来就负有许多的罪孽,想要让自己死后的灵魂进入天堂,就必须为社会付出和行善,洗尽自己的罪孽。因此,基督教的教堂的建筑结构是惊人的相似,简洁、高大、空旷、肃穆,使每个进入教堂的人能够感受到自己的渺小和忏悔感。

建筑对于组织形象的塑造取决于建筑形式、功能、性格是否协调,建筑能否引起人们情绪上的愉快感,成为人们识别组织形象的标志物。

建筑的性格是人造的,应该服务于人,因此,建筑设计和建造总是以人为中心,从新技术、新材料、新工艺发展中,寻找艺术与环境的高情感创造,赋予建筑新概念和人文价值。

5)建筑与管理关系

建筑艺术可以作为促进团队交流与创新的一种手段,作为降低公司经营成本节约资金的一种战术,作为改造城市街区的一种战略。它也是帮助顾客了解一家公司,并且知道该公司代表着什么的一种途径。建筑学也许是人们最不了解但又可以利用的最有力的商业工具之一。但是,通常建筑师们并不清楚他们对商业发展的作用究竟有多大。而商人们又普遍不了解建筑艺术所具有的非凡的基本功能,他们只是把它看作使公司办公大楼有一个漂亮的外观,或者是建一幢第二个寓所而已。

位于美国加利福尼亚州圣塔克拉拉郡的库比提诺市(Cupertino)的苹果公司新总部 Apple Campus 2,是一座 4 层的圆形建筑(被称为“太空飞船”),占地 708 200 平方米,可容纳 1.2 万名员工。其中,包括一个 260 128 平方米的办公区、研发总部、能容纳1 000人的礼堂、27 870 平方米的研发中心和一座发电站。Apple Campus 2 如图 1.12 所示。

(a)

(b)

(c)

(d)

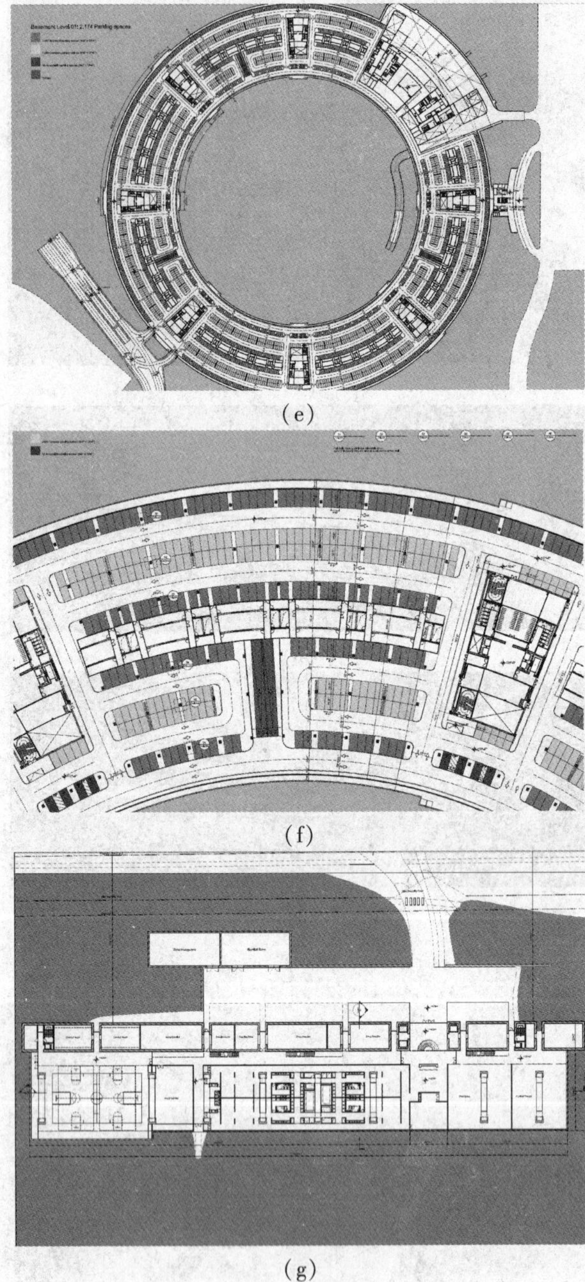

(e)

(f)

(g)

图 1.12　美国苹果公司新总部 Apple Campus 2

为了创造一个统一且具有凝聚力的公司总部以促进内部的交流合作，这座建筑被设计成一个简单的圆形。建筑只有4层，低矮的层高与人的尺度接近，创造了亲切舒适的空间体验。被圆形建筑包围的中心庭院中种植了大量绿色植物，为苹果员工提供了舒适惬意的工作环境（以激发员工非凡的创意），并将室外自然元素引入到室内。

新总部并不是一间专供人欣赏的"花瓶"，与众不同的造型设计，人性化的结构与布局，节能环保的建筑工艺，高度智能化的楼宇，将高科技和高效率的因素，也将苹果公司"非同凡响（Think Different）"的理念在其中得到了充分的体现。

6）组织内部环境管理原则

将组织内部环境提升到管理层次进行经营管理，系统化地构思与设计，渗透式发挥其作用。已经意识到组织内部环境价值，并且正在进行管理的组织各有办法，统一有效的做法并不存在，只有行之有效的原则。

好衣服换取好心情。相当多人的生活体验就是外表的变化可以由表及里，外观上的变化会逐渐内化。组织自然环境的变更逐步波及人的内心，引导员工行为到组织人文环境规范的范畴内，强化员工对组织人文环境的认同和遵守。

谣言重复千遍就成真理——条件反射机制。无论组织的人文环境还是组织的自然环境，对人的影响正如杜甫名诗"随风潜入夜，润物细无声"所表达的那样，在缓慢的累积中产生效用。

榜样的力量是无穷的。典型人物和事件会为后来者树立目标，引导其他人员继续前行。在组织人文环境和组织自然环境双重熏陶下，首先接受并且表现优异者，既应该得到表彰更应该树为典范。

1.4　组织文化

案例

五点十五分的故事

在ICL（一家富士通持股的子公司，总部在英国，目前已全部并入富士通）的英国总部工作了3年时间、然后在香港工作了近10年的简友和，已经是香港ICL一位经历丰富的销售经理。

因为此前多年浸泡在英伦文化和东方文化的含蓄和婉转里，简第一次被派到澳大利亚时，马上感受到了"文化鸿沟"的震撼。

比如，他绝对想不到澳大利亚人的工作风格会如此直接而干脆，毫不掩饰。

“在那里，我学会了如何面对最直截了当的批评。因为如果澳大利亚的经理不喜欢你的主意，他会当面对你说‘我讨厌你的这个想法’。”

文化差异甚至直接传递到日常工作的细节中。刚落地澳大利亚时，对环境还非常陌生的简友和，每天都会习惯性地工作到法定下班时间五点一刻以后。而澳大利亚的同事们却会在下班时间一到，立刻离开公司，开始享受个人的生活。

正在辛勤工作的简却不知道当时澳大利亚分公司的总经理正在悄悄地关注他。几天以后，总经理终于忍不住走来他的办公室：“简，我看到你 3 天以来，天天在加班，你是否遇到了什么工作上的困难？”

这句话让简友和大吃一惊，原来加班这样一种在亚洲文化中习以为常的做法，在澳大利亚却被认为是“工作有困难”的一种表现！

“从此以后，我就不敢在五点一刻以后留在办公室里加班了，准点下班。”简笑着说。

1990 年被富士通部分合并的 ICL，以及在北美地区服务与方案市场极为有名的安导公司（AMDAHL，1997 年营业额 22 亿美元），以前一向以独立品牌运行，从那时开始被正式融入富士通集团的亚洲业务。而被认为深谙不同商业文化的简友和，当即被召回香港，成为当时业务重整小组中的一员，推动 3 个个性截然不同公司的整合。

对简本人来说，这又是一次新的经历。因为经历了欧洲企业的细腻管理风格，澳大利亚人的直白，新加坡公司的区域合作精神以后，他又开始进入一个完全不同的层面。他发现，自己面对的是说着日本话、非常彬彬有礼的“经济武士们”。“甚至在望远镜里看到都要鞠躬。”简开玩笑说。毫无疑问，想要成为他们的一部分，简又一次需要学习。

“让日本人接受是一个很慢而且很困难的过程。日本公司文化是一个口很小但是肚子很大的瓶子，一旦通过瓶颈，里面的空间会很大，可以获得许多信任。但是，建立起整个合作关系很慢。”

有意思的是，在以前的不同国家工作，简总是试图融入本地人的文化。但是，进入富士通以后，简却与他们的日本同事保持着一种“安全”的距离，或许这一点经验可以为其他在日本公司工作的职业经理人提供参考。

“我到现在一句日本话也不会说，因为日本人习惯紧抱成团工作，人与人之间的‘绑定’非常紧密，其中也包括语言。所以一旦对日语有所了解，反而像是打破了他们之间的紧密关系。因此，我故意不去学习日语，让他们有自己的空间。他们之间的日语交流完成以后，达成的就是他们整体的一个承诺，反而让事情办得更顺利。”

让他感触颇深的是，20 多年以后，在工作文化迥然不同的日本东京，又一次发生了五点十五分的故事。当时的简，已经是富士通的高级经理人，出差到东京开会，会议结束的时候，又是五点十五分。而当时富士通的法定下班时间是五点三十分。如果从会场出发，挤在拥挤的车流中赶回，肯定已经是过了下班时间。

简向日本同事们建议，喝一杯啤酒，然后各自下班回家。而日本人却大吃一惊和茫然无所适从：“日本同事的脑子里显然没有准时下班这种概念，他们满心打算着回到办公室里忙自己的工作,加班到六七点钟,忙完手头的事情再回家。”

这或许就是多样化的可爱之处:澳大利亚被认为是等同于“工作有困难”的加班,日本同事却习以为常;在澳大利亚习以为常的准时下班,在日本同事的眼里,很可能变成“不认真工作”的代名词。

文化力量不可低估。宗教能用一种近于松散的管理模式,绵延几千年,靠的就是文化渗透。企业要长寿,也需要文化“渗透”。西方社会忌讳讲灌输,但企业讲,甚至有的如同宗教般进行严格的思想灌输,有一个十分严格的员工价值塑造体系,如迪斯尼公司、IBM 公司、惠普公司,都有十分强大的文化系统。因此,IBM 公司的员工说,离开公司有一种近似于移民的感觉。

日本企业员工认同感相对强。日本企业在国际上相对是比较长寿的,同这种文化机制不无关系。文化机制是一种重要的整合力量,也是管理成本较低的一种力量。组织为员工创造出人为的环境,将员工及其行为纳入其中,更好地服务于组织目标的实现。

1.4.1　理解组织文化

组织与人在某些方面有相似之处,就是组织与人一样有“个性”,这种个性被称为组织文化。任何组织只要创建起来就会自然蕴含或好或坏的组织文化,管理者只是明晰和引导组织文化的走向,确保其对组织发展有益。

19 世纪末,西方“管理学之父”泰勒创立的科学管理是将人当作机器一样看待,要求人—机的最佳匹配,最终使人成为机器流水线的一部分。20 世纪 20 年代以后,管理的中心由物转向人。70 年代,企业管理理论进入三论管理(系统论、信息论与控制论),管理的重点放在人—机系统的协调控制上。80 年代,美国学者提出了企业文化理论,强调“企业即人”,认为企业中人、财、物的管理应是一个有机系统,其中人处于管理的中心和主导地位。企业文化更强调企业精神、全体员工共同的价值取向及在此基础上形成的凝聚力、向心力,因而称其为柔性管理。

组织的运行是基于分工协作原则的,分工由背景、性格、能力千差万别的员工分别承担,而协作则要求共同目标和统一的行为,能够将各具特性的员工维系在一起的只有共同的价值观念,所谓的“志同道合”。

1)组织文化的内涵

组织文化(Organizational Culture,通常习惯称为企业文化)概念在 20 世纪 80 年代初由美国波士顿大学教授斯坦利 · M.戴利首先提出。组织文化的内涵是支配组织及员工在活动中,与自然和社会交往中所持的共同的理想、价值取向、行为准则,以及与此相适应的组织制度、组织形象等的总称。组织文化相当于原始部落的图腾、佛教的禅宗与戒律……每当遇到问题时，组织文化通过提供正确的途径来指导和约束员工的行为，使得员工能够按照预定的规则进行活动。

组织文化的内涵解释至今五花八门，有人认为是物质财富和精神财富的总和，有人认为是组织员工的价值观念、思维模式及其表现，有人认为由3个层次构成的，即低层次（组织风气和传统）、中层次（组织共同的道德规范和行为准则）、高层次（组织价值观、企业精神）。目前，组织文化内涵的层次解释比较为多数人接受。

组织文化外层（表层）是物质文化，例如：组织视觉识别系统；组织文化中层是制度文化，例如：组织机构、规章制度等；组织文化内层（深层）是精神文化，例如：价值观念、理想信念、道德规范、行为准则等。组织文化的层次结构关系是：物质文化是基础，精神文化是灵魂和核心，制度文化是关键与保证。组织文化构成如图1.13所示。

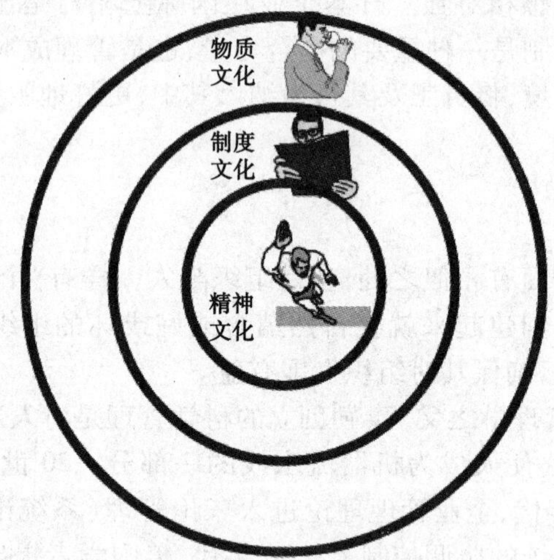

图1.13 组织文化构成

精神文化通常表现为组织精神，具体的形式是以广告语（标志性口号）或者徽标来表达的。诸如：施乐公司“文件公司”（复印机和打印机生产商），信诺保险公司“关怀的事业”，飞利浦公司“让我们做得更好”，通用电气公司“为生活带来美好事物”……而且，精神文化表现在组织徽标内涵中，向公众传递，IBM（国际商用机器公司）作为全球最大的电脑生产商始终引领电脑科技潮流，通过不断超越现有科技水平来发展，其理念通过IBM标志体现出来——粗宋体字显示出极强的科学理性特征，8条横条组成的英文字母表示公司永远在发展，象征科技的深蓝色作为公司的标准色。

精神文化通常表达组织对社会应该承担的责任（态度），创始者的理想与追求，组织外部环境压力下的要求，组织发展历史中成功与失败经验教训的总结。施乐公司将自己定位在“文件公司”，就是因为此前公司力图从传统的复印机领域发展到打印机、电脑制造等诸多领域失败后，在巨额亏损教训下的正确回归；飞利浦公司“让我们做得更好”

是出自飞利浦公司非常时期的重振计划，因为当时引以为豪的飞利浦公司在骄傲自满中逐渐衰退，大量有质量问题的产品和消费者的唾弃让公司猛然惊醒，重建消费者信心、塑造公司崭新形象的文化公司提到议事日程，超越过去再创辉煌的“让我们做得更好”在市场压力下展开。

关于组织文化的形象比喻：组织文化不是文体活动或比赛的奖金和奖杯，而是奖金、奖杯折射出的荣誉感；组织文化不是舒适优美的办公居住条件，而是对工作生活环境的感情；组织文化不是一般的利润追求，而是对利润的心理状态；组织文化不是一般的人与人关系，而是人际关系中体现出的为人处世的哲学；组织文化不是一般的管理活动，而是创造那种经营管理方式的原因。

美国电报电话公司的价值观是“万能的服务”，旨在对一切可能的用户提供标准化、高度可靠的服务；杜邦公司的价值观是“通过化学为更美好的生活提供更美好的东西”，目的在于通过化学过程实现产品创新；劳茨公司的价值观是“为人们创造最佳环境”，表示对发展健康而愉快的居民村的强烈关心，而不仅仅是建造居民单元；履带拖拉机公司的价值观是“在全球任何地方的二十四小时零配件服务”，象征着该公司为迎合顾客需求的非凡许诺。

现在的趋势是组织文化越来越变成完整的系统，内容通常被认为应该包括：组织目标、企业精神、组织规章制度、组织人文与自然环境、组织形象等。企业精神应该算是核心部分，我们来看看中外组织的企业精神描述。重庆民生轮船公司的企业精神：服务社会、便利群众、开发产业、富强国家；深圳特区的特区精神：时间就是金钱，效率就是生命；美国通用电器公司的企业精神：谈今天不谈明天；日本松下电器公司的企业精神：产业报国、光明正大、和亲一致、力争向上、礼节谦让、顺应同从、感恩报德；德尔塔航空公司的企业精神：亲如一家。

2）产生的背景

第二次世界大战之后，美国企业得益于先进的管理与技术，获得了令人瞩目的发展。在20世纪60年代前后，美国企业的经营管理制度被欧洲视为神奇的“点金术”。但是在70年代的石油危机的冲击之下，美国企业的竞争优势丧失，反而处于困境，亚洲的日本却从第二次世界大战的废墟之中迅速恢复元气，经济高速度增长超过了美国，创造了经济发展的奇迹。70年代以来，美国的经济学家和管理学家开始研究并发现：同样的社会制度下，日本企业管理中95%的方式与美国相同，差别只有5%左右，就是日本借鉴欧美等先进的资本主义国家经验时所保留的民族传统文化因素。

日本企业取得成功的原因不是严格的规章制度、收入刺激或者电脑等现代化工具，而是组织内部有种微妙的、互相信任的、亲密的关系，以及将组织目标与个人利益结合起来的价值观。美国的经济学家和管理学家将此发现总结出四本畅销书《组织文化》《Z理论》《日本的管理艺术》《追求卓越》，开启了组织文化的先河。其中，日裔美籍管理学家威廉·

大卫在《Z理论——美国企业怎样迎接日本的挑战》书中,明确地提出了Z理论。

Z理论认为:信任、微妙性、亲密感是人的全面发展和自由发展所必需的,是现代社会组织提高生产效率的必要前提。信任:日本企业的终身雇佣制是产生信任的基础,发红利、临时雇佣妇女、建立卫星组织为大型组织中终身雇佣制的男性雇员提供防御性缓冲。微妙性:人际关系复杂而多变,用整套礼仪规范等文化因素,通过大量的微妙方式把公司的价值观传给雇员;沟通思想,使个人倾向让位于组织集体的一致意见。亲密感:使人之间相互关心支持,避免工业社会对人类感情的最大伤害。人际交往疏远会使员工丧失对团体的责任感。

科学技术的迅猛发展使人的智力因素在劳动中的作用增大,脑力劳动成分的增加扩大了人的思想自由度,人不再把劳动看成单纯的谋生手段,也是人们自身生存价值的体现。这促使组织改变过去管理建立的人性假设基础,人既是生产者又是管理者,组织应尊重员工的思想感情。

现在,组织面临市场竞争加剧的未来,必须在提高机器的工作效率时,更大限度地调动员工的积极性,以充分的优势赢得竞争的胜利,求得组织的生存与发展。

全球范围内的区域分工和跨国公司的跨国经营,使得许多产品都是在不同国家、民族、组织、人员共同协作完成的,要使得如此复杂的分工协作关系能顺利进行,所有参与者必须在统一的观念、制度、行为下进行,组织文化正是完成这项工作的。重庆长安汽车有限责任公司开发的"奥拓"轿车就是众多组织协作的结晶,设计来自日本铃木汽车公司、发动机来自江陵机器厂、变速箱来自青山工业有限责任公司、总装由重庆长安汽车有限责任公司负责。

3)组织文化的功能价值

许多人热衷于归纳出组织文化的复杂功能与作用,其实,组织文化的作用却是潜在的、类似于"润物细无声"的效果,并非那么显要和直接。基本上可以这样认为,组织文化通过对员工心理的"潜移默化"的影响,培养团体意识,增强组织凝聚力,来引导员工的行为符合组织的行为规范,利用精神的力量激发起员工的积极性和主动性,最终使得组织运行更有效。

有一次,国内的旅行团到日本旅行,乘坐的地铁非常拥挤,都没有座位。这时发现身边的日本女乘客起身让座,而让给的是更为年轻的日本乘客,让国内游客大惑不解。经过请教,女乘客说:我是SOGO百货公司的员工,公司教育我们要感激客户。刚才站着的乘客手提SOGO手提袋,知道他是我们的客户,心里很感激,所以让座位给他。强烈组织文化熏陶出来的日本员工的举止总是特别爱护自己的公司。

组织文化能够带动员工树立明确的目标,并在为此目标而奋斗的过程中保持一致的步调。在今天专业化程度很高、分工复杂的世界中,组织文化能够在员工中营造出非同寻常的积极性,因为组织员工共享的价值观念和行为方式使得他们愿意为企业出力。

组织文化还提供了必要的企业组织结构和管理机制，从而产生了一个合适的鼓励积极创造的压力水平。

1.4.2　组织文化的建设

1）组织文化原则

组织文化对组织战略有着正反两方面的影响，应当重视和保存现有组织文化中那些支持新的经营战略的方面，并确认和改变组织现有文化中与新的战略相矛盾的方面。改革组织文化的方法有多种，包括招募新职员、培训、调动和提拔员工、变革组织结构、榜样示范的正面强化等。

IBM、HP和海尔、中兴、华为都创造了优秀的组织文化，他们的文化模式的建立都是通过长期的积累和坚持形成的。组织文化建设的过程实际上就是领导者有意识地发扬和倡导优良文化、克服不良文化的过程。

作为人力资源的管理者，则“对组织文化起着驱动作用”。很多人力资源管理的工作流程，包括招聘、配备员工、制订薪水标准、员工培训等，都是在行为中体现着公司的文化。例如培训，有些公司也许在这些方面做得很多，而另外一些公司可能觉得不必在这方面开销太大，需要把钱花在其他方面。所以，人力资源部门的每一个行为都体现了公司的文化，并驱动着它。

以下因素对于联结组织文化与经营战略最为有用：①在招聘和社交活动中应用的组织宗旨、章程和纲领的正式陈述；②组织布局、外表和建筑的设计；③榜样树立以及由组织领导进行的教育和训练；④明确的奖励和级别制度以及提升标准；⑤有关关键人物和事件的故事、传说与格言；⑥组织领导的工作重点、手段和控制方式；⑦组织领导对关键事件和组织危机的反应；⑧组织的设计和构造方式；⑨组织系统的工作程序；⑩组织人员的招聘、选用、提升、退休等方面的工作标准。

组织文化的塑造是一个潜移默化的循序渐进的漫长过程，其间受到各种因素影响，系统化地规划能够做到高瞻远瞩，避免方向性错误。与其费尽周折将与组织文化有冲突的员工改造，还不如直接招聘对组织文化有高度认同的人员，因此，最简洁的思路应该是从人员聘用时考虑组织文化。然后，透过规章制度让无形的组织文化有形化，在制度的执行过程中，逐步将外在强制的组织文化内化为员工个人的内在需要。

组织职员对模范人物、传说、日常礼仪以及工作场合的标识有很强的依附性。当人们对某种文化的依附被组织的变革所破坏时，员工和管理者们往往深感忧伤。战略管理和组织文化间的脱节会危害组织的绩效与成功。文化的力量可以削弱甚至断送战略变革，除非采取某些支持转变的措施。

例如，在美国电话电报公司，其传统组织文化特征曾经包括：一贯的终身就业制，对公司的高度忠诚,论资排辈的管理职位接替方式,致力于提高服务质量以及通过共识进行管理。在20世纪80年代经历从管制下的垄断经营到高度竞争经营这一转变时,公司为建立一个支持新战略的文化而进行了变革,包括重新设计组织结构,明确地阐述和表达公司的价值体系,进行管理人员培训以使他们的行为符合新价值观,修改人员招聘方针与做法,修改旧的组织标识等。

2)组织文化来源

组织文化主要来源于两方面相互作用的结果:组织创立者的价值观念和管理假设,组织初始员工从实践经验中领悟到的真谛,以此为基础逐渐随着环境演变成熟。

(1)创始者

管理者(尤其是创始者)是组织的决策者,要对组织的生存与发展负全面责任,也是管理者实现自己理想和自我实现的地方。管理者的地位决定了其对组织文化形成的重要影响力,组织文化的形成必然深刻烙印出管理者个人的价值观、道德观的影响。

市场环境适应程度高的企业文化似乎都是少数领导人创立的,比如惠普公司的比尔·休利特和大卫·帕卡德的整套企业经营管理思想后来被称作"惠普之道",由此催生出一种强力型企业文化——"信任和尊重个人,强调作贡献的重要性,坚守诚实与正直,团队精神"。这种企业文化之所以形成,是因为休利特和帕卡德在公司创立之初就怀有一些共同的核心价值观,还因为两位创始人聘用、选拔了具有共同价值观的员工,为其经营策略、经营思想建立了坚实的基础。

组织历史的经验教训,能够让组织初始员工从实践经验中领悟到真谛,对其中成功失败的经验教训的总结、提炼、升华,逐渐形成完整的组织文化体系。以管理著称的海尔集团总裁张瑞敏,在其创业过程中逐渐形成"斜坡球理论""休克鱼疗法",最后都体现在海尔文化中,长久地影响海尔集团的运行。

(2)提炼方法

首先,邀请经历了组织创业发展全过程的老员工10人,请每人讲3个故事和3个人,3个故事指在组织发展中最重要、最难忘、最感动的事,3个人指在组织发展中贡献最大、启发最多、精神最宝贵的人,把重复频率最高的故事和人整理出来,形成完整的组织创业故事。

然后,邀请进入组织1年左右的新员工10人,将整理好的创业故事讲给他们听,随后座谈询问其中印象最深的人与事、最感动的人与事、最难忘的人与事,请新员工将自己的感受用语言表达出来,由专人记录新员工的回答。

最后,将管理专家和组织管理者集中封闭讨论,研究所记录的新员工的回答,将被提及频率最高的人与事,以及相应的文字词汇整理加工出来,形成组织的精神文化核心。再用提炼出来的表达精神文化核心的词汇,重新编纂组织创业故事,进行组织文化传播。

3) 组织文化的评价

哈佛商学院的研究人员提出“企业文化力量指数”概念来判断企业的文化力量是否雄厚,并且,指出强力型企业文化与对以下问题的肯定回答存在密切联系:公司的经理们是否经常谈论自己公司的“模式”或行事方法?这家公司是否将自己的价值观通过准则、口号等公诸于众,并且大力动员和鼓励自己公司的人员恪守遵循?这家公司是按照本身的长期经营策略和经营行为方式进行运作,还是根据现任总裁的经营策略和行为方式进行运作?

可以从两个方面来把握一个组织的文化特征,即组织内人际关系的和睦程度和团结一致程度。这个方法既可以用来评价整个公司的组织文化,也可以用来评价公司内所有部门以及部门以下的组织,甚至可以是一个班组的文化。

评价一个组织内部人际关系的和睦程度,可以通过回答以下问题来实现:这里的人都努力成为朋友并努力保持相互关系稳定;这里的人们相处得很好;组织内的人常常在办公室以外的地方交往;这里的人们真的相互喜欢;我们会与从我们团体离去的人保持联系;这里的人帮助其他人,因为他们互相喜欢;这里的人经常互相交流个人心事。对上述问题的回答越肯定,说明组织内人际关系的和睦程度越高。

同样,为评价一个组织内部的团结一致程度,可以通过回答以下问题来实现:团体(组织、部门、单位、班组)理解并分担相同的业务目标;工作效率高,生产力高;团体对低劣的工作绩效采取严厉的行动;团体员工共同取胜的愿望很强;当竞争优势机会出现时,团体员工会迅速行动,抓住机会;团体员工分担同样的战略目标;团体员工知道竞争对手是谁。对上述问题的回答越肯定,说明组织内部的团结一致程度越高。

4) 组织文化的类型

根据上述问卷方式对组织文化两方面的评价,可以将组织文化或组织内某一局部组织的文化初步分为 4 种典型类型,即高度和睦交往与低度团结一致的网络型组织;低度和睦交往与高度团结一致的利益型组织;低度和睦交往与低度团结一致的分裂型组织;高度和睦交往与高度团结一致的公社型组织。

由于和睦交往的关系需要用相当长的时间才能建立起来,所以,几乎没有哪个组织从建立之初就处于网络型,许多组织都是从其他类型逐步发展到网络型的。当组织长期战略较为稳定明确,局部的市场支持是取得成功的关键要素时,比较适合这种组织文化形式。当组织所处竞争环境清晰,组织目标明确且可度量,或组织经营环境发生迅速而剧烈的变化时,比较适合采用利益型组织方式。

大学是比较典型的分裂型组织,其成员——教授主要的交流对象不是大学里的员工——学生,而是所属专业的人员,所以,分裂型组织的感觉不佳。但是,的确存在着要求建立这种文化甚至是受益于这种文化的情况:在高度依赖付酬换取外部计件工作的制造组织中;在专业组织,如咨询机构、法律事务机构中,因为那些训练有素的专业人士具有独特的工作风格;在那些已经虚化了组织形式的组织中,如在家办公、移动办公等。共同的特点是:工作本身几乎不存在相互依赖关系,工作主要由个人而不是小组完成,通过控制投入就能达标,个人之间几乎没有互相学习的机会等。

公社型组织被许多管理人员视为理想状态。但是,高度和睦与高度团结并不一定能产生最佳效果,之间可能存在着天然的冲突,导致组织稳定性欠佳。在动态、复杂的环境下,需要多部门协同工作、互相学习时,比较适于公社型组织,如信息技术、电信以及药物等部门的创新活动。

4 种类型的文化并没有明显的好坏之分,它们各有优劣,因此也各有各的适应场所。对于组织管理人员而言,关键是要弄清楚自己的组织处于什么样的环境,需要建立起什么样的组织文化,如果当前的组织文化类型与面临的经营环境不适应,那么就应该想办法破旧立新。

参考资料:IBM 的组织文化

IBM 公司的企业文化是在老托马斯·沃森(Thomas Watson)和小托马斯大林·沃森父子两代人共同生产经营中创造的。尽管托马斯在 1956 年去世,但是他关于公司在研究与开发、质量管理和员工管理等主张依然在 IBM 日常管理中体现出来。"IBM 公司并没有一项关于公司价值准则和哲学的专利,但是,我认为:任何公司如果不具备这些价值准则和哲学观念,就不会成为一个伟大的公司。"IBM 公司副总裁巴克·罗杰斯说。

公司价值和公司英雄

IBM 公司经营的宗旨是尊重人、信任人,为用户提供最优服务及追求卓越的工作。这一经营宗旨就是 IBM 的价值观,它指导着 IBM 公司的经营活动。尊重人是尊重职工和顾客的权利和尊严,并帮助他们自我尊重;信任是信任职工的自觉性和创造力;追求卓越就是尽力以最优的方式达成结果,但并不是要求完美、无缺。卓越不仅指突出的工作成就,而且包括最大限度地培养追求杰出工作的理想和信念,激发出为企业尽忠竭力的巨大热忱。IBM 公司的价值观曾经具体化为三原则,即"为职工利益、为顾客利益、为股东利益"。后又发展成为三信条,即"尊重个人、竭诚服务、一流主义"。

前述价值观是 IBM 公司的核心,它相当集中地体现在公司的英雄身上。公司的创始人老托马斯·沃森把创业精神传给追随他的小沃森以及其他人。老沃森虽然在 1956 年去世,公司仍然坚定不移地执行其经营电子计算机行业的战略决策,它是公司获得成功的重要基础。在老沃森的经营思想中,"销售导向"十分突出,他认为公司的价值来源于销售。销售代表体现了公司关心用户、关心社会的高大形象。正是老沃森、小沃森和以成功销售者为代表的英雄,使公司价值观得以人格化、形象化,成为职工有形的精神支柱。

权变观的领导艺术和领导体制的改革

IBM公司能顺应时代的发展,不失时机地改变经营战略和不断地改变组织机构。如20世纪50年代中期由集权转变为分权,废除蓝领劳动者与白领劳动者的区别,使IBM公司从古老质朴的时代转变为技术专家领导的科学经营时代;随着80年代信息革命的不断深入发展,公司于1982年实行重大改组,将所有的销售部门归并到信息系统联合部,尽量了解顾客、用户的多种特殊要求,让技术专家直接参与市场营销。IBM拥有一批乐观、正直、开明,具备进取精神、实干能力和必胜信念的管理者。他们能跟人交流、沟通,能尊重人、理解人,能使员工发挥想象力与创造力,制造出亲密、友善、互助、信任的组织气氛。

以销售为中心,以用户为动力的工作环境

IBM公司强调公司经营的各个环节都要直接或间接地参与销售。从总裁到各制造厂的工人,都要接受严格的训练,确保他们与用户保持一种直接或间接的联系,想销售之所想,从而创造一个以销售为中心,以用户为动力的工作环境。IBM公司倡导"服务至上"的原则,不把产品卖出去作为最终目的,要求全体员工对用户提出的问题必须在24小时内给予落实或答复。

凡是IBM公司的用户,无论在世界何处,如果电脑出现故障,在24小时内一定可以得到维修服务。公司总经理的一名助理365天负责此任务。例如:加拿大的亚特兰大市的用户手中的IBM微机发生故障后8小时内,美国IBM公司从欧亚非三大洲分部派出8位工程技术人员去修理。

提高绩效与培养人才

IBM高度重视人力资源,善于运用激励手段。公司的报酬决策有3个要点:重视职工需要安全感和职业保障的心理需求;报酬必须有很强的刺激性和鼓励性;对特别值得嘉奖的职工一定要锦上添花。公司建立了一个自下而上了解职工工作情况,并结合职工工作性质、职位、工作经验等作出正确评价的系统。这个系统用来衡量职工的工作绩效,然后据此给予适当报酬。公司不但注重物质鼓励、还注重精神鼓励手段,如对那些在部门中刷新纪录的市场营销代表给予"鹰奖""百分之百俱乐部员工"资格等奖励。

IBM公司注重物质与精神相结合的报酬方式和激励手段,与美国文化中注重物质性、重视人性需要、重视人的价值的特点完全相适应。IBM从不会因钱而失去一位好职工,每一位付出了劳动的员工都不会因为得不到适当的物质奖赏而感到失望。

与众多美国企业不重视培训人才的做法相反,IBM建立了完善的教育制度。公司的教育渗透到各个阶层,从经理到职工,每人每年必须接受40小时的正规培训。同时公司还准备了种类繁多的必读刊物直接送到员工家中以学习,还邀请用户来参加多种多样的讲演和交流活动,引导公司走向有益于社会的道路。

1.4.3 组织文化的培养

组织文化本身属于无形的东西，需要通过各种载体来体现和发挥作用。因此，组织文化的建立相当漫长和困难，现在组织通常在教育培训、规章制度的行为强化、环境熏陶、建立内部沟通组织、树立榜样这些方面努力。遵从强化原理和条件反射效应，让组织文化变成员工自己的思想观念，将个人行为规范到服务于组织目标的轨道（也包括个人得以发展），组织文化的培养过程实际上是一个从强调形式到逐步深入内容的沟通过程。

通过招募对组织文化认同度高、兼容性强的人，也可以内部提拔对组织文化支持度高的员工，形成真正志同道合的环境氛围，来提高分享思想、利益以及感情的程度，增强员工对组织文化的接纳程度，不失为快捷简便的方法。

1）言传

管理者们与员工沟通、提倡组织文化的第一种方式是言传，即通过言谈及文字阐释公司的核心价值观。在提炼、坚持、重复的循环中逐渐加深组织文化在员工心里的印象，最终成为员工的个人价值观念。

进行组织文化的言传，不仅要传播价值观念的内容，更要传播对加之观念的强烈认同和坚定不移的信仰，给接受者以强烈的信心支持，使得接受者能够被传播者的坚定意志所融合，增强其对价值观念的认同。因此，言传需要包括内容与信心。

在海尔集团，“海尔精神”和“海尔作风”等理念性口号会出现在各种地方——在公司的生产和销售现场，在对参观者的经验介绍中，在张瑞敏对中层干部的讲话里，在他与媒体的交谈过程中……显示出公司对此的执着。而且，这些关键词汇会出现在海尔员工随身携带的钱夹般大小的小册子中。小册子有 20 余页，内容简练而清晰，包含了公司的竞争战略和经营方式。小册子里还有许多具体的规定，涉及奖励制度、职业纪律甚至员工仪表。

2）图腾

组织文化中的价值观念抽象又无形，只有将无形的东西有形化，才能够让组织员工感受得到，图腾就具备这样的效果。图腾是原始人崇拜的事物，属于神的象征，具有图腾价值的对象包括雕塑、画像、旗帜、文物等。

从每个宗教流派都可以看到信徒顶礼膜拜的图腾，从创始人到象征性器物，基督教有耶稣与十字架、佛教有释迦牟尼与菩萨、伊斯兰教有穆罕默德与古兰经……以此支配信徒的思想与意识，进而影响其行为。从宗教能够深入信徒心理而受到启发，在组织文化的建设中，除了发表讲话和撰写文章之外，管理者还需要运用象征性对象鼓动员工。

走进在过去10年里一直在服务行业中排名第一的美国专业服务公司Service Master公司在伊利诺伊州多纳尔斯的总部,你会看到一堵宽90英尺(1英尺=0.304 799米)、高18英尺的弧形大理石墙,墙上刻有近1英尺高的4段文字,即为公司的目标:一切为了上帝的荣耀/助人发展/追求优异/在盈利中成长。如果你参观总部其余的部分,会注意到所有的工作空间都可以变换移动,大部分的墙不到屋顶,所有的物件都可以改换调整,"就像我们服务的市场,需求和机会不断地变换。"(公司董事长比尔·波拉德语)但是,大理石墙表达了一种不变——刻在上面的原则是永存的。

3)身教

管理者也靠身体力行来影响他人。最有意义的沟通是行动,行动比言辞更重要。在组织中,每个人都会去看管理者的实践是否与其鼓吹的原则相一致。当领导以服务他人引路,领导就成为员工学习的榜样。

此外,奖惩强化、活动强化、舆论强化、情境强化也是非常有效的。

奖惩强化主要是开展奖励、竞赛、公开表彰活动,表彰那些为公司做出与公司核心思想一致的重大努力的人,对那些破坏公司核心思想的人进行惩罚。广泛宣传雇员的"个人先进事迹"和树立公司的榜样(例如张贴顾客表扬来信,塑造大理石塑像等);对那些没有违反公司核心思想而因忠诚犯错误的人予以宽容;对那些破坏公司核心思想的人进行严惩并予以开除。

情境强化在组织文化建设中的作用不可低估,优秀的企业都会通过一系列重要实践来强化组织文化,比如海尔曾经组织员工观看将不合格的电冰箱砸成废铁的事件,使员工懂得不合格的产品就是一堆废铁,不能发往市场;华为公司在1996年举行过市场部全体正职干部集体辞职仪式的壮举,凸现"不死的鸟就是凤凰"的企业精神,狂热的场面令每个员工热血沸腾。

日本丰田汽车公司将组织文化体现在:建立庞大的文化教育体育中心,培训员工,提高员工的素质,丰富业余生活;组织各种非正式团体(老乡会、同学会、体育协会、部长会等),联络感情、培养一致精神和以厂为家的信念;把集思广益作为组织的经营方针,鼓励员工积极提出合理化建议。日本松下电器公司将组织文化体现在:每天早上整容列队高唱厂歌,培养员工爱厂、敬业和为用户服务的精神;提倡非正式接触,下班后上司请下属喝酒聊天,员工过生日由上司赠送礼物;坚持精神训练,要求全体员工每人每月至少在所属团体内进行10分钟讲演,说明企业精神与组织、社会、个人的关系,在说服别人的同时提高自己的认识。

需要明白的是,组织文化与组织所处的国家与民族关系极大,国家与民族的传统、宗教信仰等都会对组织文化产生极大影响,正因为如此才使我们看到东西方国家在推行组织文化管理中的做法总是存在差异。还有,组织文化不是万能的力量,任何过分夸大组织文化作用无疑将组织文化比拟成海市蜃楼。

1.5 管理决策

案例

联想集团收购 IBM 的 x86 服务器业务

2014 年 1 月 23 日，联想集团宣布以约 23 亿美元收购 IBM 的 x86 服务器业务，其中包括 System x、BladeCenter 与 Flex System 的刀片服务器与交换机、基于 x86 的 Flex 集成系统、NeXtScale 与 iDataPlex 服务器，以及相关软件、网络与维护。

收购价约为 29 亿美元（有若干调整），包括在收购完成时支付 14.1 亿美元，其中包括 6.6 亿美元的现金，以及 7.5 亿美元的联想普通股股份，而余下的 15 亿美元将以 3 年期本票支付。收购后，联想集团可能实现 2012 年 6 月联想发布 ThinkServer 产品线时提出的在 2015 年成为全球前三服务器厂商的目标。

Gartner 2014 年第一季度中国 x86 服务器市场报告显示，中国服务器市场前七名占有率分别是浪潮（19%）、戴尔（17%）、华为（16%）、IBM（11%）、联想（11%）、惠普（10%）、曙光（8%），其中，IBM 和联想的出货量分别是 4.53 万台和 4.5 万台，IBM+联想的市场份额为 22%。联想在并购完成后将快速获得竞争中国服务器市场冠军的实力。再看国际服务器市场，Gartner 数据显示，2014 年第一季度全球服务器市场前五分别是惠普（22.6%）、戴尔（19.7%）、IBM（7%）、华为（3.6%）、浪潮（3.4%），根据该数据推断，联想完成收购后，IBM+联想的市场份额为 14%，将具备竞争全球市场前三的能力。

此次联想拿下的 IBM x86 服务器，属于低端市场。IBM 将保留其高端市场的 System z 大型机（System z mainframes）、Power Systems、存储系统、基于 Power 架构的 Flex 服务器和 PureApplication 应用平台以及 PureData 设备。

《福布斯》记者 Patrick Moorhead 针对联想收购 IBM x86 服务器业务分析出值得投资者注意的相关细节，以及业务未来的走向：

1.联想收购的是完整的业务。与其他专利收购不同，联想收购 IBM x86 服务器业务的整个系统，包括产品开发、销售、服务与支持等职能部门以及 34 个研究与开发实验室和 7 个制造工厂。与此同时，联想也收购了刀片式服务器和高性能计算（HPC）的模块化系统以及计算机网络。维持组织连贯性使一体化业务收购比零碎化收购效益更高。

2.IBM 将提供 5 年技术支持。联想原封不动地收购 x86 服务器业务，IBM 承诺为 IBM 品牌服务器提供至少 5 年的售后支持。

3.服务器业务加速 PC 增值。尽管 IBM 把 x86 服务器业务当成负累,但对联想来说则能加快 PC 成长,在平板电脑和手机上提高增值速度,获取利润优势。

4.IBM 仍是第三大服务器商。虽然 IBM 失去了 10 年前通过 x86 服务器力争市场份额的光辉,如今依然是服务器行业的主要厂商。

5.微型服务器市场出现重叠。联想已经持有一项服务器业务,提供大型云服务和小型企业和子公司的运算服务。虽然在规模上远小于 IBM 的服务器业务,但增长速度则快得多,从 2012 年开始已经在美国增长了 400%,是 IBM 的两倍,而 IBM 在大型商业企业、政府和大学领域中饰演计算者的角色。

决策活动贯穿于组织运行的始终。决策(Decision)是指组织或个人为实现某种目标而对未来一定时期内有关活动的方向、内容及方式的选择或调整过程。决策可以是在决定周末休闲娱乐方式,也可以是在若干投标方案中选择中标者,还可以是筛选出预备的接班人,决策活动具有非常广泛的普遍性。管理职能中的决策如表 1.4 所示。

表 1.4　管理职能中的决策问题

计　划	组　织	指　挥	控　制
组织的长远目标	确定管理宽度	激励缺乏积极性的员工	需要控制的活动范围
实现目标的战略	如何分权与集权	选择领导方式	如何控制活动
组织的短期目标	职务设计	确定影响员工生产力的方案	绩效偏差严重程度判断
目标实现难度与风险	组织怎样改革创新	寻找激发冲突的最佳时机	建立管理信息系统

詹姆斯·马奇和赫伯特·西蒙发展出行政管理决策模型(Administrative Model),解释决策是不确定和充满风险的过程,基于 3 个重要概念:有限理性、信息不充分、满意原则。

管理者的决策受自身认知的局限,智力水平限制管理者作出最佳决策的能力,决策过程会受到非理性因素干扰,管理者决策时的理性是有限度的。

管理者因为未来的不确定性使得信息的不可完全预测,信息本身存在模糊性导致相互冲突的理解,而且管理者的时间和资金成本压力迫使信息的获得总是限制在有限范围,最终的结论就是决策所需要的信息不够完全充分。

在有限理性、信息不充分的制约下,管理者不会试图寻找最优方案,而是选择可接受的令人满意的方案。

1.5.1　决策过程

在管理学中,决策通常被描述(理解)成“在不同方案中进行优选”,真实的决策活动有个过程,自然要比简单描述的要复杂得多。决策过程应该可以用比较清楚的 8 个步骤加以说明,从识别问题开始,到确定决策标准(目标)、给每个标准分配权重、拟订可行方案、选择方案、实施方案、评价决策效果,如图 1.14 所示。

图 1.14　决策过程

步骤 1:识别问题

决策起始于一个存在的问题。凡是有现实与期望的差异,问题就存在了。问题的识别并非想象中轻而易举,管理者经常会有熟视无睹的误区,使得许多存在的问题并没有被当作需要决策的问题加以重视,当然也就没有得到问题解决、效果显现的结局。

步骤 2:确定标准

决策标准是用来判断决策能够被接受的依据,通常在识别问题环节中所列出的期望可以作为决策标准,只是这种目的型标准太笼统,在许多决策问题中不具备操作性,需要据此细化和具体化。通常的标准来自于利益、成本、风险 3 方面。

步骤 3:分配权重

决策多标准的现象极为常见,各种判断标准之间必然存在潜在的冲突,需要对各种标准在决策中的重要程度和影响决策的力量进行区别,最好的办法就是为每个标准赋予相应的权重来体现其影响决策的能力。体操比赛中采用的比较打分制也可以在决策中采用。首先给最重要的标准打 10 分,然后将其他标准与最重要标准进行对比,根据对比程度确定其他标准的权重。

步骤 4:拟订方案

拟订方案有两点要记住,方案必须在两个以上,每个方案需要经过技术经济的可行性分析。技术可行性分析解决"可不可能",经济可行性分析解决"值不值得"。

步骤 5:分析方案

利用步骤 2,3 所确定的决策标准及其权重,管理者可以明确地为每个方案评定分数,每个方案的优缺点就变得明显起来。

步骤6:选择方案

从所有可行方案中选择最优方案,实质上是最满意方案。因为任何决策问题都是对未来的决定,而依据的却是过去的数据与信息,所以,决策依据信息与决策结果两方面处于不对称状态,决策所选择的最优方案仅仅是从现在掌握的信息推断的,未必能够做到100%与未来的实际情况吻合。学生报考大学,所有大学都是候选方案,如果学生要选择到对于自己来说真正最好的大学报考,学生必须对每所候选大学有透彻了解,然后进行逐项比较才可能,而事实上这是不可能的,所以学生选择的报考大学只是相对满意的。这是决策中最关键的步骤。既然此前步骤已经确定了方案的比较,根据比较结果选择分值最高的方案就行了。

步骤7:实施方案

执行所选择的方案。好像最近的商界中,策划分析在行的管理者很多,能够充分执行的管理者却寥寥无几,说明方案执行的困难并非想象的只要决策正确就行了。

步骤8:评价效果

评价效果是非常容易被忽视的环节。对决策的评价,特别是实时跟踪评价能够很好地保证决策方案的成功实施,也能为其他决策提供经验与教训。

执行方案过程中下列工作值得关注:制定相应的具体措施保证方案的正确执行;确保有关决策方案各项内容为所有的人充分接受和彻底了解;运用目标管理方法把决策目标层层分解,落实到每一个执行单位和个人;建立重要工作报告制度,以便随时了解方案进展情况,及时调整行动。

决策按照执行的重复性分为程序化决策和非程序化决策。程序化决策是利用例行方法解决重复性问题的决策,过去的决策自然延续使用到现在出现的决策问题上。过去没有进行过类似的决策处理,需要就事论事进行决策,就是非程序化决策。前面描述的决策过程更适合非程序化决策活动。

1.5.2　决策的权变因素

1)非程序化决策

考虑周末获得最愉快的娱乐休闲问题的同时,我们已经拟订出若干种娱乐休闲方案了,问题的提出与方案的拟订已经混合模糊,完整的决策过程变得不那么清晰了;进入高中分班的学生都有过艰难的文理科选择,人们都说"学会数理化,走遍天下都不怕",学生的选择自然不能从个人的才能与兴趣出发了,只能随波逐流选择文理分班方案……凭感觉和受环境左右的决策活动屡见不鲜,假设管理决策是理性的观点值得斟酌。

按照理想的决策过程进行决策并不现实,理想的决策过程是基于"管理决策是理性

(Rational)的”的假设,管理者可以在明确而具体的约束条件下作出价值最大的选择。然而,决策过程受到相当多的权变因素的影响与制约,最终决策的正确性与执行的效果与此有极大的关系。

索尼公司1989年出资34亿美元兼并哥伦比亚—三星电影公司,从战略上看优势非常明显:哥伦比亚—三星巨大的电影库和娱乐产品开发能力可以推动索尼硬件产品的市场开发,而索尼的品牌和销售网络又可以使哥伦比亚—三星电影娱乐产品的潜在价值得到更好的实现,两者相辅相成。但是,兼并之后索尼才发现自己对好莱坞电影业的管理一窍不通;兼并之后事实上无法整合,而改变所有权本身并不可能产生整合效应。不但预计增长值未能实现,经营上还出现了大量亏损,到1999年,累计损失已达32亿美元。

影响组织决策的因素应该是相当多的,这里着重讨论来自两方面的组织决策影响因素:个体与群体,实质上是指两种决策方式。

2)组织决策影响因素

(1)个体

决策是一种思维心理活动,决策者的心理差异将体现在决策过程中,诸如感知问题的方式、价值观念、处理所获取的信息的能力、发掘备选方案的意愿强烈程度和风险承受态度等,其中感知问题的方式和价值观念对决策的影响似乎最大。

决策管理理论的创立者西蒙研究表明,经验和直觉在关键性的非程序化决策中极为重要。而价值观念对决策的影响体现在,价值观念为管理者在决策前就确定立场(通俗讲就是带上感情色彩),而不是以完全理性的态度分析判断每个方案,这可能导致管理者迅速过滤掉较差的方案,也可能使管理者漏掉较好的方案。

个人决策制有其长处,即权力集中,责任明确,指挥灵敏,行动迅速,工作效率较高,也易于考核领导业绩。但相应也有其不足之处,即受个人能力、知识、精力限制较大,如果监督机制不完备或不得力,容易产生个人专断。因此,与个人决策对立的群体决策被许多管理者用来克服个人决策的弊端。

非程序化决策存在非理性因素。正确的战略决策是基于对自己的优势、劣势的深刻认识上的,但很多企业往往认为自己什么都能做,并不能意识到,很多资源是相互制约的。对于复杂而又不确定的客观世界,我们只能采集、接受和处理极为有限的、不完备的信息;对于未来的无数可能状态,我们只能作若干既不可能全面、也不可能精确的大致推算。由于认识能力有限,这种推断在很大程度上是建立在主观判断的基础上的,包括对自己认识能力高低的主观判断。

由于这种判断的准确性和人们对自己这种判断准确性的判断往往不一致,两者之间的差距就构成所谓的自信度。如果高估自己判断的准确性,就构成“过度自信”(Over-confidence);如果低估了,则为“自信不足”(Under-confidence)。大量的心理学、管理学研究证明,人们对于自身认识能力的局限性,普遍地认识不足。或者说,人类的决策行为中相当普遍地存在着那种高估自己优势,忽略自身缺陷的“过度自信”现象。

在管理决策上也同样存在着普遍的“过度自信”现象。研究表明,在企业资产重组、兼并整合时,经理人员对于他们自己在整合兼并后提高企业绩效能力的估计,对这些企业兼并后实际情况的追踪调查表明,绝大多数企业的实际改善远远低于这种溢价所代表的、管理者对兼并效益的事先预测。事实上,大多数企业兼并后,市值下降。对此,管理学界戏称为“花的是天鹅价,买的是癞蛤蟆”。

造成这种“过度自信”现象的原因有很多,其中一条就是用直观感觉代替实证分析。在进行资产重组时简单地用所谓的“强—强联合优势互补”的直观判断,代替对整合企业双方的具体经营业务的实际分析。

在条件允许的大型组织中,聘请专家学者组成智囊团,由智囊团首先论证后提出初步意见,然后交给管理者进行最后决定。

(2)群体

组织的决策问题中相当多的是复杂而重大的,靠管理者个人是不恰当的,因此,进行决策的委员会、工作小组的出现显得非常必要。研究表明,管理者40%以上的时间花在会议上,这些时间用来确定问题、提出方案、选择方案和实施落实。因此,决策过程的8个步骤通常分别由不同的群体负担,群体决策现象在组织中极为普遍。

群体决策的优越性显而易见,“集思广益”所带来的系统倍增效应,可以弥补个人在知识、经验、时间和精力上的缺陷,同时使得决策易于得到更多人的支持,降低方案实施的阻力与难度。然而,群体决策的缺点也是如此显而易见的,决策过程缓慢将耗费更多的时间,集体承担责任冲淡了单个成员应该负起的责任。还有不易觉察的因为职位、知识、经验和心理等差异,导致的成员在决策过程中的地位不完全平等,影响力强的少数成员支配了决策过程,以及从众心理导致的心理压力将排斥不同的意见(包括下级为迎合上级而屈从上级的观点)。

1986年1月,美国联邦宇航局发射挑战者号航天飞机。结果,飞机发射73秒后爆炸,机上7人全部遇难,造成航天史上最严重的灾难。1991年,莫尔·海德、佛伦斯和尼克专门对总统委员会收集的资料进行研究,发现:在当时温度低于安全允许的最低温度的情况下,“草率”作出发射的决策是导致惨案发生的直接原因。实际决策时产生了分歧:以两位高级管理人员为代表的绝大多数管理人员积极支持发射,提出不支持发射异议的人数太少,因长时间没出事故使支持者产生无懈可击的幻觉,支持者要求反对者拿出绝对证据证明发射是不安全的。当然,谁都知道,绝对的证据是不可能得到的。迫于压力,反对者保持沉默,本来可以避免的灾难就被决定下来了。

最高管理者(权威)通常会如此这般“我先谈谈个人的看法……下面请大家畅所欲言。”可想而知,下属在已经被限定框架的环境中,难以真正发表自己的看法,无新的权威和权力让下属往往会自然和不自然附和最高管理者(权威)的意见。

群体决策是否比个人决策更有效,取决于管理者所理解的"效果"含义差别。如果以决策的精确、创新和被接受程度为评价效果指标,群体决策通常被证明优于个人决策。如果以速度、责任为判定效果标准,个人决策更具有优势。

3)改善群体决策

在群体决策中,由于群体成员心理相互作用影响,易屈于权威或大多数人意见,形成所谓的"群体思维"。群体思维削弱了群体的批判精神和创造力,损害了决策的质量。为了保证群体决策的创造性,提高决策质量,管理上发展了一系列改善群体决策的方法。改善群体决策存在的缺陷可以通过特定的方法得到一定程度的修正,这些方法主要是头脑风暴法(Brainstorming)、名义群体法(Nominal Group Technique)、德尔菲法(Delphi Technique)和电子会议(Electronic Meeting)。

(1)头脑风暴

头脑风暴法又可分为直接头脑风暴法(头脑风暴法)和质疑头脑风暴法(反头脑风暴法),是克服阻碍产生创造性方案的遵从压力的简单方法。前者是专家群体决策尽可能激发创造性,产生尽可能多的设想的方法,后者则是对前者提出的设想、方案逐一质疑,分析其现实可行性的方法。头脑风暴法只产生方案(思想),而不进行决策。头脑风暴法从20世纪50年代开始流行,常用在决策的早期阶段,以解决组织中的新问题或重大问题。

采用头脑风暴法组织群体决策时,要集中有关专家召开专题会议,主持者以明确的方式向所有参与者阐明问题,说明会议的规则,尽力创造融洽轻松的会议气氛。主持者不发表意见,由专家们自由提出尽可能多的方案。

头脑风暴法专家小组应由下列人员组成:方法论学者——专家会议的主持者、设想产生者——专业领域的专家、分析者——专业领域的高级专家、演绎者——具有较高逻辑思维能力的专家。

(2)名义群体法

名义群体法是在决策过程中限制成员讨论,成员相对独立地进行决策,最后将成员的决策公开说明后进行排序,随后的决策就是综合排序最高的想法。诸如委员会方式的群体决策优势就是如此。

(3)德尔菲法

德尔菲法在很多地方被称为专家意见法,这是更为耗时和复杂的方法,类似于名义群体法。采用问卷形式,并不需要群体成员列席,让成员非面对面的独立完成决策,然后将初次决策的结果返还所有成员,让成员进行第二次独立决策,反复重复这样的过程直到所有成员的意见趋于一致才结束。

通常的程序是:确定问题,通过一系列仔细设计的问卷,要求成员提供可能的解决方案;每一个成员匿名地、独立地完成第一组问卷;第一组问卷的结果集中在一起编辑、誊写和复制;每个成员收到一本问卷结果的复制件;看过结果后,再次请成员提出他们的方案。第一轮的结果常常是激发出新的方案或改变某些人的原有观点;重复四五步直到取得大体上一致的意见。

德尔菲法避免了召集决策会议的花费,又获得了来自各方面的主要信息。当然,其缺点是太耗时间,在需要当机立断的快速决策问题面前就无能为力。

(4)电子会议

电子会议是将电脑网络与通信技术引入名义群体法中,进行异地远程虚拟(也可用在集体会议决策中)群体决策,匿名进行以确保每个成员不会受到群体的心理压力,能够真实表达自己的意见,而且,速度快捷得无与伦比,减少时间的浪费和集中会议可能出现的闲聊与偏题等问题。

电子会议用于集体会议决策,通常是数十名参与决策的人员,围坐在马蹄形的桌子旁,每个人员的桌上是连接在局域网上的计算机终端。会议主持者通过投影机将问题显示给决策参与者,每人通过操作计算机终端表达他们的想法,最后计算机自动统计和汇总结果,并且将结果投影在会议室内的屏幕上。

1.5.3　决策方案的分析方法

在决策过程中分析方案是最困难的事情。决策问题可能处于3种状态,确定性(Certainty)、风险性(Risk)、不确定性(Uncertainty),其决策中方案的选择方法有极大的差别。

1)确定性决策

通常以下列条件判断决策是否处于确定性状态:存在明确的目标、每个方案的结果是肯定而确知的,管理者就可以作出精确而理想的决策。如:

存款候选方案	存款利率
银行A	2.05%
银行B	2.01%
银行C	2.02%
银行D	2.00%

到4家金融机构去存款,自然选择存款利率最高的金融机构——银行A。

确定性决策时常引用的方法是量本利分析。

2)风险性决策

这是更为接近实际状况的决策状态。通常以下列条件判断决策是否处于风险性状态:存在明确的目标、每个方案可能遭遇若干种约束条件变化,每种变化的概率和对每种方案的损益值影响是可以知晓的。

肯达尔蟹虾经营公司(Kendal Crab and Lobster Inc,简称 KCL)是波士顿地区的蟹虾批发运输公司,以经营龙虾批发运输为主,对美国东北部、华盛顿特区等地区的餐馆实行夜间运货。因为龙虾极易腐烂而必须活虾烧煮,只有用特殊的包装才可以使龙虾存活 24~48 小时,在夜间运输以确保活的龙虾被送到餐馆。

KCL 每天发送的龙虾数量为 3 000 只,每只售价 30 美元,扣除各种成本(包括运费)后可以赚取 10 美元。如果因为各种原因无法将顾客的龙虾订货送到,则按照规定电话通知客户,原价退款,并赠送一只龙虾 20 美元的折扣券,即凭券以 10 美元一只的价格供应龙虾。该券可在以后 12 个月内的任何时候用于购买龙虾。不过营销数据表明,差不多 70%收到赠券的顾客最后都使用了这种赠券。

一场暴风雪迅速地沿大西洋海岸从北方直追波士顿。早上的天气预报指出,有 50%的可能暴风雪将在下午 5:00 左右到达波士顿,有 50%的可能入海不会再来波士顿及北大西洋沿岸各地。历史数据表明波士顿的机场在暴风雪的袭击下大约有 20%的可能被迫关闭,但那些暴风雪极少威胁到内陆的地面或空中运输。但波士顿机场关闭时,KCL 还可以求助于麻省空中运输公司(简称 MAF)。他们把龙虾先用卡车送到瓦隆斯特机场(不受暴风雪影响),然后再由他们的飞机送到目的地。不过采用这条运输途径有 67%的机会使龙虾运费增加 13 美元,另外 33%的机会使每只龙虾运费增加 19 美元。另一个选择是:不管暴风雪是否袭击波士顿,在中午以前联系东部包裹运输公司(简称 EPD),这是一个区域卡车运输公司。他们将在下午将货送出,次日送到顾客手中,但问题是运输费用高昂。通常有 50%的龙虾每只运费比正常途径运费贵 4 美元,25%的龙虾每只贵 3 美元,25%的龙虾每只贵 2 美元。作为 KCL 的运输主管,当他听到早晨的天气预报后,将采取何种策略呢?

根据上面的叙述很容易作出决策树,并把其特征总结如下:①时间在一个决策树中从左到右发展,事件点和决策点的位置和现实生活中发生的顺序是一致的。②从决策点延伸出来的分支表示了在当时情况下所能作出的所有可能决定。③在事件点延伸出的分支表示了所有的可能结果,并且它们是相互排斥的。④从事件点延伸出的不同可能结果发生的概率在线下,他们之和为 1。⑤决策树的每一条“最终”的分支有一个数值和其对应,这个数值通常表示一定数量的金钱。

决策树的解法:①从决策树的最后一支开始,估计每个决策点与事件点。②对事件点计算其数学期望值,并标注于该点上。③对决策点选择其各个分支中最优数学期望的那一支,并将其值标于该点上,将其他各分支划去。④按上述方法由后向前至左端,决策过程完毕。

机场关闭情况的决策:

联系 MAF 方案损益值$=(-3)\times0.67+(-9)\times0.33=-4.98$

退钱赠券方案损益值=(−10)×0.7+0×0.3=−7

选择联系 MAF 方案。

总的决策问题:

联系 EPD 方案损益值=6×0.5+7×0.25+8×0.25=6.75

等候方案损益值=[(−4.98)×0.2+10×0.8]×0.5+10×0.5=8.502

结论:选择等候方案。

“肯达尔蟹虾经营公司”案例的决策树如图 1.15 所示,图示充分体现了决策树的制作与求解过程,决策者同时还可以利用图示进行敏感性分析,如 EPD 的收费下降时对决策结果有什么影响等。

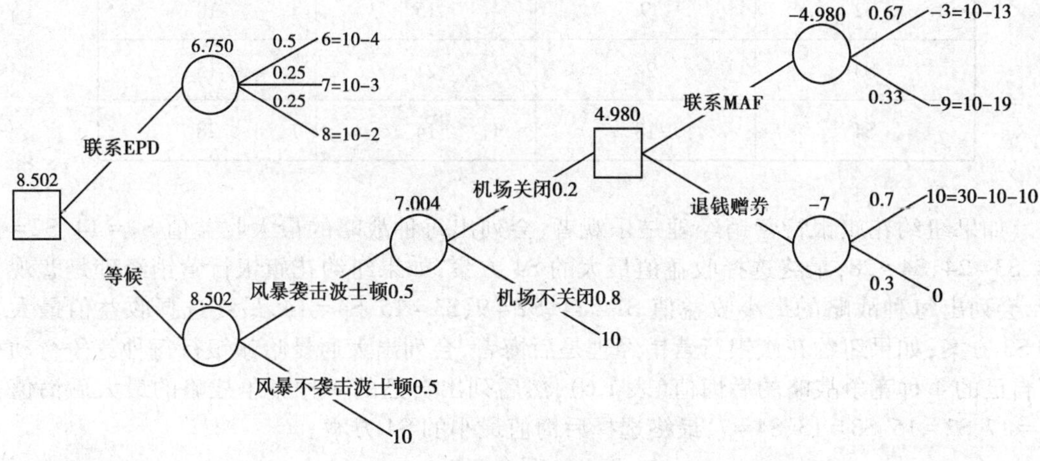

图 1.15　决策树

3) 不确定性决策

通常以下列条件判断决策是否处于不确定性状态:存在明确的目标、每个方案可能遭遇若干种约束条件变化,每种变化对每种方案的损益值影响是可以知晓的,但是每种变化的概率无法肯定。

想要获得不确定性决策的有效结果相当困难,决策结果的好坏存在碰运气的特点。选择决策方案主要受决策者的心理导向(性格)影响。乐观的管理者采取大中取大方案(最大化最大的可能收益——在最好自然状态下带来最大收益),悲观的管理者采取小中取大方案(最大化最小的可能收益——在最差自然状态下带来最大收益),希望后悔和遗憾最小的管理者会选择大中取小(最小化最大的后悔值)。当然,还有的管理者采取折中原则,在两种极端中取得平衡。

纽约花旗银行营销经理在美国东北部推广花旗银行的万事达信用卡(Marster Card),制定了 4 种可能的战略 S1、S2、S3、S4。但是,与此同时主要的竞争者大通曼哈顿银行也在推广维萨信用卡(Visa),并且拟定了3种竞争行动V1、V2、V3。纽约花旗银行营销经理整理出收益矩阵(表1.5),按照最终目标是成功推广花旗银行的万事达信用卡,进行决策。

表1.5 收益矩阵

花旗银行战略	大通曼哈顿银行竞争行动		
	V1	V2	V3
S1	13	14	11
S2	9	15	18
S3	24	21	15
S4	18	14	28

如果纽约花旗银行营销经理是乐观者,会列出每种战略的最大收益值S1=14、S2=18、S3=24、S4=28,最终选择收益值最大的S4方案;如果纽约花旗银行营销经理是悲观者,会列出每种战略的最小收益值S1=11、S2=9、S3=15、S4=14,最终选择收益值最大的S3方案;如果纽约花旗银行营销经理是后悔者,会列出大通曼哈顿银行每种竞争行动下自己的4种竞争战略的后悔值(表1.6),然后列出自己的4种竞争战略的最大后悔值S1=17、S2=15、S3=13、S4=7,最终选择后悔值最小的S4方案。

表1.6 后悔矩阵

花旗银行战略	大通曼哈顿银行竞争行动		
	V1	V2	V3
S1	24-13=11	21-14=7	28-11=17
S2	24-9=15	21-15=6	28-18=10
S3	24-24=0	21-21=0	28-15=13
S4	24-18=6	21-14=7	28-28=0

处理管理决策问题的思路是,首先区分需要决策的问题属于哪种类型,然后从适用于该类决策问题的方法中筛选出最有效、低成本的方法,最后使用所选择的方法按照"最满意原则"寻找出决策结果。

参考资料:2014 年乌克兰危机中俄罗斯应对美国经济制裁的选择(决策)

第一张牌:冻结美国企业资产

短期内,美国最有效的制裁手段是冻结俄罗斯高官和国有企业的海外资产。过去,此类举措曾引发俄罗斯强烈抗议。断绝俄罗斯与美国金融体系的管道会重伤俄罗斯银行业。

如果美国冻结俄罗斯资产,俄罗斯也会通过冻结美国企业资产来报复,那些在俄罗斯有大量业务的大财团首当其冲。2012 年俄罗斯前十大贸易伙伴如图 1.16 所示。

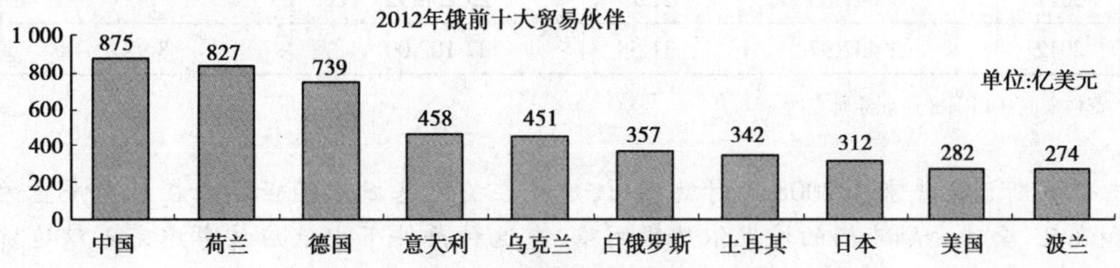

图 1.16　俄罗斯前十大贸易伙伴

资料来源:俄海关局,驻俄使馆经商参处,中国银河证券研究部

尽管 2013 年,美国企业在俄罗斯的直接投资仅 140 亿美元,但俄罗斯冻结资产的威力远远不止这些。例如,福特汽车在俄罗斯的汽车装配厂使用的是欧洲进口原材料,而这些并不会反映在贸易数据中。波音公司也和俄罗斯有着大规模的业务联系。美国的能源巨头们与俄罗斯政府关系密切,这些大财团将为了自身利益而向美国政府施压。

目前,俄罗斯联邦议会(上议院)正在起草一份法案,内容涉及受欧美制裁时可没收欧美企业及个人在俄资产。俄罗斯一些企业也已经闻风而动。

英国《金融时报》报道称,俄罗斯银行巨头 Sberbank 和 VTB、能源巨头 Lukoil 正在将存款从与美国有业务联系的银行中撤出。为应对克里米亚公投后美国可能对俄进行冻结资产等制裁,大批俄罗斯公司开始从西方银行撤离数百亿美元资金。

第二张牌:对外贸易放弃美元结算

限制双边贸易是美国实施经济制裁的主要手段,此前美国对伊拉克、利比亚的制裁效果显著。不同的是,俄罗斯并不依赖与美国的贸易。如果俄罗斯趁机在对外贸易中放弃美元,美国将得不偿失。

贸易是货币的基础,欧元的迅速崛起正是得益于欧元区的贸易影响力。去年,俄罗斯与美国的双边贸易仅占其贸易总额的 3%,而与欧盟和中国的贸易额占比则高达 60%。经济贸易基础决定中欧俄进行货币合作将成为必然趋势。美元之外,俄罗斯有更多选择。

中国是俄罗斯最大的贸易伙伴(表 1.7),在能源和轻工业领域有着紧密的联系,中俄贸易放弃美元的声音由来已久。

表 1.7　俄罗斯为我国主要原油进口来源国

	我国从俄罗斯进口原油量/万吨	增幅/%	我国原油进口总量/万吨	从俄罗斯进口量占进口总量比例/%
2008	1 163.83		17 889.30	6.51
2009	1 530.37	31.49	20 378.93	7.51
2010	1 524.52	−0.38	23 931.14	6.37
2011	1 849.03	21.29	25 254.92	7.32
2012	2 432.97	31.58	27 102.00	8.98

资料来源:CEIC,海通证券研究所

俄罗斯总统普京在2008年时就指出,建立在美元基础上的世界正在经受严重的问题和混乱,全球金融市场的境况依然很困难,在这种条件下中俄应该考虑完善双边贸易的支付体系,包括通过协调步骤更加广泛地使用本国货币。由此看来,中国与俄罗斯选择用本区域货币结算是很自然的事。

第三张牌:放任卢布贬值

美国还可以通过金融手段打击卢布汇率,引导俄罗斯境内的跨境资本外流,引发股市动荡,推动通胀。而俄罗斯很可能采取放任卢布贬值的做法进行报复。

美国制裁俄罗斯,引发了卢布贬值,俄罗斯股市大跌,但美欧股市也深受影响。上周四,尽管美国经济数据超预期,但道琼斯指数仍大跌231点,跌幅创六周多来最大,欧洲股市也普遍下跌。美欧与俄罗斯的金融交锋是风险互存的,如果俄罗斯放任卢布贬值,美欧金融市场也将遭受严重打击。

卢布贬值可以让俄罗斯企业从能源出口等贸易中赚取更多的卢布;同时,由于俄罗斯的购买力慢慢消失,国外出口型企业的日子将越来越难过。

目前俄罗斯债务占GDP比重仅为10%,卢布贬值不会显著增加俄罗斯的债务压力。5 000亿美元的外汇储备(图1.17)和超过1 000吨的黄金也可以为俄罗斯应对制裁提供弹药。

俄罗斯副总理罗戈津在与俄企业家商讨制裁对策后表示,西方对俄罗斯的制裁会推动俄国内工业更好地发展,同时制裁还可能反作用于我们的西方合作伙伴。高层的表态也透露出俄罗斯已做好放任卢布贬值的准备。

第四张牌:能源武器

美国制裁俄罗斯的关键是联合欧盟。后者与俄罗斯的贸易额占比高达50%,同时也是俄罗斯外商投资的主要来源。美国只有联合欧盟制裁才能对俄罗斯经济产生较大

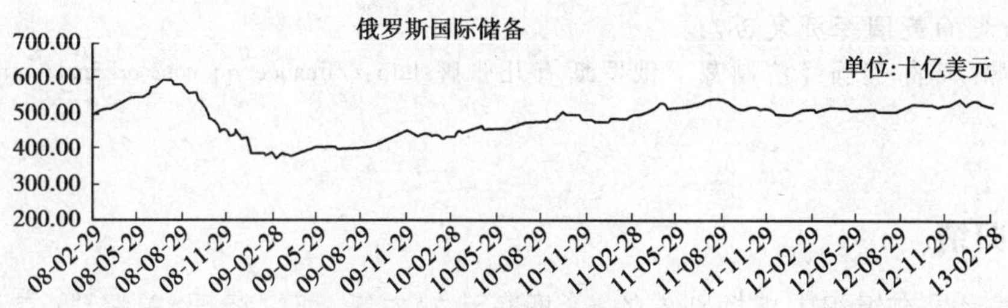

图1.17　俄罗斯国际储备

资料来源:Wind,中国银河证券研究部

杀伤力。

但石油和天然气一直是制约欧盟对俄罗斯"挥棒"的症结所在。欧盟国家所需的天然气有近30%来自俄罗斯,波罗的海三国天然气完全从俄进口,俄罗斯不仅影响世界能源市场,甚至会对欧洲的经济产生影响。一直以来,能源武器都是俄罗斯对外政策的王牌(图1.18)。在应对美国制裁时,能源牌将成为杀手锏。

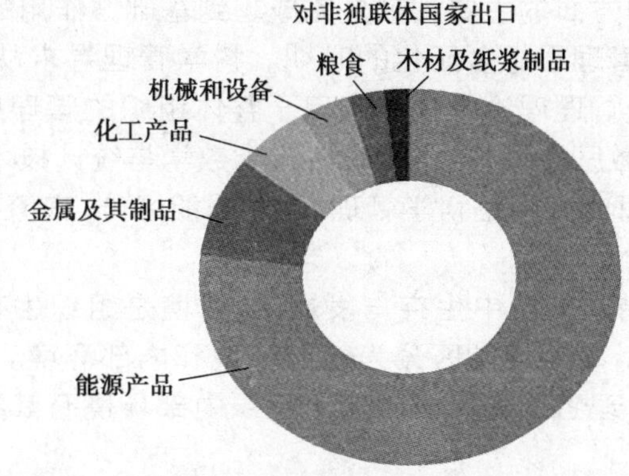

图1.18　俄罗斯出口商品结构

资料来源:俄海关局,驻俄使馆经商参处,中国银河证券研究部

美国虽然希望通过页岩气的开发来降低欧盟对能源的依赖,但短期内仍难以见效。反观俄罗斯则一直在巩固自己的能源霸主地位。

俄罗斯总统普京曾多次强调要恢复对能源的调制,要把能源、军工部门重新国有化,在这些领域把叶利钦时代下放的权力收回来,还派出一大批高官到这些公司去兼职,以完全控制其整个运作。

如果欧美制裁俄罗斯,俄罗斯将会动用"能源武器"进行报复,欧盟短期内很难找到新的能源供应方填补这个缺口,制裁俄罗斯很可能是自讨苦吃。

另外,美国经济能够复苏,一个主要原因是能源价格低廉。俄罗斯是全球最大原油生产国之一,在全球石油供给中占比约13%,任何限制石油出口的举措都可能推升全球油价，从而影响美国经济复苏。

资料来源：黄楠.美国经济制裁下俄罗斯有几张牌. http://finance.qq.com/original/caijingguancha/f01091.html

1 内容归纳

1.管理者是在组织中指挥别人的人，拥有诸如主任、部门经理、总经理、首席执行官等各种头衔。成功的管理者强调网络关系活动，有效的管理者注重沟通。操作这类非管理人员，直接从事某项工作或者活动，不具备监督别人的责任。

2.管理是谋求与别人一起使活动完成更有效的过程，体现在计划、组织、领导和控制职能中。管理具有普遍性，在不同类型的组织和组织的不同层次都具有相似性。管理对社会的重要作用已经被认识到，管理者的价值也可以通过市场加以体现，学习管理知识的价值是得到肯定的。

3.研究管理历史可以帮助理解今天的管理理论和实践。

4.20世纪前，在管理方面的主要贡献是完成起到基础性作用的基本思想的建立。

5.20世纪前半期是管理思想多元化的时期。科学管理寻求从事每项工作的最佳方法和更高生产效率，一般管理理论寻找出应用于整体组织的管理原则，人力资源管理理论讨论人的特别价值和激励原理，定量化方法追求数学与统计技术对管理的精确化。

6.影响巨大的管理研究成果是科学管理、管理职能区分、官僚行政组织定义、霍桑实验引发的行为科学。

7.任何组织都是在特定环境中生存与发展的，环境是组织生存与发展的依据，又是生存与发展的约束力量。环境通常区分为外部环境和内部环境。外部环境的不确定性对组织形成威胁，限制管理者的选择自由度。组织内部环境有其独特的价值，与组织文化是息息相关的。

8.组织文化是组织内部共享的价值观体系，在很大程度上决定成员的行为，具有约束力量，像过滤器一样左右管理者的思想与感觉。

学习项目 2
计 划

学习要求

能够定义计划、说明计划的潜在价值与利益、正确区分计划的类型

解释目标的含义,说明公开宣称的目标与真实目标不一致

说明 MBO 计划怎样利用目标作为激励因素

能够理解和指出战略的重要性、区分战略的层次、描述战略管理的过程

说明 SWOT 方法的使用

能够指出如何形成组织的竞争优势

正确认识调查与预测的价值,熟悉调查与预测的程序,能够比较熟练使用常见的调查与预测技术

理解环境扫描技术;理解预算普及的原因,列出和运用至少两种以上的预算方法;掌握甘特图、网络计划技术、盈亏平衡分析、简单的线性规划

列出时间管理的步骤与技巧

参考读物

《管理实践》	彼得·德鲁克(Peter F.Drucker)	上海译文出版社
《竞争战略》	迈克尔·波特(Michael E.Porter)	华夏出版社
《营销管理》	菲利普·科特勒(Kotler.P.)	中国人民大学出版社
《定位》	艾·里斯(Al.Ries)、杰克·特劳特(Jack Trout)	中国财政经济出版社

2.1 计划与目标

案例

海尔向互联网转型计划

海尔集团正在酝酿更大转型,在外界看来,曾在20世纪80年代"怒砸冰箱"的张瑞敏,从不缺乏自我革命的勇气,此次对于传统制造业再次举起"大锤",正是对互联网时代新经济模式主动适应的结果。

2012年年末,海尔在册员工总数为86 000人,2013年年末减少为70 000人,同期公司人均创造利润同比增长50%;2014年5月末海尔在册员工进一步减少为64 955人。2014年下半年海尔还将减少5 000人,主要面向的是中层管理者。

按照总裁张瑞敏的创新理念,"企业无边界",海尔将变为一个平台型企业,为海量的小微(企业)们提供适合创业的资金、资源、机制、文化等各种支持,而未来海尔将只有3类人:平台主、小微主和小微成员。在册员工变为在线员工,根据用户的需求(即订单)来"按单聚散"、自主经营。而服务于用户的也不只是海尔原有员工,可以用平台来聚合社会资源。

海尔2012年12月进入网络化战略阶段,经过2013年企业内外部的宣讲,2013年1月正式推进向互联网转型。推进过程中,线下一些促销费用被停掉,转而加强网上宣传,从线上引流到线下。

海尔在互联网时代的模式创新探索主要有两方面,一个是战略,一个是组织架构。打个比方,战略好比人的头脑,组织架构好比人的身体,如果决定向右转,脑袋已经转向右边了,但身体还没有转动,那这个人就不可能向右走过去。战略和组织架构两者是相辅相成的。

海尔的战略就是"人单合一"双赢的模式。所谓人单合一,简单地说,人就是员工,单就是员工的用户,双赢就是这个员工为用户创造的价值,他所应该得到的价值。海尔现在有6万多人,6万多人在这个模式指导思想下就一下子变成了2 000多个自主经营体,一般最小的自主经营体只有7个人,一下子把这个组织给细分了,把原来的金字塔模式给压扁了。在这个前提下,这个组织也改变了,我们叫作平台组织下的自主经营体并联平台。传统企业是串联起来的平台,现在海尔做的是协同起来的并联平台。

"我们的探索花了很多年,正式提出人单合一双赢模式是在2005年9月,到现在做了8年,仍在继续探索。这一模式几乎把企业整个组织全部颠覆了。现在海尔的组织是一个网状组织。"张瑞敏说。

2014 年上半年财报，海尔集团实现收入 470 亿元，同比增长 9.16%；归属于母公司股东的净利润 25.8 亿元，同比增长 20.9%。

海尔的互联网转型正在紧锣密鼓地进行，战略与组织结构同步进行，是缜密计划后按部就班执行的。这个革命性变革是组织再生的必然选择，但需要严谨的计划来执行。

以成功管理"惠普之道"著名的 IT 企业美国惠普公司，提出管理的 3 句箴言："书要从头看到尾，管理企业正好相反，你规划了未来，然后集中一切力量去实现它。"计划是管理活动的开始。

2.1.1 理解计划

孙子兵法第 1 篇为《始计》，说明所有的作战开始于计算与计划；质量管理大师戴明博士的 PDCA（P 计划、D 执行、C 检查、A 处理）管理循环思想也由计划开始；管理的 5 职能计划、组织、指挥、协调与控制，计划也排在开头；古语说"预则立，不预则废"，也说明了准备工作的重要性。因此，可以说古今中外的道理都同样说明计划工作的角色与定位。

1）计划的定义

计划（Plan）是对未来活动的预先谋划和安排，计划是设定目标，以及决定如何达成目标的过程。这个过程包含信息的收集、整理、分析、归纳，目标的思考与设定，执行方案的构想、比较与决策，组织内外的沟通协调，必要资源的分析、统计与组合，以及过程中所遇到问题的解决等。

制订一项计划时必须包含以下要素：清晰的目标；明确的方法与步骤；必要的资源；可能的问题与成功关键（图 2.1）。

2）计划的价值

计划是管理职能的首要职能，好的开始是成功的一半，好的计划是迈向成功的第一步。计划能够给出行动的方向，减小环境变化对活动执行的冲击，使管理的浪费和冗余降低到最小，形成活动的标准以利于控制活动结果，实现预定目标。根据专家研究表明，花 1 分力气制订有效的计划，可以节省 4 分执行时的混乱和解决突发事件的时间与费用。

组织的任何活动都离不开人员、资金、物质、技术、信息与管理等生产要素，需要分工协作、和谐配合才能确保组织目标的实现，计划是个协调过程，能将活动需要的相关因素有效组合配置成系统，避免许多弯路。

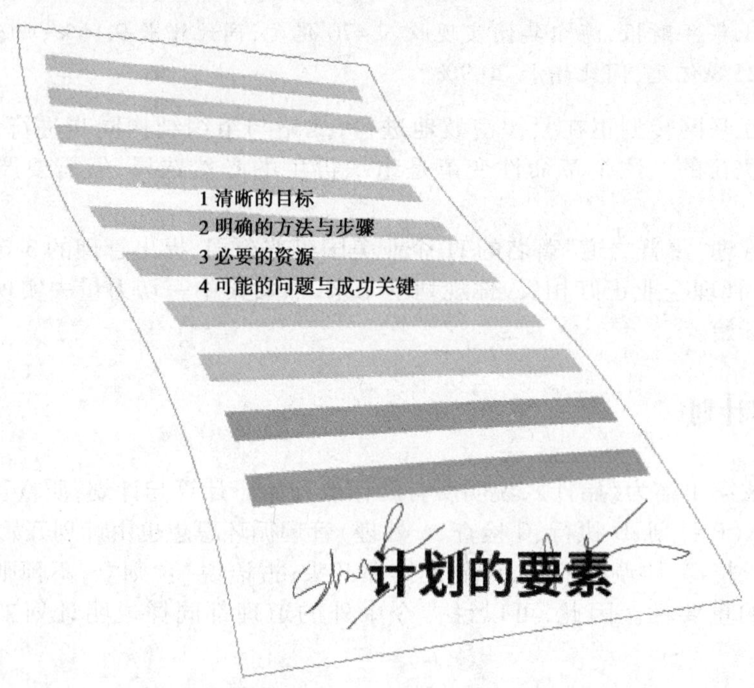

图 2.1 计划的要素

总部设在珠海的“九川物流”公司称自己是“第四方物流”,职责是对客户的物流路线、时间和仓储进行统筹设计,拿出物流规划,再把具体的仓储和运输业务外包给第三方物流商。日本松下公司在北京、天津、上海、广州、济南、无锡、杭州等地设有30多家工厂,各设各的仓库,各送各的货,造成大量交叉重复运输,“九川”接手后按“货物套着运、仓储集中用”的思路对松下的物流链重新设计整合,使松下电器的销售成本由占总成本的2.9%降到了1.8%。目前,“九川”没有一辆货车一间仓库,却可以调动分布于全国各地的8万多平方米的“会员仓库”和5 000多辆“会员车”,70名员工2000年营业额达1.4亿元。

计划减少环境不确定性的冲击。由于组织的生存与发展总是在特定环境中进行,而具有不确定性的环境是长期威胁组织目标实现的障碍,计划通过预先的谋划,尽量预见未来的变化,采取相应的对策,减小了环境不确定性对组织目标实现的不良影响,避免碰运气所带来的风险。

计划减少浪费和冗余。计划过程就是将未来要发生的事情预先演练,能够在实施前及时发现存在的浪费和冗余问题,消除活动过程中可能存在的漏洞。而且,制订计划就意味着有了活动的目标,组织成员有方向感和使命感,还可以将实际绩效与目标进行比较,及时发现可能存在的重大偏差,采取必要的纠正措施。

目前关于计划的误解相当的多，诸如：制订计划浪费管理者的时间、计划降低管理的灵活性、市场经济条件下计划显得过时落伍等。其实，计划制订过程就是对活动进行深刻思考的过程，过程本身就有极大的价值，所花费的时间与没有计划去处理突发事件的时间花费更节省。计划制订与落实过程是持续的，需要运用控制思想进行动态控制，可以具备足够的弹性适应外部环境变化。

3）计划的类型

组织实际使用的计划存在千差万别，将计划进行分类目的是帮助管理者根据所处的条件选择恰当计划类型。计划按照重要性、作用时间和详尽程度分为战略计划与作业计划、长期计划与短期计划、指导计划与具体计划。

战略计划（Strategic Plans）是设立组织总体目标和寻求组织在环境中地位的计划，作业计划（Operational Plans）是规定总体目标实现措施的计划。长期计划（Long-term Plans）是作用时间超过5年的计划，短期计划（Short-term Plans）是作用时间在1年内的计划。指导计划（Directional Plans）是规定方针政策的计划，具体计划（Specific Plans）是规定活动执行细节的计划。

组织制订的计划应该是各类计划的组合，以使各种计划的优劣能够在组合中做到"扬长避短"。通过计划分类可以区分出相应的制订者和执行者，计划应该包含的内容。通常，所有管理人员都不同程度地参与计划的制订。如果计划编制者对个人计划类型了解得更多，就能更好地培养自己职业生涯中不同阶段所需的计划技能。清醒的自我意识使管理者能认识到哪些计划是自己难以完成的，哪些是擅长的，从而有机会获得更大的成功。

4）计划的步骤

（1）分析环境

对外部环境与内部资源分析，指出机会与威胁、优势与劣势。主要通过调查与预测方法进行。

（2）确定目标

设立目标，并且用清晰的方式（数字、图表、模型）描述出最终期望的结果。目标通常形成完整的目标体系。

（3）制定战略

根据目标的重要程度，选择实现的战略。主要通过SWOT分析。

（4）选择方案

通过拟订方案、评价方案和选择方案等环节进行方案选择的决策。

（5）编写报告

目标展开、安排进度、明确责任者、统计资源需求、列出可能的问题应该列为报告

(计划书)的主要内容。管理者编写计划书是为了更好地指挥下属,共同协作完成工作任务,因此,计划书是需要供别人使用的,编写的出发点需要站在执行者能够正确全面理解的角度,以使得计划真正能够帮助执行者。计划书的形式可以多样,纯文字的报告、表格、图形均可。

(6)执行落实

执行计划、定期评估、及时修正。

计划的编制可能受到管理层次、组织生命周期、环境的不确定性和作用时间等权变因素影响。多数情况是高层制定战略计划、基层制订作业计划;随着组织经历生命周期的形成、成长、成熟、衰退阶段,采用指导性计划、短期具体计划、长期具体计划、短期具体计划形式;环境的不确定性越大计划的指导性和期限越短;当前的计划越是影响到未来的承诺实现其期限应当越长。

2.1.2 目标管理

日本长跑运动员山田本一曾两次在国际马拉松比赛中夺冠,他披露的秘诀“凭智慧取胜”就是:比赛前先勘察路线,把沿途醒目的标志画下来,比如第一个标志是一家银行,第二个是一棵大树,第三个是一座公寓……然后按这些标志把全部赛程分解成若干小目标,拟订每个目标的跑法和时间,比赛中一个目标、一个目标地咬着跑,每跑完一个都增加一份信心,又都是一个新目标的开始,40 多公里的路程就这样轻松跑完了。这就是目标管理思想的体现。

1)什么是 MBO

目标管理(Management By Objective,MBO)是管理学大师彼得·德鲁克在 1954 年出版的《管理实践》著作中提出的观念。按彼得·德鲁克当年提出的想法,任何组织无论是具有营利行为的企业或是非营利机关,都必须要有一套管理的基本原则与目标方向,以作为组织内部成员行动的依据,并且,通过专门设计的过程将目标按照组织结构层层分解,将组织的整体目标转换为组织每个成员的目标,使各部门的目标能够与企业整体营运方向结合在一起,从而促进企业团队的组织效能。明确目标、参与决策、规定期限和反馈绩效是 MBO 的共同特征元素。

德鲁克注重管理行为的结果而不是对行为的监控,这是一个重大的贡献,因为它把管理的整个重点从工作努力(即输入),转移到生产率(即输出)上来。每一位经理人,都必须明确其目标。这些目标应该始终以企业的总目标为依据。制定自己的目标,是每一个经理人的责任,并且是其首要责任。目标管理的主要贡献之一就是它使得我们能用自我控制的管理来代替由别人统治的管理。目标管理把客观的需要转化成为个人的目标,通过自我控制取得成就。这是真正的自由。

此种创新的理念对当时乃至现今的企业经营管理都产生了实质影响。美国通用汽车(General Motors)就因为接受此种观念的引导,把组织结构由中央集权管理模式变更为产品事业部管理方式,各产品线由于采取目标业绩导向,使营运获得极大的效果。目标管理若是运用得当,确实可使组织运营消除"头痛医头,脚痛医脚"的弊端,全体成员由于有共同努力的方向,组织永续生存的想法得以落实。

MBO 计划的典型步骤有 8 步骤:制定组织的整体目标和战略;在部门之间分配主要目标;部门管理者与上级合作确定具体目标;在部门成员合作下分解目标到每个成员;管理者与下级共同制定行动方案;实施行动方案;定期检查目标完成进度,将结果反馈相关部门与人员;通过基于绩效的奖励强化目标的成功实现。目标管理表如表 2.1 所示,目标值检查表如表 2.2 所示。

表 2.1　目标管理表

单位 姓名 直属上司	职位 期间 验讫章			
目标项目	1.	2.	3.	4.
具体内容				
本人对结果的评价与反省				
上司对结果的评价及意见	A.非常努力 B.颇努力 C.尚可 D.有待努力	A.非常努力 B.颇努力 C.尚可 D.有待努力	A.非常努力 B.颇努力 C.尚可 D.有待努力	A.非常努力 B.颇努力 C.尚可 D.有待努力
意　见				

表 2.2　目标值检查表

	姓名[　　]	目标[　　]
	检查事项	评价
设定目标值	1.制定目标值时,是否过于乐观? 2.是否过于依赖过去的实绩或经验? 3.是否忽略现实状况、环境等要素? 4.是否独断制定目标值? 5.战略是否从重要部分着手?	

续表

姓名[　　]		目标[　　]
	检查事项	评价
执行上的检查	1.是否掌握住目标的优先顺序？ 2.是否掌握目标的重要程度？ 3.是否把握住处理的步骤、日程？ 4.是否把握住处理方法？ 5.报告、联络、协商是否义务化？ 6.小组之间的合作是否没问题？	
目标值修正的检查	1.是否可以迅速地修正目标？ 2.修正目标的勇气是否足够？ 3.是否能提早发现目标值的误差？ 4.发生误差时，是否能迅速地向上司反应？ 5.不能完成时，是否能迅速地向上司反应？ 6.是否严守完成的日期？ 7.是否能迅速修正日程？	
总检测	1.是否做好工作的总检测？ 2.是否能逐步地完成修正事项？ 3.是否有检测未达成目标的原因？ 4.目标值完成后是否作了事后分析？ 5.目标值的完成是否很勉强？ 6.是否下功夫努力完成目标值，是否有进步？	

2)什么是目标

目标(Objectives)是组织在未来时期内预期的结果。目标为所有的决策指明方向，对所有的行动形成激励，作为衡量实际绩效的标准(图 2.2)。正是基于这些认识，目标成为了计划的基础。管理学术语“愿景”(Vision)，源自于彼得·圣吉的“学习型组织”理论，能够通俗形象地描述组织未来要实现的目标。

四通集团重组目标：充分市场化条件下的核心竞争力的形成；充分国际化条件下的现代企业制度的建设；西南工业管理学校 5 年发展规划的目标：2005 年发展为规模5 000人、专任教师 250 人的重庆示范性高等职业技术学院；重庆市政府的长远发展目标：将重庆市建设成为国际大都会。

任何组织必须形成一个真正的整体。组织每个成员所作的贡献各不相同，但是，他

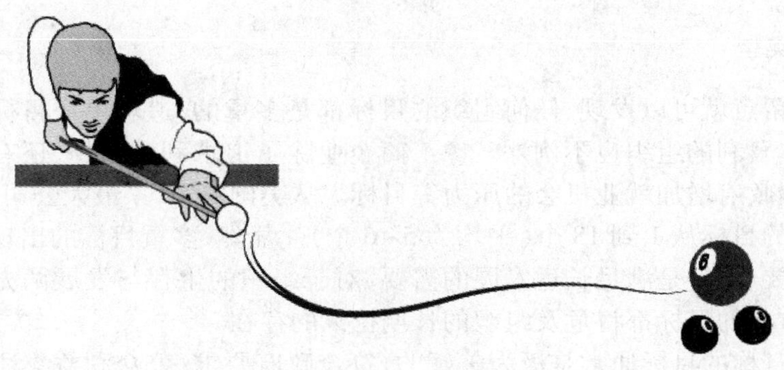

图2.2　目标

们都必须为着一个共同的目标作贡献。他们的努力必须全都朝着同一方向,他们的贡献都必须融成一体,产生出一种整体的业绩——没有隔阂,没有冲突,没有不必要的重复劳动。

因此,组织的运作要求各项工作都必须以整个组织的目标为导向;尤其是每个管理人员必须注重组织整体的成果,他个人的成果是由他对组织成就所作出的贡献来衡量的。经理人必须知道组织要求和期望于他的是些什么贡献。否则,经理人可能会搞错方向,浪费精力。

 故事中的管理:三个石匠的故事

有人问三个忙碌的石匠在做什么,第一个石匠说:"我在混口饭吃。"第二个石匠一边敲打石块一边说:"我在做全国最好的石匠活。"第三个石匠眼中带着想象的光辉仰望天空说:"我在建造一所大教堂。"这个故事最早出现在管理大师彼得·德鲁克1954年出版的《管理实践》。

管理心得:

自然,只有第三个石匠才是真正的经理人。第一个石匠知道他要从工作中得到什么并设法得到它。他很可能会"正当地工作,以便得到公平的报酬",但他不是而且永远不会是一位经理人。成问题的是第二个石匠。事实上,技艺是极为重要的。如果一个组织不要求其成员贡献出尽可能高的技艺,该组织就可能士气不振。但始终存在着这样一种危险,一个有真本事的工人或专业人员在雕琢石块或聚集了很多下脚料时,认为这本身就是成就了。在组织中应该鼓励人发挥技艺,但技艺始终应该同整体的需要相联系。

任何一个组织中绝大多数的经理人和专业人员,正像第二个石匠那样,关心的只是专业工作。它可能使一个人的眼界和努力从组织的目标转移开来,而把职能性工作本身作为一种目的,把组织搞得支离破碎,并使组织成为各个职能王国的一种松散的邦联。

3)目标的类型

只要稍加留意就可以发现,任何组织的目标都是多重的,追求单一目标的组织极为少见,即使是非营利的组织也不例外。像工商企业除了追求利润之外,还有争取市场占有率、满足当地政府增加就业机会的压力等目标。从美国对 80 家最大公司的研究表明,每家公司设立的目标从 1 到 18 个(平均为 5~6 个)。显然,多重目标的出现部分是满足短期生存的需要、部分是满足长远发展的需要,对于组织的生存与发展两方面是必不可少,偏颇任意方面的目标都将危及组织的长期持久的存在。

组织公开宣称的目标通常是极为美好的,符合政府要求、公众利益集团的利益和公众的观点,实际执行的目标却未必与公开宣称的目标完全一致。航空公司宣称的目标是创造"亲如一家"飞行环境,真实的目标却是从支付得起更高级舱位的乘客身上赚取更高的利润。

组织对自己的目标有多种陈述是常事,公众甚至对其南辕北辙的矛盾与混淆的表述都没有必要感到惊讶。因为,组织的行动才是真实目标的体现,而非组织发言人或者公关经理嘴上说的,只要留心观察组织的行为都能够识别组织的真实目标。

有效的目标应该是简明、清晰的,SMART 法则正是用来评估目标有效性的标准,S——明确具体的、M——可衡量的(数字化)、A——行动导向的、R——合理可行的、T——有时间限制的。例如:"销售额比上年增长 5%""到 2000 年市场占有率应达到 15%"等。

4)目标的设立

美国学者 Price 就提出目标手法的 4 个指导原则,避免计划实务运作的盲点:

(1)目标的来源应来自于决策者(Decision Maker)

由于经营者具有指出未来方向的管理责任,也掌握实施目标所需的重要资源,具有决定资源分配的最后定夺权利,因此经营者有必要向大众说明其想法以及具体的目标内容。

(2)目标方向应来自于组织目标(Organizational Goals)

企业目标可分为员工个人期待目标以及必须要实施的经营目标,当然员工个人所想要的目标都不一致,也不能否认个人心理层次满足的重要性,但有时为了使组织效能能够顺利达成,坚持组织目标"先公有后私有"的原则仍然有其必要性。

(3)目标的设定应来自于操作性目标(Operative Goals)

所谓操作性目标就是企业实际可行的目标,有别于经营管理所要达成的远景策略性目标。为了使目标能够可以衡量与实施,策略性目标就必须转换为日常运作可操作的目标,才能对各部门加以落实追踪。

(4)目标的设定应有野心与活动(Intention and Activities)

目标的野心就是企业所达成的方向,让员工真正了解目标所代表的意义,并进行双方的意见交流,使目标明确化,进而通过活动的实施,进行时间与资源的分配,才能达成共同的目标。

MBO 中目标设立不是传统的自上而下地逐级分派,而是采用参与方式决定目标,上下级共同参与目标的选择,并且达成一致意见。每个目标的完成都有明确的时间期限,作为控制的标准之一,确保整体目标的按时完成。MBO 是个动态管理过程,通过定期举行的正式评估会议,在实施过程中需要不断反馈目标实现的进展情况,然后将进展结果反馈给执行者,以便执行者调整自己的行动,最终确保所负责的目标按要求实现。

5)建立目标体系

通常的目标设立方式是按照组织的结构自上而下,由上级给下级分配和规定目标。这样,目标经过层层分解,每个层次的管理者都可能添加自己对目标的理解,最终传递到成员的目标描述可能已经丧失清晰性和一致性,产生信息失真问题。而且,下级被动接受目标会导致在实现目标过程中的动力不足,无法按照管理者的意愿圆满地实现目标,建立日标体系成为良好的选择。

建立目标体系目的是将公司的战略展望和业务使命转换为明确具体的业绩目标,从而使得公司的进展有一个可以测度的标准,目标体系是跟踪公司业绩和进度的标尺。成功的管理者建立的公司业绩目标往往需要执行者付出艰辛的努力。达到大胆的、积极进取的业绩目标所带来的挑战往往会促使公司变得更加富于创造力,更加迫切地改善和提高公司的财务业绩和市场位置,在采取行动时使得目标更加明确、精力更加集中。

采用系统图分解目标形成目标体系。系统图是把要达到的目的和所需的方法、手段,依照系统展开、按顺序分解,从图中明确问题的重点,找出实现目标的最优方法和手段(图2.3)。

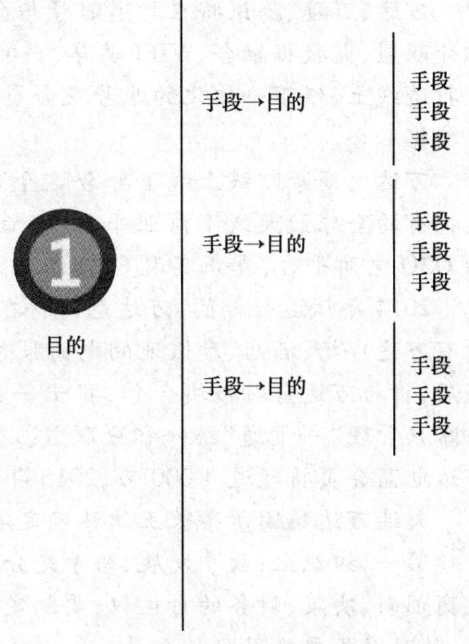

图 2.3 目标管理系统图

目标体系的建立需要所有管理者的参与。公司中的每一个单元都必须有一个具体的、可测度的业绩目标,其中,各个单元的这些目标必须对完成公司的目标有实际的意义。如果整个公司的目标体系分解成了各个组织单元和底层管理者的明确具体目标,那么,整个公司中就会形成一种以结果为导向的气氛。如果公司内部对所作所为混沌无知，那么，公司将一事无成。最理想的情形是，建立团队工作精神，组织中的每一个单元都奋力完成其职责范围内的任务，从而为公司业绩目标的完成和公司战略展望的实现作出应有的贡献。

2.2 战略管理

案例

万达电子商务公司发展战略

2014 年 8 月 29 日，大连万达集团、腾讯公司和百度公司联合在香港注册成立万达电子商务公司，计划第一期投入人民币 50 亿元，万达集团持有 70%股权，百度、腾讯各持 15%。

大连万达集团创立于 1988 年，目前已经形成商业地产、高级酒店、文化旅游和连锁百货四大核心产业。2013 年，企业资产 3 800 亿元，年收入 1 866 亿元，净利润 125 亿元。计划到 2015 年，企业资产 5 000 亿元，年收入 3 000 亿元，净利润 200 亿元。电子商务将成为第五大核心产业。

万达、百度、腾讯将在打通账号与会员体系、打造支付与互联网金融产品、建立通用积分联盟、大数据融合、WIFI 共享、产品整合、流量引入等方面进行深度合作。三方将联手打造线上、线下一体化的账号及会员体系。同时三方还将建立大数据联盟，实现资源大数据融合。

万达电商紧盯线上线下融合这个未来商业终端和电商公司发展的必然趋势，以万达拥有的全球最大线下商业平台，与百度、腾讯两大巨头合作，最终打造成为全球最大的 O2O 电商平台，真正实现 O2O 落地，探索 O2O 发展的模式。

2014 年试运行期间，万达电商将在全国 107 个万达广场开通电商服务，2015 年开通所有万达广场、酒店、度假地的电商服务，实现对万达消费终端的全面覆盖。万达电商上线后，将与万达金融板块合作，推出一系列互联网创新金融服务、万达会员权益积分及多账户管理“一卡通”统一积分联盟，以及互联网众筹投资业务等新服务。预计，2014 年万达电商会员将超过 4 000 万，2015 年将超过 1 亿。

大连万达集团董事长王健林确定电商战略的四大战略措施：

第一，组织上：放手发展，给予充分自主权。不用万达的传统管理模式管电商，要给电商创新、决策、财务的自主权，要制定专门的管理制度与监督体系。并根据目标完成情况，随时准备更换思路与人员。

第二，资源上：所有网上资源均分享给电商。在万达足够壮大后，或者自己投资了银行,可以与银行统一发卡,在万达系统内部实现网上一卡通,这张卡在全国万达广场、酒店、度假区消费,购房都能通用,消费还有折扣、积分、抽奖、增值服务,等等。依靠万达每年产业内的几十亿人次客流,取得优势。

第三,品牌上:构建物理模式,定义万达电商。万达电商要在1~2年,让大家一说万达电商,就立刻联想到是真正的O2O。万达电子商务模式的物理形象要尽快展示出来,要回答万达电商是什么。

第四,模式上:万达决定联合中国最大的几家电商成立万达电商,让其参股,首期投资50亿元,并用3年左右时间找到盈利模式或者方向。

"战略"单词来源于希腊字"Stratege",其含义是"将军"。当时,这个词的意义是指挥军队的艺术和科学,在第二次世界大战后逐渐应用于宏观管理领域。

2.2.1 理解战略

运筹帷幄、决胜千里,刻画了战略对最终战事结局举足轻重的作用。而这句话,套用到商战上,恐怕一点也不为过。尽管没有了战场上的刀光剑影,但商界的竞争同样残酷无情。尤其是在竞争与日俱增的今天,全球化的浪潮和日进千里的技术创新,使企业稍有闪失,便有可能招致灭顶之灾。如何在激烈动荡的市场竞争中,制定和执行正确的企业经营战略,已经成为决定企业能否立于不败之地的关键。

竞争激烈、复杂多变的环境使组织的生存发展变得困难重重,组织必须对自身的生存环境有充分的认识,制定出可以指导长期行为的远景规划,必须对自己的行为进行通盘的谋划。20世纪60年代以前,在某些企业中虽然也存在着类似于这种谋划的活动,但所使用的概念不是经营战略,而是长期计划、公司计划、组织政策等。直到20世纪60年代,经营战略才以一种具有科学性的概念,开始在企业管理学中使用。1965年美国经济学家安索夫《企业战略论》出版后,企业战略开始广泛应用在各种组织的发展管理中。

大公司应对捉摸不定的环境变化,最重要的就是进行战略研究,以战略研究的成果作为公司业务发展的方向。就像:胖瘦两兄弟,打猎为生。山上多野兔,瘦子身手敏捷,屡有所获;胖子跑得也不慢,可是惯性太大,转身不易,兔子几个急停骤转就已经在数丈开外,可怜胖子每每只有望兔兴叹。其实,胖子能否抓到兔子的关键不在于转身是不是灵活,而是要事先算准兔子跑动的路线,准确切入,就会一举成功。

1)战略的含义

波士顿顾问公司(BCG)是享誉全球的公司战略的创新者。波士顿矩阵、经验曲线、以时间为基础的竞争等管理界耳熟能详的概念均出于BCG。波士顿顾问公司的奠基人布鲁斯·亨德森对战略是这样概括的:"任何想要长期生存的竞争者,都必须通过差异化而形成压倒所有其他竞争者的独特优势。勉力维持这种差异化,正是企业长期战略的精髓所在。”

在组织经营中运用“战略(Strategy)”这个词,是用来描述一个组织打算如何实现它的目标和使命。战略是指在特定的环境中为了实现组织目标,而对所要采取的方针、资源使用方向和行动组织方式的总体规划(决策)。战略管理包括对实现组织目标和使命的各种方案的拟定和评价,以及最终选定将要实行的方案。

战略是一种意图,主要是指明组织发展的方向;战略是一种宗旨,说明运营目的、范围、目标市场与顾客、运营方式、需要建立的竞争优势、所关注的利益团体、自我要求和未来的社会形象;企业战略是一种目标,阐述在实现战略意图和宗旨过程中,所要达到的阶段性的结果;企业战略是一种途径,指出到达目标的行为方式、原则或者策略。

大型组织的战略通常区分为 3 个层次:公司层战略(Corporate Level Strategy)、事业层战略(Business Level Strategy)和职能层战略(Functional Level Strategy)(图 2.4)。公司层战略主要是决定服务范围、长期目标、核心竞争能力与优势等全局性问题,事业层战略主要决定多元化发展中每个领域(事业)发展方向、未来目标、竞争优势体现等,职能层战略主要决定每个相关管理职能如何与公司层和事业层战略配合,目的是提高工作的有效性和效率等。对于没有进行多元化发展的组织通常将公司层战略与事业层战略合并,其战略系统只有两个层次。

公司层**战略**

事业层**战略**·事业层**战略**

职能层**战略**·职能层**战略**·职能层**战略**

图 2.4　战略系统结构

2)公司层战略

公司层战略就是组织的总体战略,可以采取的典型类型有稳定战略(Stability Strategy)、增长战略(Growth Strategy)、收缩战略(Retrenchment Strategy)。当然,组织实际上可能是采用 3 种类型中的多种进行组合,特别是在多元化发展的组织中,不同的领域采用完全不同的战略来发展是正常而且应该的。

(1)战略类型

①稳定战略。

稳定战略是组织在总体发展上延续过去的战略,诸如持续地相同类型的顾客提供相同的服务、维持相对稳定的市场占有率和投资回报率等。这在组织发展的业绩相当令投资者满意、组织外部环境比较稳定的时候，管理者容易追求稳定性战略。

稳定战略通常被认为故步自封或者保守不思进取，但是，需要认识到稳定战略并非无所作为，特征是在组织总体发展上没有重大的变革。

②增长战略。

增长战略是最受称道和赞赏的战略，通过直接扩张、风险投资(资本运作)以及多元化经营等方式来实现。在每次经济发展转型期间代表新经济的企业通常都采用增长型战略获得高速发展，目前的互联网公司大多数都在采取这种战略快速占领市场中的空隙。

美国微软公司在Windows操作系统、Office办公自动化系统、Visual C程序设计语言、Visual Basic程序设计语言等占据主流和垄断地位后，开始进军网络行业，通过收购和自己投资建立MSN、Hot-Mail等网站大获成功，然后又进军游戏领域，先后开发深受欢迎的《帝国时代》战略游戏软件，还于2001年年底推出与传统游戏机生产商日本的索尼、任天堂竞争的硬件游戏机Xbox，尚没有推出就引起轰动。美国微软公司在增长战略支撑下变成软件巨无霸，形成令软件同行心惊胆战的软件帝国。

③收缩战略。

收缩战略大概算得上是令人沮丧的无奈选择，在经济发展的低潮时期会经常见到这种情况发生。收缩战略通常有3种选择，包括转变、撤退、清算，也许清算才是真正最糟糕的结果。尽管收缩战略被认为是失败的，但是在许多多元化发展的组织中，收缩战略能够避免更大的失败。

敢于拒绝这种诱惑的企业需要气魄。但有些企业却只有在经历了沉痛教训后，才能认识到主动撤退的重要性。1964年，美国杜邦公司推出的合成式皮革，能使皮鞋经久不坏。但当市场出现大受欢迎的真皮皮革时，杜邦仍无退意，直到1971年损失1亿美元时，才不得不被动退出市场。

当然，也有的组织采用组合战略(Combination Strategy)，同时实行稳定战略、增长战略、收缩战略中的两种或多种。通常是在多元化发展的组织内部，各子公司或各个事业部之间分别采用不同的战略。

(2)制定方法

制定公司层战略最流行的方法之一是业务组合矩阵——波士顿矩阵(BCG矩阵)。该方法是由波士顿咨询集团于20世纪70年代初期开发的。这种方法将组织的每一个战略事业单位标在一种二维的矩阵(市场增长率—市场占有率矩阵)上，从而显示出哪个战略事业单位提供高额的潜在收益，以及哪个战略事业单位是组织资源的漏斗。

BCG矩阵的示意图(图2.5)，其中横轴代表市场占有率，纵轴表示预计的市场增长率。高市场占有率意味着该项业务是所在行业的领导者；高市场增长率定义为销售额至少达到10%的年增长率(扣除通货膨胀因素)。BCG矩阵区分出4种业务组合。

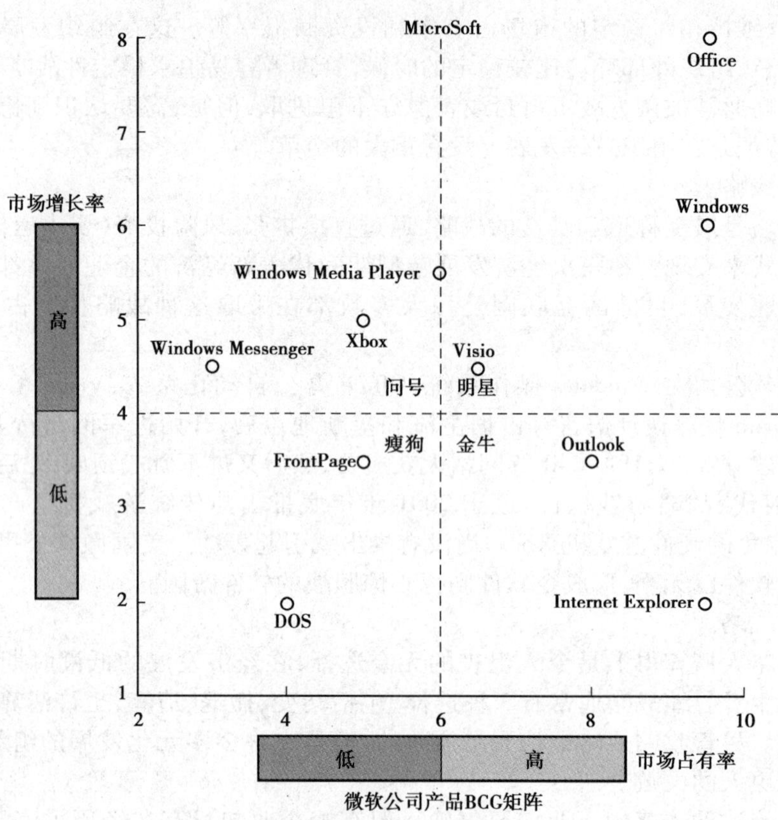

图 2.5　BCG 矩阵

问号:问号(Question Mark)属于高度成长、低占有率的产品。管理者应该仔细考虑,是否要花费更多的资金来提高市场占有率,以开创更美好的明天,或是缩小经营规模,甚至完全退出市场。

明星:明星(Star)属于高度成长、高占有率的产品。由于成长快速,因此,通常厂商不但不能从中获取大量的现金,反而还需要投入资金以扩大市场,强化通道与推广,使自己能够更上一层楼,并在未来获取更多、更长远的利益。

金牛:金牛(Cash Cow)属于低度成长、高占有率的产品。由于竞争已经趋于稳定,因此,它可以产生大量的现金,以供组织发展新产品,并逐渐培养成为明日之星。

瘦狗:瘦狗(Dog)变成现金陷阱,这里属于低度成长、低占有率的产品,它或许还能自给自足,甚或对利润有所贡献,但营销人员必须认清真相,不要因为感情因素,而将资金继续浪费在没有明天的产品上,除非产品本身仍有可为,否则,壮士断腕才是上策。

对理解 BCG 矩阵来说,重要的是假定在累积学习曲线(Cumulative Learning Curve)效应。该假定认为,如果公司能够适当地生产产品和管理生产过程,则产品生产累积的每一个显著的增加,都会带来可预计的单位产品成本的下降。特别是,波士顿咨询集团断言,销售量每翻一番,单位产品成本一般会下降20%~30%,这个结论显然是占有最大市场份额的业务将有最低的成本。

研究表明,牺牲短期利润以获取市场份额的组织,将产生最高的长期利润。因此,管理者应当从现金牛身上挤出尽可能多的"奶"来,把现金牛业务的新投资限制在最必要的水平上,而利用现金牛产生的大量现金投资于明星业务,对明星业务的大量投资将获得高额红利。当然,当明星业务的市场饱和及增长率下降时,它们最终会转变为现金牛。最难作出的是关于问号业务的决策,其中一些应当出售,另一些有可能转成明星业务。但是问号是有风险的,管理当局应当限制投机性业务的数量。对于瘦狗不存在战略问题,这些业务所得的现金可以用来收购或资助某些问号业务。

3)事业层战略

事业层可以采取的战略最普遍的是适应战略和竞争战略。

(1)适应战略

适应战略归纳为4种类型:防御者(Defender)、探索者(Prospector)、分析者(Analyzer)和反应者(Reactor)。防御者寻求在整体市场的某个细分市场稳定地提供服务,并且防范竞争者的介入,以麦当劳快餐连锁店最为典型;探索者追求创新,致力于发掘新产品和新市场,以美国微软公司最为典型;分析者靠模仿和复制探索者的成功思想而生存,典型的是德克士炸鸡模仿肯德基炸鸡经营;反应者在前3种实施不当时被迫采取措施,犹疑不决和反应缓慢经常导致失败,20世纪90年代末期的广东太阳神集团基本属于这类型。

(2)竞争战略

竞争战略提供3种选择:成本领先(Cost Leadership Strategy)、特色战略(Differentiation Strategy)、专一化战略(Focus Strategy)。成本领先战略以更具竞争力的成本提供与竞争者能够相比的服务,处于全球微处理器第二供应商地位的美国AMD公司市场占有率在15%左右,而竞争者Intel公司以80%左右市场占有率垄断微处理器芯片生产行业,AMD只有采用成本领先战略,以牺牲利润为代价在低端产品台式电脑微处理器上赶超Intel,然后再进入高端的企业服务器微处理器领域获取高额利润;特色战略以高超的质量、非凡的服务、创新的技术和著名的商标严格区分开竞争者,海尔集团在国内市场的产品质量与技术含量高、价格明显高于竞争者;专一化战略寻求在某些细分市场的竞争优势(成本、技术、品牌等),乐百氏公司只争取在奶制品和纯净水市场拥有领先的地位。

4)职能层战略

职能层战略是按照总体战略或业务战略对组织内各方面职能活动进行的谋划,描述了组织内每个职能部门所采用的方法和手段。职能战略一般可分为生产运营型职能战略、资源保障型职能战略和战略支持型职能战略。

生产运营型职能战略是企业或业务单元的基础性职能战略,从企业或业务运营的基本职能上为总体战略或业务战略提供支持,包括研发战略、筹供战略、生产战略、质量战略、营销战略、物流战略等。资源保障型职能战略是为总体战略或业务战略提供资源保障和支持的职能战略,包括财务战略、人力资源战略、信息化战略、知识管理战略、技术战略等。战略支持型职能战略是从企业全局上为总体战略和业务战略提供支持的战略,包括组织结构战略、企业文化战略、公共关系战略等。

职能层战略不同于公司层战略。首先,职能战略的时间跨度要较公司战略短得多。其次,职能战略要较公司战略更具体和专门化,且具有行动导向性。最后,职能战略的制定需要较低层管理人员的积极参与。

2.2.2 战略管理的流程

在组织战略制定和战略实施过程中,包括 5 项相互关联的管理任务:提出公司战略展望,指明公司的未来业务组成和公司前进的目的,从而为公司提出一个长期的发展方向,清晰地描述公司将竭尽全力所要进入的事业,使整个组织对一切行动有一种目标感。建立目标体系,将公司的战略展望转换成公司要达到的具体业绩标准。制定战略,达到期望的结果。高效、有效地实施和执行选择的公司战略。评价公司的经营业绩,采用完整性措施,参照实际的经营事实、变化的经营环境、新的思维和新的机会,调整公司的战略以及公司的战略执行。

战略管理任务通过战略管理过程(Strategic Management Process)落实。战略管理过程包括 7 个步骤(图 2.6),是一个战略计划实施和评价的过程,属于典型的 PDCA(计划、执行、检查、处理)思想。

1)确定组织当前的宗旨、目标

组织的宗旨其实是回答这样一个问题:我们到底从事的是什么事业?帮助管理者确定组织的产品与服务范围。

在 20 世纪三四十年代,铁路公司之所以不景气是由于他们错误地规定了他们所从事的是铁路事业,而不是运输事业。正如多米诺比萨饼公司按照其创始人和首席执行官汤姆·莫纳汉的观点,一个优秀的比萨饼公司宗旨如果定位为做比萨饼生意,那就错了,而应该是周到的送货事业。

2)分析组织运营环境

环境分析是战略过程的关键要素,因为在很大程度上,组织的环境规定了管理当局可能的选择。每个管理当局都要分析所处的环境,要了解市场竞争的焦点,拟议中的法

图 2.6 战略管理流程

规对组织有何影响,以及组织所处的环境的劳动供给状况等。重要的是,准确把握环境的变化和发展趋势及其对组织的重要影响。通常组织的外部环境包括来自政治、经济、法律、科技、文化、自然等方面。

鉴于环境分析面广、内容多、需要多专业知识,通常组织的单一管理者都不具备这样的知识和能力,因此,集思广益的讨论和聘请专业公司进行专题调查预测是不错的选择。世界500强的美国公司在进入中国市场之前都进行过广泛持久的环境调查与预测,直到调查结论有充分理由证明进入中国是正确的,才开始大规模地介入中国市场。

环境给组织的影响体现在提供机会或者带来威胁两方面。环境变化对组织来说是威胁还是机会,取决于该组织所控制的资源。毕竟环境对组织来说可控性比较小,只有通过调整可控制的组织资源去适应环境的变化。

组织资源分析主要有:组织的雇员拥有什么样的技巧和能力,组织的现金状况怎样,在开发新产品方面的能力如何,公众对组织产品和服务的质量怎么看。组织资源分析让管理者看清楚自身的优势与劣势。

参考资料:克莱斯勒汽车

美国克莱斯勒汽车公司,1979年9月出现高达7亿美元的亏损,创造当时美国有史以来企业亏损的最高纪录。这场危机并非因为公司汽车出现质量问题,而是公司在外部环境判断中的重大失误所致。

此前的1973年石油危机严重冲击了依赖石油能源的全球汽车工业，当时几乎所有的汽车公司都遭受损失。通用汽车公司和福特汽车公司针对石油危机可能再次发生的背景，改变公司的经营战略，重点开发耗油量小的汽车。唯有克莱斯勒汽车公司认为石油危机是短暂现象，继续生产质量超群但耗油量极高的大型豪华轿车。

到1978年石油危机再次爆发时，克莱斯勒汽车公司的大型豪华汽车销售量锐减，库存如山的轿车导致公司每天损失200万美元，面临破产的边缘，董事长被迫辞职，公司董事会聘请福特汽车公司前任总经理艾柯卡为总裁，并且向美国联邦政府申请1.5亿美元紧急贷款才勉强维持局面。

3)识别组织内部条件的优势和劣势

通过SWOT分析(Strengths——优势、Weaknesses——劣势、Opportunities——机会、Threats——威胁)，组织应该识别出自己与众不同的能力(核心竞争能力)，即决定作为组织竞争武器的独特技能和资源。

根据麦肯锡管理咨询有限公司的观点，所谓核心能力是指组织内部一系列互补的技能和知识的结合，它具有使一项或多项业务达到竞争领域一流水平的能力。核心能力由洞察预见能力和前线执行能力构成。洞察预见能力主要来源于科学技术知识、独有的数据、产品的创造性、卓越的分析和推理能力等；前线执行能力产生于这样一种情形，即最终产品或服务的质量会因前线工作人员的工作质量而发生改变。

核心能力具有持久性、不可复制性和延展性。核心能力是美国人在20世纪90年代初正式提出来的，而实际运作是日本最为有效。

参考资料：沃尔玛的核心竞争能力

全球最大的零售商美国沃尔玛公司，通过创建独特的物流管理系统和人力资源系统来培育企业核心能力。沃尔玛将其作为首要的战略目标，因而将管理的注意力集中于支持能力的基本设施上。为了建立独特的物流管理系统，沃尔玛公司在各种相互关联的支持系统上进行战略性投资，以增加竞争者的模仿难度。如：建立快速、有求必应的运输系统，组建由2 000辆自备货车组成的专用车队；为了使配货中心、供应商和各商店的销售点之间信息交流迅速和持续不断，沃尔玛开发了自己的卫星通信系统，每天直接向它的4 000家供应商传输销售点的数据；在管理控制方法上作根本性改变，减少集权控制，加强各商店、配货中心与供应商之间的非正式合作；配备电视会议系统，在各店铺与总公司之间以及各店铺之间搭起了信息交流的桥梁。沃尔玛还构建了独特的人力资源系统，通过持股、分享利润等措施来增强组织能力，其目标是使职员能够更好地协调顾客需求。

理解组织的文化和力量及它赋予管理当局的责任,是该步骤分析的关键部分。文化的强弱、对战略的作用和内容有很大影响。

4) 再次或调整评估组织目标

通常采用SWOT分析把组织的优势、劣势、机会和威胁的分析结合在一起,以组织的优势抓住环境提供的机会,避免组织的劣势遇到环境带来的威胁,以便发现组织可能发掘的细分市场。按照SWOT分析,管理当局需要重新评价公司的宗旨和目标,他们是实事求是的吗,他们需要修正吗等。SWOT分析图如图2.7所示。

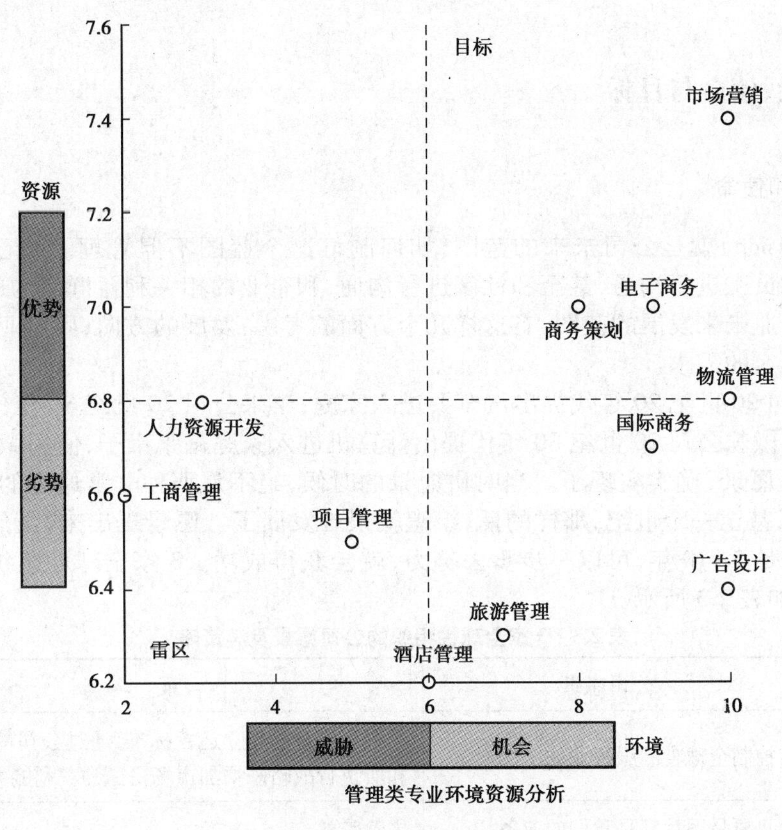

图2.7　SWOT分析图

5) 制定组织发展战略

战略需要分别在公司层、事业层、职能层设立。这里管理当局应该寻求组织的恰当的定位,以便获得领先于竞争对手的相对优势。

6）实施战略

战略实施牵涉下列因素：战略与组织结构的关系，管理当局的领导能力，中层与基层管理者的能动性，人力资源管理，等等。诸多设计良好的战略没有产生期望的结果，是因为正确的战略缺乏强有力的执行者，战略在执行过程中被不断地修改，没有得到不折不扣地执行。因此，执行能力的问题已经在战略管理中显得日益突出。

7）评估组织战略实施效果

评价结果即评价战略实施的效果，以及纠正偏差的方法和技术，也就是说，这是控制的过程。

2.2.3 愿景、使命与目标

1）愿景和使命

愿景（Vision）就是公司未来的蓝图，如何制订这个蓝图不但管理者自己心里要清楚，而且要和员工进行沟通，甚至和社区进行沟通，和企业的相关利益群体沟通。看公司的愿景，即企业未来发展的蓝图，有这样几个方面的考虑：发展的方向、界定业务、将来计划的能力、顾客的需求。

福特公司20世纪20年代提出汽车要进入家庭；苹果公司20世纪80年代提出计算机进入家庭；微软公司20世纪80年代提出计算机进入家庭每张桌子，使用微软的软件。这些公司的“愿景”确实实现了。当时讲愿景的时候，绝不是那种非常遥远的战略，要通过10~20年，甚至一个世纪，那样的话，组织就很难发展了。愿景提出来，虽然是比较远的事，但也就是5~10年，可以一步步去努力，就会获得成功。3家全球性组织的公司愿景及其策略如表2.3所示。

表2.3 3家全球性组织的公司愿景及其策略

组织名称	公司愿景	策 略
麦当劳	控制全球食品服务业	为顾客满意而建立运营标准，通过公司的便利、价格和所执行战略来增加市场份额和获利能力
柯达	只要是图片都是我们的业务	主营胶卷
SONY	Dream In Sony	为实现那些被数字技术魅力深深吸引的人们的梦想，不断创造出独特的可以带来全新生活享受的新产品

有了愿景,然后就要把它落实,所以要谈到组织的使命。使命的背后是一种文化。国内组织,是要在中国这样一个环境下进行经营活动的,而不是在国外。界定组织使命应考虑的内容如表 2.4 所示,两家公司的使命如表 2.5 所示。

表 2.4 界定组织使命应考虑的内容

角 度	范 例
以产品	苹果机提出的 PC 机进入家庭,福特提出的轿车进入家庭
以顾客需求	索尼公司提出"你需要的电子产品是由数码来界定的"
以市场范围	麦当劳界定的国际化的、全球化的范围,实现一种全球化的标准战略,从而使它的成本降低,以实现低成本的优势
以科技含量	我们的民营组织考虑高新技术,利用高新技术促进新的项目,提高科技含量;而部分国有组织则注重改进原有产品
以分销渠道	宝洁的分销渠道,GE 的刀片
以组织的特殊(核心)能力	在市场的竞争中由于所表现的竞争力不同,从而产生了不同的结果

表 2.5 两家公司的使命

组织名称	使 命
波士顿咨询公司	协助客户创造并保持竞争优势,以提高客户的业绩
索尼公司	为包括我们的股东、顾客、员工,乃至商业伙伴在内的所有人提供创造和实现他们美好梦想的机会

波士顿在中国的咨询公司,其使命是使顾客通过向他们咨询创造和保持竞争优势,最终提高它的业绩。其实,咨询公司的使命是协助客户创造,不是直接地和客户一起创造。医生只能给病人开处方,帮他诊断疾病,不是与他一块儿吃药。

2)组织的目标

愿景和使命的概念建立起来以后,就需要确立组织的目标。目标是要把愿景转化成具体的效益,同时还要为效益提出一个衡量的标准,包括一些财务数据以及一些其他的数据。把目标具体化,就出现了财务目标和战略目标。目标构成的 3 个方面:一是需求,包括客户的潜在需求;二是资源,有没有可以用的资源来保证你的目标;三是环境,环境是否允许。

战略目标考虑的是如何改进竞争能力和长期业务的定位问题,它不是很具体的数字。例如麦当劳在快餐业中怎么进一步发展？这就是战略目标所要考虑的。

战略目标包括以下几种类型：

①如何扩大公司的市场份额；

②如何获得低于经营对手的成本；

③如何扩大组织的声誉；

④如何在国际市场获得充分的发展；

⑤如何获得技术的优势；

⑥如何成为新产品的领导者；

⑦如何抓住发展的机遇。

诺基亚是在芬兰这样一个小国里发展起来的，为什么它能够发展到今天？因为它原来做的很多种业务，最后都逐渐集中到IT，即主要是移动通信业上。它之所以走到这一步，主要有两点：一个是努力工作（Hardworking）；另外一个就是它抓住了机遇，看到了机遇而且抓住了机遇，全力以赴来发展移动通信，所以今天获得了成功。

耐克公司的战略目标：保持和提高在美国最佳运动品牌的地位，在日益增长的健身市场上建立强有力的格局，开发满足妇女需求产品，探索为满足美国成年人需求的产品市场，指导与管理公司中继续发展的国际经营，通过合理的库存和12种“金子”的产品，增加毛利。

战略目标不是财务目标，没有数据，只是提出一种理念。它从品牌到市场，到内部管理，以及运营的问题都考虑到了。这里讲的愿景、使命和目标都是为进一步制定战略打下一个很好的基础。

2.2.4 多元化战略

公司董事会和资本市场对公司增值能力的要求越来越高。而公司的价值增值又来自于不断增长的业务。当现有的业务不能满足预期的收益增长水平时，多元化经营无疑是个好办法，尤其是通过公司并购，主管人员可以快捷地进入新的业务领域，为公司带来可观的现金流和利润。

可口可乐公司近年曾经尝试多元化发展，先后购买美国哥伦比亚电影公司拍摄电影、制作酒、拥有面积庞大的种植园和养殖场……都亏损得一塌糊涂，因此，10年前公司严格规定，除了饮料行业以外，别的行业不能涉足。哥伦比亚电影公司也出售给日本索尼公司。后来，与可口可乐公司的竞争中长期处于劣势的百事可乐公司，也曾经期望通过多元化打破可口可乐的市场垄断地位。借助资本运作兼并和收购了快餐和食品零售业的很多知名品牌，但是，这些非饮料生产领域的多元化反而拉长公司的市场战线、分散资金，在与可口可乐公司的竞争中更加不利。最后，百事可乐公司决定专注饮料行业，卖掉与此无关的行业，轻装上阵与可口可乐公司竞争，反而有不小的收获，与可口可乐的差距也在逐渐缩小。

企业发展必须先立足专业化,在自己的主业上成为市场的领先者,然后在人才具备的条件下进行多元化。像惠普这样世界知名公司却向更专业化发展,前些年,惠普公司已经把业务一分为二,分为"计算机及外设"和"电子测量仪器、医疗仪器、化学分析仪器"这两家新公司。惠普公司认为,这样做是为了加强这两个企业的战略重点,提高它们的能力及其对顾客和合作伙伴的快速响应力。

多元化导致的失败越来越多,尤其是在国内已经成为众多知名企业的滑铁卢。多元化经营和企业并购的许多失败案例表明,大部分从事多元化经营的公司只是将公司的几个部分放在一起而已,并没有真正理解如何利用多元化经营为公司创造价值,也没有能够利用多元化经营为公司创造优势。

1)资源共享战略

扩张切忌贪婪无度,并非速度越快越好。扩张过速,组织的管理、技术、经验等都容易跟不上。组织的弱点会越来越明显,势必为竞争者钻空子,为消费者所不容,从而必然要失去市场的主动权,过度的扩张会导致泡沫。

组织在多元化战略实施中要想赢得优势,就要立足现有资源,形成以资源为基础而不是以产品为基础的多元化业务组合。并为业务的运作、资源的调度配置相适应的组织结构和控制体系。

属于二流公司的夏普公司每年将大约 1/3 的研发预算投在 10～15 个"金奖"项目——公司技术战略会议上确定的跨产品的核心技术。所投资的技术都是将来会成为公司核心资源的技术,这样的技术像原子弹一样具有爆炸性的威力,可以用于许多产品的生产。

夏普的专业化光电技术使公司核心业务在竞争中具有了优势。其中的液晶显示技术是公司几乎所有产品中至关重要的部件,将液晶显示技术应用到夏普 View Cam 摄像机,此款摄像机推出后,在 6 个月的时间里就迅速占领了日本市场的 20%。夏普公司按照技术(企业的主要资源)的相关性来开展多元化业务,取得了很大的成功。

2)跨越式多元化

过去的多元化许多采用的是"万丈高楼平地起"做法,未来成功的多元化经营是走资本经营战略思路,利用资本市场进行收购现成的卓有成效的相关企业,利用别人来帮助自己实现多元化经营。甚至采用虚拟组织的超前思想可能会是更好的选择。

2001 年国家出台《汽车消费政策》,让微型车身价倍增,使得"摩托车企业的最终出路是微型轿车"流行观点得到应验。摩托车企业纷纷开始介入微型汽车行业,其中国内最大的民营摩托车企业重庆隆鑫集团和重庆宗申集团都有所行动。宗申集团染指汽车行业较为谨慎,先从相关产品着手,通过兼并汽车发动机厂尝试生产汽车发动机，目前正着手研发新型微车发动机，该项目如果成功，在国内将处于领先水平。隆鑫集团则在 2000 年收购成都野马汽车公司，已经悄然在成都做起汽车项目，着手生产轿车和越野车，未来有向家庭用车方向发展的想法，目前正在积极进行项目论证和市场调查。隆鑫集团和宗申集团的多元化经营都是注重风险管理，采用兼并与收购做法操作的。

3）资源共享与调配

公司所拥有的核心资源是公司创造优势的出发点，不同的资源特性决定了公司多元化业务的组合模式、资源运用机制以及公司机构的设置。

资源可分为公有资源和私有资源两种。公有资源是可同时应用于多种业务且没有冲突的资源，如品牌、渠道；而私有资源是更难管理并可导致各种业务间竞争与冲突的资源，如公共的销售力量或关键零部件的制造。

在公司内调配公有资源通常只是举手之劳，不需要公司行政部门过多的干预和协调，耐克公司可以轻松地将耐克商标贴在其不同的产品上。对于公有资源，主要挑战常常在于资源的负责问题。私有资源需要更明确的协调工作，因为相同的资源由多个业务部门共享，因此，一个部门对它的使用会影响到另一个部门对它的使用。

因此，调配是比较适合于公有资源的运用机制，不需配备更多的人力就能实现；共享是比较适合于私有资源的运用机制，共享越复杂，需要配备的协调人员也就越多。

4）完善控制系统

所有的战略、业务、资源都需要通过各级人员来实施，因此建立与资源特点、业务模式相适应的控制体系对于战略的实施非常重要，也有助于多元化战略的风险控制。特别是多元化发展所需要的资金数量巨大，依靠组织自我积累速度跟不上，借债扩张成为必然的选择，导致组织在高财务风险基础下运行，陷入债务危机的风险较高。

监督与控制业绩有两种方法。第一种是财务控制，即让经理对有限的几种客观产出衡量标准负责，如资产收益率或总销售增长率。第二种是经营控制，它承认经理职权范围以外的各种事件，如一个主要客户的破产，可能会影响其业绩。经营控制注重的是对经理决策与行动的评估，而不是对产出的衡量。当业绩出现意外的后退时，按照财务控制，经理会因为利润低于预算而受惩罚，而按照经营控制，经理可能会因他们预测到价格下跌，并削减库存而受到奖励，尽管他们也没有完成预算目标。

财务控制最适合成熟、稳定的行业和互不相关的业务部门。对于这样的公司来说，几种财务变量可准确反映其战略定位。财务控制体系最容易实施，对公司管理层的要求也最低。

经营控制适合于发展迅速、高度不稳定的行业，例如在高科技领域，典型的经营控制包括可捕捉到特殊业务细微差异的定量和定性两种评估方式。公司经理们也许要监督十几种目标,诸如拒收率、从订货到交货的时间,以及调换统计数字等,来评定业务是否健康地发展。目标间的平衡也许不能完全具体化,评估与奖励方案也许更像一个默认的合同,而不是简单的客观目标。

2.3 调查与预测

案例

周鸿祎:为什么360手机和360路由器都失败了

我有一个心痛的东西,当年小米手机刚出来的时候,其实雷军也提到了他原来做金山的时候,金山被我们的免费杀毒打得落花流水,雷军是很善于学习的人,他研究了互联网思维并把它用在手机上,做了小米手机。小米手机一出来,很多人以为我看不上他,其实错了,我是中国除了雷军之外最看重小米手机的人,我马上看到了这种模式巨大的杀伤力。

我当时找了很多手机厂商谈,但你知道手机厂商是什么态度?首先是看不起,他们对新的东西肯定看不起的,觉得我们做手机这么多年,小米算什么呢?但你真正和他们讲的时候,到后来他们真正想研究的时候,他们发现看不清,每天都看见对手在台上穿着黑衣服走来走去,他们想学也学不会。我们再怎么样给他们讲,他们都听不懂,到今天他们已经明白过来了,但已经看不见小米了。

互联网手机的关键点就是利用互联网的模式,说白了还是体验创新和商业模式创新。

所有手机走线下渠道卖都卖得特别贵,因为渠道要赚钱,因为有营销的费用,所以在互联网上卖价钱能够直降一半。有时候,不怕神一样的队友,就怕猪一样的对手。我经常说小米为什么发展到今天,在长达一年半的时间里没有对手?因为没有任何一个人敢跟进,推出同样配置、同样价格的手机。

其实小米手机最开始畅销就是性价比高,跑的分高,价格又便宜。所以我跟手机厂商讲了这个道理,终于有一家手机大厂接受了我的观点,说我愿意给你做一次,实验一下,我们就决定做一款更高性价比的手机来PK小米。后来这家厂商很后悔,如果当初坚定地做下去,今天中国手机市场将会是另外一番景象。

正准备做的时候,我已经利用我个人的行销能力,手机都没出来呢,连样机都没有,就是一张图片,大家都翘首以待。突然厂商说,对不起,周鸿祎我们不做了,我们被你忽悠了。我说为什么不做了?他说这哪里是打雷军,打小米,你这是引诱我们左手砍右手。为什么?当时在传统渠道里面,他们有一款手机,配置还可以,可能卖2 000多块钱,单核,因为渠道中间要加价。卖得挺好,当时小米刚出来对大家还没有什么影响,我又建议他做一款同样是双核配置的手机,不逊色于小米,小米卖 1 999,我只卖 999,减掉一个 1 这是多么有震撼力的东西！但他们的渠道是糟糕的。因为还没有打掉小米,就先打掉了他们自己的行销网络,现有的成熟业务。真的要去做一件东西让用户惊讶的时候,让所有人惊讶的时候,会超出预期的时候,你会发现很多时候阻力是来自于自己的既得利益和今天自己在市场的位置。

所以为什么我用"引刀自宫"来形容"互联网思维"？真的要去砍掉你的既得利益的时候,很多人下不了手,最后这件事不了了之。又过了一年,等到小米已经把市场做起来了,大家已经看得见了,有一句话叫眼见为实,很多人这时候开始后悔拍大腿,但是已经来不及了。再跟着小米屁股后面做已经有了两年的差距,没有特别的杀手锏,已经很难超越了。

就像看《三国》,看《水浒》:在别人的故事里,大家很感慨,但是轮到自己身体力行,真的要去做的时候,不是这本书能够做到的。最后靠的是你的胆量、你的勇气,你敢不敢自我颠覆？你敢不敢挑战巨头？你敢不敢做一件别人不敢想、不敢干的事情？我觉得这才是创新。

路由器到底需要几根天线？

我们的路由器犯了几个错误,因为做的人光是盲目地听了我一面之词,大家说要追求极致。注意,追求极致是讲单点突破,你看人家小米卖手机,不是什么指标都抄,双核 1999 这一点就把大家都盖了。单点突破,你做产品极致不是完美,我们这个伙计要做一个完美路由器,所以我的路由器成本 220 元,但他无论和我怎么说,用了这个工艺那个工艺,连我都没听明白,因为买路由器会看里面的主板吗？不会吧,大家买个路由器怎么判断它有没有价值呢？看重量,看块头大小,所以你会发现我们的路由器为什么做得很悲催,第一外形做得很小巧,放在手掌上就可以,这东西让大家一看这么小巧,50 元钱吧,我成本 220 元,我前面以 99 元的促销价促销,用户都没有感觉到占便宜,这就是体验悲催。

第二做天线,你们觉得做几根好？像张鹏(极客公园 CEO)就觉得做 8 根像一个螃蟹似的。但张鹏是专家吗？我们一般人看到路由器都说信号要强,天线要多,我们说我们是内置天线,效果比外置天线好很多,而且因为没有了天线,我们的外形更加得圆润和漂亮,我们不做天线。我是像用户一样思考,不带天线意味着这个路由器就是一个残废。我专门去中关村电子市场找卖路由器的人了解了一下,特别简单,人家说不带天线的路由器就卖不动,带一根天线觉得廉价,至少两根以上。我们的路由器本来没做天线,在我的强烈要求下,最后补装了一根天线,还振振有词说一根天线就够了。所以,我一直强调用户体验是什么概念:你是什么不重要,重要的是用户认为你是什么。

所以到今天我脑子里有一个理性的周鸿祎和一个感性的周鸿祎,每次我看到路由器的时候,理性的周鸿祎说,老周一根天线也行,还有一个内置天线;但感性的周鸿祎就会说,它还是个半残废。你们买手机的时候,为什么同样的概念能买八核不买四核,能买四核不买双核呢,我告诉大家双核、四核、八核的成本都一样,但他觉得8比4大啊。举个例子,当年有一款手机为啥破产了,那个手机的编号不从用户出发,叫作7710、5530,我就永远搞不清,7+1也等于8,5+3也等于8,到底它俩谁先进谁大呢?你也分不出来。苹果多牛啊,每次就一个序列号,iphone5出来了,iphone6出来了,你就知道6比5大。所以,这种用户体验的东西,坦率地说这就是很微观的东西,但微观的东西决定产品的成败。

最后我说一个LAN口,我们路由器后面不是有四个口嘛,我认为至少说4个,但我们的人又和我不一样了,他们说做了调查,用户平均就插1.2个,用户统计不一样,他说我们做两个口就行了。我这肺都快气炸了,因为在我心目中LAN口越多功能越强大。我告诉大家LAN口的成本,多加一个你知道加多少钱吗?猜一猜?如果是百兆的,多加一个Link口多加5毛钱,换句话说4个口和2个口就差1元钱,单用户不知道,你们觉得有一个路由器有4个口,虽然我用不着,但我看着心里挺舒服,哪有路由器只有两个口,插一个剩一个,真的不能往上插了,用户觉得这两个口价钱差一倍都来买,它俩就差一元钱。所以,我们的路由器里面做得多成功,外面做得一团糟,最后是220元的成本,我只能按100元卖,这是用户体验的悲剧。

这个路由器已经不卖了,已经停产了,以后再也不做这么傻的产品,220元的成本,用户感知不到。如果要让我设计,我会做4个LAN口,4个天线,往四个方向走的,网上那么多流传的用易拉罐增强信号,就说明了要信号增强是用户的刚性需求,路由器美观不美观是不是刚性需求?其实不是。因为我们发现甭管小米做得多像苹果,我们做得多么小巧,用户设完了都放在墙角下了,你多长时间和你的路由器打一次交道?它和手机不一样。后来我就发现,如果这种思路扭转不过来,真的很悲催。

我们后来上产品经理课,他们更搞笑,就做一个灯,叫作呼吸灯。说呼吸灯要像婴儿一样的睡眠,为了做灰灯外壳还做了工艺,要我的想法做一排灯,而且是各种颜色的,你想在夜里的机房所有的灯乱闪,虽然你不明白什么含义,但你是不是感觉高科技的含义特别足。所以,我觉得拿路由器的这个例子给大家讲一下,我们都不说大的这种理论,我们就说做一款路由器让人体验,所以人家小米的体验确实是做到极致的。

资料来源:http://newshtml.iheima.com/2014/0826/145133.html

2.3.1 调查

“没有调查就没有发言权”,管理的决策就是基于调查与预测的,“调查—预测—决策”思路保证决策的正确率高,避免变幻的环境带来的不良冲击。销售人员需要知道市场需求和竞争者、人力资源管理部需要知道员工薪资水平、开发人员需要知道技术的发展、法律顾问需要知道可能出现的纰漏……所有问题都只有通过具体的调查才可以得到准确的信息,而且只有通过调查得来的准确信息才能作为组织决策的依据。盲目决策可能是脱离实际的,往往意味着失败和损失。调查的步骤如图 2.8 所示。

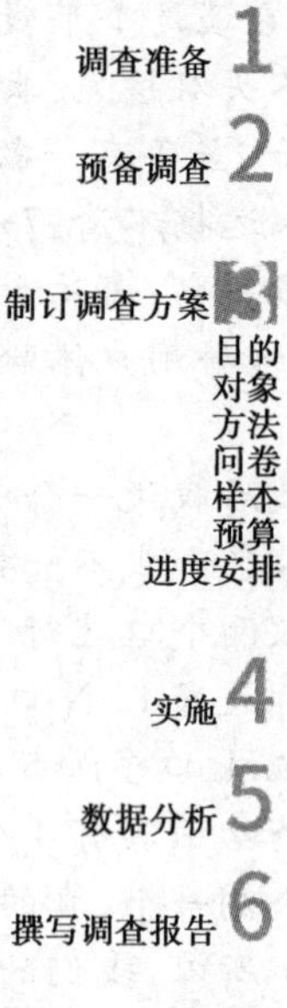

调查准备 1
预备调查 2
制订调查方案 3
目的
对象
方法
问卷
样本
预算
进度安排
实施 4
数据分析 5
撰写调查报告 6

图 2.8 调查的步骤

1)调查的分类

调查有探索性研究(Exploratory Research)、描述性研究(Descriptive Research)、因果关系研究(Causal Research)和预测性研究(Predictive Research)类型。调查的内容根据调查目的而定,通常是影响组织运行的内外环境因素。

探索性研究的目的是提供一些资料以帮助研究者认识和理解所面对的问题,发现想法和洞察内部。常常用于在大规模的正式调查之前,帮助研究者将问题定义得更准确些,将解决问题的方案定得更明确些,为问卷的设计提供更好的思路和更多的相关资料等。探索性研究的特征为:灵活的、多样性的,常常作为全部方案设计的前端部分。常用的方法有:专家咨询或调查、试点调查、个案研究、二手资料分析、定性研究等。

描述性研究的目的是描述总体(市场)的特征或功能。前提假定是研究者事先已对所研究的问题有了许多相关的知识。以有代表性的大样本为基础。描述性研究的特征为:有事先制定好的具体的假设、有事先设计好的有结构的方案。常用的方法有:二手资料分析、抽样调查、固定样本连续调查、观察法、模拟法等。

因果关系研究的目的是获取有关起因和效果之间关系的证据。管理部门常常根据一些假设的因果关系来决策,例如"降价可以使销售量增加""现场广告可以促进冲动购买"等,这些假设应该通过正式的因果关系研究来检验其有效性。因此,需要了解哪些是起因变量,哪些是结果变量,以及它们之间的相互关系的性质。因果关系研究的特征为:要处理一个或多个独立变量、要控制其他中间变量或间接变量。常用方法有:实验法等。

预测性研究是指专门为了预测未来一定时期内某一环节因素的变动趋势及其对企业市场营销活动的影响而进行的市场调研活动。比如:市场上消费者对某种产品的需求量变化趋势调研,某产品供给量的变化趋势调研等。这类调研的结果就是对事物未来发展变化的一个预测。

2)调查技术

调查技术是否选择得当,对调查结果影响很大。成熟而有效的调查技术包括定量调查(Quantitative Research)和定性调查(Qualitative Research)两大类。其中定量调查类技术又可以分为:邮寄调查(Mail Interviews)、电话调查(Telephone Interviews)、街道或商城拦截面访(Street/Mall-intercept Personal Interviews)、中心地调查(Central Location Test)、入户面访(In-home Face-to-face Interviews)、借助其他电子手段(传真、互联网等)的调查、神秘购物调查(Mystery Shopping Studies)以及其他定量调查技术(Other Quantitative Studies);定性调查类技术又可以分为:小组座谈会(Focus Groups/Group Discussions)、深层访谈(In-depth Interviews)、德尔菲法(Delphi Method)、观察法(Observation Method)、投影法(Projective Techniques)和其他定性调查技术(Other Qualitative Studies)。主要访问对象接触方法的特点如表2.6所示。

表2.6 主要访问对象接触方法的特点

调查技术	特 点
入户访问	在中国大多数城乡地区都适用的方法,入户面访可以覆盖几乎所有的居民,而且可以通过直接的交流避免许多不必要的误解,它特别适合访问时间较长,需要出示较多产品或服务信息的项目
电话访问	越来越多的中高收入阶层、商务群体,适合使用这一方法,尤其是针对封闭式管理小区内的居民,以及特别是需要进行快速调查的情况下
网上访问	接触中国最前卫的网上消费者与用户,判断他们对于网上营销的态度与征询他们对产品和服务的开发创意。E-mail 调查与网上 Focus Groups 也是崭新的接触前卫消费群体的方式
机构内访问	商事研究(B-To-B)及特殊组织人群(在校学生、军人、包工队中的流动人口、机构职员)都可以使用机构内访问,使用类似匿名投票制方式
神秘顾客	服务质量控制、竞争者营销信息均可以使用虚拟顾客或用户身份进行研究。要像真的顾客一样,零点调查提供专业的训练与组织技术
焦点团体座谈	中立会议环境与良好的监测系统,训练有素的专业主持人,让背景相近的消费者与用户在一种模拟的信息互动环境中交流意见,它提供许多一对一访问所不具备的深度信息
参与观察	家庭决策情景、团体决策内幕、购物现场反应,全程参与式的观察,文化理解下的诠释。让研究人员对于研究对象的行为与心理超越代沟、文化程度、职业背景、性别及社会阶层等因素进行准确理解
实验观察	透过样品测试、三角访问、模拟试销、游戏测验,提供透过表层意识的特殊心理发现,特别适用于产品与服务概念的开发和新商机的发现,预估新品及广告样片的市场反应
监测记录	人流、客流、车流以及大量可从外部表征区别的现象,可以使用设计周密的监测来进行
专家讨论	在适当的领域代表性、人数条件下,"头脑风暴法"及背靠背的德尔菲专家调查法可以使我们透过资深人士洞窥社会脉象

(1)访问法

将所拟调查的事项,以当面或电话或书面向被调查者提出询问,以获得所需资料的调查方法。按问卷送递方式可分为:面谈调查、电话调查、邮送调查、留置问卷调查。在采用询问法时,如果口头进行,应事先拟订一个询问提纲,以便更好地实现调查目的。要讲求询问艺术、语气、措辞要恰当,避免引导性、暗示性的提问。要注意提问的顺序,以便于记录材料的整理。不得提出使对方窘迫或具有挑战意味的问题。如以信函方式进行,应设计合适的询问表提供给对方,需考虑对方回答的方便,少花时间。

(2)投影技法

对动机和原因的调查,对较为敏感性问题的调查等,研究者就要采取在很大程度上不依赖研究对象自我意识和情感的新方法,最有效的方法就是投影技法。

投影技法(Projective Technique Method)采用无结构、非直接的询问方式,可以激励被访者将他们所关心话题的潜在动机、态度或情感反映出来。例如:请写出(或说出)由词汇"酒"所引发的联想,回答者可能回答:"豪爽""醉""浓烈""营养""暴力"等,这从不同侧面反映了酒的特点,为改进工艺和市场定位提供有关信息。投影技法主要有以下4种:联想技法、完成技法、结构技法和表现技法。

投影技法的最主要优点是有助于揭示被访者真实的意见和情感,对那些秘密的、敏感的问题的了解尤为有效。投影技法可能存在的不足之处是:需要有专门的、训练有素的调查员,而这种人员往往非常缺乏;通常会花费较高的费用;可能会出现严重的解释偏差;开放式的提问常给分析和研究带来一定困难。

投影技法适用于了解以下问题或情形:某种行为的原因;拥有或使用某产品对消费者意味着什么;当人们不清楚其情感和意见,或不愿意承认对其形象有影响的方面时,或出于礼貌不愿批评他人时。

(3)观察法

观察法就是调查人员直接到有关现场(国际博览会、新产品展览会、产品展销会、订货或交易会等)进行观察、记录、搜集资料的方法。当被调查者被调查时,其并不感觉到正在被调查。因被调查者没有意识到自己正在接受调查,一切动作均极自然,准确性较高。观察不到内在因素,有时需要作长时间的观察才能求得结果。

(4)实验法

实验法起源于自然科学的实验求证法。是从所调查问题的影响因素中选择一二个主要因素,置于一定条件下进行小规模的实验,并对实验结果进行分析。使用的方法科学,具有客观价值,但是,实验的时间过长,成本高。

3)调查的程序

预备调查分两步进行,调查准备和事前调查,主要是为制订调查计划打下基础。调查准备,就是要把调查的目的及所要解决的问题明确下来。事前调查(非正式),就是凭借一般的了解和初步的资料,对所要调查的问题,做一些概略的估计。

选择样本是指从母体中抽出样本,方法有概率抽样(简单随机抽样、分层抽样、分群抽样、系统随机抽样等)、非概率抽样(任意抽样、判断抽样、配额抽样等)。

4)调查结论

调查结论通过整理数据、分析数据、提交报告而获得。

(1)数据处理

数据处理包括筛选、统计、制表等步骤。筛选是对获得的原始数据的有效性进行判断,剔除无效和无用的数据信息;统计是将挑选出来的数据信息按照一定的逻辑顺序排列、计算,形成组、类数据信息;制表是把数据信息用易于理解的表格形式展示出来,以便说明问题或从中发现规律。

(2)分析数据

分析数据的主要任务是利用经过调查得来的全部数据,去验证有关各种因素的相互关系和变化趋势,即将全部的数据适当地组合为足以揭示其所包含着的某种意义的模式,以明确具体地说明调查结果。分析技术常用的有百分比法和指数法。

①百分比法。

定量分析在很多时候只有在与其他数据进行对比时,才会显示出重要意义。百分比的主要用途为:说明在整体之中所占份额或比例,说明增减幅度。在具体工作中,百分比法主要用来比较不同的调查项目各自所占的份额或比例;推算潜在的统计数据;对比前后情况的变化及说明变化的速率。

②指数法。

在需要比较过去某个时期内用数字资料表明的各种变化趋势时,常用指数法来进行对比说明。指数法的特点,在于可以使用经过适当分类组合的数字资料去说明各种变化情况,并权衡比较出其中各种有关因素的相对重要性;同时,可以使用较为实在的语言,具体说明各种变化。

(3)调查报告

非常正式的调查报告通常有4个部分:序言、调查结果与结论摘要、正文和附件。

序言:简单地介绍有关调查项目的基本情况,通常包括扉页、目录和简介3项内容。扉页要求以简洁工整的文字载明调查专题的名称、使用调查报告的组织名称、调查工作人员的姓名和部门,以及呈交报告的具体日期等项内容。目录则要求完整地列出构成报告的主要章节题目和索引。简介则应说明组织这次调查的原因和时间背景,对这次调查的基本目的做扼要说明,简述原先确定调查的主要问题,并说明变化及调整情况。

摘要:摘要的目的在于使组织有关人员很快了解有关调查的基本结果,以便从中引出结论和决定采取相应的措施。因此,要求摘要用简单扼要的语言对调查结果作概括介绍，并提出某些带有行动意义的结论和建议。

正文：调查报告的正文部分必须准确地载明全部有关论据，从提出问题到得出结论以及论证过程均应全部地概述无遗，同时，还应说明对问题进行分析的方法。此外，正文还必须载明可供组织决策层不受支配地进行独立思考问题的全部调查结果，或重新提出的具有个人创见的其他必要信息，而对一切无关的或不很确切的资料作毫不犹豫的删除。正文应该包含关于调查方法的说明、调查背景介绍、数据具体说明和结论/建议4部分。

附件：根本目的在于尽可能地将有关资料集中起来，而这些资料正是论证、说明或深入分析报告正文内容所必要的参考资料。每一份附件都应该按一定的逻辑顺序标上编码。附件包括各类统计图表、资料来源名单、调查问卷副本、调查样本详细情况、工作时间表、谈话记录等内容。

5) 调查的基本要求

调查必须经常性地进行，环境变化时可再进行，准确把握变化都离不开调查，因此，经常性定期调查是良好的管理行为。

调查的成果及时付诸实施，及时实施才能保证有效性，任何调查都是基于过去的数据，时间的延续将削弱调查结果的价值。

建立信息管理系统，将每次调查数据建立成资料库，为未来的调查提供经常性的资料来源，避免耗资巨大所获得的信息没有发挥出应有的效用。

调查人员必须有良好的素质，即使在高度自动化的未来，调查工作仍然是由人主导的，特别是分析环节电脑暂时无法替代人类，人员素质将直接影响调查结论正确程度。

参考资料：零点调查公司的实地执行质量控制

零点调查参照当今世界较为通用的市场调查访问质量监控体系（QCSI）建立起一整套实地质量控制系统，以确保调查结果的真实性、可信性。它的基本内容包括：挑选访问员、培训访问员、管理访问员、项目管理4部分。

A.挑选访问员

零点调查的访问员一般选择在综合性大学里招聘，而且以低年级的学生为主，因为低年级学生比较认真、刻苦，同时工作热情也很高。

- 公司面试

由公司实地运作部主管及相关工作人员对应聘学生进行个别面试，以考核应聘者的礼貌程度、口齿清晰度及语言表达能力、反应及应变能力、心理承受能力、知识面、诚实表现程度和敬业精神及责任感，面试结束后进行总体评分，达到标准者将被记录在案，并安排访问员的基础培训课程。

● 建立访员档案

对每一位访问员都建立和保存一份标准化的档案记录，包括姓名、籍贯、联系方法、签署的工作协议、参加基础培训记录、项目评审记录、奖惩记录等。

B.培训访问员

培训访问员的目的在于确保所有招聘的访问员经过培训之后都能达到公司所要求的质量和技术规范。

新访问员的基础培训，主要内容包括：基本概念培训、职业道德培训、公司管理访员的规章制度、实地访问工作的质量控制程序、基本访问技巧培训。

项目执行前的培训：了解项目背景（目的和要求）、掌握本次项目的抽样方法、熟悉问卷、明确项目执行期限和执行地点。

C.管理访问员

零点公司的访员管理一贯以"设点管理、相对稳定"为自己的管理思路和理念，在全国主要调查城市选择一批高等院校设立具有学生社团性质的"零点访员中心""零点专家访员中心"（由资深访员组成，主要负责深度访谈和机构访问）。零点访员中心主要由零点公司及其分支机构和所属校方共同管理，零点公司的项目只由本公司的访员中心的访员负责实地访问。

公司在这部分的工作主要是了解访问员如何进行访问，监督其工作，以确保每个访问员都能按照公司的质量监控标准进行访问工作；校方的工作主要是联络访问员，及时与访问员沟通，了解其对公司的意见和要求，对项目中存在问题的反映，使公司对访问员的管理工作不断改进。

● 访问员的工作管理

访问工作的记录检查：确保过滤记录按照项目要求完成以及卷外信息量。

对访问员的实地工作进行观察：定期对访问员进行实地陪访观察，有效地监督其工作，及时纠正在访问工作中出现的问题。

对访问员的工作表现进行评价：每次项目结束后对该项目的访问员的表现和工作能力进行总结评价，奖优罚劣，淘汰不合格的访问员。

进行再培训：对合格的访问员进行再培训，不断提高其访问水平，使其成为比较优秀的专业访问员。

● 访员中心管理

访员中心主管的选择：由公司和校方共同在零点访员中心的访问员中选取1~2位能力较强的学生干部来主要负责访员中心日常的组织和管理工作。他们必须具备：组织和管理能力、逻辑思维能力、注意细节的能力、及时处理问题的能力、良好的协调能力、有效的交往技能、质量意识和访问工作的专业知识。

由公司定期对访员中心主管的工作进行评估：主要从联络工作的及时性、项目访问员数量的确保、访问员工作评审的优秀率、良好率、及格率等几项指标来评估。

访员中心活动：不定期访员中心活动(包括娱乐活动、经验交流活动、评优活动等)既能增加访问员和公司的凝聚力，又能使好的访问经验得以推广。

零点访员简报：由公司和访问员共同主办、定期发行的《零点访员简报》是反映访员心声、进行沟通、交流经验、发布各种相关信息的地方。

零点访员奖学金：每年度将有20%的访问员被评为优秀访问员，同时拿到一、二或三等奖学金，以表彰他们在实地访问工作中的优秀表现。

D.项目管理

建立一套项目管理程序可以确保所有项目按照统一的标准去执行，从而规范项目的管理。零点公司项目实地工作的质量控制由项目督导负责，项目督导的工作由实地运作部主管进行考核。

2.3.2 预测

预测是根据日常积累的信息和调查所掌握的信息，运用科学的预测方法，预测一定时期内变量的变化趋势，为决策提供依据的活动。

1)预测的步骤

由于预测的目的、条件、做法的不同，进行预测的程序和步骤也不完全相同，典型的预测程序如图2.9所示。

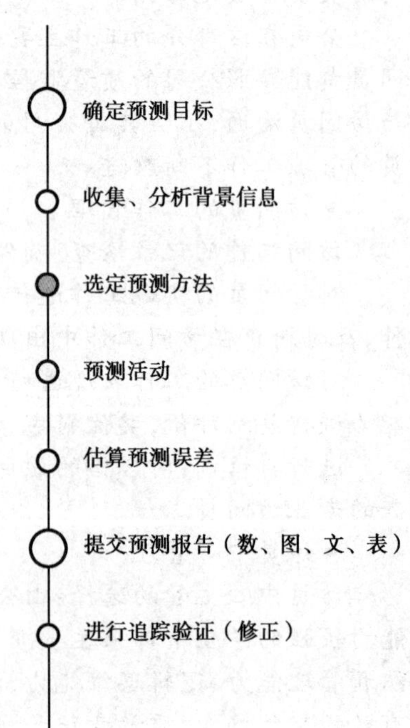

图2.9 预测的流程

2)预测技术

预测技术分为定量预测(Quantitative Forecasting)和定性预测(Qualitative Forecasting)。定量预测是运用数学规则与模型，在过去数据基础上推测未来的趋势和结果；定性预测是运用管理者个人的知识与经验进行判断，通常在难以获得精确数据的情况下运用。

简单的预测技术的精度未必逊色于复杂的预测技术；任何预测都存在错误判断的可能，多种预测技术同时混合使用能够提高预测的准确程度；预测的时间跨度越大，其准确性越低。

(1)定量预测技术

定量预测技术主要有时间序列分析和回归分析。定量预测技术如表2.7所示。

表2.7 定量预测技术

技 术	描 述	应 用
时间序列分析	用数学方程模拟趋势曲线，依据方程推测未来	根据前5年销量预测明年销量
回归分析	根据已知变量预测其他变量	鉴别广告与销量的关系
计量经济学模型	采用成组回归方程模拟经济环节	预测税法修改后轿车销量变化
经济指标法	利用典型经济指标监测评估未来	利用GNP变化预测消费能力
替代效应模型	利用数学公式推测替代发生情况	预测微波炉对电饭锅的市场影响

①时间序列分析法。

时间序列分析法是基于假设——经济变量存在随时间呈序列变化的规律（现在是过去的延续、未来是现在的延续），统计出整个时间序列上的变量数据，可以推测出未来的变化趋势。时间序列分析法包括简单平均法、加权平均法、移动平均法（随时间序列分段平均）和指数平滑法，最常用的是移动平均法和指数平滑法。

A.移动平均法。

移动平均法是在简单平均法的基础上演变而来的。即是将简单平均改为分段平均，并且按数据的时间序列，逐步推移。

$$\hat{y}_{t+1}=\frac{y_t+y_{t-1}+y_{t-2}+\cdots+y_{t-n+1}}{n}=\frac{\sum_{i=t-n+1}^{t}y_i}{n}$$

式中 $\hat{y}_{t+1}$——第 $t+1$ 期预测值；

$\hat{y}_i$——第 $t-n+1$ 期到第 t 期的实际观察值；

n——移动平均周期数。

B.指数平滑法。

指数平滑法是由移动平均法改进来的。即是把时间序列中的各数据点，修正后给出，以指数平滑平均数，对给定的时间序列进行延伸预测。

$$\hat{y}_{t+1}=\hat{y}_t+\alpha(y_t-\hat{y}_t)$$

式中 $\hat{y}_{t+1}$——第 $t+1$ 期预测值；

y_t——第 t 期的实际观察值；

$\hat{y}_t$——第 t 期预测值；

α——指数平滑系数，其值范围 $0<\alpha<1$，具体数值由预测人员确定，根据当期实际观察值与预测值的差距进行修正，如果当期实际观察值波动比较大则 α 的值应选择小些。

②因果分析法。

因果分析法是基于假设——当变量之间存在因果逻辑关系,变量间关系可以作为未来预测的依据。因果分析法主要包括相关系数法、回归分析法,回归分析法是特别常用的精度较高的预测方法。

回归分析法通过从变量的统计资料中找出其内在联系,建立变量之间的逻辑关系——回归方程,再用自变量数值的变化去预测因变量的变化结果。一元直线回归和一元曲线回归法是典型的应用。

直线回归法的操作步骤通常是,先根据变量 x、y 现有对应统计数据,应用最小二乘法(最小平方和法)验证其是否存在线性相关关系。如存在直线相关关系,则先求出合理的回归系数,从而得出一元直线回归方程,根据直线回归方程进行预测。

一元直线回归方程:

$$\hat{y} = \hat{a} + \hat{b}x$$

参数计算:

$$b = \frac{n\sum(x_i y_i) - \sum x_i \sum y_i}{n\sum x_i^2 - \left(\sum x_i\right)^2}$$

$$a = \bar{y} - b\bar{x}$$

式中　n——变量的数据对数。

例题:某地区农民 10 年人均年纯收入和某商品该地区相应年份的销售额的资料如表 2.8 所示。

表 2.8　某商品的销售额统计表

年　份	人均年纯收入(元)	销售额(百万元)
1	400	130
2	520	150
3	560	156
4	640	164
5	720	172
6	820	182
7	940	190
8	1 040	202
9	1 160	216
10	1 200	226

要求：用最小平方法求出一元直线回归方程中的参数，建立预测模型；假设模型的各项检验均通过，用模型预测当年纯收入为 1 400 元的销售额（点预测）。如表 2.9 所示。

表 2.9

年 份	人均年纯收入（元）	销售额（百万元）	x^2	$x \cdot y$
1	400	130	160 000	52 000
2	520	150	270 400	78 000
3	560	156	313 600	87 360
4	640	164	409 600	104 960
5	720	172	518 400	123 840
6	820	182	672 400	149 240
7	940	190	883 600	178 600
8	1 040	202	1 081 600	210 080
9	1 160	216	1 345 600	250 560
10	1 200	226	1 440 000	271 200
求和	8 000	1 788	7 095 200	1 505 840

$$b = \frac{n\sum(x_i y_i) - \sum x_i \sum y_i}{n\sum x_i^2 - \left(\sum x_i\right)^2}$$

$$= \frac{10 \times 1\ 505\ 840 - 8\ 000 \times 1\ 780}{10 \times 7\ 095\ 200 - 64\ 000\ 000}$$

$$= 0.118$$

$$a = \bar{y} - b\bar{x} = 178.8 - 0.118 \times 800 = 84.4$$

一元直线回归方程：

$$y = 84.4 + 0.118x$$

当年纯收入为 1 400 元的销售额：

$$y = 84 + 0.118 \times 1\ 400 = 249.6$$

（2）定性预测技术

定性预测技术形式特别多，包括判断集合法、销售人员估计法、顾客评估法、订货分析法、专家意见法(德尔菲法)等。定性预测技术如表2.10所示。

表2.10 定性预测技术

技 术	描 述	应 用
专家意见法	专家背对背综合分析	征求顾问意见预测学生报到率
销售人员估计法	市场人员主观评估	预测明年玻璃器皿需求量
顾客评估法	综合顾客的预期指标	纯平彩电的市场预测

德尔菲预测法,成为全球120多种预测法中使用比例最高的一种。其过程是:利用一系列简明扼要的征询表和对征得意见的有控制的反馈,从而取得一组专家的最可靠的统一意见。即预测者向专家发出预测问题应答表,请他们按照自己的知识和经验,提出预测意见;汇总分析后再把第一轮预测结果发给各位专家,请他们再发表意见,经过几轮往复,最后得出预测结果,由组织领导人员决策。

德尔菲法是直观的预测法。直观预测法是最古老、至今仍然使用得最多的预测方法。所获得的可以用于输入的信息量很微小,原始信息量极大到超出电脑的存贮量,所需要信息已无法获得或者花很大代价才能得到,对于政治、社会因素、政策影响等很难建立数学模型的问题,非常适合使用德尔菲法。

德尔菲法是因美国兰德公司20世纪50年代初的研究计划而产生的。当时,兰德公司受美国空军委托实施一项预测,称为“德尔菲计划”。内容是:“从一个苏联战略计划者的观点看,应如何选择美国工业体系中的最佳轰炸目标,并且估计出,使美国工业产量减少到预定的数量所需要的原子弹数目。”

德尔菲法的本质是利用专家的知识、经验、智慧等无法数量化的带有很大模糊性的信息,通过通信的方式进行信息交换(征询),逐步地取得较一致的意见,达到预测的目的。德尔菲法的征询过程可以分为4步:第一步是揭示讨论的问题,专家们提出种种附加的意见、项目、方案等。第二步是揭示整个专家组对这些问题的理解与看法(例如对重要性、可行性、合理化是否存在严重分歧)。第三步是信息的多次反馈,以求得专家意见的收敛。第四步是作出最终的评价。

德尔菲法的特点是,应答者有某种程度的匿名性,在统计评估的基础上建立集体的判断和见解,征得的答复经过统计处理,反馈给参加应答的专家。

参考资料:国外知名企业市场调查妙策

一、卡西欧公司的销售调查卡

闻名世界的日本卡西欧公司,自公司成立起便一直以新、以优取胜,其新、优主要得力于市场调查。卡西欧公司的市场调查主要是销售调查卡,其卡只有明信片一般大小,但考虑周密,设计细致,调查栏目中各类内容应有尽有。第一栏是对购买者的调查,其中包括性别、年龄、职业,分类十分细致。第二栏是对使用者的调查,使用者是购买者本人、家庭成员,还是其他人。每一类人员中又分年龄、性别。第三栏是购买方法的调查,是个人购买、团体购买,还是赠送。第四栏是调查如何知道该产品的,是看见商店橱窗布置、报刊杂志广告、电视台广告,还是朋友告知、看见他人使用,等等。第五栏是调查为什么选中了该产品,所拟答案有:操作方便、音色优美、功能齐全、价格便宜、商店的介绍、朋友的推荐、孩子的要求等。第六栏是调查使用后的感受,是非常满意、一般满意、普通,还是不满意。另外几栏还分别对机器的性能、购买者所拥有的乐器、学习乐器的方法和时间、所喜爱的音乐、希望有哪些功能等方面作了详尽的调查。如此,为企业提高产品质量、改进经营方式,开拓新的市场提供了可靠依据。

二、环球时装公司的侦探式销售调查

日本服装业之首的环球时装公司,从20世纪60年代创业到发展成日本有代表性的大企业,靠的主要是掌握第一手“活情报”。他们在全国81个城市顾客集中的车站、繁华街道开设侦探性专营店,陈列公司所有产品,给顾客以综合印象,售货员主要任务是观察顾客的采购动向;事业部每周安排一天时间全员出动,3个人一组、5个人一群分散到各地调查,有的甚至到竞争对手的商店观察顾客情绪,向售货员了解情况,找店主聊天。调查结束后,当晚回到公司进行讨论,分析顾客消费动向,提出改进工作的新措施。全国经销该公司时装的专营店和兼营店均制有顾客登记卡,详细地记载每一个顾客的年龄、性别、体重、身高、体型、肤色、发色、使用什么化妆品,常去哪家理发店以及兴趣、嗜好、健康状况、家庭成员、家庭收入、现时穿着及家中存衣的详细情况。这些卡片通过信息网储存在公司信息中心,只要根据卡片就能判断顾客眼下想买什么时装,今后有可能添置什么时装。侦探式销售调查,使环球公司迅速扩张,且利润率之高,连日本最大的企业丰田汽车公司也被它抛在后面。

三、礼维公司的分类市场调查

以生产牛仔裤闻名世界的美国礼维公司,从20世纪40年代末期的累计销售额800万美元,到80年代的20亿美元,40年时间增长250倍,是得益于他们的分类市场调查。公司设有专门机构负责市场调查,在调查时应用心理学、统计学等知识和手段,按不同国别,分析消费者的心理和经济情况的变化、环境的影响、市场竞争条件和时尚趋势等,并据此制订出销售、生产计划。1974年公司对联邦德国市场的调查表明,多数顾客首先要求合身,公司随即派人在该国各大学和工厂进行合身测验,一种颜色的裤子就定出45种尺寸,因而扩大了销路。公司根据市场调查,了解到美国青年喜欢合身、耐穿、价廉、时髦,故把合身、耐穿、价廉、时髦作为产品的主要目标,故而产品长期打入了美国青年人的市场。近年来,在市场调查中,公司了解到许多美国女青年喜欢穿男裤,公司经过精心设计,推出了适合妇女需要的牛仔裤和便装裤,使妇女服装的销售额不断上升。如此,虽然在美国及国际服装市场业竞争相当激烈，但礼维公司靠分类市场调查，他们制订的生产与销售计划同市场上的实际销售量只差1%~3%。

四、荷兰食品工业公司的征求意见调查

以生产色拉调料而在世界食品工业界独树一帜的荷兰食品工业公司，其每推出一个新产品均受到消费者的普遍欢迎，产品供不应求，而成功主要依赖于该公司不同寻常的征求意见市场调查。以“色拉米斯”为例，在推出“色拉米斯”前，公司选择700名消费者作为调查对象，询问是喜欢公司的“色拉色斯”(一种老产品的名称)，还是喜欢新的色拉调料。消费者对新产品提出了各种期望，公司综合消费者的希望，几个月后一种新的色拉调料研制出来了。当向被调查者征求新产品的名字时，有人提出一个短语：“混合色拉调料”。公司拿出预先选好的名字：“色拉米斯”和“斯匹克杰色斯”供被调查者挑选。80%的人认为“色拉米斯”是个很好的名字。这样，“色拉米斯”便被选定为这次产品的名字。不久公司在解决了“色拉米斯”变色问题，准时销售这项产品时，又进行最后一次消费者试验。公司将白色和粉色提供给被调查者，根据消费者的反应确定颜色，同时还调查消费者愿花多少钱来购买它，以此确定产品的销售价格。经过反复的征求意见，并根据消费者意见，作了改进，“色拉米斯”一举成功。

2.4 计划编制

案例

日本预测中国石油产量

若干年后国内才明白，日本在20世纪60年代就知道中国石油产量(当时是严格保密)的原因，源自日本通过调查与预测发现中国极为严格保密的国家机密。

20世纪60年代初，被封闭在国际社会之外的中国能源奇缺，因国内没有石油使得公共汽车只能利用天然气作燃料，每辆汽车上都有储存天然气的大气包。有一年，日本某家咨询公司从中国对国外出版发行的《人民画报》上看到一张照片，发现北京公共汽车上长期使用的天然气包消失了。这个微小的变化，使他们推断出在没有可能向国外进口石油的情况下，天然气包消失就意味着中国一定是找到了很大的油田。

可是这座油田在哪里，规模有多大，是否因此产生重要的变化？这家公司的情报网立即紧张运转起来。事隔不久，《人民画报》又登载了一张宣传铁人王进喜精神的照片，王进喜肩扛钻机零件，艰难而顽强地跋涉在纷飞的大雪中。画片背景除皑皑的白雪外，还有一个半掩着的火车站标牌，“萨尔图”3个字隐约可见，画的下部写着“有条件上，没有条件创造条件也要上”几个醒目的大字。这家公司的研究人员从画面上那大片飘扬的雪花断定,油田一定在千里冰封的东北高寒地带,从“萨尔图”这个很多地图上都没有标明的小火车站的名字分析出,油田就在这个火车站附近,或者是离铁路线不远的地方,否则,怎么能凭着这种带有原始色彩的“人拉肩扛”就能把钻机运到位?

日本人又翻阅了很多历史地理资料,始终找不到“萨尔图”所在的地理位置,最后,想到当年侵华战争时期的关东军残留人员可能有人到过这个地方。于是千方百计寻找当年侵华日军,终于得知“萨尔图”就是东北松嫩平原一带人烟稀少的沼泽地。

可以肯定“萨尔图”附近没有大规模的炼油厂,开采出来的石油必定通过火车运输到中国经济发达的省份。然后,日本人开始查询中国铁路运输时刻表,根据从“萨尔图”车站经过的火车班次和每列火车的车厢编排数量,推算每天有多少石油开发出来。

而且,日方估计,中国当时开发这样大规模的油田还没有足够的力量,一定要进口有关方面的技术和设备,因此快马加鞭地设计完备,等待买主。果然,几年后中国石油的综合利用工程向国外招标,这家咨询公司就以速度快、设计符合中国实际而夺标。

用于计划编制的工具与技术相当的多,大致包括环境扫描技术、目标设想工具、作业计划工具、预算、计划调整技术、时间管理技术等几大类。

2.4.1 环境扫描

环境扫描(Environmental)是浏览大量信息以觉察出正在发生的变化趋势,最令人关注的是竞争者信息的收集与分析。目前可以采用电脑关键字检索方式在互联网上收集信息,直接使用电脑进行动态指标分析,及时发现特别的情况,这里就蕴含机会和威胁。

环境扫描主要用于定性分析,有效使用的要点在于:对信息的高度敏感,善于联想推理,能够及时作出反应。

美国有位经营肉类食品的老板,在报纸上看到这么一则毫不起眼的消息:墨西哥发生了类似瘟疫的流行病。他立即想到墨西哥瘟疫一旦流行起来,一定会传到美国,而与墨西哥相邻的美国的两个州是美国肉食品的主要供应基地。如果发生瘟疫,肉类食品供应必然紧张,肉价定会飞涨。于是他先派人去墨西哥探得真情后,立即调集大量资金购买大批菜牛和肉猪饲养起来。过了不久,墨西哥的瘟疫果然传到了美国这两个州,市场肉价立即飞涨。时机成熟了,他趁机大量售出菜牛和肉猪,净赚数百万美元。

在环境扫描分析中,管理者的管理思维需要突破定势。在两个报刊的有奖征文题目破解中,成人反而不及儿童。两则题目如下:

在一次乘船游览中,母亲、妻子和儿子同时落水,在只能救一位的情况下,应该先救谁?有人说先救母亲,因为妻子没了可以再娶,儿子没了可以再生,唯有母亲今生今世只有一个;有人说应该先救妻子,因为有了妻子便会有儿子,至于母亲已近人生之途的尽头,死也无憾;还有人说应该先救儿子,因为儿子年龄最小,尚未体验人生的乐趣,而母亲、妻子则不然。

在一个充气不足、开始下降的热气球上载着 3 位科学家。一位是环保专家,他能解决环境污染问题;一位是原子专家,他能有效防止全球性核战争;另一位是粮食专家,他能解决未来人类 100 亿人口的吃饭问题。现在必须丢出一个人减轻气球负荷方能保证另两位科学家的安全,应该先丢出谁?

成人的难题最终由儿童胜出,获奖的答案是:首先应救靠自己最近的人;将体重最重的科学家抛下。

2.4.2 目标设想

目标设想技术包括意愿描绘法、心理图像法、目标树等,都是思维逻辑方法,无需任何复杂的数学知识背景。

意愿描绘法用来构思活动意愿与预期目标。通常进行的过程是寻找比较安静舒适的地方,准备好纸笔,从多个角度任意想象个人的意愿,用可视化激情的图表描述出来。

心理图像法(Mind Mapping)与头脑风暴法非常类似,用来快速展开目标和具体化复杂任务。通常是首先运用水平思维(跳跃、创意、非逻辑),暂时不考虑可行性与合理性,然后运用垂直思维(推理、逻辑),对此前的思考进行归纳、整理、分类。整个分析过程是在纸上将分析主题放在中心,然后自由地向四周展开,直到每个项目都能够具体化,如图 2.10 所示。

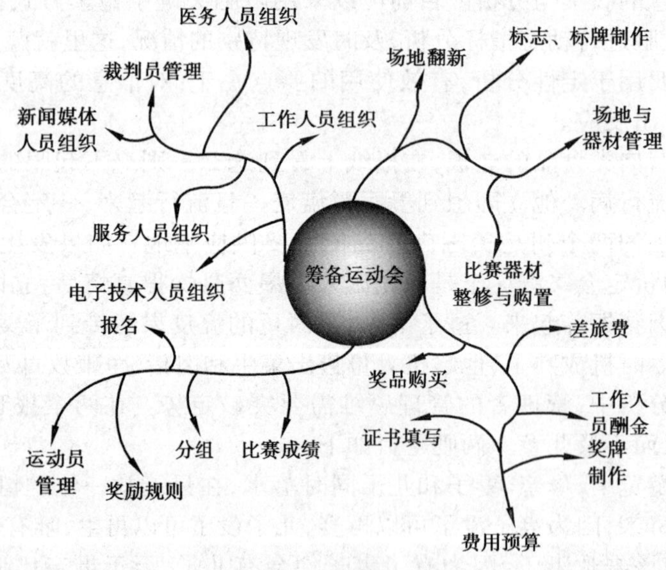

图 2.10 心理图像法

2.4.3　作业计划工具

计划编制中大量的情况是编制具体的作业计划,编制作业计划可能使用的方法有进度计划、盈亏平衡法、排队论、边际分析、概率论与线性规划。下面重点介绍进度计划、盈亏平衡法和排队论。

1)进度计划

决定应该进行的活动、活动的先后次序、活动的执行者、活动的时间期限和各种资源限制的工作被称为制订进度计划(Scheduling)。常见的用来制订进度计划的工具是甘特图和负荷图。

甘特图(Gantt Chart)是美国人亨利·甘特发明的线条图,以列和条形图表的形式显示基本的任务信息。在直角坐标系上,横轴表示时间,纵轴表示活动安排,线条表示活动的起止时间和所耗时间等资源。由于"甘特图"(图2.11)便于查看任务的日程,直观显示活动的起始时间,方便将计划要求与实际进度对比,大多数人使用此图来创建他们的

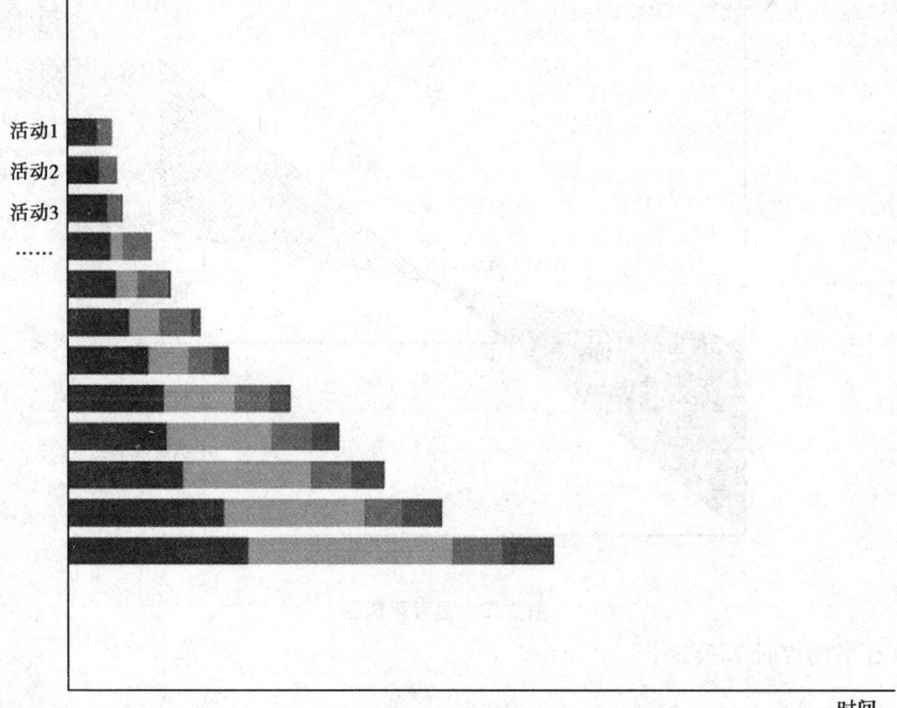

图2.11　甘特图

初始计划、查看日程和调整计划。

负荷图(Load Chart)是一种修改了的甘特图,它不是在纵轴列出活动,而是列出或者整个部门或者某些特定的资源。负荷图可以使管理者计划和控制生产能力的利用,换言之,它是工作中心的能力计划。

2)盈亏平衡分析

盈亏平衡分析是被广泛应用来帮助管理者规划利润的技术,通过分析收入、成本与利润之间的关系,计算出盈亏平衡临界点。当组织收入与全部成本相等,组织就处于盈亏平衡的临界点。全部成本包括固定成本与变动成本两部分,固定成本是不随销售量变化的成本部分,诸如场地租金、保险费用等;变动成本是与销售量成比例变化的成本部分,诸如原材料成本、人工成本等;不能归类于固定成本与变动成本的称为半变动成本,所有半变动成本均采用高低点法、散布图法、回归直线法等方法进行分解,分解为固定成本部分与变动部分成本,然后分别归类统计到固定成本与变动成本,再进行盈亏平衡分析。如图 2.12 所示。

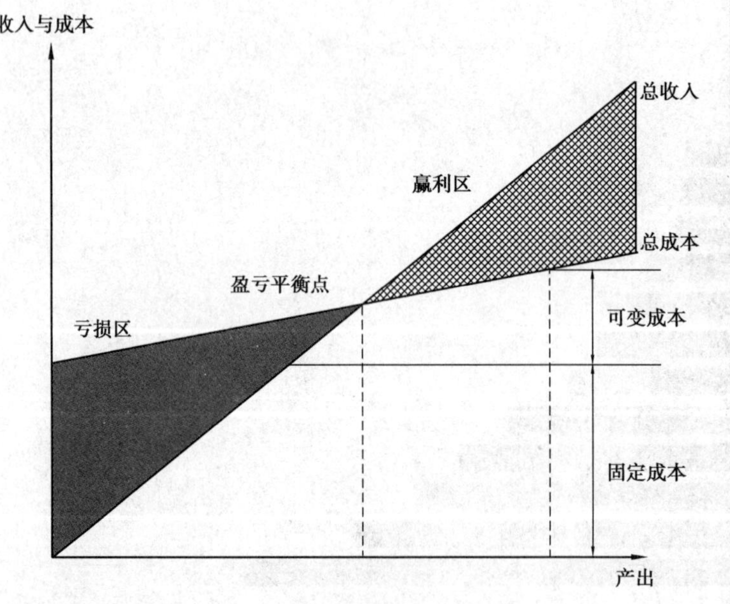

图 2.12 盈亏平衡图

盈亏平衡点计算公式:

$$BE = \frac{TFC}{P - VC}$$

式中　BE——盈亏平衡点(可以采用销售量或者货币表示);

TFC——全部固定成本;

P——单位产品销售价格;

VC——单位产品的变动成本。

假定:①直接劳动成本为每单位7.50美元,②原材料成本为每单位2美元,③销售价格为每单位22美元,④广告费和销售人员费用为40万美元,⑤其他相关固定成本为10万美元。

以数量表示的盈亏平衡点 = 总固定成本 ÷(销售价格 - 变动成本)
= {(400 000 + 100 000) ÷[22.00 -(7.50 + 2.00)]} 件
= 40 000 件

以金额表示的盈亏平衡点 = {500 000 ÷[1 -(9.50 ÷ 22.00)]} 美元
=[500 000 ÷(1 - 0.431 818 1)] 美元
= 880 000 美元

3) 排队论

如果你是高速公路的收费处主管,你要作一个决策是:在任何时间你应当开放10个收费口中的多少个收费口。排队论,或通常所谓的等候理论也许能帮你解决这个问题。

不管什么时候,当涉及权衡开设一条等候线的成本与维持等候线的服务成本的决策时,应用排队论(Queuing Theory)能够有助于问题的解决。

排队问题是一种常见的情况,像决定加油站需要安装几台油泵;银行需要设多少位窗口出纳员;航空公司需设几个办理登机的柜台等,都属于排队问题。在每一种情况下,管理当局都希望尽量减少开放的服务台数量,以便成本最低,但同时谁也不希望让顾客失去耐心。

排队论要求数学知识较多,以下我们以一个简单的问题中如何应用排队论为例。假定你是一位银行主管,你的职责之一是分派出纳员。你有5个出纳窗口,但是你想知道在上午平均只开放1个窗口是否合适。你认为12分钟恐怕是顾客能够在队列中耐心等待的最长时间,如果每位顾客的服务时间平均为4分钟,则等候队列的平均长度不应当超过3位顾客(12/4=3)。如果你从过去的经验中得知,上午期间顾客的平均到达率为每8分钟有一位顾客到达,则你可以按下式计算等候队列长度超过 n 位顾客数的概率:

$$P_n = (1 - \text{到达率} / \text{服务率}) \times (\text{到达率} / \text{服务率})^n$$

这里 $n=3$ 位顾客;到达率=1/8(顾客/分钟);服务率=1/4(顾客/分钟),将这些数字代入上式可得:

$$P_3 = (1 - 4/8) \times (4/8)^3 = 0.062\ 5$$

概率 P_3等于0.062 5的含义是什么？它告诉你在上午期间等候队列中超过3位顾客的可能性为1/16。你是否希望在6%的时间里队列中有4位或更多的顾客在等候？如果是这样的话，只需开一个出纳窗口；如果不是这样的话，你需要增加窗口和出纳员。

2.4.4 预算

预算(Budget)是将资源分配给特定活动的数字型计划，通常被用于收入、支出和固定资产投资管理，也有用来改进生产管理，后者使用工时等非货币单位进行管理。

北京旌旗席殊电子商务有限公司是由许晖、席殊在北京席殊书屋有限公司的基础上联手创建的，以网上图书销售为主的高速成长的电子商务公司。北京席殊书屋有限公司是中国最大、最早的民营全国书业连锁店，现拥有连锁店105家，其中直营店11家，加盟店94家，分布在23个省72个大中城市，其所属好书俱乐部是中国规模最大的图书俱乐部，现拥有会员7万人。1999年销售额达到4 000万元。

席殊正在全国征集加盟连锁书店，现在以中等城市加盟店为例测定投资和收益预算。全市城市人口35万，加盟书店面积为60平方米，书店地址为该城市的二类店面(次黄金铺位)，书店平均年销售增长率为25%。以下总投资为书店一次性投入金额，年利润分析根据第二年营运情况(会员基数按2 000人计)，年营运管理成本基本不变。

◎总投资额	25万元
铺货保证金(按每平米3 000元标准计)	18万元
装修费(包括书架、门面等)	3.5万元
营业设备(包括电脑及销售管理软件、电话和传真机)	2万元
开业费用(包括注册、开业营销等)	1.5万元
◎年营运管理总成本(月运营管理成本×12)	11.76万元
每月运营管理成本	9 800元
房租费	3 000元
水电费	100元
电话及上网费	300元
人员工资	2 200元
营业税	2 500元
上交总部品牌费	1 200元
其他费用	500元
◎年毛利润总额(月毛利润×12)	19.2万元
月毛利润(表2.11)	16 000元

表 2.11 运营收益统计表

收入项目	月营业额/元	毛利润率/%	月毛利润/元
非会员销售	10 500	32	3 300
会员销售	45 000	18	8 100
团体销售	12 000	20	2 400
会费收入	4 500	50	2 200
总计	72 000	22.2	16 000

◎税前年利润总额　　　　　　　　　　　　　7.44 万元

税前年利润总额=年毛利润总额-年营运管理总成本=(19.2-11.76)万元=7.44万元

年投资回报率=年纯利润总额/总投资额×100%=74 400/25 000×100%=29.76%

1)预算类型

典型的预算类型包括收入预算、费用预算、利润预算和固定资产投资预算。

收入预算(Revenue Budgets)是收入预测的特定类型,用来规划未来的收入状况;费用预算(Expense Budgets)列出组织所有部门实现目标的主要活动,并将费用分配给每项活动;利润预算(Profit Budgets)将收入预算与费用预算合并统计而得来,用于组织内部能够产生收入的利润中心进行计划编制与活动控制;固定资产投资预算(Capital Expenditure Budgets)用于规划建筑物、主要设备等固定资产投资,以区别主次轻重和控制这些耗资巨大的投资活动的效益。

2)预算方法

长期使用的预算编制方法是增量预算,近年来逐渐尝试零基预算法,使预算活动更为有效。

增量预算(Incremental Budget)是传统上采用的预算编制方法,有两个显著特征。预算资源(最重要的是费用)首先被分配给组织的部门,然后部门再将预算资源分配给适当的活动;预算资源的预算数字是以前期预算值为基数,再考虑移动平均法推算出来的增长率计算出来。

增量预算仅仅将预算资源分配到部门,部门内部的多重目标、活动的重要性差别可能在预算资源的再次分配中被忽视。而且,增量预算是基于现在总是比过去向前发展的假设来考虑“增量”,事实经常并非如此,容易产生浪费和低效率掩盖问题。

零基预算(Zero-base Budgeting Budget)每次预算编制时不再考虑前期预算数值,每次都是从零开始编制预算。这是美国得克萨斯仪器公司彼德·A.菲尔(Peter A Pyhrr)1970年提出的预算方法,比较好地克服了增量预算的第二类问题。零基预算要求高层管理者对下级申报的预算方案进行再度评审,按照3个步骤进行:将每个独立部门的活动视为一个决策包,按照决策在预算期内给组织带来的效益排序决策包,根据决策包的优先次序将资源分配给每个决策包(图2.13)。

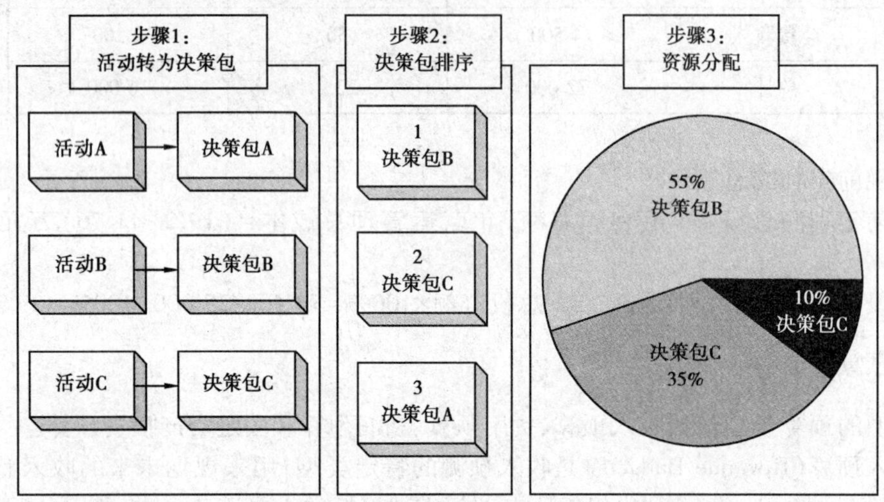

图2.13　零基预算过程

决策包是识别和描述特定活动的文件,包括活动目标、各种资源需求(费用、人员、时间等)、绩效衡量标准、备用行动方案和直接、间接效益评估,通常由部门管理者制定,大型组织可能会有成百上千个这样的决策包。

2.4.5　计划调整

计划调整是组织实现目标的有力保证,调整计划需要及时得到各种反馈信息,需要组织的信息系统正常运转。组织调整计划的方法包括滚动计划法、趋势外推预测法调整计划和启用备用计划等。

1)滚动计划法

这种方法是根据计划的执行情况和环境变化情况定期修订未来的计划,并逐期向前推移,使短期计划、中期计划有机地结合起来。其具体做法是用"近细远粗"的办法制订计划。它的每次修订都使整个计划向前滚动一个阶段。该法虽使得计划编制工作的任务量加大，但在计算机已被广泛使用的今天，其优点十分明显：首先，它使计划更加切合实际，避免了对时期较长的各类因素的不确定影响。其次，此法使长期计划、中期计划与短期计划相互衔接，短期计划内部各阶段相互衔接。最后，该法大大增加了计划的弹性，提高了组织对剧烈变化的外界环境的应变能力。滚动计划法如图2.14所示。

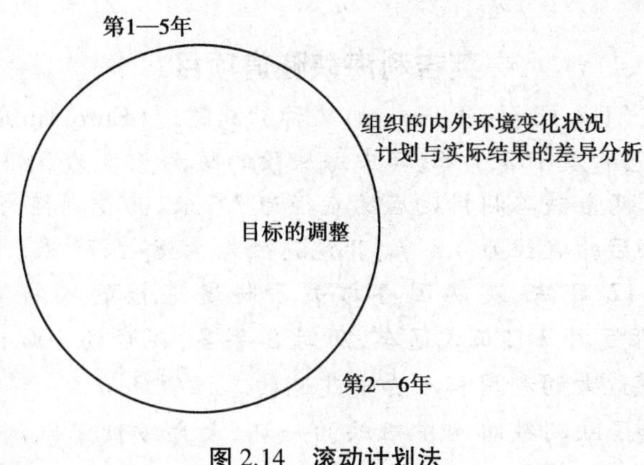

图 2.14 滚动计划法

2）趋势外推调整法

趋势外推调整法是趋势外推预测技术的一个应用。它是将趋势外推法得出的下一期预测数作为下一期计划指标的调整方法，包括简单平均法、移动平均数法、加权平均数法等。比如，组织要对整月度销售计划进行调整，就要根据前几月实际销售数计算平均数，并把平均数作为本月销售计划数。假定今年四月，原销售计划为销售30万件，今年头三个月实际销售数分别为29万件、31万件、33万件，用移动平均法预测四月销售数：$D4=[(D1+D2+D3)/3]$万件$=[(29+31+33)/3]$万件$=31$万件，根据预测数，组织可把四月份销售计划指标修订为31万件。趋势外推调整法的特点是简单易行，只要找到前几次的实际数字，经过简单计算，即可得出结果。但是，这种调整方法有一个基本前提：假定客观发展的趋势在近期内不发生变化。因而，这种方法有一定的局限性，它往往不能适应环境的意外变化，尤其不能适应使趋势发生逆转的变化。

3）启用备用计划

启用备用计划亦称应变计划，组织在制订计划的时候，根据预先估计的多种外部环境，制订出若干种对应的计划，首先启用预测中出现概率最高的环境对应的计划，其余的作为备用计划。为了应付突然发生的变化，特别是使客观趋势发生逆转的变化，组织可以采取启用备用计划的方法调整计划。

2.5 项目管理

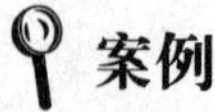

案例

英吉利海峡隧道项目

英吉利海峡隧道(The Channel Tunnel)又称欧洲隧道(Euro Tunnel),由三条长51千米的平行隧洞组成,总长度153千米,其中海底段的隧洞长度为3×38千米,是目前世界上最长的海底隧道。两条铁路洞衬砌后的直径为7.6米,开挖洞径为8.36~8.78米;中间一条后勤服务洞衬砌后的直径为4.8米,开挖洞径为5.38~5.77米。

从1986年2月12日法、英两国签订关于隧道连接的坎特布利条约(Treaty of Canterbury)到1994年5月7日正式通车,历时8年多,耗资约100亿英镑(约150亿美元),也是世界上规模最大的利用私人资本建造的工程项目。

隧道的开通填补了欧洲铁路网中短缺的一环,大大方便了欧洲各大城市之间的来往。英、法、比利时三国铁路部门联营的"欧洲之星"(Euro Star)列车车速达300千米/小时;平均旅行时间,在伦敦与巴黎之间为3个小时,在伦敦和布鲁塞尔之间为3小时10分。如果把从市区到机场的时间算在内,乘飞机还不如乘"欧洲之星"快。各种大小汽车都可以全天候地通过英吉利海峡,从而使欧洲公路网也连成了一体。

欧洲隧道为人类工程史上的一个伟业。这不仅因为它总长居世界之冠,为它投入了巨额资金,而且工程量宏大,从欧洲隧道中挖出的土石方总计750多万立方米,相当于3座埃及大金字塔的体积,隧道衬砌中用的钢材,仅法国一边就相当于3座埃菲尔铁塔。该项目涉及众多的"干系人"(Stake Holders)和"当事人"(Parties),包括英、法两国和当地政府的有关部门,欧、美、日等220家贷款银行,70多万个股东,许多建筑公司和供货厂商,管理的复杂性给合作和协调带来了困难。

隧道公司高层管理人员认为,"工程技术问题相对来说解决得比较顺利,主要教训来自组织机构、合同和财务方面"。没有完善的项目管理想要完成这样的工程是难以想象的。

项目管理通常被认为是二战后的产物(如制造原子弹的曼哈顿计划),直至20世纪80年代,项目管理仍应用于国防建设部门。而今天,项目管理的应用已扩展到各行各业。至少在5年以前,美国通用汽车公司技术和培训部的一份简报中就曾这样说过:"项目管理是未来的浪潮"。现在,项目管理的浪潮已经席卷全球。

2.5.1 项目管理基础

1)理解项目管理

项目是种一次性的工作,应当在规定的时间内,由专门组织起来的人员来完成;应有一个明确的预期目标;还要有明确的可利用的资源范围;需要运用多种学科的知识来解决问题;没有或很少有以往的经验可以借鉴。

与此对应,项目管理可以说是在一个确定的时间范围内,为了完成一个既定的目标,并通过特殊形式的临时性组织运行机制,通过有效的计划、组织、领导与控制,充分利用既定有限资源的一种系统管理方法。

大多数项目管理工作都涉及一些相同的活动,其中包括将项目分解为便于管理的多个任务、排定任务的日程、在工作组中交流信息以及跟踪任务的工作进展。所有项目都包括以下 3 个主要的阶段:创建计划、跟踪和管理项目、结束项目。

项目有 3 个基本要素:时间(反映在项目的日程中的完成项目所需的时间)、费用(项目的预算,取决于资源的成本,这些资源包括完成任务所需的人员、设备和材料)、范围(项目的目标和任务,以及完成这些目标和任务所需的工时)。

2)项目管理历史

项目管理是二战后期发展起来的重大新管理技术。虽然在此之前项目管理已广泛应用于许多事业领域,如工程建设项目和新产品开发。

通常认为制造原子弹的曼哈顿计划是项目管理魅力得以释放的最大证明。在当时,该计划通过先进高效的项目管理手段,调配全美 30 万名技术工程人员、2 000 个科研所有序地为该计划服务,历时 10 年左右时间研制出世界第一枚原子弹。该计划的成功更多地被归功于软科学的项目管理的胜利而非技术科学的胜利。

在西方发达国家,项目管理的应用已十分普及。因为它的理论与应用方法从根本上改善了管理人员的运作效率,所以项目管理已从最初的国防和航天领域(如“曼哈顿”计划、“阿波罗登月计划”)迅速发展到目前的电子、通信、计算机、软件开发、建筑业、制药业、金融业等行业甚至政府机关。例如,美国总统克林顿的每次出访计划都要求按项目管理的方法来安排,所以许多的白宫人员,包括一些安全部门人员都被要求通过 PMP(项目管理专业人员)资格认证。

虽然二战之前项目管理已广泛应用于许多事业领域,如工程建设项目和新产品开发,但直到二战期间以及战后,它作为管理技术复杂的活动,或需要多学科协作的活动的一种特殊工具的价值，才完全被认识。其结果使项目管理成为一种相对来说较新的管理方法，得到迅速发展和不断完善。它一出现就举世瞩目。1957 年，杜邦公司把这种方法应用于设备维修，使维修停工时间由原来的 125 小时锐减为 7 小时；1958 年，美国在北极星导弹设计中，应用项目管理技术，把设计时间完成时间缩短了两年。

项目管理主要是从开始和生产大型、高费用、进度要求严的复杂系统的需要中发展起来的。美国在 20 世纪 60 年代只有航空、航天、国防和建筑工业才愿意采用项目管理。70 年代项目管理在新产品开发领域中扩展到了复杂性略低、变化迅速、环境比较稳定的中型企业中。到 80 年代，项目管理已经被公认为是一种有生命力并能实现复杂的企业目标的良好方法。进入 90 年代以后，项目管理更是无孔不入，渗透到大小企业活动的各个方面。应用范围已十分广泛，从航天领域到目前的电子、通信、计算机软件开发、建筑业、制药、金融甚至政府机关等都离不开项目管理。

传统的项目运作是：当企业决定了一个项目，财务部门、市场部门、行政部门等共同参与这个项目，部门之间的协调仍然按照原有的组织结构体系进行，因此，难以避免的部门之间的摩擦无疑会增加项目的成本，影响项目实施的效率。

项目管理的做法是：来自不同职能部门的成员因为某一项目而组成弹性矩阵团队，需要时将专家召集到团队，任务完成后他们又回到各自的职能部门。项目运作不是通过等级命令体系来实施的，而是通过所谓“平面化”的结构。

3) 项目管理特征

项目管理是一项复杂的工作。项目管理一般由多个部分组成，工作跨越多个组织，需要运用多种学科的知识来解决问题；项目工作通常没有或很少有以往的经验可以借鉴，执行中有许多未知因素，每个因素又常常带有不确定性；还需要将具有不同经历、来自不同组织的人员有机地组织在一个临时性的组织内，在技术性能、成本、进度等较为严格的约束条件下实现项目目标等。

项目管理具有创造性。由于项目具有一次性的特点，因而既要承担风险又必须发挥创造性，这也是与一般重复性管理的主要区别。创造总是带有探索性的，会有较高的失败概率。有时为了加快进度和提高成功的概率，需要有多个试验方案并进。例如在新产品、新技术开发项目中，为了提高新产品、新技术的质量和水平，希望新构思越多越好，然后再严格的审查、筛选和淘汰，以确保最终产品和技术的优良性能或质量。而筛选淘汰下来的方案也并不完全是没用的，它们可以成为企业内部的技术储备，这种储备越多，企业越能应付外界条件的变化和具有应变能力。

项目有其寿命周期。项目管理的本质是计划和控制一次性的工作，在规定期限内达到预定目标。一旦目标满足，项目就失去其存在的意义而解体。因此，项目具有一种可预知的寿命周期。项目在其寿命周期中,通常有一个较明确的阶段顺序。这些阶段可通过任务的类型来加以区分,或通过关键的决策点来加以区分。根据项目内容的不同,阶段的划分和定义也有所区别。但一般认为项目的每个阶段应涉及管理上的不同特点并提出需要完成的不同任务。

项目管理有如下优点:①以目标为导向有更好的工作能见度和更注重结果;②对不同的工作任务可改进协调和控制;③项目成员有较高的工作热情和明确的任务方向;④广泛的项目职责能够加速管理人员的成长;⑤能够减少总计划费用,提高利润率;⑥项目的安全控制较好;⑦时间管理可控性好。

但与此相反,应用项目管理也容易产生如下问题:①容易形成一种各项目与各职能部门之间职能技能重复,从而职能组织忽视他们的工作,而让项目组织替他们工作的倾向;②由于相对优先权的改变,项目间人员流动频繁;③内部作业较复杂,从而使管理也变得复杂;④有可能导致公司政策的应用不一致。

2.5.2 项目生命周期

项目管理过程就是建立基准计划和执行项目计划的过程,管理项目必须集中精力建立基准计划,而建立基准计划过程与制订普通计划基本相似。建立基准计划过程如下:清晰定义目标;将项目工作分解为工作包;界定工作包的具体活动;绘制能够描述整个项目活动的网络图;估算每个活动所需的资源(时间、成本、人力、设备等);编写项目计划书。

项目生命周期如图 2.15 所示。

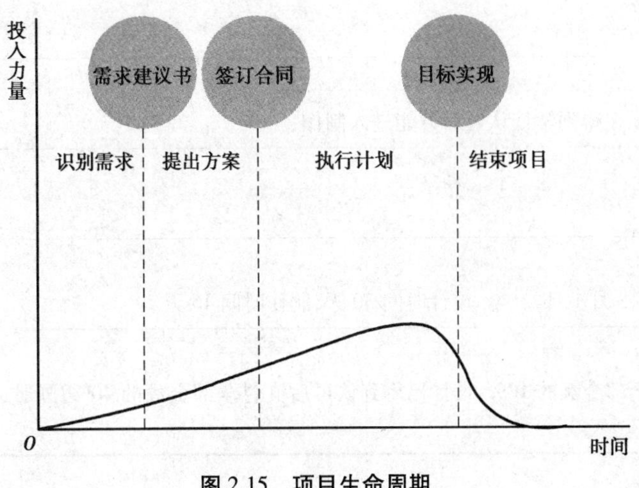

图 2.15　项目生命周期

1)识别需求

识别需求阶段起始于发现问题或者机会产生的需求,结束于客户的需求建议书的发布。

西南工业管理学校升格为西南职业技术学院(大专),管理层意识到:新学校在招生市场上属于陌生面孔,其属性和定位部分报考学生和家长并未熟知,学校准备制作进行形象公关的宣传画册,向所有的广告设计公司招标进行设计和制作。

客户意识到存在的问题或者潜在的机会,就意味着需求在产生,客户就需要将自己的需求清晰准确地描述出来,形成项目的初始来源,也是未来项目执行结构是否能够被接受的评价标准。客户的需求最终通过需求建议书(Request For Proposal,RFP 文件)准确而清晰地描述出来。

客户在需求建议书中需要列明的内容,包括工作内容、标准特征、交付的结果、时间进度、费用预算限制、签订的合同类型、付款方式等(表 2.12)。

表 2.12　西南职业技术学院宣传画册需求建议书

1.工作描述 设计和制作宣传画册
2.要求: 反映学校定位,提升学校形象
3.结果: A4 双面 12 页码画册,数量 5 000 册
4.学校所提供的服务: 学校的详尽资料
5.需求方式: 承约商的设计必须在得到学校认可后方能进入制作
6.合同类型: 劳务承包合同
7.时间限制: 截止日期:2001 年 5 月 1 日　　设计时间 30 天,制作时间 15 天
8.付款方式: 合同签订时支付全部金额的 10%,设计稿得到认可后支付全部金额的 40%,画册运到学校验收后支付全部金额的 50%

续表

9.承约商申请书内容： 目标描述、形象定位及其理由、项目管理方法、结果交付物、进度安排、组成项目组、费用预算
10.标书评价标准： 方法 30%　　经验 30%　　费用 30%　　服务 10%

在高新技术领域，客户的需求往往是潜在的。要使这种潜在需求变为明确需求，产品或技术的提供方（相当于承包商）需在对客户情况准确判断的基础上，自己提出需求建议书和解决方案申请书（相当于招标书和投标书）。

2）提出解决方案

有兴趣的应标者或者项目需求的提出者制订解决方案。提出解决方案通过这样的程序进行：针对需求建议书进行市场查调查与预测分析；决策是否投标（取决于竞争激烈程度、项目可能失败的风险、信誉、提供应标书所需资源、客户的信誉与资源状况）；提交能够制胜的应标申请书；客户评估所有应标申请书；选择中标者签订合同。

项目风险预测和管理是决定项目成败的关键因素。风险管理规划可采用定性与定量相结合的方法，根据可能出现的环境条件，对将来可能发生的风险作出预测，并制订相应的防范措施和解决方案。风险和机遇评估模式（ROAM）是一种比较典型的风险评估与管理的工具。它采用概率论的方法对项目的风险和机遇评估指标进行量化，最终把项目归为四大类：高机遇和低风险，高机遇和高风险，低机遇和低风险，低机遇和高风险。并着重对后 3 种类型的项目进行管理和规划。

项目风险管理还可用其他方法，如三点预测、决策树和蒙特卡罗模拟法等。根据不同的风险状况分别采用：风险认可、风险适应、风险避免和风险转让的各种战略。

3）执行项目

执行项目阶段起始于项目承约商与客户签订合同时，结束于项目目标的实现，并且客户对工作高质量地在预算内按时完成感到满意时。核心工作就是编制出详细的项目计划和控制项目进展。

项目计划、项目管理的基础是对市场和客户需求的深入调研。市场调研的方法包括基础调研，如实地考察、访谈、抽样分析等。还要充分利用二手的信息资源，如互联网、数据库和各种出版物。对于调查的数据要进行科学的分析，例如可使用 SPSS 等统计分析软件，进行综合指标分析和动态分析，根据分析的结果作出市场预测，并对市场战略和策略提出建议。

在详尽地调查基础上，详细的项目计划通过下列过程完成：清晰定义目标；将项目工作分解为工作包；界定工作包的具体活动；绘制能够描述整个项目活动的网络图；估算每个活动所需的资源（时间、成本、人力、设备等）；编写项目计划书。

建立详细的基准计划后，由项目经理领导项目组开始执行计划，并且依据计划进行各种活动。在项目处于执行过程中，全程进行监控以确保计划能够得到圆满执行，动态测定项目进展过程，并同步地与计划过程比较。如果实际绩效比计划要求差，就进行及时纠正。

在项目进行过程中，也可能因为客户的预算资金问题、项目的关键人物离职以及自然灾害等原因，出现客户方面提出变动要求，项目的承担者应该及时修订基准计划，形成新的基准计划。这是需要立刻将新的基准计划与原来的基准计划比较，寻找差异和原因后进行项目执行的调整。

4）结束项目

当项目的工作绩效已经符合要求，或者项目目标已经实现，或者客户已经接受项目工作成果时，项目结束阶段就开始。

项目承约商需要在项目完成后，向客户提交全部结果，可能包括总结报告、手册、图样、设备设施、软件、数据信息等形式的交付物品。客户需要妥善保管并存档相关文件备份，以便将来使用和检索查询，并且向项目承约商支付合同中规定的款项。

项目承约商随后需要进行项目执行评估工作，由项目经理准备书面的项目组成员的工作绩效评估书，为将来新的项目管理提供可借鉴的经验教训。

2.5.3 人员—项目管理成败的关键

项目管理需要集权领导和建立专门的项目组织。项目的复杂性随其范围不同变化很大。项目越大越复杂，其所包括或涉及的学科、技术种类也越多。项目进行过程中可能出现的各种问题多半是贯穿于各组织部门的，它们要求这些不同的部门作出迅速而且相互关联、相互依存的反应。但传统的职能组织不能尽快与横向协调的需求相配合，因此需要建立围绕专一任务进行决策的机制和相应的专门组织。

优秀的项目经理、有效工作的项目团队、对项目管理有利的组织结构，是一切项目成功的理想环境。这种环境的形成首先取决于对这种环境的认识。项目团队往往因为缺乏充分的授权和支持，造成士气逐渐衰落并最终导致项目失败。

项目负责人（或称项目经理）在项目管理中起着非常重要的作用。项目管理的主要原理之一是把一个时间有限和预算有限的事业委托给一个人，即项目负责人，他有权独立进行计划、资源分配、指挥和控制。项目负责人的位置是由特殊需要形成的，因为他行使着大部分传统职能组织以外的职能。项目负责人必须能够了解、利用和管理项目的技术逻辑方面的复杂性,必须能够综合各种不同专业观点来考虑问题。但只有这些技术知识和专业知识仍是不够的,成功的管理还取决于预测和控制人的行为的能力。因此项目负责人还必须通过人的因素来熟练地运用技术因素,以达到其项目目标。也就是说项目负责人必须使他组织的成员成为一支真正的队伍,一个配合默契、具有积极性和责任心的高效率群体。

项目管理人员应具备的基本能力:

①范围管理:着眼于“大画面”的事物,例如项目的生命周期、工作分工结构的开发、管理流程变动的实施等。

②时间管理:要求培养规划技巧。有效的项目管理人员应该知道:当项目出现偏离规划时,如何让它重回规划。

③成本管理:要求项目管理人员培养经营技巧,处理诸如成本估计、计划预算、成本控制、资本预算以及基本财务结算等事务。

④人力资源管理:着重于对组内人员的管理能力,包括冲突的处理、对职员工作动力的促进、高效率的组织结构规划、团队工作和团队形成以及人际关系技巧。

⑤风险管理:检测管理人员在信息不完备的情况下作决定的过程。风险管理模式通常由3个步骤组成:风险确定、风险冲击分析以及风险应对计划。

⑥质量管理:要求项目管理人员熟悉基本的质量管理技术,例如制作和说明质量控制图、实施80∶20规则,尽力达到零缺陷等。

⑦合同管理:项目管理人员应掌握较强的合同管理技巧。例如应能理解定价合同相对于“成本附加”合同所隐含的风险,应了解签约中关键的法律原则。

⑧交流管理:要求项目管理人员能与他们的经理、客户、厂商及下属进行有效的交流。

⑨集成管理:在最终分析中,项目管理人员必须把上述8种能力综合起来并加以协调。

2.5.4 项目计划与控制

项目的计划可以很简单,例如笔记本上列出的任务以及它们的开始和结束日期;也可以很复杂,例如包括成千上万项任务和资源以及上百万元项目预算的项目。

项目计划包括这些工作:明确项目目标;制定工作分析结构;制作网络图等。

1) 确定项目目标

项目目标是项目预期结果或者最终产品,是指导整个项目的核心,应该得到客户和承约商的共同认可。项目目标必须明确、具体、可度量,易于客户和承约商的识别。

2) 工作分析结构

确定项目目标后,需要考虑的问题是:需要哪些工作与活动才能实现项目目标。简单项目通常由项目组利用"头脑风暴法"集思广益,产生活动清单表。复杂项目则使用工作分析结构(WBS)。

进行工作分析结构时,将整个项目分解为易于执行和管理的部分(工作包),然后再将工作包细分为具体活动(当然如果项目复杂可以继续分解)。将工作分析结构结果以表格形式表示,并且为每项活动制定明确的责任者,就形成责任矩阵表,责任矩阵表更为清晰显示出项目的活动清单(图 2.16)。

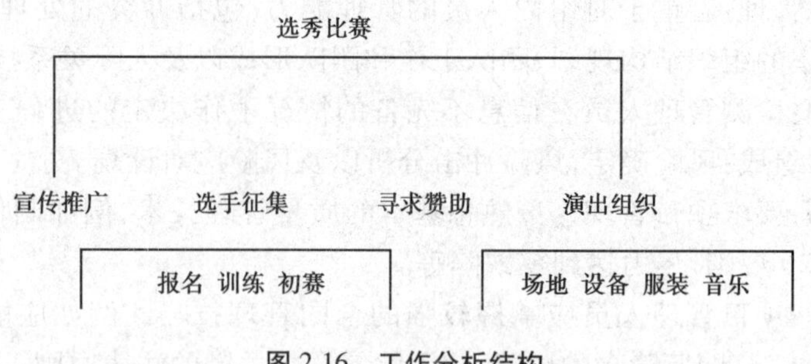

图 2.16　工作分析结构

3) 制订网络计划

将项目分解结果以网络图方式罗列,使得整个项目所包含的项目关系清楚明白,显示出项目执行的动态过程将是项目管理更好的选择。

1957 年,美国路易斯维化工厂首先研制出著名的关键线路法(Critical Path Methods,简称为 CPM),使全厂的年度大修计划从原来的 125 小时缩短到 78 小时,提高工效达到 38%,年创造效益 100 多万美元。1958 年,美国海军特别计划委员会研制出"计划评审技术"(Program Evaluation Review and Technique,简称 PERT),使原定 6 年完成的"北极星"潜艇导弹系统的发射计划提前在 4 年内完成,将"北极星"潜艇导弹系统的 3 000 个承包商和研究机构有效协调起来。这两个技术都是把一个项目进程用一种有向的图表示,因此,我们就形象地称这种图为"网络图",称这种技术为"网络计划技术"。

网络计划技术的基础是把一个项目进程用一种被称为“网络图”的有向箭头线图表示。网络图由活动、事件和线路组成。活动(Activities)是指项目中需要完成的工作，事件(Event)是指活动开始与结束的点，线路(Path)是整个项目从开始到结束中活动与事件的序列，关键线路(Critical Path)是整个项目从开始到结束中花费时间最长的活动与事件的序列。

网络图的绘制有规则。活动用箭头线“→”表示，箭尾表示活动开始，箭头表示活动结束，箭头线上方标明活动名称，箭头线下方标明活动需要的时间。事件用圆圈“○”表示，圆圈内用数字表示顺序编号。

例如：开发微型电脑样机项目，需要面对瞬息万变的电脑市场，公司要求在一年内投产新产品，项目小组织能在8个月时间内生产出样机。

项目活动分解(表2.13)：

表2.13　项目活动清单

活　动	活动代码	紧前活动
外观设计	A	—
内部结构设计	B	—
功能测试	C	A
内部检测	D	B
制造外观模具	E	B
样品试用	F	C、D
编制驱动程序	G	C、D
定制包装	H	E、F
编写说明书	I	G

绘制网络图(图2.17)：

网络图应用步骤分为：确定项目中必须完成的活动，确定所有活动的先后次序，绘制从起点到终点的网络图，估算每项活动的完成时间，求解关键线路。

4)进度安排

鉴于任何项目的完成都存在时间、资金、人力等资源的限制，因此，项目必须在各种项目资源限制条件内实现项目目标。最常见的限制资源是时间，进度安排主要就是合

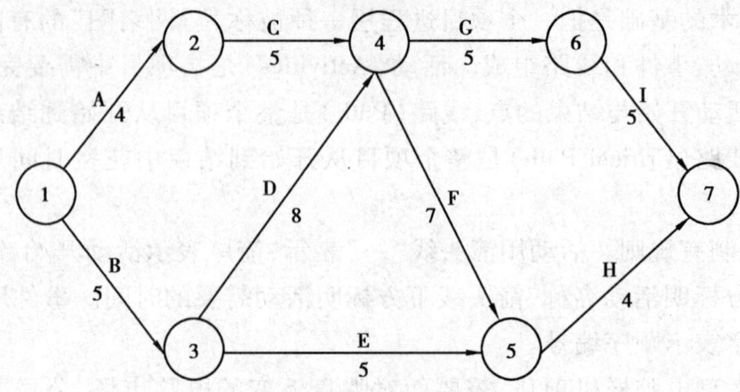

图 2.17　绘制网络图

理配置项目中每项活动时间及其关系，寻求整个项目所耗费时间最省。

进度安排包括：估计每项活动的工期；确定整个项目的预计开始时间和要求完工时间；在项目预计开始时间基础上计算每项活动必须开始和必须完工的最早时间；在项目要求完工时间基础上计算每项活动必须开始和必须完工的最迟时间；确定每项活动能够开始（或者完工）和必须开始（或者完工）时间的正负时差；确定关键（最长）活动路线。

（1）活动时间估计

根据数理统计分布理论，采用“三点估计法”（表 2.14），首先分别估算出完成活动的最快时间、最慢时间和最可能时间，然后使用近似计算公式 $t(i,j)=\dfrac{a+4m+b}{6}$。

表 2.14　三点估计法

活　动	活动代码	紧前活动	时间估计（周）			活动时间（周）
			a	m	b	
外观设计	A	—	2	4	6	4
内部结构设计	B	—	3	3	15	5
功能测试	C	A	2	4.5	10	5
内部检测	D	B	4	8	12	8
制造外观模具	E	B	3	4	11	5
样品试用	F	C,D	7	6.5	9	7
编制驱动程序	G	C,D	4	5	6	5
定制包装	H	E,F	3	4	5	4
编写说明书	I	G	4	5	6	5

(2)事件时间计算

每项活动对应两个事件(结点),有4个时间参数:活动最早开始时间(ESi)、活动最早完成时间(EFi)、活动最迟开始时间(ESj)和活动最迟完成时间(EFj)。活动最早开始时间、活动最早完成时间从网络图的起始事件开始计算,自左向右,前进、加法、取最大值;活动最迟开始时间、活动最迟完成时间从网络图的结束事件开始计算,自右向左,后退、减法、取最小值。

活动最早开始时间的数值记入"□",活动最迟完成时间的数值记入"△",均标注在网络图对应的时间结点旁边。

计算例题中的各种时间(图2.18):

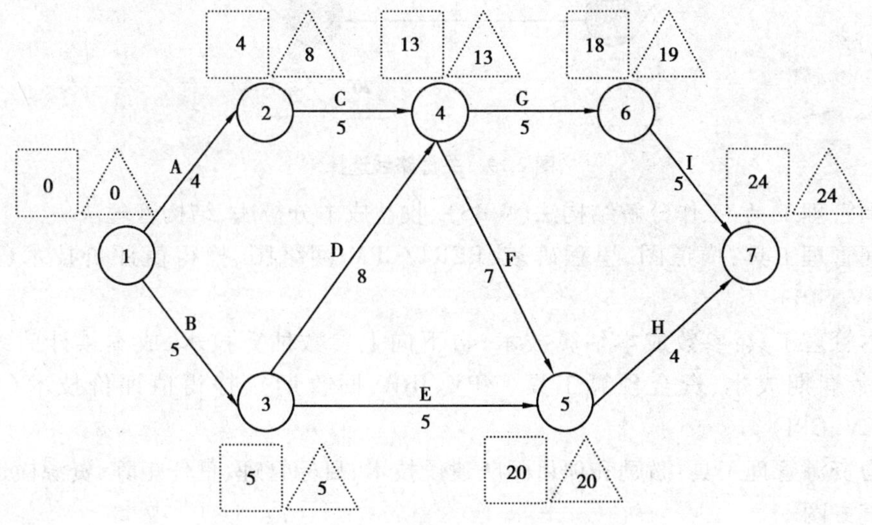

图2.18 事件时间计算过程

(3)确定时差

某项活动的最迟开始时间与最早开始时间(或者最迟完成时间与最早完成时间)的差数。关键线路就是所有时差为零的活动组成的线路。

案例中的关键线路(图2.19):B→D→F→H。

5)项目管理工具

项目的进度、成本计划和控制等方面的内容属项目管理专业知识范畴,有一些较复杂的技术理论知识,如网络计划、概率分析、进度优化、成本绩效分析等。国际标准化组织制定了项目管理的国际标准ISO10006。项目管理有如下知识领域,每个领域都有相应的工具供使用:

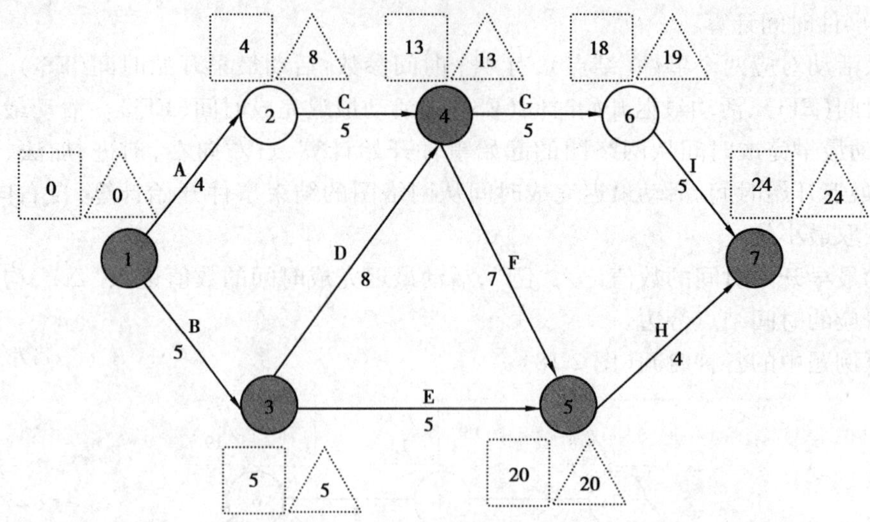

图 2.19 关键路线选择

范围管理工具:工作分解结构法(WBS)、收益成本分析法、结构管理法。

时间管理工具:横道图、里程碑表、PERT/CPM 网络图、挣得值评价技术(BCWS、BCWP、SV、SPI)。

成本管理工具:参数成本估算技术、自下向上参数估算技术、成本累计曲线(S 曲线)、生命周期成本、资金预算工具(NPV、IRR、回收期)、挣得值评价技术(BCWP、ACWP、CV、CPI)。

人力资源管理工具:激励和项目团队建设技术、目标管理、责任矩阵、资源横道图、资源需求直方图。

风险管理工具:风险管理过程分析法、假定情景演练法、蒙托卡罗模拟法、基础统计技术、决策树。

质量管理工具:标准质量控制技术、Pareto 图、鱼骨刺图、基础统计技术。

合同管理工具:各种合同的全面掌握(CPIF、CPAF、CPFF 等)。

沟通管理工具:基本沟通原则。

6)项目管理软件

随着项目管理的日益复杂,使用电脑和网络来辅助成为趋势,相继出现许多著名的项目管理方面的软件,包括 Microsoft Project、Primavera Project Planner、Time Line、Project Scheduler、Milestone、Schedule Publisher、Texim Project 等。Microsoft Project 用于中等规模的项目管理,大型项目管理使用 Primavera 公司的 Project Planner,项目管理的重点在编

制计划方面则选用 Kidasa 公司的 Milestone。

7)项目控制

建立详细的基准计划后,由项目经理领导项目组开始执行计划,并且依据计划进行各种活动。在项目处于执行过程中,全程进行监控以确保计划能够得到圆满执行,动态测定项目进展过程,并同步地与计划过程比较。如果实际绩效比计划要求差,就需要进行及时纠正。

2.5.5 项目文档

项目管理过程中必须建立完整的项目文档,以确保项目活动的可追溯性,防止人员的流动导致项目运行受阻。项目文档能反映项目进展状况,及时通报出现的问题,提出解决的方法。它起到组织、监控及考核、评估项目的作用,并为以后的其他项目提供有用的管理参考资料。

项目的文档包括以下部分:项目建议书、项目可行性报告和项目批准文件;项目概述和目标说明;项目总体规划;项目实施的阶段计划和资源配置;项目的进度报告;会议记录;项目监控测试资料;项目评估报告;项目总结报告。

在项目运作中,项目各成员必不可少的若干工作文档,如项目经理做的项目综述表(甘特图)、项目统筹图、资源使用状况表、项目总结报告等,项目组长做的任务描述表、资源需求表、任务计划等,这些工作文档都基于底层的项目成员的"工作日志"。工作日志分两种,关于任务计划和控制的工作日志,以及添加了任务汇报的工作日志,通常采用关于任务计划和控制的工作日志。工作日志通常包括负责的工作细目、本日目标描述、完成状况、完成原因、资源需求、实际成本、任务控制以及备注等内容。

项目成员在明确了岗位职责以后,就应该列出自己在项目运作中所承担的各项"工作细目",然后依照项目经理或项目组长定的项目实施计划,做一份自己的工作计划,它包括工作进度时间安排(各"工作细目"的工期安排)、前置任务和后置任务(沟通对象、联系方式、任务联结描述)、资源配备(所需的机器设备、人力资源、资金等),然后再做一份工作计划有变动时如何控制的"任务控制",包括时间变动控制(最早开始时间和结束时间、最晚开始时间和结束时间)、资源变动控制(人员变动、资金变动等),而"任务控制"的最终目标是符合于整个"项目计划",也就是说,所有的"任务控制"统一起来就是整个项目的"控制"(方式和方法),而这一切是各项目成员必须向项目组长汇报,然后集合到项目经理那里,以保障整个项目的有序完成。

2 内容归纳

1.计划是确定目标和评估实现目标的最佳方式的过程。目标能够指出活动方向、减少环境变得不良的冲击、减少活动的浪费与冗余,同时还形成标准利于控制。

2.计划过程存在 4 种权变因素:管理者所处的组织层次、组织生命周期、环境不确定性和计划作用时间跨度。其中环境不确定性很高的时候,可能危及组织的生存与发展。

3.目标是一种激励因素。组织宣称的目标未必是真实目标,因为公众想听的、已知的、容易理解的目标比解释实际的目标要简单得多。

4.MBO 的典型程序有 8 个步骤。MBO 提倡员工的参与性,将组织目标内化为员工个人目标以强化其激励作用。

5.在动态的不确定的环境下,战略计划的重要性显而易见。公司层战略寻求组织应当从事的事业(行业)组合,事业层战略设计怎样在每种事业领域内竞争,职能层战略设计职能部门怎样支持事业层战略。

6.战略管理过程通常由 9 个步骤组成。SWOT 是常用的机会、威胁、优势与劣势分析工具。

7.事业层战略有 4 种适应战略:防御者、探索者、分析者、反应者。

8.管理的决策就是基于调查与预测的。调查是对过去状况的掌握,预测是对未来的变化进行推测,两者相辅相成。调查技术包括定量调查和定性调查两大类。预测技术分为定量预测和定性预测。

9.环境扫描技术通过广泛的信息获取途径,研究组织外部环境 6 个方面的变化,寻找组织的机会和可能面临的威胁,多数在战略层次进行分析,战术层次的信息分析主要是定性和定量预测技术。

10.预算是广泛应用的计划手段,普遍的方法是增量预算与零基预算,零基预算不依赖过去的资源分配方案,克服了增量预算的弊端。

11.甘特图是活动进度安排工具,网络计划是比甘特图技术更适合更为复杂的项目的项目管理工具,盈亏平衡分析是财务决策的辅助手段,线性规划是资源分配的助手。

12.时间是无形资源,合理安排时间有完整步骤。

学习项目 3
组 织

学习要求

理解组织结构和组织结构设计的含义与重要价值

掌握组织结构设计原则，其中特别要能够区分权力与职权、机械式组织与有机式组织

准确描述影响组织结构设计的权变因素

比较职能式、事业部、简单结构、矩阵组织和虚拟组织等组织结构形式的优缺点与适合条件

认真对比分析工作专业化、工作扩大化与工作丰富化的异同

描述人力资源管理过程，了解政策法规对人力资源决策的影响

能够比较熟练地进行工作分析，学会编写职位说明书

熟悉招聘过程、甄别手段

了解员工定向的价值

深刻理解制度对于管理的重要价值，熟悉制度设计的原理，能够比较熟练地编写规章制度

参考读物

《第五项修炼》 彼得·圣吉(Peter M.Senge) 上海三联书店

《从优秀到卓越》 詹姆斯·C.柯林斯(Jim Collins) 中信出版社

《基业长青》 詹姆斯·C.柯林斯、杰里·I.波拉斯 中信出版社

3.1 组织结构设计

案例

叶忒罗之谏——最初的以色列行政(组织)

为了逃避埃及法老压迫,以色列人的头领摩西在上帝的帮助下,率领以色列人逃出埃及。摩西的岳父叶忒罗听到以色列人来到家乡,而且战胜了荒漠中好战的部族亚玛力人的喜讯以后,就立即带着摩西的妻子西坡拉和两个外孙革舜、以利以谢来见摩西。

第二天,摩西坐在帐篷前审理官司。摩西从早到晚忙个不停,事无巨细都要亲自过问,然后作出处理,所以感到很累,简直有些精力不支。百姓们排着长队,有的排了一整天也没有轮到自己,所以求摩西审理事情的百姓们也感到很疲乏。

叶忒罗看着女婿这样办事,费力不讨好,事无巨细地过问,既浪费了自己的时间,也浪费了别人的时间。作为有经验的大祭司,叶忒罗直率地对女婿说了自己的看法:"你这样做不好。你和这些百姓都会感到疲惫,因为这么多人的事务太多,担子太重,你独自一人办不了。我为你考虑,给你出个主意:你要把你手中的事,按照重要的程度和影响的大小委派给不同的人。你要在百姓中拣选有才能的人、敬畏上帝的人、诚实无欺的人、恨不义之财的人,派他们作千夫长、百夫长、五十夫长和十夫长,由他们来管理百姓。你要将律例法度教给他们,告诉他们当行的道、当做的事。这样你就可以叫他们随时审理百姓,只有关系全部百姓的大事才呈报到你这里来,小事就由他们自己审理。这样你不但会轻松一些,百姓也很乐意。"

摩西听从了岳父的话,按着他所说的去做。他在以色列人中挑选有才有德之士,让他们担当各级官员,随时处理百姓的事,下级的长官服从高级的长官,全体官员都归在他的领导之下。

这种新型组织的形成,是以色列人新的政治制度的萌芽。叶忒罗对摩西讲的那段话被很多人认为是世界上最早的关于社会内部分层管理原理的专门论述。

这里,我们看到组织结构的重要价值。

3.1.1 组织结构与组织设计

将三五个人组织起来比较简单,把成百上千人组织起来就比较困难了。因为生活背景、性格、能力千差万别的众人要能够步调一致、同心协力,向着一个目标迈进,就必须先使目标明显而确定,管理者指挥灵活,人与人的横向沟通方便,工作指派肯定而清晰,组织才会发挥最大的功能(这就要求组织必须要有合理的结构)。因此,组织在管理学上是指按照一定目的和程序组成的一种权责角色结构(The Structure of Roles)。

使目标明显而确定,领袖指挥灵活,人与人横向的联络方便,以及工作指派肯定而清晰,常需要表示出目标,规定出指挥系统,说明横向的关系,规定各单位职责,称之为组织结构。

组织结构(Organization Structure)是描述组织构成、关系和运行规则的模式(框架)。就像任何人都是由206块骨头组成骨架,骨架在起到支撑和保护人体的作用,确保人的呼吸、消化、循环、运动等生理功能的正常发挥,组织也是依靠组织结构形成组织的骨架(组织框架)。当然,我们也可以把组织结构想象成建筑物的梁架,现代高层建筑都是先挖筑地基,然后浇注完整的建筑框架,最后再进行砌砖和装修的。

没有合理组织结构的组织就像没有合理骨架的人和没有框架的高层建筑,人会无法正常生活,高层建筑会摇摇欲坠。

组织结构就是组织的纵横组成关系,是落实目标和执行管理活动的体制,使组织能够永续稳定生存和发展的基础(图3.1)。所以,组织管理职能包括建立合理的组织结构、确定组成单元的责权利、明确分工协作关系和工作流程、形成合理的规章制度、动态调整企业组织结构。这些职能归结起来核心就是组织设计。

图3.1 组织结构示意图

组织设计(Organization Design)就是根据组织的目标,划分出相关的活动和完成活动的单元(部门、职务),在纵横层次上组合单元形成组织结构,确定组织单元的责权、工作程序、协作方式,建立规章制度,为每个单元配置人员。

3.1.2 组织设计原则

组织设计的经典原则古典管理理论的一般管理中早已经提出,令人惊讶的是这些原则在过去半个多世纪后的今天仍然是极为有效的。使组织内各部分于公司整体经营目标下能充分发挥能力而达成各自目标。考虑公司的业绩经营与持续成长,随着公司成长而逐步调整组织是必要的,但经常的组织、权责、程序变更将使员工信心动摇。组织的简单将有助于内部协调与人力分配,保持基本形态,又能配合各种环境条件的变化。各部门业务量的均衡,将有助于内部的平衡与分工。明确的制度与标准作业可减少摸索时间,增加作业效率。

1)劳动分工

劳动分工让每个人仅仅完成整个活动中的部分工作,长期专门从事固定的工作(专业化分工),在不断重复中增加熟练程度和提高劳动效率,可加强企业面对多变竞争环境的适应能力。

劳动分工在整个社会中处处可见,从全球经济的区域分工到各国产业划分,从学校教育的专业划分到人员招聘中的岗位区别。流水生产线的出现算是劳动分工原则在企业管理中充分运用的杰作。

但劳动分工近年来受到越来越严峻的挑战。由劳动分工产生的人员非经济性(厌倦、疲劳等情绪问题和旷工、离职等管理问题突出起来)超过专业化的经济优势,在卓别林的电影《摩登时代》中流水线上工人被单调重复的工作折磨得神经兮兮,就夸张地反映了这个问题。

2)统一指挥

汉宣帝时有个宰相叫丙吉,有一次他坐着轿子外出巡察。路上,他看见一群年轻人在打架,然而他却命令轿夫装没看见,绕开那些打架的继续走。后来,他又看见路边有一头牛在呼呼喘气,他反而赶快下轿询问了周围百姓老半天。为什么?他这样解释:市民打架是属于地方官管辖的事,我不应该因为自己是宰相就随便越权。而那头牛则不然,因为在天气并不热时却喘气不止,我担心这可能是即将爆发瘟疫的征兆,而这是天大的事,我身为宰相当然要关心。

统一指挥原则(也称统一与垂直性原则,是最经典、最基本的组织设计原则)是指命令统一、指挥统一的垂直性系统。这个原则严格规定命令应逐级下达,下级只接受一个上级的领导,只向一个上级汇报并向他负责,上下级之间形成了一个指挥链。

统一指挥原则必须遵守以下4点要求:从最上层到最基层的等级链不能中断;任何下级只能有一个上级领导,不允许多头领导;不允许越级指挥;职能机构是参谋,只有提出建议权,无权过问直线指挥系统下下属的工作。

统一指挥原则规定不能越级指挥,意味着必须实行分级管理。因此,统一指挥、分级管理涉及两个主要问题:管理幅度与管理层次、权力集中与分散。

3)管理跨度

管理跨度(Span of Control,也称管理幅度)是指一个人能直接高效地领导下属人数的限度。管理层次指从最高层到最基层需要经过的管理等级数量。管理幅度与管理层次是相互影响的反向变动关系,管理幅度增大或缩小,管理层次则缩小或增大。

通常管理幅度在基层为15人以上,中层为8~15人,高层为5~8人。具体每个企业因管理者的能力、工作的复杂性、业务的标准化程度、机构办公空间的分散程度等而不同。目前的倾向是加宽管理跨度、减少管理层次,实现组织结构扁平化,以此减少管理成本和提高管理效率。

当然,管理跨度是个相对的概念与要求,受到若干权变因素影响:人员素质、沟通渠道、职务内容、参谋运用、追踪控制、组织文化、所辖地域,根据权变因素来确定管理跨度才是更为根本的组织设计原则。

人员素质:主管或部属能力强、学历高、经验丰富者,可以加大控制。

沟通渠道:公司目标、决策制度、命令可迅速而有效的传达者,主管可加大控制。

职务内容:工作性质单纯、标准化者,可加大控制层面。

参谋运用:利用参谋机构作为沟通协调者,可扩大控制层面。

追踪控制:设有良好、彻底、客观追踪执行工具、机构或人员者,则可扩大控制层。

组织文化:具有追根究底风气与良好的制度文化背景的公司可加大控制。

所辖地域:地域范围小、相距近,管理幅度可大些;地域范围大、相距远则少管,管理幅度可小些。

4)权责对等

权力概念是指在规定的职位上具有指挥和行事的能力,实质是种影响力。如果权力是由职位赋予而形成的就是职权(Authority),职权是指管理职位所固有的发布命令和希望命令得到执行的权力,与任职者没有任何直接的关系。美国总统可以每4年更换一位,总统的职权每人是相同的,而离开总统宝座的卸任者将不再享有任何属于总统的职权,所有的权力与平民相差无几。

任何职权的授予应该是在被授予职责(Responsibility)之后,根据职责授予对等的职权,以防止职权被滥用。这是国内组织在授权时普遍存在的问题,导致职权滥用现象非常普遍。

职权在古典管理理论中被区分为直线职权(Line Authority)和参谋职权(Staff Authority),以此也可以划分管理人员为直线管理者和辅助管理者。直线职权是赋予管理者指挥下属的权力,当组织规模夸张、组织活动复杂化后,直线管理者没有足够时间与精力去有效完成职责,采取的最简捷的办法就是配置参谋职权,参谋职权是为直线职权拥有者提供建议帮助与支持的权力。

权责问题并非像古典管理理论解释的简单明了,实际运行中游戏规则却要复杂和微妙得多。在任何权力活动的地方,"傀儡"如影相随(相反的情况也屡见不鲜),说明职权与权力的实际作用(影响力)有区别。职权极小的秘书、高级管理人员的司机等成员常常拥有超过其职权的影响力，在其管理者的下属面前似乎更具权力。

权力的来源主要是职位、能力、情感基础，许多没有被赋予职权的人拥有广泛影响力，往往来自于职位之外的个人能力与个人情感魅力，甚至包括身体，美貌的靓女、潇洒的俊男很容易从身体上获得极有影响力的权力。

3.1.3 组织设计的权变因素

按照经典的组织结构设计原则，理想化的组织结构是比较典型的机械式组织，现实环境的复杂多变使管理者无法找到唯一理想的组织结构，所谓理想的组织结构是取决于各种权变因素的。

机械式组织（Mechanistic Organization）就是韦伯行政组织理论中所谓的官僚行政组织，特点是具有严格的层级关系、固定的职责、高度正规化和集权化，很像高效率的机器。有机式组织（Organic Organization）则是与机械式组织形成鲜明对比的适应性组织，特点是没有绝对严格的层级关系、职责动态调整、低度正规化，追求灵活与高度适应性。

组织结构设计究竟是将组织设计成机械式组织还是有机式组织取决于组织战略、规模、技术与外部环境等权变因素。

1）战略

组织结构是管理者实现组织目标的基本手段和工具，组织目标则包含在组织总体战略中，让组织结构与组织战略紧密配合是顺理成章的事。而且，随着组织战略的调整，组织结构也应该进行相应的调整。

2）规模

规模对于组织结构的影响是显而易见的，组织的规模是动态变化的，需要组织的结构也随之变化。规模越大的组织倾向于建立高度专业化、层次更多、规则更复杂的组织结构。

3）技术

技术是组织运作的必要资源，其在现代经济中的作用也越来越明显，必然影响到组织结构设计，力求组织结构设计符合所运用的技术的特征，以发挥所用技术的优势。

通常管理学家是从生产技术角度研究对组织结构设计的影响，其实除此之外的办公技术也在悄悄影响组织结构设计，虚拟企业的出现正是建立在电脑网络办公技术成熟的基础上的。

英国琼·伍德沃德研究了生产类型对制造业企业的组织结构影响,单件生产、大量生产和连续生产,随着技术复杂程度提高,组织的纵向层次越来越多。琼·伍德沃德发现单件生产和连续生产采用有机式组织最有效,大量生产采用机械式组织更有效。查尔斯·佩罗则研究了所有类型组织结构设计的技术权变规律。

通用技术越常规,组织结构就越标准化。

4) 环境

环境作为组织运行的约束条件已经为管理者所认识,任何组织必须适应环境而生存与发展,但是并不意味着灵活的有机式组织将成为组织结构设计的唯一正确选择。本质上,稳定环境中组织结构以机械式组织最有效,动态环境中组织结构以有机式组织最有效。

此外,还能看到组织文化、员工素质等也会在某种程度上影响组织结构设计,只是作用没有那么明显。

3.2 组织结构形式

案例

香港廉政公署的高效组织结构

香港廉政公署(http://www.icac.org.hk)于1974年成立,一直以来透过执法、预防及教育"三管齐下"的策略打击贪污,在香港政府及广大市民的支持下,令香港蜕变为全球最廉洁的地方之一。

廉政公署现雇有职员约1 200多人,差不多全部以合约形式受聘,其中逾半数职员已在廉政公署服务超过10年。

为了在肃贪倡廉工作中取得成果,廉政公署自成立之始便制定了一套整体策略,透过三个部门"三管齐下"打击贪污。"三管齐下"的策略着重培养公众对抗贪污的意识。检控虽可起阻吓作用,预防及教育工作亦不可或缺。唯有令市民彻底改变对贪污的态度,才可令反贪工作成效持久。多年来的实际经验一再证实这是行之有效的策略。

廉政公署由廉政专员负责,行政总部、执行处(执法)、防止贪污处(防贪)、社区关系处(倡廉教育)组成(图3.2),其中,执行处、防止贪污处、社区关系处3个部门的工作相辅相成,以求达到最高成效。而署内的行政工作则由行政总部负责。执行处接受市民举报贪污和调查怀疑贪污的罪行。防止贪污处审视各政府部门及公共机构的工作常规及程序,以减少可能出现贪污的情况;另外,该处亦应私营机构的要求,提供防贪顾问服务。社区关系处教导市民认识贪污的祸害,并争取市民积极支持反贪的工作。

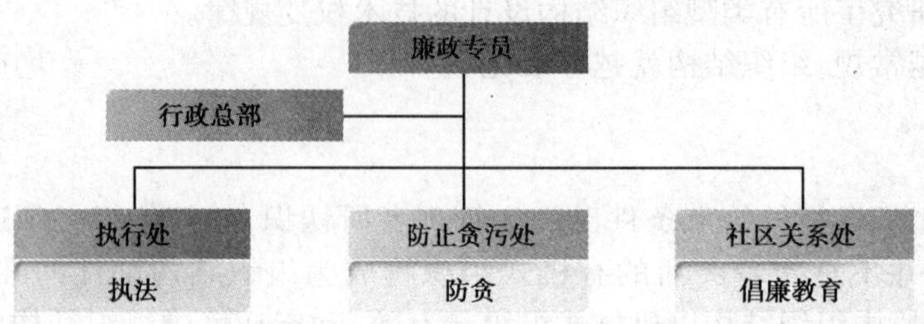

图 3.2　香港廉政公署组织结构图

管理活动的开展以组织结构为基础,但是,组织结构设计并非每次都需要管理者从最基本的原则开始设计,过去的组织和管理者已经在实践中总结出若干经典模式,现在的管理者只需要从中选择适合自己组织的模式,并且根据组织权变因素进行适当的调整、优化。

常见的组织结构形式有:直线制、职能制、直线职能制、事业部制、模拟分散结构、矩阵组织结构、虚拟组织,分为机械式组织和有机式组织两类。

3.2.1　机械式组织结构设计选择

1)职能式

职能式组织结构(Functional Structure)按照管理职能进行专业分工,每级管理者下设职能机构和人员,协助管理者完成管理工作,同时,职能人员在各自职能范围内有权直接指挥下属部门。职能式组织结构是费尧在 20 世纪早期,为当时所服务的规模颇大的煤矿公司设计的。

职能式组织是一种具有高度稳定性的组织。优点是能够适应现代企业大型和复杂的特点,进行专业化分工管理发挥各职能机构作用,减轻管理者负担,让管理者专注核心工作。缺点是职能式组织中的人员,甚至包括高阶层人员在内,往往均难以明了组织整体目标,不知其本身工作与整体任务的关系,因而形成追求职能目标而忽视组织整体目标。多头指挥容易形成管理混乱,职能机构之间的横向协作较差,对经营环境变化的适应能力弱,不利于培养高层领导人员。职能式组织结构如图 3.3 所示。

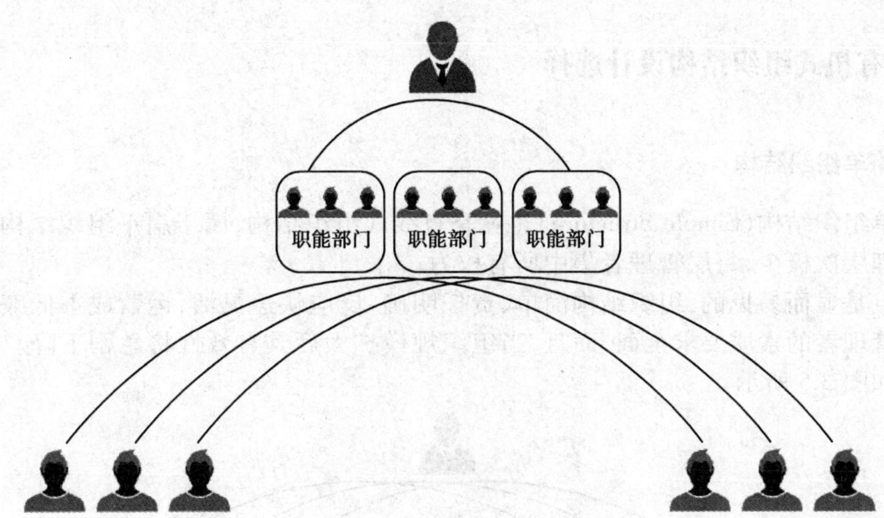

图 3.3 职能式组织结构

2)事业部式

美国通用汽车公司与杜邦化学公司在 20 世纪 20 年代创立事业部式组织结构(Divisional Structure),也成为分部型组织结构。

组织按照产品类型、市场区域、品牌商标等,划分为若干自主经营的事业部,组织制定政策与事业部行政管理分开。在企业而言,形成投资中心是组织、利润中心是事业部、成本中心是车间的三级管理体制。

优点是组织摆脱日常事务,集中精力在企业长远发展规划上;强化事业部权力,调动其积极性,在组织内部的事业部之间形成良性竞争。缺点是组织与事业部的机构重叠,人员多、开支大、效率低;事业部之间的横向协作沟通少而难。事业部组织结构如图 3.4 所示。

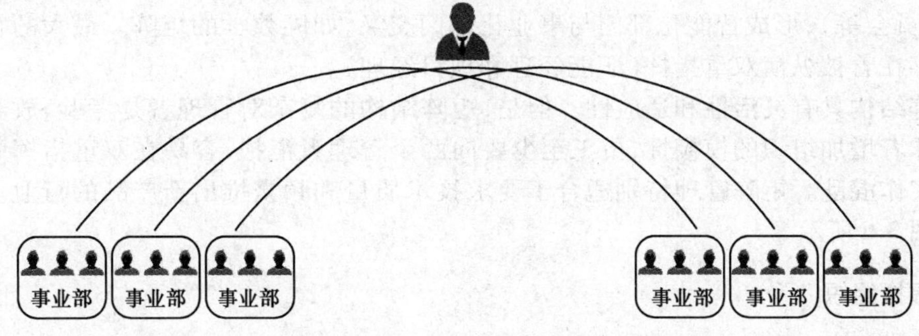

图 3.4 事业部组织结构

3.2.2 有机式组织结构设计选择

1) 简单组织结构

简单组织结构(Simple Structure)也就是直线式组织结构,属于扁平组织结构。组织纵向管理层次极少,每层管理者集中所有权力。

优点是显而易见的,组织结构简单、责任明确,反应快速灵活,运营成本低廉。只是对高层管理者的素质要求全面,而且,当组织规模扩大后其有效性将急剧下降。简单组织结构如图 3.5 所示。

图 3.5 简单组织结构

2) 矩阵结构

矩阵结构(Matrix Structure)综合职能式组织结构的专业化分工优势与事业部式组织结构的注重结果优势,创造出完全违背古典管理的统一指挥原则的双重指挥链。但是,Asea Brown Boveri 公司(ABB 公司)行政总裁 Percy Barnevik(巴勒维)通过矩阵结构,成功地管理了一个拥有 20 多万员工、却仅有 250 个经理的跨国公司。

矩阵结构是在职能式组织结构基础上,按照事业部特征增加"事业"部门(诸如项目小组、委员会等),形成智能化部门与事业化部门交叉,如同数学的矩阵。最大的特征就是成员存在着被纵横双重指挥(职能经理和项目经理)。

矩阵结构具有灵活性和适应性。但是,矩阵结构的复杂对管理者是考验,放弃统一指挥意味着增加组织的模糊性,员工至少要向两个管理者汇报,容易在双重指挥中造成下属的工作混乱。矩阵管理特别适合于要求技术质量和频繁推出新产品的行业。矩阵结构如图 3.6 所示。

3) 虚拟组织

日本任天堂公司是一家只有 950 人的生产游戏机的中小企业,经营规模在 1993 年

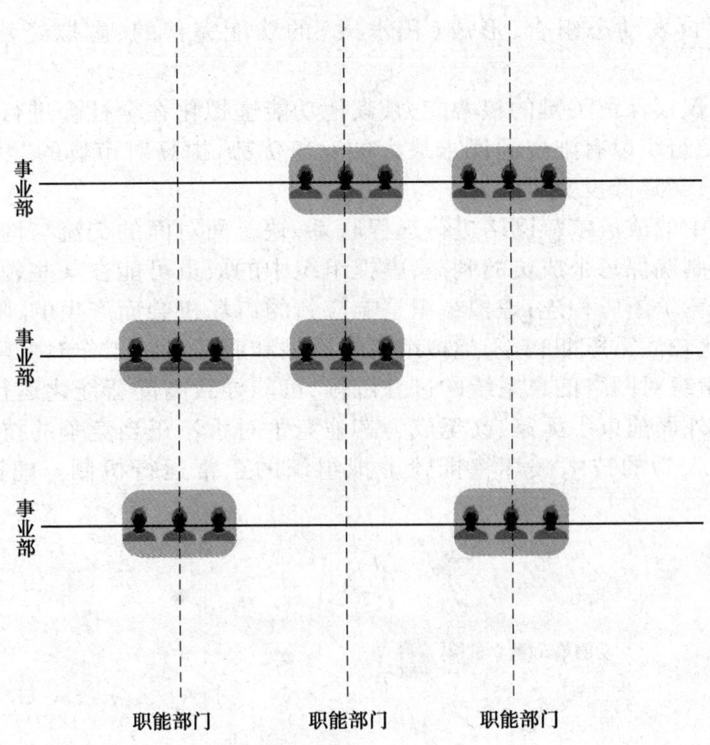

图 3.6　矩阵结构

位居日本企业第三位,税前利润为 1 684 亿日元,排在了松下、日立、东芝、索尼、日产、本田等国际驰名大企业的前面。第一位是拥有 7 万多名职员的丰田公司,第二位是职工总数多达 23 万人的日本电报电话公司。公司运用自己的无形资产专利资源搞"虚拟经营",委托加工方式依托 30 个协作厂昼夜运转,人均创造纯利润为 9 000 多万日元,按当年国际汇率,相当于每人每年创利 80 万美元。30 个协作厂通过协定组成虚拟性质的无形企业,这就是虚拟组织。

传统组织结构等级森严、讲求级别、界限和分工严格,限制了信息流通,降低了组织的运行效率和灵活性,削弱了组织的环境适应能力。虚拟组织则是克服这些缺点的希望,诸如任天堂公司这样的有远见卓识的组织已经享受到虚拟组织结构形式的优越性。

虚拟组织(Virtual Organization)也称网络式组织结构(Network Structure),最早由美国 DEC 公司总裁简霍·普兰德与管理学泰斗罗杰·内格尔发明。虚拟组织结构是组织深度专业化、电脑网络技术成熟所催生的结果。目前全功能组织发展成为专业化的资源(功能)单元组织,例如:设计单元企业只从事设计工作,服务单元企业只提供售后服务。在市场机会(利益)驱动下,利用发达的交通和通信网络,尤其是电脑技术,资源与功能单元组织自发动态组合,形成(积木式)的功能完善的、虚拟经营性质的网络化组织。

每个组织仅仅保留关键的核心能力,其他功能虚拟化在全社会进行优化配置,延伸组织的功能,使组织以有限资源谋求最大的竞争优势,提高对市场的"快速反应",最终既提高竞争力,又降低投资风险。

虚拟组织中的成员依赖网络进行远程联系,缺乏面对面的交流与沟通,也缺乏可靠的运行监督机制确保每个成员的利益;虚拟组织中的成员可能在某些领域是竞争对手,合作开始便与竞争矛盾相连;虚拟组织是响应新的市场机会而产生的,随着市场机会的消失而解散,比较注重短期利益,虚拟组织的产品和服务后续工作对保障消费者权益是个考验;虚拟组织对网络信息系统的过分依赖,可能导致高度智能化运行的虚拟组织在突然出现的意外面前束手无策,甚至成为其他竞争对手不正当竞争的技术进攻标靶,技术的故障或者人为的技术破坏将摧毁虚拟组织的正常运行机制。虚拟组织如图 3.7 所示。

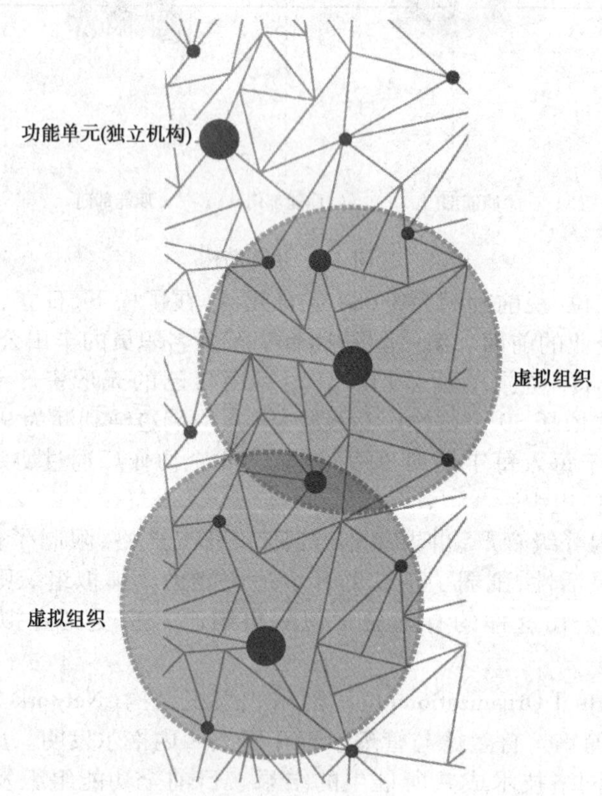

图 3.7 虚拟组织

OEM(原始设备制造)生产方式是虚拟组织在生产管理领域的尝试和体现。目前国际上著名的十大服装品牌的6个,包括法国的皮尔卡丹、新加坡的鳄鱼等名牌,都是委托国内沿海的服装厂代为加工之后贴上国外品牌商标进入市场销售的。甚至最近著名小说家王朔的小说都委托不知名的小说家代笔,然后署上王朔大名进行出版。对组织的不同看法如表3.1所示。

表3.1　对组织的不同看法

特　征	20世纪的公司	21世纪的公司
组织	金字塔型	网站或网络
中心工作	内部	外部
风格	按部就班	灵活机动
力量源泉	求稳	求变
结构	自给自足	相互依赖
资源	原子——有形资产	比特——信息
经营	垂直整合	虚拟整合
产品	大规模生产	大规模客户定制
所及范围	国内市场	全球市场
资金报告	季度报告	实时报告
库存	月度	小时
策略	自上而下	自下而上
领导艺术	教条主义	触发灵感
工作人员	雇员	雇员和自由代理
工作预期	安全性	个性发展
动力	竞争	建设
增长	渐进式	突破式
质量	提供最好的	永不妥协

3.2.3 工作设计

透过仔细观察会发现组织的运作是由成千上万的任务与活动构成的,相关的任务组合为工作(岗位),若干相关工作组合形成部门,必要的部门组合形成完整组织结构。因此,通过组织结构设计,确定组织的组织部门,剩下的就是确定每个部门需要设立的工作岗位(职位)。

1)工作岗位设置

对工作岗位的设计不是随意性的,必须有意识地合理安排,通常使用工作设计(Job Design)来完成。

工作岗位的设置科学与否,将直接影响一个企业的人力资源管理的效率和科学性。在一个组织中,设置什么岗位、多少岗位,每个岗位上安排多少人、什么素质的人,将直接依赖工作分析的结果。

工作岗位的设置主要考虑以下几点:

(1)因事设岗原则

设置岗位既要着眼于企业现实,又要着眼于企业发展。按照企业各部门职责范围划定岗位,而不应因人设岗;岗位和人应是设置和配置的关系,而不能颠倒。

(2)工作专业化

古典管理理论提倡将工作专业化分工,提供专业化分工降低工作对员工的素质与技能要求,使得普通员工就可以胜任复杂活动的单元,而且,随着熟练程度在循环重复中得到提高,生产效率也会随之提高,其效果是极为明显而有效的。流水线的出现、虚拟组织的流行应该是工作专业化思想的杰作。

(3)规范化原则

岗位名称及职责范围均应规范。对企业脑力劳动岗位规范不宜过细,应强调创新。

(4)整分合原则

在企业组织整体规划下应实现岗位的明确分工,又在分工基础上有效地综合,使各岗位职责明确又能上下左右之间同步协调,以发挥最大的企业效能。

(5)最少岗位数原则

既考虑到最大限度地节约人力成本,又要尽可能地缩短岗位之间信息传递时间,减少“滤波”效应,提高组织的战斗力和市场竞争力。

(6)人事相宜的原则

根据岗位对人的素质要求,选聘相应的工作人员,并安置到合适的工作岗位上。

2)工作改革

工作专业化的负面影响也是惊人的,卓别林《摩登时代》里被流水线单调简单劳动折磨得神经病的工人,让管理者很早就意识到职业专业化所产生的单调枯燥和厌倦感,但是始终没有找到完全替代工作专业化的全新方式。

(1)工作轮换

工作轮换(Job Rotation)是避免工作专业化缺陷做的早期努力,设法使员工的工作多样化,避免工作专业化产生的厌倦感。实际应用中有两种工作轮换:纵向与横向。纵向工作轮换是工作的升降,仅仅是针对具有管理权限的人员,操作人员则无法更多体会到其作用,横向工作轮换是定期进行工作轮换,适合所有人员。

以下情况需要工作轮换:新职工轮岗实习、培养复合型员工、培养管理骨干的、消除官僚、活跃思想,需调整某些部门,或员工出现不能适应工作等。

工作轮换在员工能力开发方面的作用明显,能够拓宽员工工作领域,给予更多工作感受,满足个人求知欲,扩大知识领域,延长直线升迁的时间,也为组织内部提升员工进行预备,达到考查职工的适应性和开发职工多种能力、进行在职训练、培养主管的目的。工作轮换制有助于打破部门横向间的隔阂和界限,为协作配合打好基础,而且,轮换有助于员工认清自己工作与其他部门工作的关系,从而理解工作的意义,提高工作积极性。

当然也要认识到,工作轮换存在缺陷:员工不断在新的工作间调整,需要组织每次调整都进行培训,增加了培训成本;可能降低生产效率,非自愿的工作轮换甚至将使得原本对其工作兴趣极大的员工难以适应新的工作要求,挫伤其积极性;对掌握某些复杂专业技术不利,可能使这类技术水平降低或停止发展。

在实行轮换制度时,要注意:在实施之前应建立完整的各项职位的岗位说明书以及作业流程书;有些工作性质完全不同的职位是无法轮换的,如人事、财务人员调到技术开发部门;职位过于敏感或有高度机密性也不适合经常调动;调动之前要征求员工意见,对于不愿意换岗位的员工也不要勉强,否则调动可能导致员工辞职,损害组织利益。

(2)工作扩大化

工作扩大化(Job Enlargement)是避免工作专业化缺陷做的早期努力,通过扩大工作范围,增加工作所完成任务与活动的数量,减少工作的循环重复次数,来克服工作专业化带来的厌倦。诸如学校将体育教师的工作范围从上体育课,延伸为上体育课、指导学生早操、训练学校专业运动队,就是工作扩大化的例证。

但是,工作扩大化的争议极大,工作扩大化意味着员工要完成更多的工作,在本质上挑战员工人性的懒惰,容易遭到员工的抵抗情绪。工作扩大化在需求层次比较高的人群中的效果才会显现出来。

(3)工作丰富化

工作丰富化(Job Enrichment)则是通过增加工作深度,允许员工对工作具有更大的控制权力,通常是将原本由其上级负责的任务交由员工处理。诸如学校教师为学生考试评定成绩,将不合格者的名单列出上交教务处处理,工作扩大化后则由教师提出处理意见,教务处作出是否同意教师意见决定,而不再由教务处拟订处理意见,使得教师对学生的管理更加深入。

工作丰富化通常能够减少员工因工作产生的厌倦,降低旷工和流失比率,但是是否能够提高生产效率则分歧较大,事实也无法得出一个明确的结论。

(4)工作团队

上述的工作设计都是围绕个人展开,如果改为以团体为基础展开,工作设计就形成工作团队(Work Team)。工作团队包括综合性团队与自我管理式团队。

综合性团队是比较正式的团队,组织的任务是以综合性团队为单位分派,然后由综合性团队在内部进行任务的二次分配。建筑公司投标获得建筑合同后,将每个合同分派不同的建筑队(综合性团队)担任,建筑队再将建筑工程划分为基础挖掘、主体浇筑、墙面施工、管道安装、内外装饰等小组,进行派工。基础挖掘组就是综合性团队。

自我管理式团队应该属于不那么正式的工作团队,具有比较大的自主权利,甚至是自由组合运作的。在日本广泛流行的质量管理小组就是极为典型的自我管理式团队。目前,相当多的组织将自发性质的自我管理式团队进行规范化,在正式组织内部建立正式的自我管理团队,海尔集团内部的以优秀员工命名工作小组方式开始流行。

学校期末大量的试卷批改让教师不胜其烦,学校通常就采用教师流水线作业方式批改,减少单个教师工作量,提高阅卷速度,同时教师们积聚在办公场所又能增进交流与沟通。

(5)工作特征模型

工作特征模型(Job Characteristics Model)从 5 方面归纳和描述每个工作的特征:工作技能多样性、任务同一性、任务重要性、自主性、反馈。

工作技能多样性是工作对任职者技能要求的高低程度;任务同一性是工作要求完成完整任务的程度,任务重要性是工作对其他人的工作与生活的影响程度;自主性是工作给予任职者在安排工作进度、方法等方面允许的自由度;反馈是从事工作所获得的有关绩效信息的直接清晰程度。

前 3 项特征显示出工作的有意义程度,任职者是否有意愿做;后 2 项特征说明工作的责任感,任职者愿意做的意愿强度。工作特征越强烈对任职者的激励作用就会越强烈,管理者可以从 5 方面对工作设计进行评估,了解工作设计是否恰当、是否需要调整(能够消除工作的单调和厌倦感)。工作特征分析的 3 个层次如表 3.2 所示。

表 3.2　工作特征分析的 3 个层次

工作特征	范例情况
明白工作对个人、团体、社会的价值	工作能够获得更多薪酬,获得更好的生活条件
对工作感兴趣	工作与自己专业吻合,学有所用的地方
承担工作后产生愉悦感	工作能够获得生理快乐或者心理上的成就感

3.3　人力资源管理

案例

吸引人才

美国通用电气公司总裁韦尔奇说:“我们把赌注押在我们选人工作上,因此,我们的全部工作便是选人。”他亲自接见申请担任 500 个高级职位的候选人。与韦尔奇同样重视人力资源管理的是美国微软公司。微软公司有 244 名专职招聘工作的员工,每年访问 130 所大学,阅读 12 万多份简历,举行 7 400 多次面试,而一切仅仅是招聘 2 400 名员工。最近几年,著名跨国公司纷纷在中国最著名的大学设立高额奖学金、实验室,在建立优良形象的同时吸引优秀的人才。

组织结构建立,仅仅是部门设置好了框架,然而所有工作均需要人员来完成,因此,组织还需要必要的适当人员来充实,使组织得以正常运转。合理配备人员,谋求人与事的最佳结合,实现人与事的共同发展,需要人力资源管理来完成。

3.3.1　人力资源管理基础

人力资源管理(Human Resource Management,HRM)就是人力资源获取、整合、保持与激励、控制与调整、开发等工作。包括:

①人力资源配置:人力资源规划,聘用人员,绩效评价。

②工资与福利:报酬管理,员工激励。

③制度建设:组织设计,工作分析,员工关系,人事行政。

④培训与开发:技能培训,潜能开发,职业生涯管理,组织学习。

人力资源管理的目标是吸引合适的员工、留住好的员工、激励员工。人力资源管理工作的目的是提高生产力和盈利能力、提高工作生活质量、保证符合法律规章制度。人力资源管理更高的目标是开发人力资源的潜在价值:提高智力,激发活力(潜力);发挥最大的主观能动性;个人目标与组织目标的一致;培养全面发展的人(职业化)。人力资源管理理论的出发点如图3.8所示。

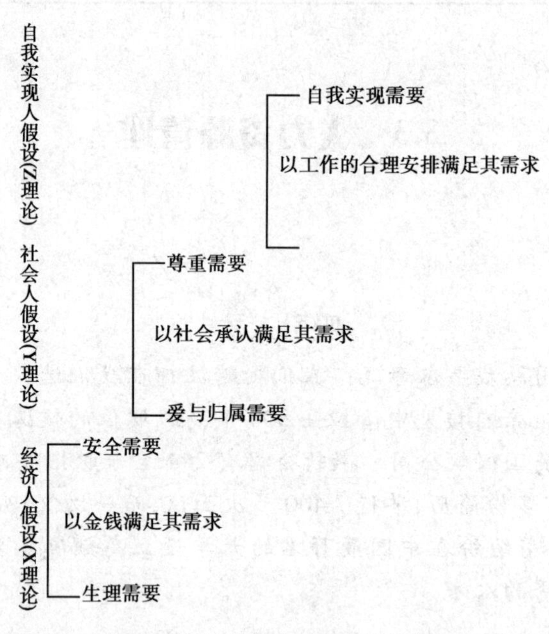

图3.8 人力资源管理理论的出发点

人力资源管理的发展经历3个阶段:

第一阶段:档案阶段。人事部仅仅是办手续的部门,被动跟进的、琐碎的、次要的部门,容易被忽略的部门。

第二阶段:满足组织的需求。人事管理的各个方面都以满足组织的需求为依归,以评价人事规划的形式来承担组织上的经济责任,这是一个需要时才觉得重要的行政人事部。

第三阶段:组织的职责。从战略规划出发,形成企业价值观,与各个部门的直线经理亲密合作,以专业的以及最有效的人力资源技术共同担负起创造经济效果的重要的人力资源部。

人力资源管理系统角色的转变如图3.9所示,人力资源管理与人事管理的差异如表3.3所示。

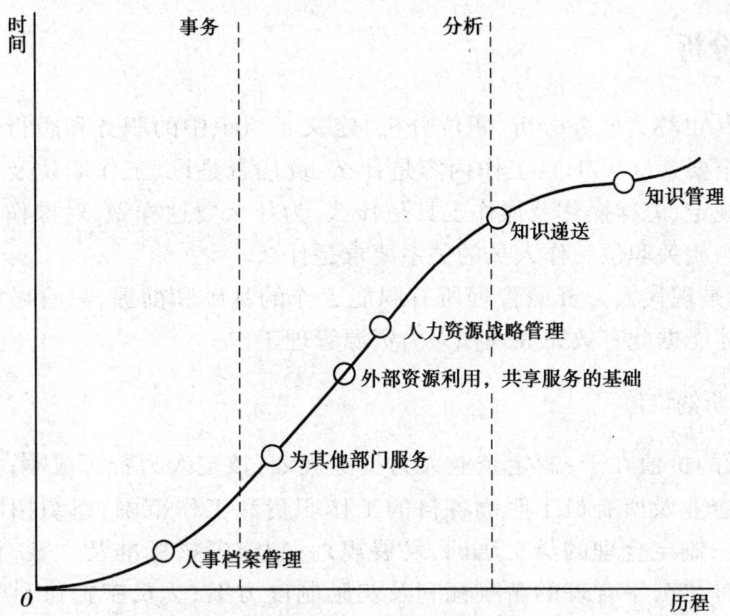

图3.9　人力资源管理系统角色的转变

表3.3　人力资源管理与人事管理的差异

人事管理	人力资源管理
人力为成本	人力为资源
被动反应	主动开发
执行层	决策层
以事为核心	以人为中心,注重人事相宜
事务性	策略性

人力资源管理的职能体现在顾问角色、政策制定者、用科学的理性的方式测试和定性方式测评公司里的人和事(执行者/评估者)、提供服务者与授权者、监督审核者、创新者。

人力资源管理的原理:同素异构原理、能级层序原理、要素有用原理、互补增值原理、动态适应原理、激励强化原理、公平竞争原理、信息催化原理、主观能动原理、文化凝聚原理。

3.3.2 工作分析

工作分析(也称为职务分析、职位分析)定义了组织中的职务和履行职务所需要的行为,包括 8 个要素(6W2H):工作内容是什么、责任者是谁、工作职位及其工作环境条件、工作时间规定、怎样操作及操作工具是什么、为什么要这样做、对操作人员职位职责与任职资格、与相关职位工作人员的关系要求是什么。

工作分析是现代人力资源管理所有职能工作的基础和前提,只有做好了工作分析与设计工作,才能据此有效完成现代人力资源管理工作。

1)工作分析的价值

工作分析的价值在于:制定企业人力资源规划;核定人力资源成本,并提出相关的管理决策;让企业及所有员工明确各自的工作职责和工作范围;组织招聘、选拔、使用所需要的人员;制定合理的员工培训、发展规划;制定考核标准及方案,科学开展绩效考核工作;设计出公平合理的薪酬福利及奖励制度方案;为员工提供科学的职业生涯发展咨询;设计、制定高效运行的企业组织结构;提供开展人力资源管理自我诊断的科学依据。

工作分析为应聘者提供了真实的、可靠的需求职位的工作职责、工作内容、工作要求和人员的资格要求;为选拔应聘者提供了客观的选择依据,提高了选择的信度和效度,降低了人力资源选择成本;为绩效考评标准的建立和考评的实施提供了依据,使员工明确企业对其工作的要求目标,从而减少了因考评引起的员工冲突;明确了工作的价值,为工资的发放提供了可参考的标准,保证了薪酬的内部公平,减少了员工间的不公平感;明确了上级与下级的隶属关系,明晰了工作流程,为提高职务效率提供了保障;使员工清楚工作的发展方向,便于员工制订自己的职业发展计划。

工作分析并非时时进行的工作,以下 3 种情况才需要工作分析:当新组织建立,工作分析首次被正式引进;当新的工作产生时;当工作由于新技术、新方法、新工艺、新系统的产生而发生重要变化时。当工作性质发生变化时,最需要进行工作分析。

职位说明与职务规范是工作分析的结果,作为企业人力资源管理中一项重要的基础工作,它同各项人力资源管理工作有着不可分割的联系。通常,可以用职务说明书的方式来表述职务分析结果。

2)工作分析的过程

工作分析的对象是组织中人的工作,因而就必须从以下几个方面来分析:①组织的任务、职位的目标:分析所考察职务在组织价值链中的位置以及其所承担的目标,这是组织所赋予的任务;②工作所要解决的问题:即工作中所要完成的事件(事情);③完成工作的人:即职务的担当者。职务担当者的能力与资格决定了组织目标和工作事情的完成程度与质量。工作分析流程如图3.10所示。

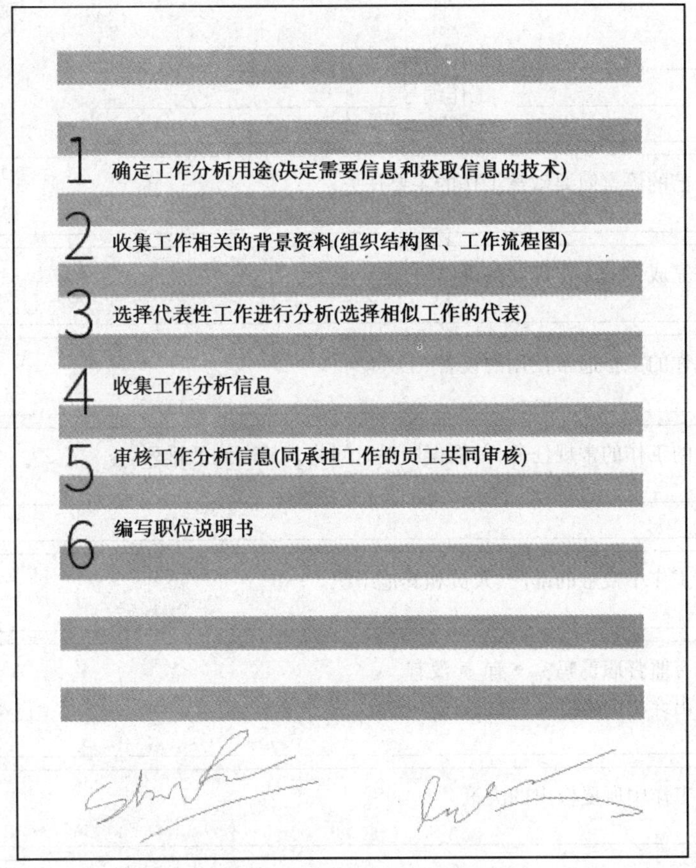

图3.10　工作分析流程

工作分析可顺利展开的前提条件是:组织结构已确定,并具有相对稳定性;在组织结构基础上,工作流程及部门责任已确定;每个部门应有的工作职位也已明确。所以在进行工作分析前,首先要进行组织机构调整、部门责任和部门职位的确定。

3)工作分析的方法

(1)问卷调查法

保证调查的客观真实性是问卷调查成败的关键。让受调查者明确调查目的(并非用于对个人业绩评估)，让他们放心地反映真实情况；避免对受调查者施加压力，或有可能产生的歧义诱导。问卷以保证其简单、明确、易懂为原则，并切合组织具体情况；问卷尽可能精炼、简短，填写时间最好在 1 小时之内。调查问卷如表 3.4 所示。

表 3.4　调查问卷

工作分析问卷
工作分析问卷 姓名__________ 工作名称__________ 部门__________ 工作编号__________ 主管姓名__________ 主管职务__________
任务描述：请用自己的语言简要叙述工作的主要任务。
资格要求：请列举完成你的工作需要的证书。
设备：请列举完成你的工作通常使用的设备、工具。
常规任务：描述你的工作的常规任务，并根据所耗时间将其从高到低排列。
工作关系：请列出工作中接触的部门、人员和其他组织。
监督：你的工作负有监督职责吗？ • 有 • 没有 如果有，请列出详尽的内容。
决策：请解释你的工作中所要作出的决策。
文件记录：请列出你的工作需要准备的报告和文件，以及递交的对象。 报告名称　　递交给
工作条件：请描述你在怎样的条件下工作，包括内部、外部条件。

续表

资历要求:请指出令人满意地完成工作需要的最低要求。 • 教育程度 最低学历________ 受教育年限________ 专业________ • 工作经验 类型________ 年限________ • 特殊培训 类型________ 年限________ • 特别技能 类型________ 要求________
其他信息:请列出你认为对你的工作非常重要、前面未能列出的信息。 ________
员工签名________ 日期________

在填写问卷前要与受调查者建立良好的合作关系,以获得他们的支持。回答后的问卷尽可能让其直接主管认真审核,必须及时纠正偏差。

(2)访谈法

访谈分为3类:对每个员工进行个人访谈;对做同种工作的员工群体进行访谈;对完全了解被分析的工作的主管人员进行访谈。

访谈由于其可以与受访者面对面交流,所以能够对特定内容进行更详细、深入的了解,并可以得到问卷调查可能漏掉的内容。为了有效地使用访谈法,在最短时间内得到尽可能多的有用信息,在访谈实施前首先应确定结构化的访谈提纲。较为规范的访谈提纲所包含的主要内容:基本资料、职位名称、主管部门、所属部门、工作地点、直接主管、监督者等。

访谈时应遵守的基本准则是:与主管人员密切合作;与被访谈者建立融洽的关系;在访谈时应当依据一张具有指导性的问卷或提纲提问,同时也要给回答者留有一定的发挥余地;在面谈之后对资料进行检查和核对。

目前采用最多的是将问卷调查法和访谈法结合起来使用。这主要是因为这两种方法实施程序较简单,并可在短期内得到所需信息。

(3)观察法

对于以体力劳动为主的工作特别适合采用观察法收集工作信息,诸如生产车间流水线上的工序、保卫部门的门卫。对员工在一个完整工作周期内的行为进行间接观察,尽量不打扰从事工作的员工。

(4)现场日记法

让从事工作的员工将自己从事的每项活动按照时间顺序以日记形式记录下来,提供给分析人员完整的工作图景。分析人员可以预先设计好需要记录的日记格式,以保证记录的信息更为有效。

3.3.3 编写职位说明书

职位描述常与工作规范编写在一起,统称职位说明书。职位说明书的编写是在职务信息的收集、比较、分类的基础上进行的,是工作分析的最后一个环节。

职位说明书(Job Description)也被称为工作说明书、职位描述、职位说明等,即描述某个职位的主要特征,包括职位名称、上下级汇报关系、任职条件(学历、专业、工作经验、技能要求、特殊资格要求)、主要职责及考核办法,以及批准日期、任职人与上司的签字等。详细的,还会列出职位设置的目的、职责概述、职位升迁和转换路径、工作环境、工具设备等。

职位说明书是对职务性质类型、工作环境、资格能力、责任权限及工作标准的综合描述,用以表达职务在单位内部的地位及对工作人员的要求。它体现了以"事"为中心的职务管理,是考核、培训、录用及指导职务工作人员的基本文件,也是职务评价的重要依据。

职位说明书确定职位的任职条件。职位说明书里已经确定了这个职位的任职条件,任职条件是招聘工作的基础,招聘工作需要依照任职条件来挑选人员。员工被录用以后,职位说明书将作为签订劳动合同的附件,还可以作为入职培训的教材。

职位说明书对员工进行目标管理。在对员工目标管理设计的时候,依据职位说明书所规定的职责,通过职位说明书可以很清晰、明确地给员工下达目标,同时也便于设计目标。

职位说明书是绩效考核的基本依据。直接决定薪酬的是职位评价。职位评价是企业薪酬政策的基本依据,整个薪酬体系需要以职位评价为支撑性资料。而职位评价的基础是职位分析和职位说明书,职位说明书所提供的依据评价是间接的。

职位说明书是员工教育与培训的依据。根据职位说明书的具体要求,提升公司急需人才的素质,最后使其达到职位说明书的任职要求,提高员工胜任本岗本职工作的能力。

职位说明书为员工晋升与开发提供依据。根据职位说明书做员工晋升路径图,作为规范化管理的一个基础文件。每一位员工都清楚,只要好好工作将来就能升到什么职位,或几年才能达到任职条件。

职位说明书如表 3.5 所示。

表 3.5 职位说明书

编号:000005 工作名称:审计师　　部门编号:X0301 所在部门:总裁办公室法律部　　定　员:4 人 直接上级:部长 所辖人员:3 工资水平:2~3 万/年　　工资等级:6 分 析 人:王锐新　　批 准 人:钱利 分析日期:2014/4/6
工作目标与职责: 通过审计对有财务自主权的部门及负有特定经济责任的管理者实行经济监督及评价,促进组织完善内部控制制度。
工作内容: • 例行财务审计 对组织各驻外机构定期进行财务审计;对组织各有相对财务支出权的部门定期进行审计。 • 离任审计 对负有特定经济责任的管理干部进行离任审计;对负有特定经济责任的特定职位的员工进行离任审计。 • 专项审计 对工作中发现的普遍性、倾向性问题进行专项审计;对员工举报的问题进行专项审计。 • 专项调查 对管理者交办的任务、员工举报的问题、审计工作中发现的问题进行专项调查。 • 完成管理者交办的其他任务。
工作环境特征: 工作环境对身体及心理基本没有影响。
工作时间特征: • 工作时间忙闲不均,在审计或调查项目开始后较忙。 • 基本上有一半的时间在外地出差。
所需能力和技能: • 较强的分析判断能力。 • 一定的管理及计划能力。 • 一定的写作能力。

续表

所需专门知识和工作经验： • 大学本科学历。 • 熟练运用财务软件及常用办公软件。 • 1 年以上审计工作经验。
所需培训内容： • 最新会计准则和会计法规。 • 审计规范、方法、准则等。 • 基本管理知识和法律知识。

编写职位说明书不仅仅是人事部门的事。人事部门的责任是提供一种格式和方法，培训一线经理如何编写并运用职位说明书，同时要对一线部门所撰写的职位说明书进行审核。一线经理是具体的编写者。

职位说明书仅描述职位本身所具有的特性，而与从事或即将从事此工作的具体人员无关。编写时不应掺杂着现有任职者的身影，尽管这很难做到。过分迁就目前的任职者，会影响其客观公正性。

3.3.4 工作分析的应用

1) 确定职位等级

通过工作分析，提炼评价工作职位的要素指标，形成职位评价的工具；通过职位评价确定工作职位的价值等级。根据工作职位的价值，便可以明确求职者的任职实力。根据职位的价值和员工的任职实力的匹配，我们就可以在人力资源管理实践中，根据职位价值或任职实力发放薪酬、确定培训需求等。

2) 工作再设计

利用工作分析提供的信息，对一个新建组织而言，要设计工作流程、工作方法、工作所需的工具及原材料、零部件、工作环境条件等。而对一个已经在运行的组织而言，则可以根据组织发展需要，重新设计组织结构，重新界定工作，改进工作方法，改善设备，提高员工的参与程度，从而提高员工的积极性和责任感、满意度。前者是工作设计，后者则是工作再设计。工作再设计不仅要根据组织需要，而且要兼顾个人需要，重新认识并规定某项工作的任务、责任、权力及在组织中与其他工作的关系，并认定工作规范。

3) 定员定编

根据工作分析,确定工作任务、人员要求、工作规范等,这只是工作分析第一层次的目标。随后的任务是,如何根据工作任务、人员素质、技术水平、劳动力市场状况等,有效地将人员配置到相关的工作职位上,这涉及定编定员问题。

定编定员主要是为以下工作提供科学依据:编制企业人力资源计划和调配人力资源;充分挖掘人力资源潜力,节约使用人力资源;不断改善劳动组织,提高劳动生产率。

定编定员必须做到:以实现企业的生产经营目标和提高员工的工作士气、职业满意度为中心;以精简、高效、协调为目标;同新的劳动分工和协作关系相适应;合理安排各类人员的比例关系。

3.3.5　人力资源规划

经过对人力资源开发与管理的研究,深刻地认识到人力资源的开发功能对组织创造效益的重要作用。这一方面表现在人力资源开发的最终结果能为组织带来远大于投入的产出。另一方面,通过制订切实可行的人力资源开发计划,可在成本上为组织节约更多的投入。

1977 年美国海军部估计由预备军官培训队训练一个合格的预备军官大约需要30 000美元。如果以每年 7%的通货膨胀率计算,到 1985 年培养费则变为 51 000 美元。如果我们作这样的假设:每年下达培训 1 000 名新军官的指标,如果合格率为 80%,那么20%即 200 名不合格者就需再培训以后才能录用。按每人平均花 20 000 美元(不考虑通货膨胀的因素)再培养费,那么海军部仅此一项每年就需花去400 万美元。很显然,如果培训方案更好一些,将不合格率降为 15%,则每年节约 10 万美元。

人力资源规划归纳为 3 个问题:评价现有人力资源、预测未来需要的人力资源、制订满足未来人力资源需要的行动方案。

1) 评价现状

包括人力资源调查、工作分析、拟定工作规范、编写职位说明书。工作分析(Job Analysis)是对某项职务的工作内容和工作规范(任职资格)的描述和研究,用以制定各不同工种及对有关工作人员的要求。工作规范(Job Specification)指明任职者成功开展某项工作所必需拥有的、最低限度可接受的资格标准,是工作分析的副产品。职位说明书(Job Description)是有关某项职务的所需工作内容、责任、汇报制度、工作条件及对工作表现的要求,是工作分析的副产品。

2）预测未来需要

未来人力资源的需求是由组织的目标与战略决定的，是环境对组织产品与服务需求状况的反映。依据目标实现和发展的需求预测未来组织的人力资源需求。

预测人力资源需求的方法与普通预测方法类似，主要通过趋势分析、比率分析、回归分析和管理者直观判断。趋势分析根据过去5年内每类人员的聘用数量变化，推算出未来的人力资源需求；比率分析是在假定劳动生产率相对固定的前提下，根据某些因素与人员数量的配对比例关系（例如医院每5个床位配备1名护士），推算人力资源需求；回归分析根据组织业务量（诸如产量和销售量）与人员数量的相关关系，利用过去的数据建立回归方程推算。

3）制订行动方案

在对现有和未来的人力资源作全面评估后，管理者可以推算出组织的人力资源短缺程度（包括数量与结构），以及组织中超员配置的部门。然后结合未来人力资源供应推测，以及组织的人力资源储备，就可以拟订未来的行动方案，包括需要聘请的人员与需要调整的超员。

人力资源规划的内容包括总体规划与各项业务规划（招聘计划、提升计划、激励计划、培训计划、评估计划、退休计划等），每一项业务计划有其不同目标、政策、步骤与经费预算。

管理者应该使人力资源规划具有一定的弹性。组织对劳动力的需求具有一定的波动性，如果组织在扩张期内招聘了全额的员工，在不景气的时候它们将不得不进行裁员。这不但破坏了组织和员工之间的互信感，而且也容易损害组织在人才市场上的形象。聪明的做法是让人力资源规划保留一定的弹性，比如，在扩张期时，组织只招聘80%所需要的正式员工，留下的20%工作通过工作分担、加班、招聘临时工、工作外包等方式来解决。这样的话，当组织不景气的时候，就比较容易做到不裁减正式的员工。这种非正式的长期雇佣契约容易培养员工对组织的归属感，增加人才对组织的忠诚度。

管理者应该建立组织关键职位的继任规划。建立继任规划有3个好处：第一，当关键职位上的人才流失时，可以立刻从组织内部找到替代的人选；第二，使员工从中看到自己未来的前途和希望，把员工的个人发展和组织的发展紧密地联系在一起；第三，在几个候选人之间形成一定的竞争，有利于增强组织活力。

3.4 人员配备

案例

销售人员与服务人员角色换位

年初，名列世界500强的跨国公司决定在售后服务部门实施交叉销售的经营战略——在提供售后服务的同时，销售其他办公设备。于是公司对售后服务人员进行再培训，以期他们既做售后服务，又做销售。结果，许多售后服务人员不习惯销售，不适应既是服务人员、又是销售人员的角色。后来，又经过多次培训、教育、督促，甚至下达硬性指标，上半年销售业绩仍然没有明显改善，相反，部分人甚至产生了明显的抵触情绪。

人力资源部门感觉这样做的方法不对，应该让乐意推销的人做销售，不乐意推销的人仍然只做售后服务。而主管经理说：这样做你能保证业绩好吗？人力资源部门既不敢打包票，又提不出有力的依据。

根据人力资源部门的要求，人力资源经理陈给该公司的管理人员讲解了“职业性向理论”的主要内容，并给售后服务部49名员工做了职业性向测试。根据测试结果，人力资源部门推荐那些性格为外向型、微外向型或双向型，职业性向为创业型的售后服务人员，再传授他们进行交叉销售所欠缺的知识和技能，然后让这些售后服务人员既服务又销售，而让其他售后服务人员继续提供优良的售后服务。

“因为根据霍兰德的职业性向理论，创业型的人善交际、口才好，擅长推销。”陈说。

下半年，该公司顾客满意度从上半年的78%上升到下半年的91%，平均每月销售业绩更比上半年上升了28%。公司正在论证将此理论推广到全公司的可能性。

“现在越来越多的管理人员认识到个别化管理的重要性，而个别化管理的前提就是尊重每个人的个性，因才适用。不是每个人都能做销售，售后服务人员不是培训一下就可以转变为销售人员。我们只有根据每个人的性格，安排能发挥其天赋的工作任务，才能充分发挥每个人的能力，充分调动其积极性。”

组织结构设计或者调整完毕后，就需要为每个职位配备恰当的人员，而且，正常情况下组织人员是有进有出，理想的流动率每年大概在5%~10%。这些成为组织需要招聘人员的重要原因。组织的人力资源部门按照人力资源规划和职位说明书要求展开人员配备工作。

根据职业性向理论，每个人最大的成长空间在于其天赋和性格最能发挥作用的领域。这个观点可以体现在选人、用人、培训、升迁等各个方面。

第一，选人的标准首先是性格和天赋，其次才是知识和技能。因为性格和天赋是不可改变的,而知识和技能是可以通过培训、学习获得的。第二,在绩效管理上,不能强求每个人都用同一种方法或同一个程序。第三,应该把培训的时间和经费主要用于帮助员工了解自己的天赋和强化其天赋,而不是花大量时间用来克服其弱点。第四,对员工的提拔和使用应该根据其天赋和性格及其价值观来安排不同的升迁阶梯,而不是一味地提拔到管理岗位。

3.4.1 人员招聘

组织聘用员工可能是经常性的工作,在组织创立、规模扩大、人员流动、自然减员(退休、死亡、生病)的时候,人力资源管理部门就必须进行人员的招聘。招聘(Recruitment)是吸引、筛选和确定有能力的申请者的活动过程。与此对应的是解聘(Decruitment)工作,解聘是筛选、剔除和安置没有能力的员工的活动过程,解聘选择有解雇、暂时解雇、自然减员、缩短工作时间、提前退休。

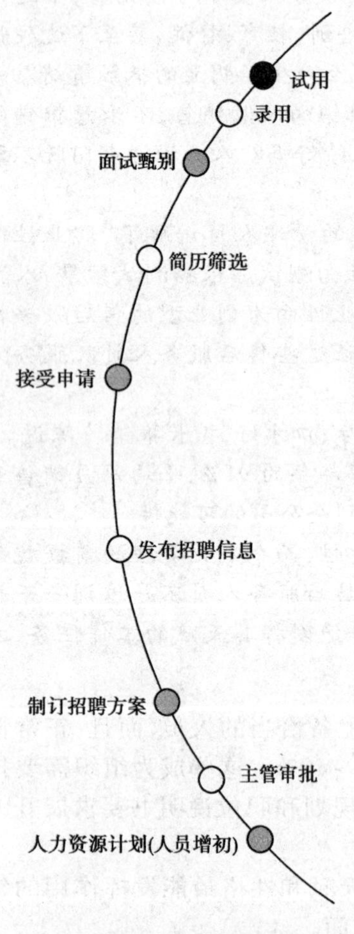

图 3.11 招聘流程

通常采用的招聘来源是内部提升、劳动力市场、广告应征、大中专学校、从其他组织挖角、个人接触与推荐。通常劳动力市场是最典型而有效的途径,尤其是招聘普通员工。至于高层管理人员则通过人才猎头公司帮助寻找,单独进行个人接触比较有效。但是国外的经验证明,员工推荐优于其他招聘渠道,毕竟员工在推荐申请之前已经经过自己的筛选,而自己对组织有较深入的了解,推荐的申请者更符合组织的招聘要求。

1)招聘工作流程

招聘工作是耗资庞大的工作。人力资源顾问公司(Development Dimension International)估计,要招聘到一个薪酬高达 4.8 万美元职位的人选,企业因需要支付广告、培训和赔偿等开支,大约需花费 7.6 万美元。因此,遵循正确的原则和程序是相当必要的。

招聘工作总体原则:招聘员工本着以用人所长、容人所短、追求业绩、鼓励进步为宗旨,以面向社会,公开招聘、全面考核、择优录用为原则,从学识、品德、能力、经验、体格、符合岗位要求等方面进行全面审核。

招聘流程如图 3.11 所示。

2) 增加人才库存

虽然美国西南航空组织在1993年只录用了2 700名员工,但是组织却面试了1.6万名候选人,处理了9.8万份简历;在1994年只录用了4 000名员工,但处理了12.5万份简历。按照美国西南航空组织的观点,虽然为吸引人才而对简历进行筛选、对候选人进行评价的成本很高,但是这是组织成功进行人才选聘所必需的第一步。

要保证选聘活动的成功,企业首先必须建立自己的人才库,尤其是对于高级管理人员和高级技术人员更是如此。如果总是等到需要的时候再去寻找候选人,就可能花很长时间也找不着合适的人员;或者不得不降低对人才的要求,以便尽快填补职位的空缺。

建立人才库的目的就在于,任何时候组织出现职位空缺,都能在最快的时间内找着合适的候选人来填补。为了做到这一点,组织必须经常性地对人员的需求情况进行分析,提前发布组织的招聘信息以吸引人才,而不应等职位上出现空缺之后再去考虑吸引人才。尤其对于那些关键的职位或者劳动力市场供不应求的职位,更应该早作准备。

现在,发布招聘信息的渠道多种多样,包括组织的主页、各种招聘网站、人才招聘会、校园招聘会、猎头组织、员工推荐和其他的广告媒体。一般来说,可以考虑在组织的主页上开辟一个专栏来发布组织的招聘信息,最好能把组织所有职位的招聘信息都放上去,并注明全年招聘,而对那些近期需要招聘的职位可以单独注明。至于其他媒介,则应该针对每一种媒介自身的特点,根据所招聘职位的特殊要求、成本和效果来确定采用哪种媒介。

一旦获得有关应聘者的有关材料后,组织一定要认真对待,详细了解应聘者各方面的信息,并确定进一步评价的人选。然后,根据评价的结果来决定是否录用。如果应聘者表现特别优秀,而组织又确实没有相应的职位空缺,就应该把应聘者加入组织的人才储备库,以便组织将来有职位空缺时能及时与应聘者联系上。

3) 优化指标

招聘人员总喜欢根据应聘者的学历和工作经历等来进行判断。这往往有失偏颇。所以,在进行选聘之前,一定要进行科学的分析,来确定应聘者的哪些特征对于出色地完成工作特别重要。

首先,必须明确组织希望任职者所承担的任务角色,即组织需要任职者从事哪些方面的工作。一方面要考虑任职者近期需要从事的工作,另一方面也要根据组织业务发展的需要,考虑一段时间之后任职者需要从事的工作。

然后,可以通过对该职位的上级、前任、同事和客户进行访谈,找出任职者要完成工作任务所必须应付和处理的关键事件。比如,市场经理可能必须应付和处理的关键事件包括:对竞争对手意外的产品降价作出反应;作出产品的市场定位;招聘、培养和留住有潜能的产品经理等。

接下来,根据关键事件,就可以确定对应聘者的评价指标,即胜任特征(Competency)。

比如，需要某方面的技术知识；知道如何去激励员工；具备较强的分析能力等。同时，还需要考虑这些评价指标能支持组织文化。另外，还应根据应聘者即将进入的工作团队的综合指标，适当调整对应聘者的要求。考虑到迅速变化的竞争环境和团队工作模式，一般还应考虑加入学习能力、团队合作和创新能力等评价指标。

比较特殊的情况是，在所有的评价指标中，组织应该特别注重那些难以通过培训来改变的评价指标。比如，美国西南航空组织就曾经拒绝过另外一家组织跳槽来的飞行技术特别优秀的飞行员，因为这名飞行员的工作态度不是很好，而团队合作和服务意识等却很难通过培训来改变。同样，PeopleSoft 组织在选拔 MBA 时，与候选人学业上的成就相比，更关注候选人是不是一个团队成就导向的人，关注他们在业余时间的主要活动，以及生活哲学等。而非常不同的是，国内很多组织往往过分注重与工作任务相关的技能。

3.4.2 甄别

招聘过程的关键和实质是挑选与甄别。人力资源管理者需要采用某些方法对申请者进行甄别，以筛选出最合适的申请者去接任职务，这个过程被称为甄别过程（Selection Process）。甄别是一种预测活动，设法预见聘请哪位申请者更能够确保任务的完成。鉴于预测活动的风险概率，甄别自然无法保证100%的准确。甄别的主要着眼点放在减少“预测”的错误可能性，提高决策的正确概率。

甄别手段在于帮助管理者减少错误接受和错误拒绝的发生，通常有：申请者应聘申请表分析、笔试与绩效模拟测试、面谈、履历调查、体格检查等，每种手段各有特色（表3.6）。

表3.6 甄别手段的应用

手段与效度	高层管理者	中低层管理者	复杂的非管理者	常规的作业职务
申请表分析	2	2	2	2
笔试	1	1	2	3
工作样本	—	—	4	4
测评中心	5	5	—	—
面谈	4	3	2	2
履历核实	3	3	3	3
体格检查	1	1	1	2

甄别手段的选择固然重要，更为重要的是招聘者持有怎样的观念，招聘者通常是按照自己的逻辑选择对应的应聘者。

目前，越来越多的组织开始采用科学、客观和公正合理的评价手段来对应聘者进行评估。从国内外的研究和实践来看，在人员选聘过程中常用的评价方式和手段主要有以下几种：

1) 自传数据(Bio-Data)

自传数据也就是我们常说的求职申请表。然而，很多公司却往往忽视求职申请表的作用，只要求应聘者提供比如年龄、教育背景等背景性资料，而没有搜集与评价指标有关的信息。在华跨国烟草公司设计的申请表不仅搜集了应聘者的一般信息，而且要求应聘者详细写出几个过去发生的，能反映其主动性、合作精神和团队合作等的事例，以便对应聘者的主动性、合作精神和团队合作等进行初步的评价。求职者提供虚假个人信息使得求职申请表失效是该环节容易出现的问题，要阻止求职者提供虚假个人信息，招聘者需要采用直截了当警告、开展背景调查、资料核实等手段。求职申请表如表3.7所示。

表 3.7

求职申请表 I

个人信息　　　　　　　　　　填表日期__________
姓名__________
住址__________　电话号码__________
申请职位__________　工资要求__________
可应聘日期__________
列出与所申请职位有关的技能(例如电脑操作)__________

受教育状况
关于所参加过学习的学校和机构的信息
机构名称__________　地址__________
参加时间__________
所学专业__________
成绩等级__________
参加活动情况
中学__________
大学__________
工作期间__________
体格检查
求职者在被聘用前必须接受体格检查
你有什么体能障碍或者限制__________
你现在是否必须依靠医疗护理或药物维持身体健康？　□是　□否

续表

特殊情况时,通知: 姓名________ 地址________ 关系________

求职申请表Ⅱ

工作经历 给出曾经就职的所有职位的信息 公司名称和地址________ 服务时间________ 从事的工作________ 离职原因________
证明人 填写两个证明人的信息 1.姓名________ 地址________ 职业________ 相识年数________ 2.姓名________ 地址________ 职业________ 相识年数________
参加活动情况 中学________ 大学________ 工作期间________
申明 在填写求职申请表过程中,本人许可招聘公司调查核实所提供的信息,并不追究招聘公司因此而产生的责任。同时,本人明白所填写信息有任何对事实的歪曲,如果我被聘用,都将成为解除聘用关系的充分理由。 签名________ 日期________

简历的内容大体上可以分为两部分:主观内容和客观内容。招聘的注意力应放在客观内容上。客观内容主要分为个人信息、受教育经历、工作经历和个人成绩4个方面。个人信息包括姓名、性别、民族、年龄、学历等;受教育经历包括上学经历和培训经历等;工作经历包括工作单位、起止时间、工作内容、参与项目名称等;个人成绩包括学校、工作单位的各种奖励等。

首先要注意个人信息和受教育经历,如果这两项不能符合要求,就没有必要再浏览其他内容,直接就可以筛选掉。在受教育经历中,要特别注意应聘者是否用了一些含糊的字眼,比如没有注明大学教育的起止时间和类别。这样做很有可能是在混淆专科和本科的区别,或者是统分、委培、成教等的差别。

在工作经历和个人成绩方面,要注意简历的描述是否有条理,是否符合逻辑。比如一份简历中在描述应聘者的工作经历时,列举了一些著名的公司和一些高级职位,而他所应聘的却是一个普通职位,这就需要引起注意。比如另一份简历中应聘者称,自己在许多领域取得了成绩,获得了很多的证书,但是从他的工作单位分析,很难有这样的条件和机会,这样的简历也要引起注意。

如果能够断定在简历中有虚假成分存在,就可以直接将这些简历筛选掉。很难想象如果公司雇佣了一位不诚实的员工,会为公司带来什么样的后果。

在筛选申请表时,首先要筛选出那些填写不完整和字迹难以辨认的材料。对这样的应聘者安排面试,纯粹是在浪费时间,不论能力如何,至少他对这次应聘是不认真的,单凭这一点就可以将这些申请表筛选掉。

另外需要注意的是,他是否标明了过去单位的名字,他过去的工作经历与现在申请的工作是否相符,他的工作经历和教育背景是否符合申请条件,他是否经常变换工作,而这种变换却缺少合理的理由等。

不论是简历还是应聘申请表,很多材料都会或多或少的存在内容上的虚假。在筛选材料时,就应该用铅笔标明这些质疑点,在面试时作为重点提问的内容之一加以询问。为了提高应聘材料的可信度,必要时应该检验应聘者的各类证明身份及能力的证件。

2)测验(Test)

常用的测验主要分为智力测验、兴趣测验和人格测验3类,比如,韦克斯勒成人智力量表,Strong-Campbell兴趣量表,以及用得比较多的人格测验——卡特尔16种人格因素测验(16PF)、梅耶斯—布赖格人格测验(MBTI)、图片投射测验等。选聘高级人员一般只采用人格测验;而选聘初级人员,则通常同时采用3种测验。需要注意的是,目前国内所使用的测验大都是从国外引进的。为了保证国外的测验在国内能够使用,应该与专业心理测评机构联系,对测验量表进行修订,并获得相应的测量学指标。

3)面试(Interview)

为提高面试的准确性和可靠性,采用结构化面试是好的想法。结构化面试也称标准化面试或控制式面试,是根据所制定的评价指标,运用特定的问题、评价方法和评价标准,严格遵循特定程序,通过测评人员与应聘者面对面的言语交流,对应聘者进行评价的标准化过程。由于结构化面试吸收了标准化测验的优点,也融合了经验型面试(非结构化面试)的优点,其测验结果比较准确和可靠。研究和实践表明,在面试中最好采用行为性的问题,即具体了解应聘者过去是怎么做的,并运用 STAR 法(Situation:什么情景;Task:什么任务;Action:采取了什么行动;Result:得到了什么结果)进行追问,以判断和保证应聘者回答的真实性。

面试通常想要知道求职者的:仪表风度、专业知识、工作实践经验、口头表达能力、综合分析能力、应变能力、人际交往能力、工作态度、上进心、求职动机、兴趣与爱好。

4)情景模拟技术

情景模拟技术是指将应聘者置于某种模拟或者现实的工作情境中,通过对应聘者的观察来进行评价的一种方法,其评价结果通常具有较高的预测性。目前,使用得比较多的情景模拟技术有:无领导小组讨论、公文筐、工作样本、演讲和商业游戏等。但是,由于情景模拟技术对评价者的要求高,同时成本也比较高,一般主要用于中高级管理人员的选拔。

最著名的绩效模拟测试方法有工作抽样与测评中心,工作抽样适用于常规职务测评,测评中心适合用于管理人员测评。工作抽样(Work Sampling)是提供给应聘者所应聘职务的复制品,让应聘者完成职务必须完成的核心任务,以此考查应聘者是否拥有必要的才能。测评中心(Assessment Center)是由管理者、监督人员与专家组成的测评中心,模拟设计实际工作可能遭遇的问题,应聘者以小组为单位,成员轮流担任不同角色以测试处理实际问题的能力。

不管采用什么评价方法,都应该考察评价方法的信度(评价方法的一致性程度)和效度(评价结果的准确性程度),并确保信度和效度达到一定的标准。组织把人员招聘进来以后,整个选聘过程还有重要一环没有完成——对选拔效果的评估。即应该对所选聘的人进行一段时间的跟踪,来看看他们的测评结果与实际业绩是否具有较高的一致性。通过这种评估,可以发现人事管理部门所定的评价指标是不是合适,现存的评价方法是不是可靠和准确,进而改进评价指标,完善评价方法。

最后的体格检查通常是组织出于减少或避免对员工雇用前的伤病带来的保险开支。如果应聘者通过所有测试,组织就可以同应聘者签订劳动用工合同。通常劳动用工合同包括如下款项:合同期限、工作任务、工作时间、休假规定、劳动报酬、保险福利待遇、劳动保护和劳动条件、劳动纪律及奖惩、续订、变更、解除、终止劳动合同。

参考资料:波特曼丽嘉酒店招聘

酒店的员工流动率是极高的,豪华酒店雇员流动率是50%,整个酒店业的雇员流动率是150%,而上海波特曼丽嘉酒店的员工流动率只有21%。上海波特曼丽嘉酒店曾被翰威特管理咨询公司、《亚洲华尔街日报》和《远东经济评论》评为“中国最佳雇主”,同时也名列“亚洲最佳雇主”榜首。经过专业咨询公司的调查,在年度员工工作满意度调查中，员工满意度竟然达到97%以上。

波特曼丽嘉酒店聘请全球优秀的咨询公司和心理学研究专家，设计了专门的招聘心理测试题目“5道工序心理测试法”。这不仅费时耗力，而且搭上了更多成本，可波特曼丽嘉酒店却乐此不疲。上海波特曼丽嘉酒店总经理狄高志先生认为道理很简单：“这样做，能够真正捕捉到应聘者身上的服务天赋。”

“5道工序心理测试法”整个招聘过程分为5道“工序”。首先是“心理测试”，很多十分细致的、人性化的却又客观的、科学的题目，比如，“你是不是喜欢笑？”“你是否有让别人感动的事？”等等。从而考察他们是否有“服务天赋”。酒店对每一个应聘者都会做这种心理测试，从总经理到普通员工无一例外。普通员工的测试时间为1小时，经理测试为1个半小时，总经理测试时间则要2~3小时。测试的内容涵盖面比较广，包括测试人的性格、工作能力是不是适合在酒店工作，潜在的优势、长处和弱点等。后面的4道工序分别是相关部门的经理、总监、人力资源总监和总经理的面试。它们都要以第一道工序为基础。

公关部副总经理章蕴小姐回忆当初自己的面试经历颇有感触。她在加入波特曼丽嘉之前，曾在沪上两家非常出名的酒店工作，但从未遇到波特曼丽嘉这样的招聘。当她通过第二道程序，坐在公关总监的面前时，总监手里的那份通过章蕴的心理测试问卷得出的，对她性格的评价，令章蕴非常惊讶，她说：“从没有人这样详细的、客观的评价我，但那的确是真实的我。”

波特曼丽嘉酒店这样的招聘耗时巨大，但正所谓“男怕入错行”，如果招聘过程草率行事，流于形式，员工的个人追求、定位、个性和潜能与企业的理念、目标和文化格格不入，结果只能是两败俱伤。把好第一关，是波特曼丽嘉酒店成功的第一步。

3.4.3　配置与定向

霍兰德“职业性向理论”，指出各种性格类型对应的职业类别，其参考价值在于用现代的语言进行了细化。

根据劳动者的心理素质和择业倾向，将劳动者划分为6种类型（图3.12）。图中的6个角分别代表6种职业性向类型。6种类型的劳动者与6种类型的职业相关联，在图形上以连线表示。连线距离越短，两种类型的人业相关系数越大，适应程度就越高。比如，当连线距离为0，劳动者类型与职业类型高度相关，统一在一个点上（即图中6个角的顶端所示），表明某种类型劳动者从事相应类型职业，或者某类型职业由相应类型劳动者来担当，此种情况下，人员配置最相适宜，是最好的职业选择。

各种类型之间的相关性程度存在差异。比如，实际型与常规型和探索型相关性较

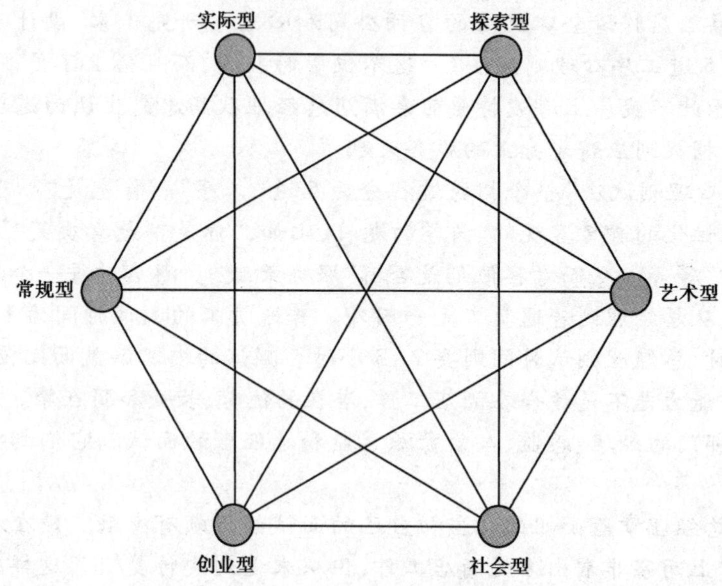

图 3.12　霍兰德模型图

强,而与社会型弱相关。一般地,相关程度较高的职业性向是在六角形中相邻近的两方面。那些极不相关的方面则位于六角形中较远的位置。大多数人实际上都并非只有一种性向,如果他具有的两种职业性向是紧挨着,那么他将会很容易选定一种职业。然而,如果此人的职业性向是相互对立的(比如同时具有实际性向和社会性向的话),那么他在进行职业选择时将会面临较多的犹豫不决的情况,这是因为多种兴趣将驱使其在多种不同的职业之间去进行选择。这些性向越相似或相容性越强,则一个人在选择职业时所面临的内在冲突和犹豫就会越少。职业性向与职业类型对应表如表 3.8 所示。

表 3.8　职业性向与职业类型对应表

类型	劳动者特征	职业类型
实际型	• 愿意使用工具从事操作性工具 • 动手能力强、做事手脚灵活、动作协调 • 偏好于具体任务,不善言辞和交际	主要从事各类技术工作、农业工作,通常需要一定体力,需要运用工具或操作机器 主要职业有:工程师、营养专家、建筑师、运动员、园艺工人、机械操作工、维修工、电工、司机、描图员、农民等

续表

类型	劳动者特征	职业类型
探索型	•思想家而非实干家,抽象思维能力强,求知欲强,肯动脑,善思考,不愿动手 •喜欢独立的和富有创造性的工作 •有学识才能,不善于领导他人	主要从事科学研究和科学实验工作 主要职业有:生物学家、化学家、生理学家、物理学家、心理学家等自然科学与社会科学研究与开发人员,化学、冶金、电子、电视、飞机等方面的工程师和技术人员
艺术型	•喜欢以艺术形式的创造来表现自己的才能,实现自身价值 •具有特殊艺术才能和个性 •有创造力、乐于创新、与众不同,渴望表现自己个性	主要从事艺术创作工作 主要职业有:广告管理员、作家、广播员、室内装修人员、音乐、舞蹈、戏剧等方面的演员、编导和教师,评论员,家具、珠宝等行业的设计师、鉴定人员
社会型	•乐于助人,喜欢从事教育工作 •喜欢参与解决人们共同关心的社会问题,渴望发挥自己的社会作用 •寻求亲近的人际关系	主要从事直接为他人服务的工作 主要职业有:教学、学校管理人员、保育员、行政管理人员、医护人员、社会工作者、图书管理员、康复护理人员、服务业管理人员和服务员
创业型	•追求权利和物质财富,具有领导才能 •喜欢竞争,敢于冒险 •善交际,口才好	主要从事组织和影响他人共同完成组织目标的工作 主要职业有:房地产商、经理、企业家、政府官员、律师、金融家、零售商、保险代理人员、采购员
常规型	•尊重权威,喜欢按计划办事,习惯接受他人指挥和领导 •不喜欢冒险和竞争,富有自我牺牲精神 •工作踏实,忠诚可靠	主要从事与文档、图书、报表等相关的科室工作 主要职业有:会计师、出纳、银行职员、统计人员、秘书文员、旅游业人员、外贸人员、审计师、邮递员

介绍选定的应聘者到工作岗位,并使其适应环境的过程被称为定向(Orientation),属于上岗培训性质。定向是让应聘者尽快熟悉工作环境(包括工作环境和人际环境),减少陌生环境产生的心理焦虑,尽快融入组织文化中,进入即将担当的角色和工作状态。

在分配的工作部门中,由第一线的管理者来负责OJT(On the Job Training,工作场所教育)。但是对工作忙碌的第一线管理者来说,要全身心地教导新进员工是不可能的。

事实上,这种教导的责任大多是交给和新进员工一起工作的资深同仁们。

在将教育指导新进员工的责任交给资深员工之前,必须先教导资深员工教育新进员工的方法。这并不是单纯指那些可以直接教育、指导新进员工的老员工,对其他人也是一样。因为新进员工会学习前辈们的各种处事方法,新进员工尚未上班之前,必须将老员工训练成为新进员工的榜样。

参考资料:联想公司新员工定向

入模子

对新员工的指导从其进入公司的第一天开始。上班第一天,有新员工的“首天培训”,主要是熟悉工作环境和要求;紧接着是所在公司的新员工入职培训、集团的“入模子”培训及后续的轮岗培训,之后新员工就可以返回各自的部门和岗位。前两个培训各需一周,轮岗通常需1~2周,经过这3个规范过程,新员工的培训内容就告一段落。这当中的重点是集团统一的“入模子”培训。

培训班为全脱产封闭式,共5天,其中一天是军训。课程包括联想简介、发展历史、奋斗目标、经营理念、行为规范和团队训练等,以及一系列团队活动,包括卡拉OK比赛、拔河比赛、篮球比赛等。培训班将一天分成几个时间段,每一段时间都作了统一安排。

培训班的管理制度是依照公司对员工的要求来做,要求有严密的纪律,每天早晨出操点名,白天学院上课时,还要组织检查内务。从早晨起床到晚上熄灯都要对每个小组进行考察、打分。如上课迟到、手机乱响就要罚站,并对所在小组扣分,还会在最后的培训鉴定上标明。

培训班中,团队的协作作为一项重要内容贯穿始终。新学员刚刚进入培训班就被分为若干个小组,每组不超过20人,每个小组选拔3~4位骨干。之后的每一天、每一项活动都将按组进行打分,学习效果和最后成绩与这些分数有直接关系。

学习过程始终重视学员的参与,从互动式教学到各种团队活动,讲求人人参与,协调配合,积极竞赛。根据活动内容不同,各组组长会将组内人员进行不同组合和分工,每个人都有机会承担某一项活动的主力,一方面发挥新员工所长和能动性,另一方面注意挖掘每个人的潜能,有机会锻炼自己的弱项。因此不论这个新员工是怎样的一个人都有机会展示、发现并提升自己。

在拓展训练中,设有盲人行动、建寺庙和过硫酸河游戏、背摔等,这些训练主要为提高学员的心理承受能力,如背摔,学员要站在一个高高的台子上闭着眼睛脸朝上似自由落体地摔向下面围起圈子的人们。为提高新员工的表达与胆量,培训班设有一个即兴主题演讲内容,每个新员工在拿到演讲题目后有两分钟的准备时间,之后他要站到一个很高的台子上进行两分钟的演讲,不管你是情急下的语无伦次,还是紧张的心跳、腿软甚至不知所措,你都必须坚持下来,完成演讲。类似这样的训练在子公司各自的培训课程上完成之后,还要在集团统一的培训班上再度进行过关训练。几次下来,新员工能了解所必须具备的各种能力和自信心,他们会在今后的岗位上得到进一步的锻炼和提高。

新员工指导人

电脑公司在每一位新员工到岗之前都要指定一对一的指导人。指导人负责带新人并考查新员工在试用期间的表现能力等,其作用:一是代行人力资源部的考察职责,二是通过帮带行使部门职责。

指导人已经在联想形成一种制度,对指导人的选择,公司也有一系列规范,包括要求和资格认定及指导工作评价等。在新员工报到前一周,各部门就要将名单报人力资源部,进行资格审查。作为指导人,首先必须是公司的干部,在联想工作半年以上(联想对干部的要求就包括带新人这项内容);并规定一名干部不能同时带2名以上的新员工。在新员工较多的情况下,可让部门内资深或骨干员工负责,这些员工必须在联想工作一年以上,有能力和经验,并知道指导人的各项要求和规范,包括何时进行指挥,何时进行面谈,怎样沟通情感,如何考察工作进展情况,怎样帮助制订、分解、监控和落实工作计划,等等。在没有相应指导人的情况下,该部门将暂缓进人计划,待有合格的指导人后方可进人。

轮岗

培训班下来,新员工就进入两周的轮岗培训,以更全面地了解和感受联想,为今后的协同作战打好基础。

轮岗的岗位由新员工的指导人选定,通常是与本岗位相关、有业务联系的岗位。过去轮岗一般为两周,考虑轮岗的负荷和培训效率,现在一般是统一安排轮流走一些关键部门,如研发、生产、技术服务、专卖店等,对各部门的工作流程有一个初步的了解,认识一些人,这都是以后工作的资源。如因确实需要,个别新员工也可以申请延长在某一部门的岗位学习。

完成上述步骤,培训就算完成了。培训中心和人事部还要对每一个新员工的培训及试用做一个整体的考核。试用期为3个月,一个新人在此过程中,一开始会有人力资源部一个初步的评价;3个月下来,有其指导人贴身的评价;培训中心的评价和周围员工的评价。一个新员工可能会在此过程中被发现原来没观察到的能力,调整到新的岗位。在离开联想电脑公司的人中,绝大多数都是在试用期后离开联想的,这其中又有一半的人是被淘汰掉的。

"入模子"仅仅是一个形象的比喻,要让人的某些行为意志自觉地统一到一个目标之上,绝不是一朝一夕之事。因此,培训班只能做到让新人走入模子当中,看看并感受一下模子到底是什么样,至于怎样修正自身,走出模子时与之严丝合缝,就要靠日常工作中的修炼。

"入模子"的3个环节,即"知与不知、信与不信、做与不做"。联想集团的新员工培训主要是解决前两个环节，第三个环节则要在下面子公司的培训和各自工作岗位上完成。一个人"入模子"的快慢、好坏取决于他是否善于学习、勤于思考，不断总结自己的过去，找出问题和方向，及时调整并向前迈进，这样才能在企业中得到良好的发展。

3.4.4 解聘人员

27 岁那年，格雷格·苏德兰斯被解雇了。刚从大学毕业，他就在芝加哥附近一家卖酒的公司当销售助理。苏德兰斯开着那辆现代"奏鸣曲"汽车整日奔波于 74 号州际公路，把一箱箱酒卖给酒店，每周工作 35 个小时，领着约 4 万美元的年薪。但不管工作多么拼命，他从未完成过定额。终于，在 1 月的一个寒风刺骨的夜晚，上司把他叫到了后台办公室。苏德兰斯甚至还未坐下，一位上司就开始大叫大喊，责备他妨害了经营利润，还对苏德兰斯的职业道德心存怀疑，并满腹狐疑地问他对于能够保持这份销售工作有何想法。然后说："你被开除了！"另一名主管自始至终保持沉默，等到同事说完了，他拍拍苏德兰斯的肩膀，说了几句鼓励的话，然后就叫他走人。根本没有解雇金或是离职面谈。现年 33 岁的苏德兰斯说："我永远不会忘记那天的感受。不到 5 分钟，他们完全击溃了我的自尊心，即便那位较友善的主管也让我觉得自己如同废物。这绝不是叫员工走人的方式。"

任何组织在生存与发展中并不会是平静的，在内外环境作用下，总是会出现高潮与低谷，辞退员工时常成为组织在低潮时求得自保的重要选择。解聘人员的原因：组织运行发生暂时难以克服的困难，员工行为和工作结果远远背离组织的要求。因此，作为管理的一部分，解雇员工与招聘员工同样重要，是高层管理者要学会的行为准则。人们通常认为，解雇表明组织与管理出现问题，会破坏组织形象，还会导致员工的积极性受挫，属于过于敏感而棘手的问题。

恰如其分地辞退员工相当不容易。摩托罗拉裁员的步骤，会先把员工召集起来，告诉他们需要裁员多少，最后落实到每个部门需要几个离职。随后，人力资源部一对一再进行沟通，沟通的过程中会提到工作的交接、职位被消减的原因等情况。进行内部调剂，把公司内部所有的空缺拿出来，如果有吻合的离职员工，就让他来面试。提供就业咨询，离职员工有什么需要咨询，公司就给他安排咨询服务，也会办一些培训课程，教离职员工如何去面试，告诉他关于薪酬市场的水平，怎么进行工资谈判等。

1) 解雇员工的技巧

怜悯、诚实而不失尊严地解雇员工。

找出有问题的雇员，然后通告他们没有尽职。管理者应该亲自与该员工面对面地交流，不要交给人力资源办公室处理。同时，给处境不佳的雇员 60~120 天的时间改善业绩,称之为“业绩改善计划”(“差距弥补计划”)。此间员工的所有工作活动都被记录在案,以记录法这种人道的方式给员工施加压力,通过制订一个不太高的目标让员工争取完成。

倘若他们在截止期之前没有改善业绩,这份文件就为解雇提供了理由。随后安排人力资源管理部门与被解雇的员工进行离职面谈,以便更清楚地了解他们如何看待解雇过程。

最后,就是安排解雇会议,管理者应该尽力保持平静、支持的语调,陈述事实要简明、清晰,确保最多15分钟就解雇员工,因为开会时间拖长表明管理者快要陷入谈判而不是宣布,然后,应该告诉雇员所有问题都由人力资源管理部门处理。

也许这种做法更为理想:辞退工作表现差的员工前,竭力说服他们主动辞职,减轻解雇造成的心理打击。能够不失尊严地离职,因为决定命运的正是他们自己。由于年轻的程序设计员再三拒绝佩戴公司服装编号,人力资源主管告诉这年轻人:如果不主动辞职,他将被公司开除。结果,年轻人当天就跳槽了。

2)直面媒体

解雇会给组织内每个成员的感情造成危害,造成人人自危的恐惧压力,因此,裁员非常容易影响留下来的员工的士气。而且,媒体如果介入报道,被辞退员工也容易在此时发表过激言论,危及组织形象。

鼓励人力资源管理部门和部门管理者与留下来的员工交流和沟通似乎是唯一的选择,由于解雇会带来精神的创伤,所以要让留下来的员工知道一切都正常。CEO高尔文先生尽量写信给所有的员工,让大家知道公司的业务状况。他也让员工分享他的痛苦——他要跟老同事、老战友分手了,需要把某一个部长搬掉,他都跟员工说。这样大家都凝聚起来,而且他也不断地让我们知道,明天的业绩、下半年的业绩会有所回升,大家都会有希望,这样也鼓舞了员工的士气。

通知公共关系部门准备好新闻材料,甚至主动与新闻媒体沟通,对外平息媒体可能引发的连锁负面反应。在内部积极与被辞退员工接触,缩小双方在认识和感情上的差距。

3)完善手续

解除员工的雇佣关系会受到相当多的法律制约,必要的手续可以避免以后的法律纠纷和官司。而且,真正了解被解雇的员工及其工作,有助于组织寻找到自身的漏洞和缺陷,为未来的改革寻找思路和方向提供有益的信息。

通常手续包括解除劳动合同签字、发放至少2倍月工资的薪水、给予补偿金、将员工的保险和社会关系转出等。

3.5　规章制度

700 多份文件涵盖员工的每一项活动

凡是企业活动中能程序化的,远大科技集团(http://www.broad.com)几乎都以文件的方式程序化了。文件体系是远大制度的具体表现形式,员工的一切工作必须围绕文件的编制、执行、修改进行。远大认为:文件能使工作差错最少、效率最高,是实现企业生存和持续发展的首要保证。

任何人均可提出或参与文件的编制、更改,文件由相关部门领导审核,公司总裁或总经理批准,资料室发放,并有专门的制度化统筹委员会指导全过程。

正值远大对制度进行大范围改进,据公司透露,远大有文件 768 份,计 5 266 条、27 000多款、430 多种表格,总计 120 多万字。文件几乎涵盖员工的每一项活动,从工作、行为规范乃至部分生活。

远大文件的重要性依次是:方针(如远大宣言、远大质量方针),政策及工作标准(如员工守则、文件写作标准),目标,职责及质量责任制,工作流程及表格,培训及常识。

远大文件体系从整体上包括质量管理文件体系、环境管理文件体系和管理文件体系。按照文件的性质,将文件又分为 4 个部分:纲领(政策性、目标性文件,是指导企业思想和工作的总纲,是指必须做和不能做的事)、纲领及流程(某些纲领文件可附带简洁的流程,为使纲领直观、内容全面)、流程(实现纲领的措施和步骤,完成工作、达成目标的方法)、常识(员工应知应会的基本知识和做人素养,包括与员工思想意识和专业技能相关的大量外来资料的原件、摘录和编辑等)。

文件按其特点分为 4 种颜色:红色代表管理文件,蓝色代表生产类文件,橙色代表营销类文件,绿色代表公益及其他类文件。

各文件会有规定的读者对象,受控文件很难被所规定读者外的员工看到。但任何员工都能很方便地获得与其工作、生活和行为相关的文件和表格,由于文件分类清晰,员工打开电脑或翻阅目录就能快速获得。

在各种文件中,由于表格具有一目了然的作用,使文件更具有可操作性。表格成为远大文件中最常见的使用工具,在公司 768 份文件中,应用表格达到 669 个,每份表格下注有填表方法、传递方式、批准程序、执行要求等,并且,尽可能设计可选项供填表人选择。据员工反映,表格几乎涵盖了工作的每一项活动。

除了从秘书处索取外,远大还在生产、生活场所中设有数十个表格箱,员工可信手取到，譬如出差的时候，表格上几十项目录，该带什么、该做什么、该汇报什么，一一注明。而文字性的通用告示，甚至可从随处可见的“工位告示牌”“环境告示牌”等看板上读到。

远大将制度比喻成企业的螺丝钉，螺丝钉一环扣一环，保证动力不空转。而文件的完善水平和执行的严谨度，是考评每位员工业绩的主要依据。

微软像庞大的机器，运转在规定的程序下，才造就了今天的软件帝国。如此复杂的操作系统软件开发，没有完善的管理机制（制度）是无法组织复杂的人财物的。

组织结构的框架建立起来了，要确保能够正常有序高效运行，必须要有规则来统领组织的部门与人员，规章制度就是这些“规则”。规章制度是对组织成员在活动中应当履行的职责、享有的权限和工作程序、方法等的规范。

3.5.1　制度的价值

管理学家曾经做了个假设：假如一架飞机不幸失事，而飞机上载着 A 公司的老板和 B 公司的老板，两位老板都不幸遇难。事后，A 公司运行一片混乱，呈现出群龙无首状；而 B 公司运行则井然有序，没有受到大的影响。造成这种差异的原因就是 B 公司建立了完善的管理制度。

企业总在不停地重复再生产过程，老板存在前后的公司运行是相似的，制度的建立保证这种可重复进行的程序化活动变得有条不紊，避免组织运作的剧烈波动危及自身的安全。制度的存在让我们看到其中的价值与作用。

企业起家时靠冲劲、靠灵气，成熟后靠规范、靠制度。创业阶段只有十几个人、七八条枪，老板不过是个班排长的角色，指挥起来得心应手；待发展到成百上千人，攒下成千万上亿元的家底，企业运行的复杂性就超出老板个人的控制力了。组织的规模从小变大的时候，日益复杂化的管理问题单纯依靠个人的力量难以解决了，企业的所有资源需要整合为系统，管理不再是员工之间面对面地进行，制度成为最好的选择。

成熟的企业需要稳健，而严格科学的运行制度是稳健的基础条件。制度的存在使得企业的运行更多依赖于预先制定好的规范，降低对少数个人的依赖，避免了决策的主观性，减少经营管理的失误。“流水不腐”的真理告诉管理者，组织能够长期保持活力与允许人员流动所获得的新鲜血液是密不可分的，而人员的进进出出“换血”，组织依然能够稳健运转就需要完善的制度作保障。按制度办事使得管理透明公平，既能减少内部摩擦与矛盾，又能提高组织运行效率。

制度化管理思想其实算不上新鲜，早期管理理论的经典——泰罗的科学管理中就提出过“例外管理”原则，提倡管理者将能够重复发生的事情演化为规定，让下属直接执行规定，以此减轻管理者的负担。

3.5.2 制度分类

规章制度按照内容分类通常包括基本制度、工作制度和责任制度(图 3.13),关系相当于树根、树干和树枝。基本制度是规定组织性质和运行基础的制度,诸如公司章程、股东大会制度等;工作制度是规范组织各项职能与活动的内容、程序、方法的制度,诸如采购招标程序、差旅费报销规定等;责任制度是规范组织部门与人员工作范围、职责与权限的制度,诸如总务处工作职责、办公室主任职责等。

图 3.13　制度分类

规章制度按照性质分类通常包括运行机制、动力机制和约束机制,构成完整的组织管理系统。运行机制是最基本的制度,规定组织的基本职能的活动方式、系统功能和运行原理,诸如公司制、有限责任制等;动力机制规定组织中的动力属性和作用的原理,由利益诱惑驱动、权力强制推动和社会心理推动 3 方面构成,诸如奖金分配制度、出勤制度等;约束机制规定组织中行为限制与修正的功能与机理,由权力约束、利益约束、责任约束和社会心理约束构成,诸如决策、执行和监督三权分立制度、引咎辞职制度等。

所有类型的制度都是针对人而决定的,因此,根据人性来制定制度是确保制度有效性的基础。良好的制度在根本上规定人们的报酬和努力之间的关系,决定了人们能否通过个人的劳动和成果,满足自身生存与发展的各种需要,以及满足需要的程度。

3.5.3 制度设计原理

制度任何组织都有,并非所有组织的制度都是真正有效的。仔细思索能够有效发挥作用的制度,员工为何愿意接受制度的规范,都是因为接受制度的规范能够满足个人的需要。销售人员非常卖力销售,是因为有销售提成制度,卖力销售能够让自己富有起来。人的行为取决于人的需求,是需求在支配人的行为,制度的有效形式取决于能够满足人的需要。

人究竟需要什么会因人而异、因时而异,制度不可能专门针对每个人、每段时间制定,有效的制度必然需要建立在所有人共有的、稳定的需要基础上,只有人性才是人需求的基本部分,人人相同概莫能外。自然,人性成为制度设计的依据和基础,管理应该从最坏假设着手,才能确保管理效果理想。

人性本质到底是什么,美国心理学家麦格雷戈提出完全相反的 X 理论(人性恶)和 Y 理论(人性善),没有肯定回答。也许,广泛流传的故事可能更能说明人性的真实面。

故事中的管理:"两母争子"故事

斯里兰卡《佛本生经传》记载了在民间流传甚广的"两母争子"故事。有个母夜叉看上别人的男孩,就将男孩抢来,强词夺理说是自己的儿子,与男孩的母亲争执起来。菩萨为了断明此案,在地上划出一条线,将男孩置于线上,让母夜叉与男孩母亲双方拉扯,谁能将男孩拉向自己方向,男孩就归谁所有。双方拼命拉扯男孩,使得男孩号啕大哭,男孩母亲顿时心疼自己孩子,松手放开。菩萨由此断定"心疼孩子者必为其母,而只顾拉拽、无动于衷者必为假冒"。菩萨能够明断此案,关键在于抓住人性的自私特点,母夜叉的自私是抢得男孩,男孩母亲的自私是关心男孩是否好受。

人的本性是"需求",根据需求特征差别分为经济需求、社会需求、精神需求,人也就有追求经济满足的经济人、追求社会满足的社会人、追求精神满足的文化人。至少目前绝大多数人属于经济人,人性的共同特征是自私、享乐和逃避责任。

其实,制度的出现本身就表明了对人善的不信任。激励机制和惩罚机制从正反两方面显示对人善的不信任,前者说明人需要激励才能有工作积极性,后者说明人需要惩罚才能阻止消极性。

18 世纪英国哲学家、历史学家休谟,针对防范公共权利被滥用问题,提出了著名的"无赖原则"。"无赖原则"是建立在人性恶理论假设基础上的原则,每个进入权力机构的人都可能是坏人(即"无赖"),因此,在设计权力体制时,必须紧紧盯住人性的弱点,确保从制度上对"无赖"进行严格的防范,才能保证组织成员无论是否属于"无赖",其行为都不会脱离为组织目标服务的轨道。"无赖原则"是企业管理的组织结构设计与规章制度建立的基础。

国内反腐倡廉已经是迫在眉睫的事情,为反腐倡廉而采取的举动和措施不可谓不多,但反腐倡廉的结果却不够理想。同样的事情新加坡却解决得相当理想,高薪让人不愿贪污、财产来源不明罪让人不敢贪污、财产申报公开制让人不能贪污,三管齐下的公务员廉洁制度有效抑制住了贪污腐败现象。

3.5.4 制度设计的原则

1)交易(满足)原则

自私、享乐和逃避责任无论在道德上如何评判,这都是不容否定的现实,制度的设计不是讨论人性特征的善与恶、是与非,期望每个人自觉、主动、积极行为只是美好的理想，而建立一种交换关联激励机制，让个人需求的满足建立在特定的条件下来实现，这个特定的条件正是组织需要的结果（组织目标）。就企业而言，制度就是让员工作出贡献来交换满足自己需求的东西（物质与精神的满足感）（图3.14）。

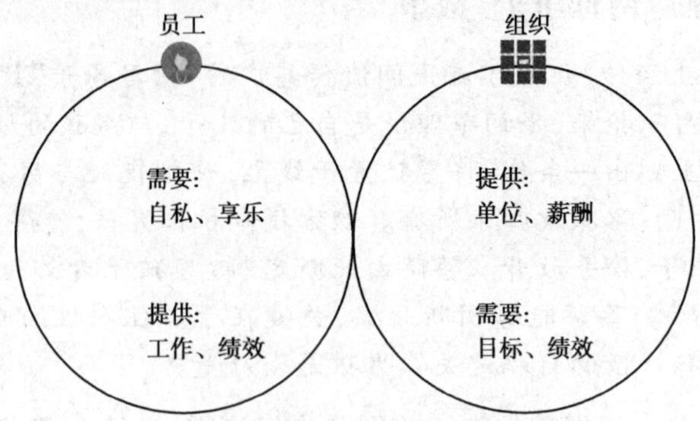

图3.14　制度设计中的交换原则

制度设立的关键是交换条件的设立。交换条件的设立有两种思路，满足条件就能获得需求的满足、不能满足条件就会让需求不能满足，以此规范人的行为在实现组织目标范围内。合理的制度能够抑制人性的恶性发展破坏企业的整体运行目标，按照人性的恶性激发和控制员工的行为在企业规范的范围内。体现交换条件运用的奖励和惩罚就是我们在任何组织都能见到的管理。

股票上市公司清华紫光股份有限公司在养老金制度上采用期权方案，建立起有效的激励机制。制度的规定是，员工每年从个人工资中按照事先约定比例提留作为养老金，公司则以此为基数并按照员工在公司的服务年数折算出倍数，由公司追加给员工，两个来源的养老金合并储存到员工退休时领取。

如果员工服务年数未满10年离开，员工只能领取个人积累部分，不能领取公司增加的积累部分。员工在公司服务时间越长，养老金积累越多，退休之后的养老保障能力越强。即使上市公司的股票走下坡路而无法发挥股票期权的激励作用，员工的养老金仍然能够发挥激励作用，以抵御公司在经营上的风险。

交换条件来自于哪里？越来越多的选择是，让组织目标作为结果来反向规范员工的个人行为。企业的终极目标是比较遥远的利润，反映在现实中的目标却是市场和用户，设置市场和用户方面的指标来控制员工的个人行为更符合现代企业的状况。市场和用户才是企业成功的评判者和见证者，员工从市场和用户了解到对自己行为的评价，使得员工能够自我管理和控制自己的行为在组织的目标范围内。

2）适时变化

制度需要变是因为人性特征在环境变迁后也会发生变化，需求满足具有边际递减效应,已经满足的需要会让位于潜在的需要。我们可以据此理解,失业者为了获得工作机会可以放弃对工作岗位的挑剔,亚洲金融危机后员工会更珍惜工作机会;普通员工在获得文凭后会要求增加报酬,占领国内市场后管理者会贪婪国际市场。

知识经济时代每天都有新物质、新技术、新观念产生,组织的外部环境的变化非常剧烈,制度不能是永恒的,例外原则处处存在,把例外的问题制订成规范就变成例内,制度就在这样的循环中调整更新,适应外部环境变迁带来的更新要求。

近年来,国内外企业的组织结构正在从传统经典的泰罗(Frederick Taylor)-福特(Henry Ford)式、严格等级高度集中控制的金字塔体制,取代为更加灵活扁平富有创造性的网络型(矩阵型),企业管理的组织结构出现所谓的现代化到人性化的转变。这些历史上采用过的任何组织结构都曾经是非常有效的,无所谓对与错,只是环境变化后需要更新而已。

国内打击贪污腐化行为的定罪,从最初的受贿罪,到后来的行贿罪、受贿罪,再到现在的巨额财产来源不明罪,是根据贪污腐化犯罪的特征进行调整的。

3)制度的管理应用

制度是为引导和约束员工行为而设计的,但是制度未必像通常想象的那样令人讨厌,想想看公路上要是没有交通规则,恐怕没有人敢在公路上行走;如果没有市场公平交易规则,恐怕没有人不会被欺诈……没有制度的保障维持,没人能够有正常活动的空间和秩序。

企业的组织结构是一种制度,通过组织管理来完成,目的在于构筑实现组织目标的物理基础,确保各种生产要素(资源)组合成完善的系统。否则,组织结构先天存在缺陷,必将成为员工人性恶泛滥的温床,自私、享乐和逃避责任可以在组织内无须交换条件地得到满足,组织目标和团体利益将彻底落空。

1972 年美国总统尼克松准备竞选连任,竞选委员会的成员求胜心切,竟然在政敌民主党总部安装窃听器,结果被人发现而酿成著名的“水门事件”。检察官将窃听人员送上法庭后,发现尼克松不仅没有坦承过失,反而在白宫内与幕僚人员商讨掩饰丑闻,于是要求交出白宫录音装置的录音带。尼克松以总统有绝对的行政权加以拒绝,在法官照样发出传票后,提交最高联邦法院裁决,结果是总统如果拒绝交出录音带将构成妨碍司法程序罪。尼克松被迫交出录音带后不久,自觉难辞其咎而自动辞职。

西方奉行以权力制约权力,体现公正形象的法院设置在政府外独立司法,防止和纠正政府出现错误,这样的权力制约制度是基于对人性的自私、贪婪和逃避责任的假设。如果权力制约制度是基于对人性的无私、知足和认真负责的假设,将法院设置在政府控制内,政府的廉洁公正就只能寄希望于政府脆弱的道德自律,“水门事件”绝对不可能被调查而发生。

组织结构从静态规范组织及其成员行为,规章制度从动态规范组织及其成员行为。

制度包括基本制度、工作制度、责任制度,其中针对人的管理制度尤其需要按照“以人为本”思想设计、变更,既非一味的严格,也非一味的宽松,而是按“经济人”来关心人、按“社会人”来对待人、按“文化人”来鼓励人。假设员工主要是受经济利益驱动的“经济人”,往往更倾向于用奖惩及管理制度来控制人的行为;假设员工主要是很想成为好员工的“社会人”,往往更倾向于用角色认同环境来规范人的行为;假设员工主要是遵循伦理道德的“文化人”,往往更倾向于用原则、信念、价值观共识来引导人的行为。

中西方企业管理的重大差别是:西方企业习惯于按程序办事,国内企业则喜欢凭感觉与关系决策。按制度办事被认为是对企业家个人权威的挑战,对管理者个人色彩的“淡化”。严格的制度或许会使管理者失去挥洒随意性的快感,却可以保证企业运转的效率。

西方企业所表现出来的“程序意识”,几乎到了刻板的程度。一个会议日程表,能把从起床到就寝的所有时间段安排得滴水不漏,连早上有“电话叫醒”,10 分钟休息在哪儿活动这样的细节都打印在表格上,而且执行起来绝不走样。有记者随大中国区记者团采访美国 Sun 公司总部,时间表上写着 9 点钟开会,当时不少记者还在按照国内的工作习惯悠然吃饭,Sun 公司接待人员已经宣布“现在开会”了,记者一看表,一分钟也没等。

3.5.5 制度的编写

制度本身也需要规范,制度从订立、执行到修改、废除都必须有规范的程序,从而建立制度的权威和法制意识。

制度的规范包括制定者、制定程序、制定方式、表决通过程序、签发、变更程序、废止程序、形式规范等内容。

制度的文本通常采用条文形式,类似于法律规定的形式,编写的要求是具体、明确、规范,没有歧义发生,执行的可操作性强。

3.5.6 制度的执行

越来越多的组织在制度化管理中的难题转变到执行方面。制度时常与人情发生冲突,尤其是在极为注重人际关系的国度,非常困惑管理者。以色列在 20 世纪 80 年代末黎巴嫩发动的中东战争中,派遣武装直升机攻击巴勒斯坦基地大获全胜。成功完成空袭后的武装直升机将士在返航途中发现叙利亚军队设在山顶的通信电线,于是在上级下达的攻击任务之外自作主张,用武装直升机的旋翼割断通信电线。武装直升机上的将士返回基地后,立即被指挥官惩罚关禁闭,理由是无视上级指示而擅自作主张,而在禁闭惩罚后指挥官宣布给予将士表扬,理由是作战机智英勇。制度就是制度,不能得到执行,制度将毫无用处。

制度只有执行才能见到功效，不折不扣地执行方能体现制度的作用与价值，管理者必须对制度持有坚定不移的信念。可以预见的是，凡事总能网开一面的制度，将导致制度失去权威地位和类似法律的效能，而且，会无形中纵容员工形成对制度的违抗心理和麻木不仁，甚至比没有制度还要危险。

故事中的管理：破窗理论

26年前，美国斯坦福大学的心理学家詹巴德组织了一项试验。他找了两辆一模一样的汽车，把其中的一辆摆在帕罗阿尔托的中产阶级社区，而另一辆停在相对杂乱的布朗克斯街区。停在布朗克斯的那一辆，他把车牌摘掉了，并且把顶棚打开。结果这辆车一天之内就给人偷走了，而放在帕罗阿尔托的那一辆，摆了一个星期也无人问津。后来，詹巴德用锤子把那辆车的玻璃敲了个大洞，结果仅仅过了几个小时，汽车就不见了。

以这项试验为基础，政治学家威尔逊和犯罪学家凯琳1982年提出了一个“破窗理论”：如果有人打坏了一个建筑物的窗户玻璃，而这扇窗户又得不到及时的维修，别人就可能受到某些暗示性的纵容去打烂更多的窗户玻璃。久而久之，这些破窗户就给人造成一种无序的感觉。结果在这种公众麻木不仁的氛围中，犯罪就会滋生、繁荣。

纽约市交通警察局长布拉顿受到“破窗理论”的启发。他认为：“地铁无序和地铁犯罪在20世纪80年代后期开始蔓延。那些长期逃票的、违反交通规则的、无家可归骂街的、站台上非法推销的、墙壁上涂鸦的……所有这些加在一起，使得整个地铁里弥漫着一种无序的空气。我相信，这种无序就是不断上升的抢劫犯罪率的一个关键动因。因为那些偶然性的犯罪，包括一些躁动的青少年，把地铁完全看成可以为所欲为、无法无天的场所。”

布拉顿采取的措施是号召所有的交警认真推进有关“生活质量”的法律，他以“破窗理论”为师，虽然地铁站的重大刑案不断增加，他却全力打击逃票。结果发现，每七名逃票嫌疑犯中，就有一名是通缉犯；每二十名逃票嫌疑犯中，就有一名携带武器。结果，从抓逃票开始，地铁站的犯罪率竟然开始下降，治安大幅好转。1994年1月，布拉顿被任命为纽约市的警察局长，就是因为他对“破窗理论”的出色阐释。

制度的执行可以首先从管理者开始，树立良好的榜样，进行示范。

3 内容归纳

1.组织结构是对组织复杂性、正规化与集权程度的度量。

2.劳动分工体现出经济效率的优点，也会造成厌倦与心理压力，最后可能引发效率下降和劣质产品出现。职权是工作赋予的，权利则是影响决策的能力，包括了由工作所获得的正式权力，因此，职权是权力的子集。

3.机械式组织表现为高度复杂化、正规化与集权化,有机式组织则与此相反。

4.影响组织设计的权变因素有战略、规模、技术与环境,当然还有组织文化、员工素质等。

5.职能式组织结构将相似职业的专家组合起来,通过具有共同技能的人共同工作,以取得专业化与规模经济的优势。事业部组织结构是由自治性质的部门组成,每个自治部门通常包含职能式组织结构。

6.简单结构以低复杂性、低正规化和低集权在中小组织中广泛运用。矩阵结构综合职能式结构与事业部结构,同时具有专业化与高责任感的优势。虚拟组织近年来非常流行,高度的灵活性对多变的环境具有很好的适应性。

7.工作专业化重在将工作细化为微小任务,工作扩大化刚好相反。通过纵向扩展工作内容和控制权利来实现工作丰富化,以提高工作的吸引力。

8.工作时间也是组织结构设计需要考虑的问题,流行的趋势是从固定工作时间向弹性工作时间制度转变,在家上班已经在某些行业中大面积出现。

9.人力资源管理旨在通过人力资源规划、招聘或者解聘、甄选、定向、培训、绩效评估、职业发展,努力为组织配置最恰当的人员,并且保持员工的高效能和高绩效。

10.职位说明书对任职者工作内容、方法和理由作出说明。工作规范指出履行工作的最低限度的资格标准。

11.招聘是要形成大批潜在的候选者。解聘则是裁减无法胜任工作需要的冗余人员。

12.甄选手段的优劣取决于其效度与信度,只有信度与效度均高的手段才是甄别的良好手段。甄别的手段多样,需要根据工作选择对应的恰当甄别手段。

13.制度是保障管理有效的基础,制度化管理应该是管理者所追求的。制度的建立依据人性假设,特别是人性恶,利用交换关系进行。制度只有得到执行才会显示其作用。

学习项目 4
领　导

学习要求

理解管理者与领导者的异同

综述对特质理论的评价，指出管理方格图中的基本领导行为方式

概述 3 种权变理论的基本观点，指出领导者魅力的价值

深刻理解激励的过程原理

熟悉需要层次理论的要点、双因素理论中的激励因素的含义、比较 X 理论与 Y 理论的异同

能够说明如何使用目标激励员工，高成就者寻找工作的特点；指出强化理论与目标设置理论的异同；能够解释公平理论中的激励含义；列举在实践中能够激励员工的具体措施

理解薪酬对于员工的价值，了解影响薪酬的因素，能够比较顺利完成职位评价和薪酬调查，了解薪酬的激励艺术

正确解释沟通对管理的重要价值，叙述出沟通的完整过程

列举导致沟通障碍的因素和克服沟通障碍的技术；指出有效反馈的有关行为

掌握积极倾听的技巧和说话更动人的技巧

理解绩效管理，并且能够使用常见的绩效评价方法

熟悉培训方式

掌握会议的组织技巧

参考读物

书名	作者	出版社
《企业领导人与企业再造》	杰克·韦尔奇	机械工业出版社
《人性的优点》	戴尔·卡耐基	上海文化出版社
《人性的弱点》	戴尔·卡耐基	上海文化出版社
《会议管理》	罗杰·摩司魏克、罗伯特·尼尔森	广西师范大学出版社
《再造宏基》	施振荣	上海远东出版社
《变革的力量：领导与管理的差异》	约翰·科特	华夏出版社
《高效能人士的七个习惯》	史蒂芬·柯维	中国青年出版社
《小强升职记：时间管理故事书（升级版）》	邹鑫	电子工业出版社

4.1 领导者及其行为

案例

联想董事局主席柳传志 1994 年写给联想电脑总裁杨元庆的信

我喜欢有能力的年轻人。私营企业的老板喜欢有能力的人才主要是为了一个原因——能给他赚钱。有这一条就够了。而国营企业的老板除了这一条以外,当然希望在感情上要有配合。

联想已经是一番不太小的事业了,按照预定的计划将发展到更大。此刻不对领导核心精心加以培养,将来一切就都是空话。

那么我心目中的年轻领导核心应该是什么样子呢?

一要有德。这个德包括了几部分内容:首先是要忠诚于联想的事业,也就是说个人利益完全服从于联想的利益。公开地讲,主要就是这一条。不公开地讲,还有一条就是能实心实意地对待前任的开拓者们——我认为这也应该属于"德"的内容之一。

在纯粹的商品社会,企业的创业者们把事业做大以后,交下班去应该得到一份从物质到精神的回报。而在我们的社会中,由于机制的不同则不一定能保证这一点,这就使得老一辈的人把权力抓得牢牢的,宁可耽误事情也不愿意交班。我的责任就是平和地让老同志交班,但要保证他们的利益。另一方面,从对人的多方考核上造就一个骨干层,再从中选择经得住考验的领导核心。

另外,属于"才"和"德"边缘范围的内容是,年轻的领导者要无私,对自己严格要求,对合作伙伴要大度和宽容,具有卓越的领导能力,还能虚心看到别人的长处,不断反省自己的不足等。这些优良品质才能使人心服。

你知道我的"大鸡"和"小鸡"的理论。你真的只有把自己锻炼成火鸡那么大,小鸡才肯承认你比他大(编者注:此处应为"小鸡会觉得和你同样大")。当你真像鸵鸟那么大时,小鸡才会心服。只有赢得这种"心服",才具备了在同代人中做核心的条件。

当然,在别的国有企业,都是上级领导钦定企业负责人,下面一般都不服,所以领导班子很难团结。我如果不提前考虑这个问题,而像一般国有企业一样到时候再定,也不是过不去,只不过在联想进一步发展时,可能在班子问题上留下隐患。

我是希望向这个方向去培养你的。当你由 CAD 部(主要代理惠普产品)调到微机事业部,并在当年就把微机事业部做得有显著起色时,我的心中除了对事情本身成功的喜悦以外,更有一层对人才脱颖而出的喜悦。在你开始工作后不久,诸多的矛盾就产生了。我是坚决反对对人求全责备,如果把一切其他人得到的经验硬给你加上去,会使得你很难做。我们努力统一思想,尽量保证公司环境对微机事业部的支持。事实证明了你的能力和不达目的誓不罢休的上进精神。

当事情进展到这一步,我应该更多地支持你发展优势,同时指出你的不足,注意如何能上更高的台阶。而你在这时候,应该如何考虑呢?我觉得应该总结出自己真正的优点是什么?自己的弱点是什么?到底联想的环境给了你哪些支持(这能使你更恰如其分地看待自己的成绩)?主动向更高的台阶迈进要注意什么?

当我心中明确了将来作为领导核心的人应该具备的条件以后,我对你要做的事是:①加强对你的全面了解,你自己也要抓住各个机会和我交流各种想法,不仅是工作上的,应该包括方方面面的。②加强和你的沟通,使你更了解我的好处和毛病,性格中的弱点——“后脑勺”的一面,这才能产生真正的感情交流。③互相帮助,但更多的是我用你接受的方式指导你改正缺点,向预定的目标前进。

以上的部分是我用了星期六的一个钟头和星期日的一个钟头写的。马上我又要外出了,我想信就写到这里。下面是我想从你那里得到的信息:①你是不是真有这份心思吃得了苦,受得了委屈,去攀登更高的山峰?②你自己反思一下,如果向这个目标前进,你到底还缺什么?

资料来源:《IT 时代周刊》.Http://www.ittime.com.cn.2008.01

领导者在组织中的巨大影响是显而易见的。

区别管理者(Managers)与领导者(Leaders)对于讨论领导职能很有必要,尽管许多人是混淆使用管理者和领导者的含义。管理者是组织正式任命的、被授予合法的权利进行奖惩,其影响力来自职务所赋予的正式权力。领导者是事实上拥有足够影响力的人,可以是正式任命的也可以不是,其影响力可以来自职务所赋予的正式权力也可以不是。

通常理想的情况,管理者应该是领导者,而领导者未必是管理者。学校的任何教师德才兼备、性格魅力迷人,对所有学生有足够的影响力,属于事实的领导者,而真正的管理者是被学校正式任命的班主任。需要特别申明的是:本项目讨论的领导职能的执行者——领导者被认为是能够影响别人并拥有正式管理权力的人。

优秀管理者的价值不仅仅体现在年薪和股票期权上,更体现在团队的建设和组织的业绩上。优秀管理者的价值不是年薪和股票期权所能衡量的。法国皇帝拿破仑曾经说过:一只狮子指挥的老鼠军队,可以打败一只老鼠指挥的狮子军队。著名管理学家德鲁克同样持有这种观点:管理者是任何组织中最基本、最稀有的资源。

4.1.1 领导

领导是种影响力,是对成员施加影响的艺术或者过程,从而使成员情愿为实现组织目标而努力。美国管理学家孔茨、奥唐奈和韦里奇给出的领导的定义更具代表性,对领导的含义理解有 3 点:领导的本质是影响力,领导是一个艺术化的过程,领导的目的是激发成员服务于组织目标。

领导行为的核心在于影响和推动,其特征在于能够担负目标使命并使其他成员贯彻实施。成功的领导者不是指身居何等高位,而是指有一大批追随者和拥护者,并且使组织群体取得良好绩效。领导者的影响力日渐成为衡量成功领导的重要标识。

领导的影响力的来源基础是权力,约翰·弗伦奇和伯特伦·雷纹确认权利的 5 种来源:合法权力、奖赏权力、惩罚权力(强制权力)、感召力、知识力,前 3 种属于职位权力,后 2 种属于非职位权力。合法权力(Legitimate Power)是在组织内正式等级中某个职位被赋予的管理下属的法定权力,包括强制权力、奖赏权力,影响范围更为广泛。奖赏权力(Reward Power)是决定提供或者取消奖励与报酬的权力,奖赏权力的作用发挥源自被管理者心理期望奖励的需要,奖赏权力与惩罚权力是对应的。惩罚权力(Coercive Power)是通过物质或者精神上的威胁,强制下属顺从的权力,是奖赏权力的反面。感召力(Referent Power)来自于领导者的眼光器度、品格、形象令下属钦佩、折服,以至仿效,自然而然地也就乐于接受其影响的力量。知识力(Expert Power)是知识的力量使得拥有较高知识的领导者得到成员的羡慕和尊敬而产生的力量。

领导的作用体现在:协调作用、指挥作用、激励作用。

什么样的人适合充当领导者,领导者能否"克隆"(培训),有效的领导者是怎样执行领导职能的? 管理学家一直在试图解开领导现象之后的本质。有关领导的理论可以分为 3 类:特质理论(Trait Theory)、行为理论(Behavioral Pattern Theory)、权变理论(Contingency Situational Theory)。

4.1.2 特质理论

特质理论基于假设:领导者与非领导者在个人性格特征上有明显的差别,试图从被公认的成功的领导者身上归纳出领导者的共同性格特征,以此来解释他们成为领导者的原因,并作为描述和预测领导者的领导有效性的标准。换种说法就是,特质理论指出怎样的人才能成为有效的领导者。

研究人员列举了许多领导者应具有的个性特征,大体分为以下几类:身体特征、背景特征、智力特征、个性特征、与工作有关的特征、社会特征。

美国管理学家吉赛利对此提出了 8 种个性特征和 5 种激励特征。个性特征:才智、首创精神、督察能力、自信心、适应性、决断能力、性别、成熟程度。激励特征:对工作稳定的需求、对金钱奖励的需求、对指挥别人的权力的需求、对自我实现的需求、对事业成就的需求。

吉赛利认为,才智和自我实现对于取得成功关系重大;指挥别人的权力的概念并不很重要;督察能力基本上是指运用管理职能来指导下级的能力;性别特征和管理成功与否没有多大关系。

国内外的管理学家开列出从简单到复杂的相差甚远的领导者特质清单。国外逐渐得到认可的是才能与智慧、沟通技巧与评估能力3方面性格特征,三者对于领导者的领导有效性具有比较密切的关联性。国内通常从思想品德、知识才能、体能心理3方面罗列有效领导者的标准模式,认为具备这些理想条件的人才能很好地执行领导职能。无论如何,在领导者所具备的众多素质中,核心在于其价值的取向,尤其是追求完美目标的理想。

就主观而言,领导者是否愿意更大范围地影响他人,是否希望更多的人追随自己行动。反映在行为上,热情地推销自己的主张,极力说服他人,喜欢拥有追随者和支持者;作为内驱力,是建立在自信心基础上的对领导责任、权力和成就的追求,并且主动提高领导水平和领导艺术,提高组织效率,达到更高的领导效果,从而获得更广泛的领导力。

故事中的管理:鹦鹉老板

一个人去买鹦鹉,看到一只鹦鹉前标明:此鹦鹉会两门语言,售价200元。另一只鹦鹉前则标道:此鹦鹉会4门语言,售价400元。该买哪只呢?两只都毛色光鲜,非常灵活可爱。这人转啊转,拿不定主意。结果突然发现一只老掉了牙的鹦鹉,毛色暗淡散乱,标价800元。这人赶紧将老板叫来:这只鹦鹉是不是会说8门语言?店主说:不。这人奇怪了:那为什么又老又丑,又没有能力,会值这个数呢?店主回答:因为另外两只鹦鹉叫这只鹦鹉老板。

管理心得:

这故事告诉我们,真正的领导人,不一定自己能力有多强,只要懂信任,懂放权,懂珍惜,就能团结比自己更强的力量,从而提升自己的身价。东汉末年,诸侯争雄,比刘备能打能拼的豪杰很多,但唯有刘备凭其知人善任的本领三分天下。相反,许多能力非常强的人却因为事必躬亲,觉得什么人都不如自己,最后只能做最好的公关人员、销售代表,成不了优秀的领导人。

领导者应该具有比普通员工高的各种能力条件,但是在基本条件上他应该具有以下特点。

(1)风格

领导者应具有一种令员工佩服、敬仰,使同行折服的管理风格。领导者应具有较强的个性,根据领导者的不同条件,管理风格各具特点,这就要求领导者创新,而绝不能一成不变地模仿别人的管理模式。如有的领导者的管理风格是雷厉风行,说办就办;而另一位领导者的管理风格却是稳重、谨慎、三思而后行。有的领导者的风格是积极听取各方面的意见和建议;而有的却是自己认定的事自己做主决定……尽管领导者的风格不同,但都是以单位或个人的发展为主要目标而进行的各种行为和活动。

(2)人格

主要是指领导者的道德品质如何。领导者在实施管理时,必定会遇到各种涉及国家利益、小团体利益以及领导者个人切身利益的情况和问题。如何处理这些情况和解决这些问题,是将国家、单位的利益放在首位,还是将个人、小团体的利益放在首位。领导者的人格就可充分地表现出来。

(3)品格

品格指的是在管理范畴的品格。一般来说,容忍、果断、诚实、勇敢、热诚、公正、勤奋、宽容、明智、创新、忍耐等都应该是领导者应具备的品格,可是一个人不可能同时具备领导者应具备的所有品格。这时候,领导者就应该加强学习,提高素质,来弥补自身的不足。

(4)性格

每个人的性格在其成长过程中已经形成,对领导者来说,个人的性格也不太容易改变。此时领导者应该根据自己的性格,考虑应该找什么样的人员与自己合作。性格因人而异,因此在管理层中最好进行性格搭配。一个班子里不应该所有领导都是火爆性格的人,也不应该全都是内向型的人。一个好班子的搭配,应既有外向型的领导,也有内向型的领导;既有急性子的,也应该有慢性子的;既有在前面冲锋陷阵的,也有在后面出谋划策的。出现问题时,一个唱红脸,一个唱白脸,工作就会做得有声有色。

在领导选拔和培养方面,世界最受推崇的公司比其他公司更多、更深入地使用素质模型(Competency Model)的概念及其方法。

领导力素质模型,通常是通过一个严格的程序建立起来的。行为科学家们先经过观察行为事件访谈法、座谈会等方式收集表现卓越的领导人的知识、技能、具体行为和个性特点等资料。然后对这些资料进行有效的归纳和整理,最后建立起一套领导力素质模型。领导力素质模型并非一成不变,它会随时间、环境、任务的要求和公司策略等因素而改变。

领导力素质模型建立之后,许多公司以此作为领导人招聘、选拔、绩效评估和晋升等的依据。他们使用这个领导力素质模型来测评现有的企业管理者和领导者,从中发现差距和培养的机会,并制定相应的领导力发展规划。

世界最受推崇的公司特别关注提高他们企业领导人的情商——关键的领导力素质,即领导人的自我知觉和意识、自我控制和管理、人际交往的意识和人际交往的技能。

他们的高层主管表现出更强的情感智力。他们更了解自己的长处和短处,更善于控制自己及激励自己,更深入地了解周围的人和组织系统,也更善于影响与推动周围的人和事。那些成功地被晋升的总裁比那些未被晋升的高层主管,要表现得更富有团队精神、更自信、更具有成就一番事业的倾向,并且更能体会与理解他人的感受。

研究还发现,那些具有高潜力的后备干部,其后来的成败更多地取决于他们是否具有人际敏感性,能否在团队中工作,对战略方向是否明确等素质,而很少是因为他们缺乏专业技术的能力。

 参考资料:21世纪的经理人特征

工作经历

跨国公司——在一个拥有全球化业务的公司中与一流的导师共过事,管理过一支有才能和变化无常的职工队伍并且协助打开了新市场。

外国企业——在一个美国公司的子公司或本地市场上的外国企业工作过。接触过不同的文化、经历过不同情况并了解各种做买卖的方法。

新公司——从头帮助建立起一个企业,协助处理从产品开发到市场调研的一切事情。磨砺了自身技能。

主要竞争公司——通过竞争崛起并至少接触过一种以上的公司文化。

学历

自由文科大学——经济学专业,但还上过心理学(如何调动客户及雇员)、外语(世界远比美国的50个州要大)、哲学(从工作中寻找梦幻及意义)。

研究生学习——只要你增长了思想和分析的技能,研究方向无足轻重。

业余爱好

辩论(你从中学会了营销思想和独立思考)。

运动(你从中了解了规则和团队工作)。

志愿者工作(你从中学会了走出你自己的狭隘世界去帮助别人)。

旅行(你从中了解了不同的文化)。

如果特质理论是正确的,就可以帮助组织进行领导者的筛选。但是,更多的事实在提醒管理者,通过特质筛选出未来会有良好绩效的领导者存在极大的风险,成功的实例有,失败的事例更多。管理团队在取代杰出个人领导者,近年来,特质理论的弊端越来越多地暴露出来。

 参考资料:你是哪一类型的领导

假如你是一位领导,你遇到下列18道问题时会怎么选择?假如你将要升任领导职位,你又会怎么做?请测试一下?请你用“是”与“不是”来回答。

1.你经营咖啡馆、音乐茶座一类的行业吗?

2.平常在把决定付诸实施前,你认为有说明其理由的价值吗?

3.在领导部下的时候,与其一方面跟他们工作,一方面监督他们,还不如从事规划、草拟细节等管理性的工作,你认为是这样吗?

4.在你所管辖的部门有一位陌生人,你知道那是你的部下最近录用的人。你会不介

绍自己而先问他的姓名吗?

5.流行走近你的部门的时候,你让你的部下追求流行吗?

6.让部下工作之前,你一定把目标及方法提示给他们吗?

7.与部下过分亲近会失去部下的尊敬,所以还是远离他们比较好,你认为对吗?

8.郊游之日到了,你知道大部分的人都希望星期六去,但是从许多方面判断,你认为还是星期日好。你是否意识到还是不要自己做主,而由大家来投票好?

9.当你想要你的部下做一件事情的时候,即使是一件谁都可以做的事,你也一定以身作则,以便他们跟随你,是吗?

10.你认为要把一个人撤职并不困难吗?

11.越能够亲近部下,越能够有效地领导他们,你认为对吗?

12.你花了不少时间拟订了一个问题的解决方案,然后交给一个部下,可是他却找这个方案的毛病。这时,你并不生他的气,但对于问题依然没有解决而感到坐立不安吗?

13.坚决处罚违纪者是防止违纪的最佳办法,你赞成吗?

14.假如你对某一问题的处理方式受到批评。你认为与其宣布自己的意见是决定的,倒不如说服部下,让他们相信你吗?

15.你是否让部下自由地与外人为私事而会晤?

16.你认为你的部下不应该对你存有二心吗?

17.与其自己亲自解决问题,不如任命解决问题的委员会,你认为对吗?

18.不少专家认为,在一个团体里发生不同的意见,是很正常的。但也有人认为,从团结的愿望出发,意见的不同是团体的弱点,你赞成第一种看法吗?

记分方法:18 道题分成 3 类

第一类 1　4　7　10　13　16

第二类 2　5　8　11　14　17

第三类 3　6　9　12　15　18

答案与分析

如果在第一类中"是"最多,你有成为专断型领导人的倾向;如果在第二类中"是"最多,你有成为民主型领导人的倾向;如果在第三类中"是"最多,你有成为自由放任型领导人的倾向。

4.1.3　行为理论

行为理论不是静态的观察领导者本身与非领导者的差别,而是研究领导者与非领导者行为方式的差别,力图寻找出领导者行为方式的共同特征,成为训练领导者的标准与指南。

行为理论包括俄亥俄州立大学二维构面理论、罗伯特·布莱克和简·穆顿管理方格论、利克特管理系统、怀特与利匹特的3种领导方式、阿基里斯的成熟不成熟连续流、雷定的三维构面理论等，其中，美国俄亥俄州立大学与密歇根大学是领导行为理论的主流。

1）二维构面理论

美国俄亥俄州立大学1945年开始研究，在1965年由R.M.史托格迪尔与C.L.沙特尔教授提出了二维构面理论（Two Dimension Theory）。领导行为比较特别是在两方面，定规（Initiating Structure）与关怀（Consideration）。定规就是规定领导者与下属成员的关系，建立明确的组织类型、信息渠道与工作方法程序；关怀就是信任与尊重下属的意见与情感，强调成员个人需要，建立良好人际关系与组织气氛。以定规与关怀的程度差异作为两个维度，将领导者行为划分为4种典型类型，其中的高定规与高关怀类型通常能够取得比其他3种更好的员工绩效结果（图4.1）。

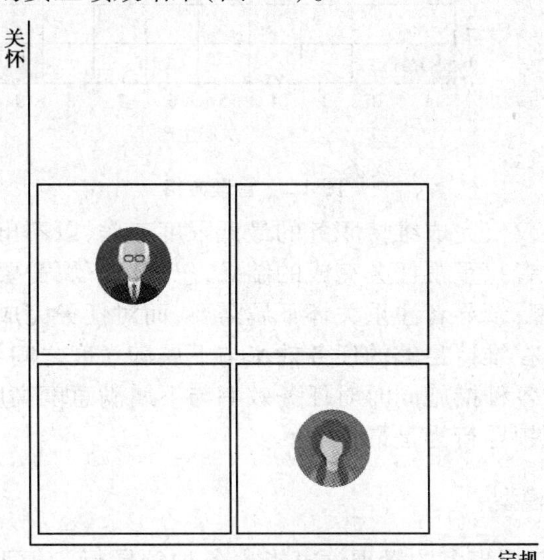

图4.1　二维构面领导行为坐标

密歇根大学也提出类似的领导行为模式，将影响领导有效性的领导方式圈定在员工导向与生产导向两方面，与俄亥俄州立大学提出的定规与关怀接近，分别讨论领导行为在任务与人员两方面的独特表现与领导有效性的关系。这样的思路成为后来众多领导行为模式的基础。

2）管理方格论

美国管理学家罗伯特·布莱克和简·穆顿 1964 年在前面基础上，发展出管理方格图来分析领导行为的特征。管理方格论根据领导行为在关心生产与关心人两方面的表现程度差异，将领导行为划分为 81 种类型，其中有 5 种为典型的领导行为，并且阐述了 5 种典型领导行为的特点与管理价值（图 4.2）。

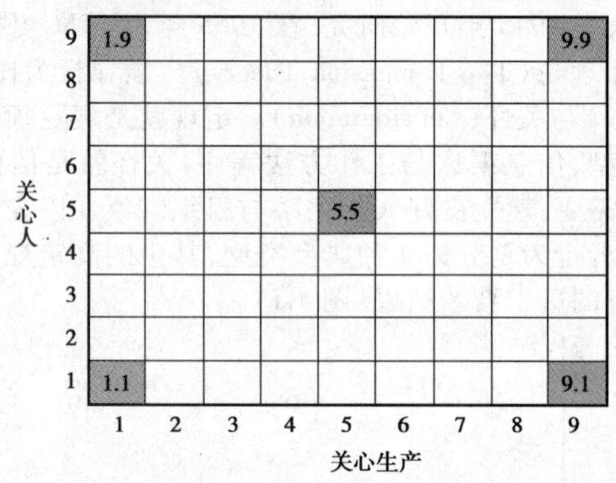

图 4.2　管理方格

1.1 贫乏型：领导仅仅完成维持职务的最低限度工作，以不出差错为目标。

9.1 任务型：领导者只重视任务完成的结果，忽视对下属需要的关心。

1.9 乡村俱乐部型：领导者注重关怀下属需要，而对任务完成效果则忽视。

5.5 中庸之道型：在维持足够的任务效率与下属满意度之间寻求平衡兼顾。

9.9 团队型：综合各种措施同时对任务效率与下属满意度高度关心。

其中，9.9 团队型领导行为是最佳的。

3）其他领导行为模型

除此之外，仍然有相当多的管理学家提出各种领导行为模型，总体的思想与俄亥俄州立大学与密歇根大学的类似。

怀特与利匹特根据领导者控制和影响被领导者方式的不同，把领导行为方式分为 3 种：独裁式、民主式、放任式。利克特提出的 4 种领导方式：专制权威式、开明权威式、协商式、群体参与式。坦南鲍姆和施米特认为领导方式在以领导为中心与以员工为中心两方面表现出特征，也可以描绘在二维坐标系上。领导行为方式的变化是有一种连续性，从完全以领导为中心向完全以员工为中心的变化过程中，存在许多种典型领导行为方式。具体采取的领导行为方式取决于领导者素质、员工表现与环境。

如果行为理论是正确的，就可以找到将人训练成领导者的途径。令人遗憾的是，将领导行为与领导有效性建立必然关系的领导行为模式并不成功,事实上众多的领导者甚至是特定环境的产物,所谓时势造英雄。

4.1.4　权变理论

权变理论(Contingency Situational Theory)从另外的角度来理解是情景理论。在发现独裁式在某些组织导致领导绩效明显、民主式在另一些组织导致领导绩效明显、放任式也在有些组织导致领导绩效明显之后,管理学家开始意识到导致领导绩效有效成功的,不仅仅来自于领导者本身素质、领导行为方式(领导风格),还有被领导者和领导者所处的环境等。于是热门的研究焦点集中在思索领导情景对领导绩效的影响,试图分解出影响领导绩效的情境因素。

权变理论纷纷出笼,包括菲德勒的权变领导模型、豪斯的路径—目标理论、赫塞与布兰查德的情景理论、弗罗姆与耶顿的领导参与等。以下主要介绍前3种。

1)权变制宜理论

美国管理学家菲德勒(Fred E Fiedler)提出的菲德勒权变领导模型(Fiedler Contingency Model)。权变领导模型指出许多领导行为方式可能是有效的,也可能是无效的,这取决于具体的情境因素。通常有3种主要的环境因素:①"领导者—下属的关系",通过改变工作群体的人员组成结构可以改变领导者与下属的关系;②工作任务结构,即工作或目标规定明确与否的程度;③职位权力,指不同于领导者个人权力的正式权威。根据3种情境因素的不同组合方式,可以形成8种对领导者从最有利到最不利的环境类型,其中3个情景因素均具备的情况为最有利的领导环境。领导者所采取的领导行为方式需要根据所处的环境类型选择匹配的,才能获得良好的领导绩效。

领导者的领导行为方式可以通过最难共事者问卷(Least Preferred Co-worker Questionnaire,LPC)进行评价(如果以相对积极的词汇描述最难共事者,说明乐于与同事形成友好的人际关系,属于关系取向型,反之则是任务取向型),但LPC评价与领导者所处的环境类型评估分数匹配就会获得最佳领导效果。最难共事者问卷如表4.1所示。

表4.1　最难共事者问卷

快乐	8	7	6	5	4	3	2	1	不快乐
友善	8	7	6	5	4	3	2	1	不友善
拒绝	1	2	3	4	5	6	7	8	接纳
有益	8	7	6	5	4	3	2	1	无益

续表

不热情	1	2	3	4	5	6	7	8	热情
紧张	1	2	3	4	5	6	7	8	轻松
疏远	1	2	3	4	5	6	7	8	亲密
冷漠	1	2	3	4	5	6	7	8	热心
合作	8	7	6	5	4	3	2	1	不合作
助人	8	7	6	5	4	3	2	1	敌意
无聊	1	2	3	4	5	6	7	8	有趣
好争	1	2	3	4	5	6	7	8	融洽
自信	8	7	6	5	4	3	2	1	犹豫
高效	8	7	6	5	4	3	2	1	低效
郁闷	1	2	3	4	5	6	7	8	开朗
开放	8	7	6	5	4	3	2	1	防备

菲德勒制定了各种管理模式,并指出最佳领导方式的“权变”取决于团体工作情境的有利性(图 4.3)。一个最有利的情境例子是,领导很为团体成员所推崇,有着有力的权力地位和明确规定的工作。

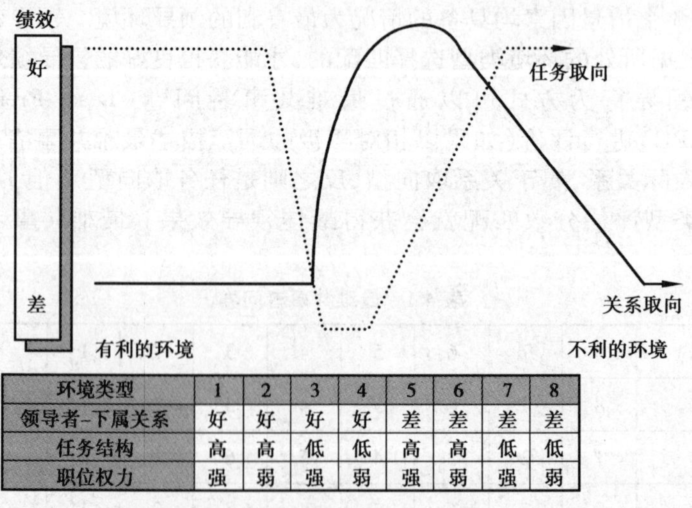

环境类型	1	2	3	4	5	6	7	8
领导者–下属关系	好	好	好	好	差	差	差	差
任务结构	高	高	低	低	高	高	低	低
职位权力	强	弱	强	弱	强	弱	强	弱

图 4.3　菲德勒权变领导模型

2)豪斯的路径—目标理论

由加拿大多伦多大学教授罗伯特·豪斯(Robert House)等人提出路径—目标理论(Path-Goal Theory)。路径—目标理论认为领导者的行为能否为下属接受,取决于下属是将领导行为视为获得个体满足的即时源泉,还是作为个体未来满足的手段。领导者的行为的激励作用体现在,建立下属需要满足与其绩效紧密关联的机制,为下属获得成功绩效提供必要的辅助、支持、指导和奖励。因此,最富有成效的领导行为方式是领导者通过指明实现目标途径来帮助下属,激发员工潜在的动机,并为下属扫清各种障碍。

路径—目标理论把领导行为方式分为4种类型:支持型、参与型、指令型、成就型。领导者在选择领导方式时应考虑两类权变因素:下属个人的特点(经验、感觉知觉能力)和环境因素(任务的结构、正式权力系统设计、工作的群体)。

路径—目标理论在对环境能够施加较大影响的高层管理者和专业性特别强的人员体现出效果,对于领导者难以为日常工作的员工提供更多令人满意的行为而效果平平。

3)情景理论

保罗·赫塞(Paul Hersey)与肯尼思·布兰查德(Kenneth Leadership Blanchard)开发的情景理论(Situational Theory)属于重视下属的权变理论。

领导者的领导风格(领导行为方式),应当依据其下属的成熟程度选择。所谓成熟度(Maturity)是指个体对自己行为负责的能力与意愿,通过工作成熟度与心理成熟度两个要素进行衡量。工作成熟度是指个人的知识与技能,工作成熟度高的个体拥有应付工作需要的足够知识与技能,可以在无须别人指导下完成工作;心理成熟度是个体行为的意愿与动机,心理成熟度高的个体的工作动力来自于心理上的动机鼓励,不需要太多的外部鼓励刺激。

员工的成熟都会经历4个发展阶段:不成熟(既无能力又不情愿)、初步成熟(缺乏能力但是愿意)、比较成熟(具备能力却不愿意)和成熟(拥有能力又愿意)。领导者的行为方式则按照任务导向与关系导向划分为4种典型类型:指示型(高职责导向—低关系导向)、推销型(高职责导向—高关系导向)、参与型(低职责导向—高关系导向)和授权型(低职责导向—低关系导向)。然后将典型的领导行为类型与员工的成熟度对应起来,找到员工处于各种成熟度状态时对应的领导者领导行为方式(图4.4)。

芬兰最大的清洁服务公司——索尔公司总经理约罗宁女士被称为企业界女杰,她创造性地对公司实行与众不同的管理模式——成果领导。在她的公司,对员工没有规定明确的工作时间和地点,工作时间是弹性的,每个员工都可以根据自己的节奏和兴趣去工作。公司仅对员工的工作成果进行跟踪、监督和验收,并且根据每个人每月的

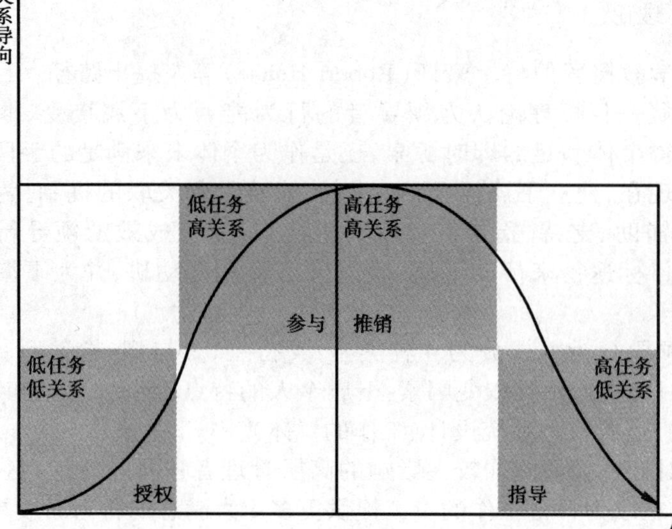

图 4.4 情景领导模型

工作成果付酬和奖励。实行“成果领导”后，公司员工不仅没有消极怠工现象，反而更加勤奋，主动把工作指标定得很高，并努力完成和超额完成任务，公司因此得到发展，成为同行中的佼佼者。美国微软公司技术中心用以培训经理的情景领导模型如表 4.2 所示。

表 4.2 美国微软公司技术中心用以培训经理的情景领导模型

	D4 自主自信者 （用 S4 的方法管理）	D3 能干谨慎者 （用 S3 的方法管理）	D2 失望的初学者 （用 S2 的方法管理）	D1 热情的初始者 （用 S1 的方法管理）
优点	技能好；工作高效；工作榜样；自主能力强；具有影响力的高士气	自主性较好，一般无须监督；能力和技能优良；工作高效	现实感强；好问；目的性强	不满足于过去经验；能用新眼光看旧问题；没有学习上的约束感；自我挑战
缺点	过分自信，行为可能越界，由此引起同事不满；达到目标后可能懈怠；拒绝改变；容易自满	自信心容易动摇；需要有人鼓励；没有充分可信性	需要指导和监督；可靠性较弱；无法达到目的时容易有挫折感；容易厌倦日常事务；自信心差	需要指导和监督；可靠性弱；可能犯高成本错误；可能主动犯错误

4.1.5 领导的新理论

1) 领袖魅力理论

美国克莱斯勒汽车公司的总裁艾柯卡、美国军队的总司令麦克阿瑟等著名的公众心目中的领导者,并没有表现出符合前面所述的领导行为模式,却同样取得极为出色的领导效果。这些被此前研究所忽视的领导者成为管理学家研究的焦点,终于被发现是这些领导者身上的领袖魅力在起着巨大的影响作用。

提出的路径:目标理论著名学者罗伯特·豪斯在1977年开创领导者的领袖魅力(Charismatic Leadership)研究。而瓦伦·本尼斯与美国麦吉尔大学的杰·康格、鲁宾德拉·卡农格则进行了后续的拓展研究。

罗伯特·豪斯列出了魅力型领导的3个特点:有令人折服的远见和目标意识,有非常明确的目标和对目标价值的认识;对目标的实现有不可动摇的信念;能够向下属转达这些目标的内容和实现目标的信心。

越来越多的事实证明,领导者的领袖魅力与下属的高满意度和高绩效有着显著的相关性。与有领袖魅力的领导者共同工作,员工会受到激励而愿意付出更多的努力,也会因为喜爱领导者而表现出更高的满意度。

2) 改革型领导者理论

领导行为模式探讨的绝大多数属于事务性领导者(Transactional Leaders),在竞争日趋白热化的经营环境中显得有些力不从心,而大刀阔斧进行改革的领导者成为人们心目中的“英雄”,诸如美国苹果电脑公司的乔布斯、美国网景通讯公司的安德森、美国通用电气公司的杰克·韦尔奇等显赫一时。这些人的共同特征就是创新与改革的杰出表现,被称为改革型领导者(Transformational Leader),美国管理学家巴斯(Bernard M Bass)与傅伊德(Richard Boyd)先后提出关于改革精神的领导理论。改革型领导者关怀每位员工的需要,提高员工对完成目标的价值的认识,激发员工追求更高层次的需要来实现组织的目标。

以美国通用汽车的土星计划为例。自从第一次能源危机后,日本汽车就开始在号称汽车王国的美国大展雄风。省油、价廉、耐用、售后服务好成为日本车横扫北美市场的利器。全世界规模最大、市场占有率最高的通用汽车,营运和获利都大幅下滑。面对一片恐慌之声,通用汽车公司的董事长罗杰·史密斯开始进行一项官僚组织与劳资结合的计划,称为土星计划。他认为事已至此,要击倒日本,就必须加入他们的行列。他说:“让我们走出这个狭窄的圈子,去发现其他人知道的是什么。和本田的合作,至少可以让通用获得最新汽车技术和管理方法的第一手资料。”冒着和敌人勾结的议论,他力排众议,和本田开始合作。第二步就是破除官僚化且无效率的层级组织,改变工序控制,实行生产设备在科技上的高度整合。最后,就是劳资结构的重整,要求劳资双方一起工作,共同决策,盈亏均沾,资方不得任意遣散劳工,劳工不得动辄威胁罢工。这些改变使公司脱胎换骨,终于扭转乾坤,再创生机。

此外,还有被称为领导的归因理论(Attribution Theory of Leadership)。

4.2 指 挥

案例

兔子、狮子谁当老板的故事

世间的道理大多数人都能明白,但是角度不同、位置不同,又会使当局者迷,我们咨询顾问在对企业作诊断,看到的许多问题是老板或中高管人员都知道的,为什么他们不去解决呢? 是因为每个人都有"心魔"束缚自己,要战胜心魔,需要外力促动和激励一下。我们看看以下的故事 ,联想企业管理 ,相信许多人都会会心一笑,或许我们就是其中的兔子、羚羊、老虎、狮子、狼、野猪。

一天,一只兔子在山洞前写文章,一只狼走了过来,问:"兔子啊,你在干什么?"答曰:"写文章。"问:"什么题目?"答曰:"《浅谈兔子是怎样吃掉狼的》。"狼哈哈大笑,表示不信,于是兔子把狼领进山洞。过了一会,兔子独自走出山洞,继续写文章。一只野猪走了过来,问:"兔子你在写什么?"答:"文章。"问:"题目是什么?"答:"《浅谈兔子是如何把野猪吃掉的》。"野猪不信,于是同样的事情发生。

最后,在山洞里,一只狮子在一堆白骨之间,满意地剔着牙读着兔子交给它的文章,题目:一只动物,能力大小关键要看你的老板是谁。

这只兔子有次不小心告诉了他的一个兔子朋友,这消息逐渐在森林中传播。狮子知道后非常生气,他告诉兔子:"如果这个星期没有食物进洞,我就吃你。"

于是兔子继续在洞口写文章。

一只小鹿走过来,"兔子,你在干什么啊?""写文章。""什么题目?""《浅谈兔子是怎样吃掉狼的》。""哈哈,这个事情全森林都知道啊,你别糊弄我了,我是不会进洞的。""我马上要退休了,狮子说要找个人顶替我,难道你不想这篇文章的兔子变成小鹿么?"小鹿想了想,终于忍不住诱惑,跟随兔子走进洞里。过了一会,兔子独自走出山洞,继续写文章。

一只小马走过来,同样的事情发生了。

最后,在山洞里,一只狮子在一堆白骨之间,满意地剔着牙读着兔子交给它的文章。题目是:如何发展下线动物为老板提供食物。

随着时间的推移,狮子越长越大,兔子的食物已远远不能填饱肚子。

一日,他告诉兔子:“我的食物量要加倍,例如:原来4天一只小鹿,现在要2天一只。如果一周之内改变不了局面我就吃你。

于是,兔子离开洞口,跑进森林深处,他见到一只狼:“你相信兔子能轻松吃掉狼吗?”狼哈哈大笑,表示不信,于是兔子把狼领进山洞。过了一会,兔子独自走出山洞,继续进入森林深处。这回他碰到一只野猪:“你相信兔子能轻松吃掉野猪吗?”野猪不信,于是同样的事情发生了。

原来森林深处的动物并不知道兔子和狮子的故事。最后,在山洞里,一只狮子在一堆白骨之间,满意地剔着牙读着兔子交给它的文章。题目是:如何实现由坐商到行商的转型为老板提供更多的食物。

因为大家都知道它有一个很厉害的老板,这只小兔开始横行霸道,欺上欺下,没有动物敢惹。它时时想起和乌龟赛跑的羞辱。它找到乌龟说:“3天之内,见我老板!”扬长而去。乌龟难过地哭了。这时却碰到了一位猎人,乌龟把这事告诉了他,猎人哈哈大笑。

于是森林里发生了一件重大事情,猎人披着狮子皮和乌龟一起在吃兔子火锅,地下丢了半张纸片歪歪扭扭地写着:山外青山楼外楼,强中还有强中手啊!!

在很长一段时间里森林恢复了往日的宁静,兔子吃狼的故事似乎快要被大家忘记了。不过一只年轻的老虎在听说了这个故事后,被激发了灵感。于是他抓住了一只羚羊,对羚羊说,如果你可以像以前的兔子那样为我带来食物那我就不吃你。于是,羚羊无奈地答应了老虎,而老虎也悠然自得地进了山洞。

可是3天过去了,也没有见羚羊领一只动物进洞。他实在憋不住了,想出来看看情况。羚羊早已不在了,他异常愤怒。正在他暴跳如雷的时候突然发现了羚羊写的一篇文章题目是:想要做好老板,先要懂得怎样留住员工。

资料来源:华天谋企业咨询.http://bbs.21manager.com/dispbbs-511155-1.html

4.2.1　指挥下属

1)领导行为

管理者每天要做的事情很多,包括怎么去制订公司目标、考核下属、必要的公关活动、阅读报告公文等,这些事都是管理者日常工作的一部分,透过这些日常的行为,可以把管理者的行为分成两种:

(1)指挥性行为

管理者布置工作、命令、检查、监督、控制、指挥、指导等,这些都可以看作是一种指挥性的行为。指挥性的行为是单向沟通的方式,即领导说,下属听。

如何给下属布置工作？这就是在 5 个 W 和 2 个 H（做什么、为什么做、什么时候完成、所需资源、谁承担、怎么做、资金花费多少）的方面给下属布置工作，基本上是一个程序化的流程。这个时候管理者是在实施一个指挥性的行为，当管理者布置完工作以后会采取严密的监督方式。在这个过程中，管理者是决定者，管理者是帮助解决问题的人。

指挥性行为的特点：

①强调建立结构。一个指挥性行为很强的管理者强调完成任务的结构。同样一件事情、一个任务，指挥性行为的领导在布置的时候，会强调准备工作一定要如何去做，具体实行的时候要注意哪些事项，总结的时候应该如何做。

②组织。组织的对象是什么呢？人、财、物、时间和信息是组织的对象。例如一位领导布置一项任务是到东北去组建一家新公司，面对这项任务，前期做什么，中期做什么，后期做什么，这是结构。

如何完成这个任务呢？这就需要组织有关的资源。这些资源中，第一是人，有多少原有员工可以用，需要招聘多少新人，这是人的资源的组合。第二是财，有多少钱作为开发费。第三是物，在公司允许的范围之内可以购买哪些用品。第四是时间，必须在多长时间之内把这家分公司组建完毕。第五是信息资源，要了解一下在东北当地的市场中竞争对手都有谁？他们的市场占有率有多少？这就是人、财、物、时间和信息的组织，一个指挥性行为的管理者会给出明确的指示。

③提供忠告。当一个管理者告诉你做什么、怎么做的时候，他是在教你如何去完成任务，只要你按照他的步骤一步一步去做，就能够学习到很多知识。他会以自己的经验给你提供忠告，以过来人的方式给你提供一些做事的风格或者方法。所以一个指挥性行为的管理者就等于在教你如何去做。

④监督。一个指挥性行为的管理者从来就不可能把一个任务布置给员工以后，就不管不问了。管理者会采取有效的监督方式。

这 4 个词语是指挥性行为的关键词，它们可以帮助判断一位领导的行为。管理者的指挥性行为偏强，会对员工的工作能力有所帮助，在这两者中可以找到对应的关系。

（2）支持性行为

管理者的日常活动中还有很多其他的内容，包括解释公司的决定，当下属做得好的时候给下属正面认知、赞扬，跟下属的沟通，对下属的鼓励等，这些可以看作另外一种管理者的行为，叫作支持性行为。支持性行为就是对下属的努力表示支持，鼓励下属自发地去完成目标。指挥性行为是要员工去做，而支持性行为是鼓励员工去做，一位支持性行为的管理者总是在鼓励和赞美下属，提高下属的自信心。

支持性行为的管理者从来就不会给员工一个现成的答案，而总是在问如何去解决。所以支持性行为的管理者是在拓展下属的思维，鼓励下属冒险。

通过这种方式，来鼓励员工去做事情，自己想办法，自己解决问题。支持性行为有几个关键词：

①问。一位支持性行为的管理者习惯去问员工问题，例如一个管理者召集所有人在一起开会，指挥性的管理者可能从一开始就提出问题在哪里，但是支持性行为的管理者可能问大家：最近一段时间以来公司的离职率偏高，在座的各位都是资深的经理人，你们了解一线的情况，你们了解公司的人员为什么会离开，你们有什么好的意见和想法贡献出来，如何有效地保留公司的员工？

②听。问完了之后，接下来管理者要做的就是积极地聆听，这就是支持性行为的第二个关键词：听。有一位企业家说过一句话，有效的领导是从聆听开始的。听，对于管理者来说是一个重要的技术，在沟通的技巧中会讲到如何聆听。有人说，过去的管理者懂得如何去说，但是未来的管理者是要懂得如何去听。要一心一意地去听，还要作出适时的反应。

③鼓励。支持性行为的管理者总是在鼓励员工去做事情，从来不会给员工一个现成的答案，而总是在问如何去解决。所以支持性行为的管理者是在拓展下属的思维，鼓励下属去冒险。

④解释。管理者在必要的时候应该向下属解释为什么要去做这件事，它的重要性如何。所以只有跟下属解释很清楚的时候，下属才更有意愿去完成工作。

2）指挥行为

指挥是管理者运用权力的最基本形式，也是实施领导职能的基础手段。指挥体现出管理者的执行力，对决策活动能够被有效实现有重要影响。

影响管理者指挥有效性的因素：权力的大小、指挥内容的科学性、指挥形式的适宜性、指挥对象的恰当性、指挥环境的协同性、管理者的个人魅力。指挥有效性的诸多因素综合作用的结果，需要管理者花费较长时间积累，技巧和艺术性都较高。

按载体划分为口头指挥、书面指挥和会议指挥。口头指挥是用口头语言直接指挥，快捷方便和简单直接。使用时需要注意的是，命令内容要清晰准确、用语简洁有力、视情景调整语言技巧。书面指挥是采用书面文字形式指挥，准确规范和反复间接。使用时需要注意的是，强化制度化管理、注意针对性和形式规范性。会议指挥是多人聚集共同完成指挥，民主科学和快速覆盖。使用时需要注意的是，提高会议的效率、确保会后执行质量、强化专人责任。

按强制程度划分为命令、规范、建议、暗示。

命令是自上而下无条件地执行，强制程度最高，适合于处理重要的和紧急的事务。使用时需要注意的是，尊重客观规律避免长官意志，强化可操作性，发布形式有所选择（命令、指示、决定、决议）。规范是将可能重复发生的事情制定出处理的原则、程序和方法，相关者自觉执行，管理者保留监督职责，适合于常规性和可重复性的事务。使用时需要注意的是，强化制度的权威性、执行的公正统一、下属拥有对制度的建议权。建议是以平等身份提供活动的指导,包括建议、咨询等具体形式,适合于变化莫测的人际事务。使用时需要注意的是,上下级的平等交流、管理者见解水平要高、强化信息反馈控制。暗示是几乎没有强制性的诱导,适合处理心理敏感性强的问题。使用时需要注意的是,暗示的目的要鲜明,方式要特别谨慎选择,要与其他形式联动。

3)如何授权

根据意愿和能力对员工进行分类:完成任务的条件叫作能力,愿意投入工作的态度叫作意愿。根据是否具有能力和意愿,可将员工分为4类:有工作意愿和工作能力;有工作意愿但没有工作能力;有工作能力但没工作意愿;既没工作意愿又没工作能力。

对于既有意愿又有能力的员工,尽量授权,把权力下放给他们去做事;对于有意愿但是没有工作能力的员工,尽量教育训练从而提升他们的能力;对于具有工作能力但没有工作意愿的员工,尽量激励他们,让他们逐渐具有工作意愿;对于既没有工作意愿又没有工作能力的员工,就可以放弃,至少可以不重用他们,当然最好的就是把第四类变成第三类,或者变成第二类,再让他们从第三类、第二类变成第一类。

要特别重视第一类员工,因为他们既有工作意愿又有工作能力,可能是接班人,应该把他们培养成将来要授权的对象。授权流程如图4.5所示。

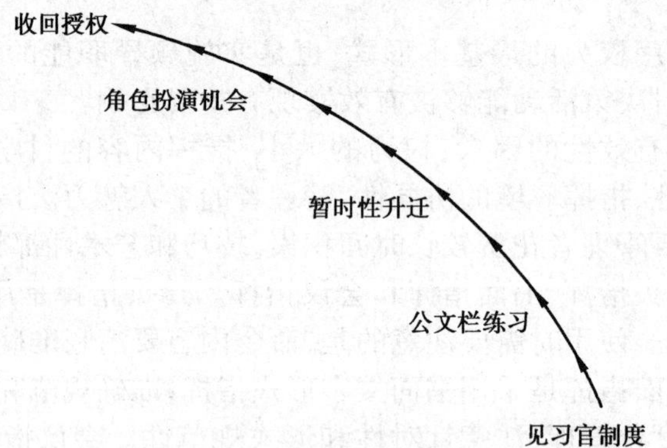

图4.5 授权流程

(1)见习官制度

有些人在公司待不了多久就想走,因为他不知道这家公司要不要重用他。海军中有个见习官制度,在打仗时,如果舰长牺牲了,见习官马上就能胜任其职位顶上去。这个制度给人们一个很大的启示,在公司里也可设见习官制度,如果某个员工符合条件、够资格,哪怕公司没有这个空缺也给他安个见习官、见习厂长、见习副厂长、见习经理、见习副经理、见习督导等。这有两个作用:①提醒那个在位的人注意,他如果不尽职尽责地工作,这个见习官就可以上去替代他;②安慰这个见习官,既然是见习官就表示随时准备有机会马上升上去。这样他们通常不会离开公司,因为他自己已经知道他被首肯,可能被接受为一个合格的管理者,只是暂时没有空缺,一旦有空缺他就上去了。

(2)公文栏练习

一般批公文都是一层一层地批上去,副经理批给经理,经理批给副总,副总批给总经理。但是如果副总准备做总经理的接班人,就应该学总经理批公文。可以在公司拟定一个公文栏练习制度,重要公文秘书会上交两份:一份给总经理,另一份给副总。副总批,批完后总经理看看批得好不好,再提点意见,这样练习了一段时间后自然就越批越像了,可以当一个总经理了,总经理也可以放心地交位了。这个主意是从武则天的身上想到的。有一天唐高宗李治头痛,武则天让唐高宗休息,自己代唐高宗批奏折。从此以后就是武则天经常代唐高宗批公文,最后就越批越像,终于当了皇帝。这给我们一个很大的启示:一个人要想当皇帝,就要先学会如何批奏折;要安排一个副经理接班一个经理,就要让他先学会如何批公文。

(3)暂时性升迁

前国务院总理朱镕基说过,中国的官员都是升上去很容易,下来很难。这句话言外之意,万一升错了怎么办?公司规定经理级以上的要升两次,第一次升起来时底下要加一个字——"暂",就表示暂时的。经过一段时间考验,如果表现良好,就去掉这个"暂"字,进行第二次提升,升为正式的经理。如果发现第一次升错了,就不会发第二次公文,进行第二次提升。所以暂时性升迁的优点就是可以留下一条后路,尽量避免授权时犯错误。

(4)角色扮演

总经理不在时,副总经理代替,这叫作暂时性的授权。角色扮演不同于暂时性授权。挑一个星期告诉员工,说这个星期某某担任总经理的角色,他所说的话和所签的字,都代表总经理,完全生效。这个对总经理来讲是个压力,要对董事会负责,说错、做错和签错都是总经理的责任。这对担任总经理的人压力更大,所以要格外地小心。

(5)收回权力

权力下授后不是说不能收回。授权和分权不太一样,授权就好像说他不在,这一块借给你,你暂时坐下,他回来以后你就还给他;分权是像一块月饼一样,切一块出去给别人吃,这个月饼就少了一块。而授权到分权的中间还有一个阶段,就是要让你有能力来接受这个新权力。例如老板向会计说,1 万元以下的费用店长就可以批,1 万元以上的则由我批。后来老板发现这名店长批了一个 1.000 5 万元。于是老板做了一个决定,告诉会计,从今以后 1 万元以下的也是我批。老板就收回了这个权力。所以授权下去也可以根据情况随时收回权力。

4.2.2 时间管理

时间是世界上最充分的资源,每个人都拥有 24 小时的一天;然而时间又是世界上最稀缺的资源,每个人只能拥有 24 小时的一天。高效的管理者有一个共同特点,他们都是管理时间的高手,而低效率的管理者大多表现为不擅于管理时间。时间就是财富,时间就是生命。管理时间是有技巧的,如何用最少的时间与精力完成更多的事?

时间管理的益处:控制时间变被动为主动(Control);减轻工作压力(Less Stress);节省时间(Save Time);更加专注关键事务(More Focus);提高工作质量(Improve Quality);平衡时间(Balance)。

1)时间管理的策略

成功的管理者时间管理的特征:

明确的目标。世界上没有懒惰的人,只有没有足够吸引他的目标的人。也就是说,你没有目标的话,生活一定是属于那种茫茫然的,你也就会是没有成就的人。

积极的心态。你知道只有积极地面对生活,只有积极地面对行动,你才可以把事情做得更好。

善于自我激励。要对自己诚恳,要对自己负责,要对自己热忱,要不断地激励自己:我是最棒的,我喜欢我自己,我相信我可以做得很好。

高度重视时间管理。认为时间是管理之道中最具重要性的一环。

有 4 种观念妨碍时间管理:

视时间为主宰。有的人认为,时间就是生命,时间就是一切,他认为时间非常的重要,时间是一个生命成长过程中的主宰。

视时间为敌人。有的人当他觉得很无聊,或者说当他无所事事的时候,他觉得时间非常难熬,他会把时间当作敌人。

视时间为神秘物。有的人会把时间视为一个神秘物,特别是当有的人年纪大的时候,或者说是病危的时候,他总会觉得,时间太快了,就这么过去了。

视时间为奴隶。也有的人把时间当作奴隶,他认为时间是可以被别人支配的。

2)时间管理的途径

我们都能够认识到时间管理对我们自身是有很大帮助的,那么时间管理是通过哪些途径来实现的呢?通过优先计划管理,自我组织管理和沟通管理 3 个途径,来实现高效的时间管理。

优先计划管理,就是把事情按照目标来进行优先设定,优先计划管理可以使事情井井有条,不慌不乱。自我组织管理,主要是通过调整自身的工作方式和方法来实现工作效率。因为人是社会组成的一部分,难以避免不与其他人打交道。而工作方式、方法很重要,调整好自己的工作方式就能够解决时间管理中的一些问题。途径是沟通管理,强调的是与人沟通过程中控制时间的能力。

(1)优先计划管理

按照事情的重要程度来确定优先顺序。《一天25小时》的作者Ray Josephs现年87岁,小时候已非常活跃。早年曾任职记者,1940年到阿根廷首都布宜诺斯艾利斯任美国海外通讯员。1948年创立公关公司,其后发展遍及65个国家,共90家分公司。Ray Josephs集合了多年来探讨全球各地事业有成者的省时秘诀而撰成《一天25小时》。时间管理5步曲:

①列单:首先把要做的事项一项一项记下,并要培养成习惯。如记性不太好的话,最好即时记下想做的事情,电子记事本令这些变得更轻松,而且并不昂贵。

②组织:根据列好的清单分门别类,再依据重要性排列次序,以及想清楚每个事项应怎样处理。

③删除:完成组织后,看看排列在最后的事项是否必要。如非必要,把它们删除。

④习惯:将以上的3个步骤培养成日常生活习惯。

⑤成就:当以上的步骤办妥之时,你就会发现比没有计划的日子完成的事项多,人也有了成就感。这成就感是优质计划的回报,这回报将会让你感到所付出的努力并没有白费。

故事中的管理:鹅卵石与时间管理

在一次时间管理的课上,教授在桌子上放了一个装水的罐子,然后又从桌子下面拿出一些正好可以从罐口放进罐子里的"鹅卵石"。当教授把石块放完后问他的学生道:"你们说这罐子是不是满的?"

"是!"所有的学生异口同声地回答说。

"真的吗?"教授笑着问。然后再从桌底下拿出一袋碎石子,把碎石子从罐口倒下去,摇一摇,再加一些,再问学生:"你们说,这罐子现在是不是满的?"这回他的学生不敢回答得太快。最后班上有位学生怯生生地细声回答道:"也许没满。"

"很好!"教授说完后,又从桌下拿出一袋沙子,慢慢地倒进罐子里。倒完后,于是再问班上的学生:"现在你们再告诉我,这个罐子是满的呢?还是没满?"

"没有满!"全班同学这下学乖了,大家很有信心地回答说。

"好极了!"教授再一次称赞这些"孺子可教也"的学生们。称赞完了后,教授从桌底下拿出一大瓶水,把水倒在看起来已经被鹅卵石、小碎石、沙子填满了的罐子。当这些事都做完之后,教授正色地问同学:"我们从上面这些事情得到什么重要的功课?"

班上一阵沉默,然后一位自以为聪明的学生回答说:"无论我们的工作多忙,行程排得多满,如果要逼一下的话,还是可以多做些事的。"

这位学生回答完后心中很得意地想:“这门课到底讲的是时间管理啊!”

教授听到这样的回答后,点了点头,微笑道:“答案不错,但并不是我要告诉你们的重要信息。”说到这里,这位教授故意顿住,用眼睛向全班同学扫了一遍说:“我想告诉各位最重要的信息是,如果你不先将大的‘鹅卵石’放进罐子里去,你也许以后永远没机会把它们再放进去了。”

管理心得:

成功学大师拿破仑·希尔曾经建议,每天把你要做的最重要的6件事进行排序,并且写在记事本上。然后依次序完成,做完一件后在记事本上打钩,再开始下一件,这种时间管理的方法,曾经使许多管理者和经理人成为时间管理的高手,从而极大地帮助了他们的事业。

正确的顺序是先放大石块再放小石块,再放沙子,最后放水,如果按照反过来的顺序,先把水倒进去,再放沙子,再放小石块,最后放大石块,这个桶就装不下这么多的东西。其实,人的精力就像这个桶的容量一样是有限的。大石块就相当于那些非常重要的事情,那些小石块、沙子和水其实就相当于那些琐碎的小事,如果先去处理那些琐碎的小事,到最后大的事情反而会被忽略到一边。所以要按照事情的重要程度来确定优先顺序,这样能够节省你的精力和时间,专注于你要做的事情。

如何确定优先顺序?

A.测试你做事情的优先顺序。

应该按照什么来确定事情的优先顺序呢?你平时都是按照什么来确定做事情的优先顺序呢?通常,什么样的事情是你优先选择做的,请在你认可的情况前打√:

□喜欢做的事情

□熟悉的事情

□容易做的事情

□花费时间少的事情

□已经排定时间的事情

□资料齐全的事情

□经过筹划的事情

□上级临时交代的事情

□别人的事情

□有趣的事情

□紧急的事情

B.优先矩阵。

究竟应该按照什么样的顺序来决定事情的重要程度呢?优先矩阵,把事情按照重要和紧急程度分成4类。

在这个矩阵中纵坐标表示事情的重要程度,横坐标表示事情的紧急程度。根据事情的重要和紧急程度的不同,将事情划分成为 4 种类型:第一类,既重要又紧急,比如处理危机、完成有期限压力的工作。第二类,不紧急但却很重要,比如防患于未然的改善、建立人际关系网络、发展新机会、长期工作规划、有效的休闲。第三类,不重要但却比较紧急,如不速之客、某些电话、会议、信件等。第四类,既不重要也不紧急,如无关紧要的信件和电话、阅读令人上瘾的无聊小说、收看毫无价值的电视节目等。

这 4 种类型的事情有一个规律:如果不把时间投资在这种重要但不紧急的事情,就一定会吃苦头,这类事情会使你的工作不能正常进行。

C.帕雷托原则(Pareto Principle)。

划分事情的紧急程度时,应该遵循的原则首先应该是轻重,再就是缓急。那么轻重缓急是建立在什么基础上的呢?是建立在 20/80 原则上的。

20/80 原则是意大利的经济学家帕雷托提出的,他在 1897 年观察 19 世纪英国社会财富和人的关系时,发现国家 80%的财富是聚集在 20%的人手里。比如说,在你的客户中,有 20%的客户是非常重要的,他给你带来 80%的经济效益。奥斯卡的票房中,80%的票房是由 20%的影片创造的。

集中精力在能获得最大回报的事情上,而不要花费在对成功无益的事情上。所以我们不要在琐碎的小事上投入了 80%的精力,最后却产生 20%的成效,而应该把精力专注于那 20%的重要事情上,才会达到事半功倍的效果。

(2)自我组织管理

所谓自我组织管理主要是通过对自身工作方式、方法的改变,达到时间管理的目的。有人简单地总结和概括自我组织管理,就是做好时间上的四则运算,即加、减、乘、除。

所谓加法就是要找出我们在时间管理中隐藏的时间;所谓减法就是要减少那种无谓的时间浪费;乘法可以成倍地提高工作效率,而不是延长工作的时间;除法是要根除浪费时间的习惯。

①加法。

时间上的加法就是找出隐藏的时间,可以通过下面几种方式。

A.善于利用等候和空档时间。

首先,就要把这些等候的时间充分利用起来。比较保守的估计,如果一天花 10 分钟的时间在上下班的路上,一个月就是 300 多分钟,就是 5 个小时的时间,怎么把这些时间高效地利用起来呢?首先,你可以构思一下工作的计划和细节,回顾每日计划表应该做哪些事情,这样一上班就可以立刻投入到工作中。在下班的路上可以总结反思今天有哪些该做的事情没做。还可以利用上下班的时间,拿一个录音机来学习英文和充电,大家总是抱怨没有时间学习,如果每天背 10 个单词,一个月下来也是一笔不小的财富,所以一定要善用等候的时间。

B.创造时间区。

一家集团公司的老板,他每天 8 点上班,比正常的员工还要早到一个小时,为什么呢?他是这样回答的:“因为我已经 70 多岁了,我早到一个小时,就能很容易地找到一个离公司近一点的停车位,因为在美国停车位非常难找。同时利用早到的这一个小时来处理信件和邮件,在这一个小时的时间内,员工都没有到,公司里非常安静,不容易被打扰,利用这一段时间来批量处理文件效率非常高。”所以你也可以把这个方法用到平时的工作中,比大家早到一个小时,或者晚走一个小时,在这一个小时里没有人打扰,可以静下心来仔细地考虑一些事情,这就是要创造时间区。

C.逆势操作。

逆势操作就是别人干这件事的时候我偏不去干,等没人干的时候我再去干,这个方法确实非常好。比如午餐时间,楼下的写字楼里挤满了人,晚去半个小时会发现那时候的人非常少,原本晚去半个小时却比大家早回来,这就是先来后到的原因。北京交通特别拥挤,我们晚上回家或者早上上班的时候,就可以试着早出发半个小时,这样可能比别人提前 40~50 分钟先到,这是逆势操作的一个非常大的好处。

D.背包原则。

有个笑话说,两个人去搬砖,其中一个人说对方:“你多懒呀,你一次就搬一块砖。”对方说道:“我觉得你才懒,你一次搬四块砖,你比我少走三趟!”这就是背包原则,其实如果善用背包原则的话,可以帮我们节省不少的时间。

注意平时积累素材。不要每次都从头开始,等到用的时候将积累的素材拿出来就可以。

位移上的批量处理。比如说可以每次到中午吃饭的时候,把传真拿过来,同时把要寄的信件交给前台小姐,这样就不用跑来跑去,老去麻烦前台小姐了,也为自己节约了不少时间,这是位移上的批量处理。

时间上的批量处理。现在有很多先进的管理工具,比如说邮件收发,可以将邮件收发设定一个小时收一次邮件,而有的人就是时时监控,有邮件就收下来。每个人的习惯不同,但是定时收发邮件,你可以集中一段时间来处理邮件,这样可以节约不少时间。

找出隐藏时间有很多办法,这里只提供了 4 个方法,更多的方法需要你来发掘。

②减法。

减法就是要减少时间的浪费。那么这些时间都是在什么过程中浪费的呢?在你犹犹豫豫、反复思考,或者是下决心的过程中。需要改变的是什么?是我们思考和行动的习惯。

有个心理学家提出“5 分钟思考法”的原则,就是说遇到一些小事情不要犹犹豫豫,不要反复去思考,只要 5 分钟就可以解决问题。这 5 分钟是这样分配的:第一分钟先来决定目标和课题,就是说我究竟要做什么,达到什么样的目的。接下来的两分钟是思考的扩张及探求,要达到这个目标,我要有哪些准备条件,具体要做哪些事情,可不可行。

最后的两分钟你就必须整理思路,定出结论。当你遇到一些小事情,就可以用“5分钟思考法”来衡量,这样就可以减少很多无谓的时间浪费。

③乘法。

时间管理中的乘法,就是怎么样来提高工作的成效。大家知道效率和时间是成反比的,有时候给自己定计划,认为这件事情比较难,为了做得更加好一些,就多一点时间。其实往往相反,多一点时间不仅不能改变事情的品质,反而会养出一些懒散、效率低的毛病。对于计划所需要的时间,应该是合理预计,不多也不少,这样才会提高工作的成效。

物尽其所,物归原处。看起来好像很简单,但是留意一下周边的同事,就会发现有很多人不是这样做的,办公桌不堪入目,文件堆得到处都是。办公桌不堪入目会妨碍你的注意力,导致你的情绪紧张,压力非常大,增加了许多查找的时间。要养成物尽其所,物归原处的习惯。

建立有效的工作环境。办公桌上物件的摆放次序应该遵循两个原则,一个是方便,另一个是固定。比如:方便——如果你习惯用右手写字,你的电话可以放在左边,这样可以用左手拿起电话,右手还可以写便条。固定——每件东西从哪里拿出,就要放回原处去,这样的话你就不必再花很多时间来想,我这个东西到底放在哪里,我的订书机到底放在哪里,我的打孔器又放在哪里,减少不必要的时间浪费。

有效的文件处理。要善用文件夹,建立文件处理原则。处理完的文件要归档;建立一套文件处置系统,分清哪些是待送出的文件,哪些文件是处理完的;电脑中的文件目录和邮件都要归好类,这样查找起来一目了然,非常方便。其实,文件处理也是有非常多的学问的。

④除法。

除法就是要根除浪费时间的习惯,主要是“拖延”。比如说上班总是迟到,交给下属的事情今天不办,拖到明天办。对付拖延的办法只有:当机立断。

采取逐个击破、逐步进行的方式来进行。如果这件事情非常大,就把大事情划分成小事情,从容易的事情做起。

调整思维方式。我们往往觉得事情越难办就越拖后办,不妨反过来想一想:如果把这个难的事情做完,可能后面几天都不需要再想这个事情了。调整了思维方式,你会变得更加主动,很乐意去做这件事情,那么往往事情就不会像你想的那么难了。

不要过分追求尽善尽美。有的人往往把问题想得非常透彻才去动手做,那么往往由于你考虑得非常细致,而没有时间去做了,先想好大框架,然后动手去做,避免追求尽善尽美。

(3)沟通管理

沟通管理是指通过注意和别人交往过程中的一些事情,从而达到提高效率的目的。

①懂得说“不”。

日本专业的统计数据指出:“人们一般每8分钟会受到1次打扰,每小时大约7次,或者说每天 50~60 次。平均每次打扰大约是 5 分钟,总共每天大约 4 小时,也就是约 50%。其中 80%(约 3 小时)的打扰是没有意义或者极少有价值的。同时人被打扰后重拾原来的思路平均需要 3 分钟,总共每天大约就是 2.5 小时。"根据以上的统计数据,可以发现,每天因打扰而产生的时间损失约为 5.5 小时,按 8 小时工作制算,这占了工作时间的 68.7%。

打扰是第一时间大盗,因此,沟通管理的第一条原则就是要懂得说"不"。懂得说"不"要注意以下 4 点:

时间结构的暗示。话要说在前面,比如你跟别人会面之前,先告诉对方,我们这次会谈大约要用 30 分钟的时间。这样做大家都心中有数。

肢体的暗示。比如会谈的时间就要结束了,你会下意识地看一下手表,暗示对方时间快到了。通过这些肢体的暗示,大家都能够清楚地明白你的想法,又能够做到不得罪人。

在拒绝别人的时候,附以理由并提供其他途径。比如说你正在工作的时候,你的朋友打来电话,这时候你一定要告诉他,你正在上班,下班以后再聊。这样回答,不仅告诉了他理由,而且提供了下班以后再聊的其他方式,即得体又解决了问题。

做到对事不对人。告诉对方,自己只是对这件事情发表观点,并不是对人,所以请不要生气。切忌通过第三者来做这个事情。

为了解决这个问题,华为提出了自己的时间管理法则——"韵律原则",它包括两个方面的内容:一是保持自己的韵律,具体的方法包括:对于无意义的打扰电话要学会礼貌地挂断,要多用打扰性不强的沟通方式(如 E-mail),要适当的与上司沟通减少来自上司的打扰等;二是要与别人的韵律相协调,具体的方法包括:不要唐突地拜访对方,了解对方的行为习惯等。

②善用电话。

沟通管理中的第二点是善用电话。电话可以节约时间,也可能浪费你的时间,这完全取决于你的态度和行为。要学会管理电话,首先要学会管理自己,善用电话进行沟通。电话沟通中需要注意以下几个方面:

要避免开头的题外话。如:最近好吗?最近过得怎么样?假期是怎样度过的?这样的话题避免提。

善用结束谈话的技巧。不懂得结束谈话的技巧,是造成电话冗长的原因。如:同客户可以以闲聊的话开场,谈一段时间,觉得比较融洽时,就进入正题。

尽量集中回复电话。

③会议沟通。

很多人经常抱怨,开会时间太长,讨论了半天,最后也没有结果,不相关的会议太多等,说明在日常会议中存在着许多的弊病。如何避免呢?可以从下面 5 个方面考虑。如果解决好这 5 个方面,会议就会有成效:

制定清晰的目标,就是这次开会一定要达到什么目的,比如说一定要拿出一个成熟的市场方案等,这就是目标清晰。

尽量减少与会人数。邀请那些可提出建设性建议的人员。对于只会泼冷水的人尽量不让参加,因为这些人不但不会提建议,还会延长会议的时间。所以一定要减少参会人数,该参加的一定要参加,不该参加的最好不要来。

选择适当的开会时间和地点。时间不要定在下午,最好在上午,这时大家的思维比较活跃。开会地点空气要通风。时间和地点选择好了,有利于会议的进程。

提前准备议程,资料分发给与会者。这样做大家都非常清楚要做什么事情,提前了解资料会促进会议的正常进行。

避免长时间的会议。会议开的时间越长效率越低,对时间一定要加以限制,会议时间不宜超过两个小时。

4.2.3 会议管理

开会是决策、沟通、协调的最为经典和传统的方式,至今仍然是非常通用的形式和手段,只是从面对面的直接会议,演变成通过网络等现代化媒体的间接会议。但是,目前越来越让人感到失望的是,听到开会就让人烦的现象越来越普遍,管理者深陷会议之中不能自拔,疲于奔命于各种会议之间,冗长的“研究—研究”式会议让追求高效的管理者忍无可忍。

管理者通过会议实施指挥职能,是科学管理的“例外原则”的体现。管理者的主要精力应该放在目前尚无制度规范的事情上,这类事情通常是此前没有可参考的案例,而且又是比较重要或急迫的事情,通过会议集思广益,寻求优化的解决方案。

1) 会议类型

会议类型相当繁复,通常分为讨论式会议、传达式会议、咨询式会议 3 类。讨论式会议对特定问题提出决定,与会者表态之后必须得出是非对错的处理决定。传达式会议由会议主持直接传达上层的决定,不需要与会者有特殊的回应,直截了当地将需要传达的内容表述出来。咨询式会议属于较开放的形式,希望与会者充分发表意见,集思广益的讨论激发新思想的火花,为解决问题提供辅助思路。

2) 会议的组织

要组织一个高效的会议,必须要有周全的准备工作。组织会议通过 3 个阶段完成:会议前期准备(甚至应该有会议长期规划)、会议召开与控制、会后决议执行(图 4.6)。但是,要使会议取得成功,不仅仅是在会议过程中,还要把相当多的精力放在会议前的准备和会议后的执行。组织高效率会议涉及 11 个具体问题,归纳起来有 8 个方面的核心要素:厘清开会的目的与诉求;选择合适的会议方式;选择合适的主席,并筛选与会者;遴选恰当的会议记录者;向与会者做简报;选择合适的开会时间与地点;有效整合会议中的意见;决议通过后的工作分配。

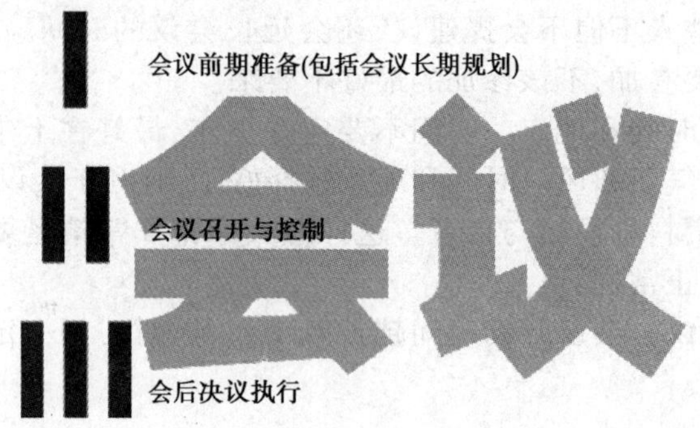

图 4.6　会议流程

年度会议计划表如表 4.3 所示。

表 4.3　年度会议计划表

项　目	会议名称 1	会议名称 2
开会次数		
开会日期		
开会时间		
会议目的与宗旨		
与会人员		
主持		
主席		
会议召集单位		
会议记录		
总务		
与会者应准备的资料		
会场标示资料		
事前的分发资料		

①会议目的。

众多冗长无效的会议就是源自目的模糊,听了半天毫无头绪、议了半天毫无结果。开会的目的与诉求,应尽可能以最简洁的语句清楚地表述出来。清楚的程度至少要包括:为何开会、谁来开会及决议何时执行完毕。

②会议方式。

内容决定形式,目的决定方式。从讨论式会议、传达式会议、咨询式会议3类中选定相应的形式。

③与会者。

从会议目的确定出明确的讨论议题,与此直接相关的就是理所当然的与会者,将可能兴师动众的大会精简成较小型的会议,提高会议的效率和效益。并且,从所有与会者中确定出会议主席、发言者和记录者,进行会议组织的分工协作。

邀请与会人员的选定标准:对于该项议题确实深有感触者,对于该项议题确实握有资料、学有专精并富有经验者,本次会议的结论将会对其有所影响者,邀其与会者参与发言讨论的好处要比因该员工出席会议而致工作停顿所造成的损失来得更大。

④关键人物。

会之成败的关键人物是会议主席和记录者。会议主席有责任控制会议进程,避免会议变成无聊的闲谈的关键,明示会议主题、控制会议进度、激发与会者意见、监督决议的执行;会议记录者的地位可说是仅次于主席,通常是秘书承担,负责会议的前期准备工作、会议的发言记录整理。

⑤会议时间与地点。

较周全的方法是先把与会者对会议的重要性列出来,调查能出席者的共同时间。若真的很难凑出共同的时间,则允许不能出席者指派代表参加。常被忽略的会议前置作业,就是对开会的时间及地点做详尽的考虑。

⑥议程规划。

无论是临时或固定召开的会议,议程规划都是非常重要的,议程设计是高效率会议的开始,可避免讨论离题。

有效会议的标准议程:a.厘清及解释问题;b.分析问题;c.拟订评估各种相应对策的标准;d.商议相应对策;e.遴选最可行的对策;f.决议完成。

议程设计最终形成需要分发给与会者的议程表,通常建议议程表有固定的格式,标明议程、议题、各议题预计使用的时间。

⑦会议审核。

为了确保会议正常而顺利进行,在会议举行前夕有必要对会议准备工作进行审核。会议审核表是审核会议准备工作的有效手段(表4.4)。

表 4.4　会议审核表

项　目	注意事项(要点)	核查结果
开会目的	会议是否需要(是否流于形式或者有其他更好办法?)	
	开会目的是否明确?	
会议主要项目	开会时机与时间是否妥当?	
	开会场所是否恰当?	
	所邀请的人员是否恰当?	
开会通知	通知是否完成?	
	会议主题是否散发?	
	与会者是否被通知准备议题?	
	与会者是否被通知准备相关资料?	
会议准备	会议议程是否安排好?	
	与会者是否事前得到会议资料?	
	是否安排好会议记录?	
	是否动用投影机等设备?	

⑧通知开会。

通知每个与会者可以采用口头通知、散发通知单、打电话或者传真、发送电子邮件等方式。无论采用何种方式通知与会者,及时准确都是最基本的要求。开会通知应包括请他与会的理由、该准备哪些资料及会议召集人所期望的会议目标等。

最好能亲自通知每个与会者,并向其解释开会目的。事先告知与会者可能被询问的问题,请其预先做准备,这对于增进议事效率有实质性的帮助。

⑨讨论整合。

在会议议题转换时,有人将已讨论的事项做有系统的归纳,以逐步达成决议。主席应时刻注意将与会者提出的新意见与讨论过的建议相整合,在必要时可以打断发言,把各种意见中彼此相符合或相冲突的部分做比较。否则,冗长而无效的会议就会发生。

⑩会议记录。

与会者的重要发言及决议都应正确地被记录下来,并在会后发给与会者。因此,好的会议记录者,除了要观察他是否具备倾听、互动、发表意见的能力,且要确定他有良好的组织、综合、比较异同的能力。会议记录者职责包括维持议程所设计的讨论顺序，可以增进议事效率，在会议过程中，会议记录者有义务适时帮助与会者系统地陈述意见及遵照议程进行讨论。会议记录如表4.5所示。

表4.5　会议记录

会议记录
编号：
开会时间：
开会地点：
会议名称：
主持人：
记录：
参加人员：
出席人员：
主持人报告：
讨论事项及结论：
记录人：

⑪会议结果。

会议的结果和有效性并不在会议本身，而是会议所作出的结论，以及最终的执行情况。大量事实证明，会议容易举行，决议难以形成，决议的执行容易被轻视。会议决定事项实施管理表、会议成效分析表（表4.6）就是用来解决这类问题的工具。

表4.6　会议成效分析表

□1.会议是否如预定的进行？
□2.会议的目的及议题是否彻底？
□3.会场或设备是否适切？
□4.必要的资料是否齐全？

续表

□5.会议是否如计划进行?
□6.会议是否如预定时间散会?
□7.全体人员是否了解主题?
□8.开始时,是否简要地叙述议题的重点?
□9.开会时的气氛是否很热烈?
□10.会议讨论时,是否有偏离议题的论点?
□11.是否有很多生动且建设性的发言?
□12.参加人员是否有所抱怨?
……
[记载事项]

3)避免会议陷阱

会议,关键就在“议”。但是,表面一致的会议却在耗费管理者宝贵的时间,也掩盖了有价值的不同意见。罗杰·摩司魏克、罗伯特·尼尔森提出了解决办法,为提高议事质量,主席可指定一人在会中“扮黑脸”。其工作是提出反对意见,以帮助发言者修正其观点。

“扮黑脸”者的工作主要包括:研究跟大家想法相反的意见;发表反对意见,确保大家都了解反对意见;陈述意见后,调查有多少人因此持保留态度;质疑既有的假设及证据不充分的言论,例如:有证据证明这是非解决不可的问题吗?我们确定排除这个问题,就不会产生其他问题吗?之前有没有先例证明采用此步骤会比较好?有没有可能这只是个现象,而非真正的问题所在?我们有足够缜密的计划,来执行这项决议吗?我们能确定此份“损益平衡表”是对的吗?

会议中有人“扮黑脸”如此重要是因为,许多下属不敢在会议上公开提出跟上司相反的意见,甚至以为多说多错,把所有问题都“合理化”,不假思索地接受多数人的意见——从众心态非常明显。事实证明,许多没有反对意见的会议决议,后来都是错的。

此外,组织会议应该明白,管理者的管理应该是在例外工作上,然后将可能重复的例外工作的处理做法制定成规章制度。相当令人困惑的情景是,明明有制度规定的事情发生时,管理者居然还要开会研究,毫无必要和效益的会议屡屡出现。

4.3　激励员工

案例

皮格玛利翁效应

“皮格玛利翁”是希腊神话中塞浦路斯国王雕刻的美女像的名字。国王深切地热恋着这个雕刻的美女,最后雕刻的美女被国王的深情执着所感动,主动复活下来与国王结成百年之好。这个故事在心理学中被演化为著名的“期望效应”,意思是对受教育者进行心理暗示,受教育者将会有意无意地接受心理暗示,使其行为逐渐趋向吻合于这种心理暗示。

如果管理者对下属给予强烈的高期望,其下属的表现就可能是优秀的。在某摩托车制造企业,就以一种高期望调动员工的潜力和工作热情。他们让员工在6个工作日中,完成10个工作日的工作量,员工就要不断想方设法提高生产率,以按期完成任务。结果可能是他只完成了8个工作日的工作量,但对于企业来说,还是提高了生产率,完成了高期望诉求的结果。正如中国古人所说:取法乎上仅得其中。

员工得到了激励,会以更高涨的热情在工作中回报。激励成为管理中指挥职能必不可少的工作内容。鉴于指挥(Command)与领导(Leading)是非常接近的管理职能,都是对组织内部成员的个体与群体行为进行引导和施加影响,目的是使得成员的行为被引导到实现组织目标的轨道上。因此,指挥与领导工作主要集中在员工激励、领导和沟通与协调3方面。

4.3.1　什么是激励

1)激励的真谛

骑马人的目的是希望马跑得快。为何马不愿使劲跑?是因为偷懒更轻松,使劲跑更劳累。将马最希望吃的草吊在马嘴前,改变马想偷懒的念头,马为了吃到草就拼命奔跑。激励措施使得人们的目的达到了,人的行为与漫画上的马(图4.7)类似。

图4.7　激励

漫画的启发:激励是必要的,懒惰是人的本性;激励的力量来自人追求个体需求的满足;将满足个体需求的东西设立为目标；让人听命于组织来交换满足个体需求的东西。

这是激励的真谛。

2) 激励

激励(Motivation)可以这样理解:影响人们内在需求或动机,从而加强、引导和维持行为的活动或过程。激励过程本身是个体内部和心理的过程。

需要(Need)是个体在活动中感到某种欠缺而力求获得满足的心理状态。当个体在活动中感到某种欠缺时,心里便会失去平衡,产生紧张状态和不舒服感受,产生力图消除紧张和不舒服感的驱动力量(潜在动力)。如果在能够消除紧张和不舒服感的外部对象刺激下,便将潜在的驱动力量变成动机,引发相应的行为。

动机(Motivation)是诱发、活跃、推动并指引(人)行为指向特定目标的内部原因。动机可以表现为愿望、兴趣、信念、理想等主观因素。动机的基础是需要,或者说动机是需要的表现形式。动机具有始发、指向和强化三大作用。动机过程如图 4.8 所示。

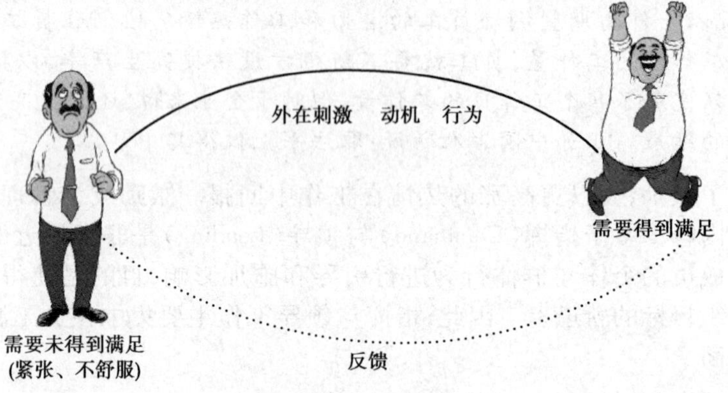

图 4.8　动机过程

普通人都渴望得到金钱(潜在动机),但是,银行职员见到成千上万的金钱(外部刺激对象),并没有动辄将桌上的金钱据为己有(在消除金钱缺乏引发的紧张感的同时,将产生更为强烈的消除安全感缺乏引发的紧张)。

参考资料:拉伯福定律

米契尔·拉伯福是一个从车间里成长起来的管理者,编写著作《世界上最伟大的管理原则》,发现“人们会去做受到奖励的事情。”

拉伯福忠告:

- 需要有更好的成果,但却去奖励那些看起来最忙、工作得最久的人;
- 要求工作的品质,但却设下不合理的完工期限;

- 希望对问题有治本的答案,但却奖励治标的方法;
- 光谈对公司的忠诚感,但却不提供工作保障,而且付最高的薪水给最新进和那些威胁要离职的员工;
- 需要事情简化,但却奖励使事情复杂化和制造琐碎的人;
- 要求和谐的工作环境,但却奖励那些最会抱怨且光说不练的人;
- 需要有创意的人,但却责罚那些敢于特立独行的人;
- 光说要节俭,但却以最大的预算增幅来奖励那些将他们所有的资源耗得精光的职员;
- 要求团队合作,但却奖励团队中的某一成员而牺牲了其他的人;
- 需要创新,但却处罚未能成功的创意,而且奖励墨守成规的行为。

4.3.2　对人的认识

指挥与领导的对象是个体,因此,只有正确认识个体,才能够有效地完成指挥与领导的职能。对人的认识就是进行人性(人的本质或本性)假设——人普遍的共性。西方管理中对人性的认识有以下4种观点,它们是西方企业管理在不同的发展阶段人性观的典型代表。

1)经济人

“经济人”(Rational Economic Man)又称“实利人”或“唯利人”,来自美国行为科学家道格拉斯·麦格雷戈(Douglas McGregor)提出的X理论。经济人假设的核心内容是:人的本性是不喜欢工作的,只要有可能,人就会逃避工作。由于人天性不喜欢工作,对于绝大多数人必须加以强迫、控制、指挥,才能迫使他为组织目标去工作。一般人宁愿受人指挥,希望逃避责任,较少野心,对安全的需要高于一切。人是非理性的,本质上不能自律,易受他人影响。一般人都是为了满足自己的生理需要和安全需要参加工作的,只有金钱和其他的物质利益才能激励他们努力去工作。

以经济人假设为指导思想,必然导致严密控制和监督式的管理方式,采取所谓的“任务管理”的措施,其主要特点如下:①管理工作的特点在于提高劳动生产率、完成生产任务,而不是考虑人的感情。管理就是为完成任务而进行计划、组织、指导和监督。②管理是少数人的事,与一般员工无关。员工的任务就是听从指挥,努力生产。③在奖励制度上,主要依靠金钱来刺激员工的生产积极性,同时对消极怠工者予以严惩。④以权力和控制体系来保护组织本身及引导员工。

泰罗的“科学管理”就是“经济人”观点的典型体现。“任务管理”的主张就是在人的“科学管理”理论指导下提出的。

2) 社会人

“社会人”(Socia lMan)又称“社交人”,来自美国行为科学家道格拉斯·麦格雷戈提出的 Y 理论。假设来自霍桑实验。其最基本观点是:驱使人们工作的最大动力是社会需要、心理需要,而不是经济需要,人们追求的是保持良好的人际关系。

在“社会人”的假设基础上,梅奥提出了“人际关系理论”,其要点是:管理人员不应只注意完成任务,而应把重点放在关心人和满足人的需要上。管理人员不能只注意传统的管理职能,更应重视人际关系,要培养和形成员工的归属感和整体感。主张集体奖,不主张个人奖。管理人员应在员工与管理当局之间起沟通联络作用。实行“参与式”管理,吸引员工在不同程度上参与企业决策的研讨。

霍桑实验启发了越来越多的管理学家,使他们认识到,工人生产积极性的发挥和工效的提高,不仅受物质因素的影响,更重要的是受社会和心理因素的影响。于是,管理理论开始从过去的“以人适应物”转向“以人为中心”,在管理中一反过去层层控制式的管理,转而注重调动工人参与决策的积极性。

3) 自我实现的人

“自我实现的人”(Self Actualizing Man)是心理学家马斯洛提出的假设。在他提出的需要层次理论中,自我实现是最高层次的需要。所谓自我实现,是指人都需要发挥自己的潜能,表现自己的才能,唯此人才会感到满足。“自我实现的人”假设认为,管理者既不是生产任务的指导者,也不是人际关系的调节者,而是一个采访者。由于环境往往给人发挥才智造成障碍,所以管理者应以采访者的身份,采访环境。管理者的主要任务是寻找什么工作对什么人最具有挑战性,最能满足人自我实现的需求。“自我实现的人”认为人有自动的、自治的工作特性,因而管理制度应保证员工能充分施展自己的才能,充分发挥他们的积极性和创造性,主张下放权力,建立决策参与制度、提案制度、劳资会议制度,把个人的需要同组织的目标结合起来。由此可见,“自我实现的人”假设,是建立在认为人是勤奋、有才能、有潜力基础上的,因而提出了同“经济人”“社会人”假设完全不同的主张。

香港著名的天王级歌星谭咏麟自从成名之后每每自称永远 25 岁,40 多岁的老人 2000 年依然在歌迷心中保持常青树形象。推想应该是源于自我实现心理的驱动,五彩斑斓的娱乐圈和星光灿烂的舞台是谭咏麟自我实现的地方。即使没有现在当红歌星的风光仍然舍不得离开,甚至成立由大大小小明星投资的东方魅力集团,继续在娱乐界叱咤风云。

4)复杂人

“复杂人”(Complex Man)假设是薛恩等人(包括美国日裔学者威廉·大内的Z理论、莫尔斯与洛希的超Y理论)在20世纪70年代初提出的。他们认为,长期的研究证明,无论是“经济人”“社会人”,还是“自我实现的人”的假设,都有其合理性的一面,但都不适用于一切人。一方面人存在着很大的个体差异;另一方面,同一个人在不同的年龄、事件、地点和环境下,也会有不同的表现。人的需要和潜力,随着年龄的增长、知识的丰富、地位的改变以及人际关系的变化而各不相同。因此,“复杂人”并不是单纯的某一种人。

复杂人假设的主要观点是:①人的需要是多种多样的。人们是怀着许多不同的需要加入工作组织的,而且人的需要是随着人的发展和生活条件的变化而变化的。每个人的需要各不相同,需要的层次也因人而异。②人在同一时期内会有各种需要和动机。它们会相互作用并整合为一个整体,形成复杂的动机模式。③由于工作和生活条件的不断变化,人会不断产生新的需要和动机。④个体在不同单位或同一单位的不同部门工作中,会产生不同的需要。⑤由于人的需要不同,能力各异,对于不同的管理方式会有不同的反应。因此没有一套适合于任何时代、任何组织和个人的、普遍的、行之有效的管理方法。

4种人性假设提出的管理主张和措施有其合理、科学的一面,至今仍有借鉴作用。例如,“经济人”假设提出的工作方法标准化、劳动定额、计件工资、建立严格的管理制度等,至今仍被视为有效的管理方法;“社会人”假设提出的尊重人、关心人、满足人的需要,培养员工的归属、整体感,主张实行“参与管理”;“自我实现人”提出的给员工创造一个发挥才能的环境和条件,重视人力资源的开发,重视内在奖励等;“复杂人”提出的因人、因时、因事而异的管理,更是具有辩证思想的管理原则。

4.3.3 激励理论

激励理论是在更为具体的层次上研究如何激发个体的动机,主要是从心理学的角度研究影响行为的因素。20世纪50年代是激励理论的黄金时期,从那时开始出现了许多重要的激励理论。

激励理论分类:

①行为主义激励理论:老行为主义激励论;新行为主义激励论;修正行为主义激励论。

②认知流派激励理论:A.内容型激励论:马斯洛需要层次论;阿尔德弗成长理论;麦克利兰成就需要论;赫兹伯格双因素理论。B.过程型激励论:佛鲁姆期望理论;亚当斯公平理论;德鲁克目标理论;海特归因理论。

③综合类型激励理论:勒温场动力论;波特—劳斯综合激励。

1)需要层次理论

亚伯拉罕·马斯洛在1954年提出了人类需要层次理论(Hierarchy Of Needs Theory)。需要层次理论认为,人随时都有某些需要有待满足,人的需要由低到高可以被划分为5个层次:生理需要、安全需要、社会需要、尊重需要、自我实现的需要。人的行为是由主导需要决定的。当某一个需要已经得到满足,则这项需要将不再有激励作用,而将有另一项需要出现,并要求满足,这个进程是连续不断的。

而管理者则可以采用下面的"激励"要素,来满足员工的不同需要:生存需要,如提高工资、奖金、改善工作条件、定期医疗检查、娱乐等。安全需要,如享有优先股权、保险、职业稳定、口头承诺和书面承诺与晋升。归属需要,如邀请到特殊场合、有机会加入特殊任务小组、有机会成为委员会成员、成为俱乐部组织成员、工作轮换。自尊需要,如奖励表扬、授予称号、公开场合露面、为管理委员会服务。自我实现的需要,如带薪休假、领导项目任务小组、受教育的机会、承担教学任务、承担指导任务。

2)双因素理论

赫茨伯格于1959年在《工作的激励》中提出了激励的双因素理论(Motivation Hygiene Theory)。赫兹伯格双因素理论认为,个人对工作的态度在很大程度上决定着任务的成败;满意的对立面是没有满意,而不是不满意,同样不满意的对立面是没有不满意,而不是满意;主要有两类因素影响人们的行为:保健因素和激励因素。

保健因素是指那些与人们的不满情绪有关的因素,如企业政策、工资水平、工作环境、劳动保护。这类因素处理得不好会引发工作不满情绪的产生,处理得好可预防和消除这种不满。但它不能起激励作用,只能起到保持人的积极性,维持工作现状的作用。

能够促使人们产生工作满意感的因素叫作激励因素,激励因素主要包括以下内容:工作表现机会和工作带来的愉快、工作上的成就感、由于良好的工作成绩而得到的奖励、对未来发展的期望、职务上的责任感。

双因素理论与传统激励观点不同之处在于,传统观点将员工的态度分为满意和不满意两种,而双因素理论则将其划分为4种,即满意与没有满意、没有不满意与不满意,激励因素影响前一对状态,而保健因素则对后两种态度起作用。

参考资料:什么是弹性工作时间制?

弹性工作时间制是指在一定限度内允许员工选择他们自己的工作时间段。一次对来自美国和加拿大各种规模、各个领域公司的调查发现,有30%的公司使用了弹性工作时间制。在弹性工作时间制中,员工每天工作的时间与标准工作时间相同。核心时间是员工们遵守的工作时间,而在弹性时间范围内,员工可以调整自己的时间,但前提是核心时间和弹性上班时间之和必须达到标准工作时间。弹性工作时间制允许员工调整自己的时间，以把个人需求和工作要求之间的矛盾减少到最小，比如员工可以送完孩子上学再晚点去上班；它还允许员工在他们认为可以最大限度发挥工作能力的时间段内工作，这迎合了那些白天早起的人或宁愿晚些上班的人的需求。但弹性工作时间制并非适合于所有类型的公司，比如流水线作业和采用多半轮换制的公司。

3）期望理论

美国心理学家佛鲁姆（V. H. Vroom）提出的期望理论（Expectancy Theory Of Motivation）认为，人们在预期他们的行动将会有助于达到某个目标的情况下，才会被激励起来去做某些事情以达到这个目标。

期望理论可用公式表示为：激励=效价×期望值。效价是指目标实现对于个人需要满足的价值，个人对目标结果的偏好程度。期望值是指某种行为导致预期目标实现的概率。

期望理论说明，激励实质上是选择过程，促使人们去做某些事的心理将依赖于效价和期望值两个因素。效价和期望值越大所产生的激励力量也越大，说明目标实现的价值和可能性同时被考虑才会产生强烈的激励作用。

重庆市重点中学西南师范大学附属中学2000年在歇马地区招收1名初中生，而同期毕业的小学生人数达到600人。对于每位小学毕业生来说，升入著名重点中学的概率极低，使得其录取率竟然在博士后之上，自然难以对小学毕业生产生强大的激励作用。

4）公平理论

美国北卡罗莱大学心理学家斯达西·亚当斯（J Stacey Adams）1976年提出公平理论（Equity Theory），主要研究报酬的合理性与公平性对人们的工作积极性影响。

公平理论认为，员工首先思考自己收入与付出的比率，然后将自己的收入付出比与相关他人的收入付出比进行比较，如果感觉到自己的比率与他人相同则为公平状，否则就会产生不公平感，导致消极情绪和行为。公平是主观感受，是根据所选择参照物而得来。参照物包括他人、制度与自我（所得与付出的比较）。

公平理论对报酬分配至少在以下4个方面提供了一种价值建议：①按时间付酬时，收入超过应得报酬的员工的生产力水平将高于收入公平的员工。②按产量付酬时，收入超过应得报酬的员工与那些收入公平的员工相比，产品生产数量增加不多而主要是提高产品质量。③按时间付酬时，对于收入低于应得报酬的员工来说，将降低生产的数量和质量。④按产量付酬时，收入低于应得报酬的员工与收入公平的员工相比，他的产量高而质量低。

5) 强化理论

美国心理学家斯金纳(Skinner)提出了与目标设定理论相对立的强化理论。目标设定理论认为个体目标能够引导其行为,强调主观的能动作用。强化理论(Reinforcement Theory)认为人的行为是外部因素控制的结果,强调客观的制约作用。

强化理论认为,人们为了达到某种目的,都会采取一定的行为,这种行为将作用于环境,当行为的结果有利时,这种行为就会重复出现;当行为的结果不利时,这种行为就会减弱和消逝。这就是环境对行为强化的结果。

在管理中运用强化理论来进行行为改造一般有 4 种方式:①正强化。正强化是用某种有吸引力的结果对某一行为进行奖励和肯定,以期在类似条件下重复出现这一行为。②负强化。负强化是预先告知某种不合要求的行为和不良绩效可能引起的后果,从而减少和削弱不希望出现的行为。③自然消退。取消正常强化,对某种行为不予理睬。④惩罚。惩罚是用某种带有强制性的、危险性的结果来消除某种行为重复发生的可能性。

6) 成就激励理论

美国哈佛大学教授大卫·麦克利兰(David McClelland)在 20 世纪 50 年代创立成就激励理论(Three Needs Theory)。成就激励理论认为个体有 3 种基本需要:成就、权力、社交。具有强烈成就需要的个体具有将事情做得完美、工作效率更高和获得更大成功的内在驱动力量,但是所追求的是成就感而不是成就之后的奖励和利益。权力需要则是影响和控制其他人的愿望,社交需要则是寻求被人接纳和喜爱的愿望。

通过投射测验可以鉴定个体属于哪类需要强烈者。投射测验给被测试者一系列图片,然后让被测试者根据图片编写故事,最后测试人员分析故事进行判断。

成就激励理论有 3 点启发。成就需要强烈者能够获得很高的工作绩效;员工可以通过训练培训出较高的成就需要;但是,成就需要强烈者未必一定是优秀管理者。

参考资料:中国上市公司激励机制模式

股票增值权

股票增值权(Stock Appreciation Rights)是指公司给予激励对象一种权利:经营者可以在规定时间内获得规定数量的股票股价上升所带来的收益,但不拥有这些股票的所有权,自然也不拥有表决权、配股权。按照合同的具体规定,股票增值权的实现可以是全额兑现,也可以是部分兑现。另外,股票增值权的实施可以是用现金实施,也可以折合成股票来加以实施,还可以是现金和股票形式的组合。股票增值权通常在 3 个条件下使用,第一个是股票薪酬计划可得股票数额有限,第二个是股票期权或股票赠与导致的股权稀释太大,第三个是封闭公司,没有股票给员工。

股票期权

股票期权(Stock Options)是以股票为标的物的一种合约,期权合约的卖方也称立权人,通过收取权利金将执行或不执行该项期权合约的选择权让渡给期权合约的买方,也称持权人。持权人将根据约定价格和股票市场价格的差异情况决定执行或放弃该期权合约。在美国,那些进入指数的股票,一般都有标准化的期权合约在市场上交易,这些股票期权合约的交易与发行股票的公司无关。

股票期权作为公司给予经理人员购买本公司股票的选择权,是公司长期激励制度的一种。持有这种权利的人员,即股票期权受权人,可以按约定的价格和数量在受权以后的约定时间内购买股票,并有权在一定时间后将所购的股票在股市上出售,但股票期权本身不可转让。

虚拟股票

虚拟股票(Phantom Stocks)是指公司授予激励对象一种"虚拟"的股票,激励对象可以据此享受一定数量的分红权和股价升值收益,此时的收入即未来股价与当前股价的差价,但没有所有权,没有表决权,不能转让和出售,在离开企业时自动失效。

虚拟股票和股票期权有一些类似的特性和操作方法,如激励对象和公司在计划施行前签订合约,约定给予虚拟股票的数量、兑现时间表、兑现条件等。两者的区别在于:第一,虚拟股票并不是实质性的股票认购权,它实际上是将奖金延期支付;第二,虚拟股票资金来源于企业的奖励基金。

由于虚拟股票的发放会导致公司发生现金支出,如果股价升幅过大,公司可能面临现金支出风险,因此一般会为计划设立专门的基金。

管理层收购

管理层收购(Management Buyout)又称"经理层融资收购",指目标公司的管理者或经理层利用借贷所融资本购买本公司的股份,从而改变公司所有者结构、控制权结构和资产结构,进而达到重组本公司的目的,并获取预期收益的一种收购行为。通常,上市公司管理层和员工共同出资成立职工持股会或上市公司管理层出资成立新的公司作为收购主体,一次性或多次通过其授让原股东持有的上市公司股份,从而直接或间接成为上市公司的控股股东。

延期支付

延期支付,也称延期支付计划(Deferred Compensation Plan),是指公司将管理层的部分薪酬,特别是年度奖金、股权激励收入等按当日公司股票市场价格折算成股票数量,存入公司为管理层人员单独设立的延期支付账户。在既定的期限后或在该高级管理人员退休以后,再以公司的股票形式或根据期满时的股票市场价格以现金方式支付给激励对象。激励对象通过延期支付计划获得的收入来自于既定期限内公司股票的市场价格上升,即计划执行时与激励对象行权时的股票价差收入。如果折算后存入延期支付账户的股票市价在行权时上升,则激励对象就可以获得收益。但如果该市价不升反跌,激励对象的利益就会遭受损失。

延期支付计划和股票期权的区别在于:在期权模式下,如果股票价格上升,激励对象可以行权;但如果股票价格下跌,则受益人可以放弃行权来保证自己的利益不受损失。延期支付的激励对象只有通过提升公司的业绩,促使公司股价上升来保证自己的利益不受损失。

员工持股计划

员工持股计划(Employee Stock Ownership Plan),指由公司内部员工个人出资认购本公司部分股份,并委托公司进行集中管理的产权组织形式。员工持股制度为企业员工参与企业所有权分配提供了制度条件,持有者真正体现了劳动者和所有者的双重身份。

员工持股的方式通常有两种:一是通过信托基金组织,用计划实施免税的那部分利润回购现有股东手中的股票,然后再把信托基金组织买回的股票重新分配给员工;二是一次性购买原股东的股票,企业建立工人信托基金组织并回购原股东手中的股票。回购后原购票作废,企业逐渐按制订的员工持股计划向员工出售股票。

经营者持股

经营者持股,即管理层持有一定数量的本公司股票并进行一定期限的锁定。这些股票的来源由公司无偿赠送给受益人;由公司补贴、受益人购买;公司强行要求受益人自行出资购买。激励对象在拥有公司股票后,成为自身经营企业的股东,与企业共担风险,共享收益。国内公司实行经营者持股,通常是公司以低价方式补贴受益人购买本公司的股票,或者直接规定经营层自行出资购买。

业绩股票

业绩股票(也可称为业绩股权),是指公司根据被激励者业绩水平,以普通股作为长期激励形式支付给经营者。通常是公司在年初确定业绩目标,如果激励对象在年末达到预定目标,则公司授予其一定数量的股票或提取一定的奖励基金购买公司股票。

4.3.4 提高员工满意度

美国奥辛顿工业公司的总裁曾提出“黄金法则”:关爱你的客户,关爱你的员工,那么市场就会对你倍加关爱。“客户”是组织的外部客户,“员工”是组织的内部客户,只有兼顾内外,不顾此失彼,组织才能获得最终的成功。员工是组织利润的创造者,如果员工对组织满意度高,他们就会努力工作,为组织创造更多价值,以组织为家。组织也应当重视提高员工的满意度，使员工由满意逐渐变为忠诚，自愿地努力工作。

唤起下属工作干劲的八大要诀：分发给下属让他能够全力发挥的工作；让下属担负起职责，自由地发挥；让下属了解工作的重要性及贡献度；让下属拥有个人的具体目标；明确地褒扬下属的良好效益；塑造出充满活力，令人欢欣愉快的工作环境；要激发下属之间的竞争意识；主管本身要做富有人格魅力的人物。

1999 年研究所得的主要因素（根据重要性排列）：机会（Opportunity）：职业上之进展，其中让员工感到最有满足感的是有机会以新兴技术工作。环境（Environment）：在可能的情况下，为员工提供最佳的工作环境及气氛。成就感（Achievement）：对工作及完成的任务产生成就感。奖赏（Reward）：这是回报，亦是对员工之工作表示认同。共享（Community）：其他同事的支持，无论是技术上及士气上都可刺激到工作的满足感。平衡（Balance）：公司投入于帮助员工平衡家庭与工作间的压力及困难，也是员工感到满意的一个原因，亦是多年以来首次出现的原因。因此，提高员工满意度着重从以下 4 方面着手：

1）创造公平竞争的组织环境

公平体现在组织管理的各个方面，如招聘时的公平、绩效考评时的公平、报酬系统的公平、晋升机会的公平、辞退时的公平，以及离职时的公平，等等。

公平是每个诚实的员工都希望组织具备的特点之一。公平可以使员工踏实地工作，使员工相信付出多少就会有多少公平的回报在等着他。公平的组织使员工满意，使员工能够心无杂念地专心工作。

在工作中，员工最需要的就是能够公平竞争。在法国，麦当劳的每个员工都处在同一个起跑线上。首先，一个有文凭的年轻人要当 4～6 个月的实习助理，做最基层的工作，如炸薯条、收款、烤牛排等，学会保持清洁和最佳服务的方法。第二个工作岗位则带有实际负责的性质：二级助理。每天在规定的时间内负责餐厅工作，承担一部分管理工作，如订货、计划、排班、统计……在实践中摸索经验。晋升对每一个人都是公平的，适应快、能力强的人晋升的速度就会快。

松下公司则重点推行资格制和招聘制，大大增加了人事管理的公平性和透明度，提高了员工的竞争意识和组织活力。公司首先在内部提出某项需要公开招聘的职位，各类员工均可应聘，但必须提出自己的工作计划，参加类似设计比赛的竞争活动，并接受相应的资格测验。经过各项定量的考评之后，最终确定相应的人员。为了资格制和招聘制的实施，松下还改革了工资制度，工资总体上分为资格工资和能力工资，使人事考评公开化。

2）创造追求进步的组织氛围

组织不断追求进步表现为：重视培训，重视员工的职业发展，形成学习型组织。

社会发展速度越来越快,工作中所需的技能和知识更新速度加快,因此培训已成为组织提高员工工作效率、增强竞争力的必要职责。从员工的角度来看,自身的发展进步已经成为他们衡量自己的工作生活质量的一个重要指标。一个组织,发展的机会多,培训的机会多,就意味着晋升的机会多。所以,培训也是员工选择组织的一个优先的指标。

培训的方式可以分为:职前培训、矫正培训、晋升培训、交叉培训、再培训等。大通曼哈顿银行就非常重视员工的培训,它每年的教育经费支出就达5 000万美元。银行要求员工每年搞一个自我培训计划,并把培训与晋级、提升、奖金等政策紧密结合,来调动员工参加培训的积极性。

3)创建自由开放的组织氛围

现代社会中人们对自由的渴望越来越强烈。员工普遍希望组织是一个自由开放的系统,能给予员工足够的支持与信任,给予员工丰富的工作生活内容,员工能在组织里自由平等地沟通。

要想使组织员工的满意度提高,必须给予员工足够的信任与授权,让他们自主地完成工作任务,放开手脚,尽情地把工作才能发挥出来。韩国三星集团的老板李秉哲就一直坚持这一用人之道。在"三星商会"开业不久,他大胆地启用了一直没找到工作、被别人视为危险人物的李舜根。除银行的巨额贷款、大批量的原材料进口等少数重要问题外,他把几乎全部的日常业务都交给了李舜根。后来的事实证明,李舜根是一个可靠的人,对推动"三星商会"的迅速发展起到了重大的作用。

在自由开放的组织氛围里,组织中的领导充当的角色应当是教练的角色。教练工作不仅是训练,而且是辅导、参谋、揭露矛盾、教育。训练工作要求领导人员具备倾听的能力以及表达真实的赞赏、感谢的能力。通常在"首次"做某事之前或之后要进行特殊的鼓励时,或在纠正错误时,需要进行训练工作。辅导就是帮助能力出众的人体现出自己的能力的工作。参谋就是当发生问题、工作受到影响时,给予员工建设性意见、支持和鼓励,并进行双向的讨论。揭露矛盾就是把工作中存在的问题、员工的重大工作失误正面地公布出来,由众人一起来解决问题,纠正错误。教育也就是我们一般所说的培训。

自由开放的组织应当给员工提供工作轮换的机会,让员工到本职以外的部门和工作岗位上任职。这种任命一般是暂时的。索尼公司就实行工作岗位定期轮换的制度,以保证员工有更多的发展机会,对工作保有新鲜感。

自由开放的组织应当拥有一个开放的沟通系统,以促进员工间的关系,增强员工的参与意识,促进上下级之间的意见交流,促进工作任务更有效地传达。在通用电气公司,从公司的最高领导到各级领导都实行"门户开放"政策,欢迎职工随时进入他们的办公室反映情况,对于职工的来信来访妥善处理。公司的最高首脑和公司的全体员工每年至少举办一次生动活泼的“自由讨论”。通用公司努力使自己更像一个和睦、奋进的大家庭，从上到下直呼其名，无尊卑之分，互相尊重，彼此信赖，人与人之间关系融洽、亲切。

4）创造关爱员工的组织氛围

人是社会性动物，需要群体的温暖。一个关爱员工的组织必将使员工满意度上升。关爱员工的组织要给予员工良好的工作环境，给予员工足够的工作支持，使员工安心地在组织工作。

关爱员工的组织善于鼓舞员工的士气，适时地给员工以夸奖和赞扬，在员工作出成绩时向员工公开地、及时地表示感谢，并组织一些联欢活动使员工分享成功的喜悦。

关爱员工的组织重视员工的身心健康，注意缓解员工的工作压力。组织可以在制度上作出一些规定，如带薪休假、医疗养老保险、失业保障等制度，为员工解除后顾之忧。丰田公司就设有自己的“全天候型”体育中心，内设田径运动场、体育馆、橄榄球场、足球场、网球场等。丰田公司积极号召员工参加运动部和文教部，使职工在体育运动和爱好的世界中寻求自己的另一种快乐。这样既丰富了员工的生活，强健了他们的体魄，同时培养了他们勇于奋斗的竞争精神，根本目的是更好地促进生产。丰田还大力提倡社团活动，如车间娱乐部、女子部等，促进人与人的关系融洽。丰田对社团活动所寄予的另一个莫大期望，是培养领导能力。因为不管社团的规模大小，要管理下去就需要计划能力、宣传能力、领导能力、组织能力等。另外，整个丰田公司的活动也很多，综合运动大会、长距离接力赛、游泳大会等，每月总要举行某种活动。在这些活动中，总经理、董事等领导只要时间允许都要参加，一起联欢。所有这一切，在不知不觉中提高了员工的素质，增进了员工对公司以及领导的感情。

关注员工满意度，并采取各种措施提高员工满意度，还应当注意对这些措施的反馈控制，要定期进行员工满意度调查，以修正或强化组织为提高员工满意度所付出的努力。

员工工作的目的除了获得薪酬外，还希望自己能够得到发展并有成就感。组织可以通过加强员工的规范化管理及人性化管理来满足员工除金钱以外的需求，这些是不错的建议：明确岗位职责和岗位目标；加强管理沟通；建立意见反馈机制；进行书面工作评价；完善职务升迁体系。

参考资料：员工援助方案

员工援助方案，英文为 Employee Assistance Program，简称 EAP，是许多公司用来处理众多问题的一种综合方法，这些问题包括婚姻或家庭困难、工作表现问题、紧张情绪、情感、经济困难、老人护理和工作场所暴力等问题。在一项 EAP 中，公司有专门的顾问处理这类问题，或者委托给专门的服务机构。一般来讲，这类开支大部分或全部由雇主支付。EAP还负责处理与员工健康及整体生产能力相互影响的个人心理问题。美国所有公司的1/3都提供EAP顾问。《财富》杂志每年推出的100家最适宜工作的公司大部分都有这样的服务。设立EAP主要是为了提高劳动生产率并减少开支。

激励管理最终应该是动态制度化管理。激励制度方案的设计重点包括4个方面的内容:奖励制度的设计;职位系列的设计;员工培训开发方案的设计;其他激励方法的设计,包括员工参与、沟通等。奖励制度的设计涉及奖励的价值和数量、奖励的时间、奖励的公平性和对奖励的喜爱。职位系列采用行政管理职位系列和专业技术职位系列。

4.4 薪酬管理

案例

IBM公司的工资管理

IBM(国际商用机器公司)作为全球信息产业的领袖企业,总是把职工的工资问题作为人事管理的根本工作,他们认为:在工资上如有不合理的地方,会使职工对公司和上司感到失望,影响职工的干劲,因此,必须建立完整的工资体系。

IBM的工资制度包括:完整的职位评估系统、严格的工作表现评估系统、严谨的薪资调查方法、机会均等的加薪与升职机会。IBM的工资与福利项目包括:基本月薪、综合补贴、春节奖金、休假津贴、浮动奖金、销售奖金、奖励计划、住房资助计划、医疗保险计划、退休金计划、其他保险(包括人寿保险、人身意外保险、出差意外保险等多种项目)、休假制度、员工俱乐部。

IBM根据各个部门的不同情况,根据工作的难度、重要性将职务价值分为5个系列,在5个系列中分别规定了工资最高额与最低额。假设把这5个系列叫作A系列,B系列,C系列,D系列与E系列。A系列是属于最单纯部类的工作,而B,C,D,E则是困难和复杂程度依次递增的工作,其职务价值也愈高。A系列的最高额并不是B系列的最低额。A系列的最高额相当于B系列的中间偏上,而又比C系列的最低额稍高。

IBM公司认为,所谓一流公司,就应付给职工一流公司的工资,这样才算一流公司。职工也会以身为一流公司的职工而自豪,从而转化为热爱公司的精神和对工作充满热情。

为确保比其他公司拥有更多的优秀人才,IBM在确定工资标准时,首先就某些项目对其他企业进行调查,确切掌握同行业其他公司的标准,并注意在同行业中经常保持领先地位。

4.4.1 薪酬的基本问题

1) 理解薪酬

薪酬(Compensation)可以理解为员工所获得的一切有形的(财物形式)和无形的(非财物形式)劳动报酬,既包括工资、奖金等现金性收入,也包括各种形式的福利、奖励。

薪酬对员工极为重要,不仅是员工的谋生手段,而且还能满足员工的价值感。因此,薪酬在很大程度上影响着员工的情绪、积极性和能力的发挥,决定了管理者不得不重视薪酬管理。心理学家研究表明,当员工处于较低工资的岗位时,他会积极表现,努力工作,一方面提高自己的岗位绩效,另一方面争取更高的岗位级别。在这个过程中,他会体验到由于晋升和加薪所带来的价值实现感和被尊重的喜悦,从而更加努力工作。

建立一套"对内具有公平性,对外具有竞争力"的薪酬体系,是目前很多组织人事经理和总经理的当务之急。尽管有些组织的薪酬水平较高,但如果缺少合理的薪酬制度,在吸引优秀员工和激励员工方面将难以获得期望的结果。

2) 确定薪酬需要考虑的基本因素

法律、政策、公平是确定薪酬需要考虑的基本因素(其他的可能有社会经济发展状况、组织的盈利状况等)。

国家法律和地方法规是影响给付薪酬的首要因素,主要体现在最低工资标准、加班工资制度、强制性保险与福利待遇规定、带薪休假制度等。

组织的薪酬政策(薪酬定位)是制定薪酬政策的指导方针和原则,比较重要的包括薪酬增长基准、晋升和降级政策、加班工资政策、试用期工资、假期工资规定等。

薪酬公平包含内部公平和外部公平,内部公平是指组织内部员工之间工资的公平感,外部公平是指组织工资水平在各种组织之间的竞争力(确保能够吸引和留住高水平的人员)。职位评价解决的是薪酬的内部公平性问题,它使员工相信,每个职位的价值反映了其对组织的贡献。而薪酬调查解决的是薪酬的外部公平性问题,即相对于其他组织的相似岗位,组织的薪酬是否具有外部竞争力。

影响组织薪酬的因素还有多种。从组织外部看,国家的宏观经济、通货膨胀、行业特点和行业竞争、人才供应状况甚至外币汇率的变化,都对薪酬定位和工资增长水平有不同程度的影响。在组织内部,盈利能力和支付能力、人员的素质要求是决定薪酬水平的关键因素。企业发展阶段、人才稀缺度、招聘难度、组织的市场品牌和综合实力,也是重要影响因素。

3)设计原则

企业薪酬管理是企业人力资源管理的重要组成部分,是企业建立公平、平等、相互信赖的工作环境的基础,维护企业组织的根本条件。既然薪酬管理是这样的重要,那么需要遵循怎样的设计原则呢?

新进员工起薪应合乎组织需要及同行标准或者行情;新员工的保障调薪政策切实可行;外界公平和内部公平的平衡性;避免新员工比旧员工在同样工作上薪资高;兼顾学历和同工同酬;同一工作的津贴要一致;薪金和津贴的标准公开;明确的调薪政策。

不同的组织在对待薪酬管理方面要有一定的针对性和灵活性,在考核薪资的时候,根本的原则是员工给企业创造的价值。比如以经销商来说,销售和技术支持哪个更重要?销售给企业带来的是明确的、看得到摸得着的价值,而技术支持却能够帮助企业建立良好的客户关系,并使企业多次获利,但许多企业往往重视销售人员的作用,而忽视了技术人员所扮演的创造巨大价值的角色。

4.4.2 薪酬制度

薪酬制度设计分为四大步骤:

1)薪酬调查

薪酬调查重在解决薪酬的对外竞争力问题。企业在确定工资水平时,需要参考劳动力市场的工资水平。组织可以委托专业的咨询组织进行这方面的调查。薪酬调查表如表 4.7 所示。

表 4.7 薪酬调查表

被调查企业名称__________	
地址__________	产　业__________
代码__________	完成日期__________
数据完成者:姓名__________	职　务__________
所调查企业的产品或者服务描述:__________	
员工数量	
合同工__________	
小时工__________	

续表

<table>
<tr><td>薪酬调整
过去12个月内,人员数量增长情况
合同工________________________
小时工________________________
过去12个月内,薪酬增长情况
合同工______%有 ______%没有 日期______
小时工______%有 ______%没有 日期______</td></tr>
<tr><td>成绩增长
6个月内,企业是否因为增长工资而维持业绩增长?
合同工 □有 □没有
小时工 □有 □没有
如果没有,最近所增长的工资额平均值是多少?
合同工________________________
小时工________________________
如果有,不同类别人员的情况是:
业绩增长 工资增长
合同工______% ______%
小时工______% ______%</td></tr>
<tr><td>福利待遇
形式________________________
人均数量________________________</td></tr>
<tr><td>其他
________________________</td></tr>
</table>

薪酬调查的对象,最好是选择与自己有竞争关系的组织或同行业的类似组织,重点考虑员工的流失去向和招聘来源。薪酬调查的数据,要有上年度的薪资增长状况、不同薪酬结构对比、不同职务和不同级别的职务薪酬数据、奖金和福利状况、长期激励措施以及未来薪酬走势分析等。

根据调查数据绘制的薪酬曲线是薪酬调查的结果。在职务等级—工资等级坐标图上,首先标出所有被调查组织的员工所处的点;然后整理出各组织的工资曲线。25P、50P、75P指,假如有100家组织(或职务)参与薪酬调查的话,薪酬水平按照由低到高排名,它们分别代表着第25位排名(低位值)、第50位排名(中位值)、第75位排名(高位值)。从图4.9上可以直观地反映某家组织的薪酬水平与同行业相比处于什么位置。

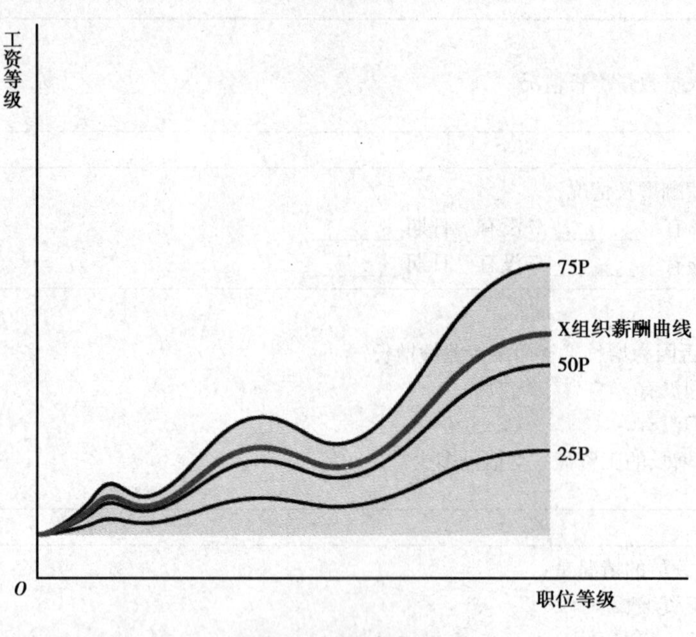

图 4.9　工资曲线

2）职位评价

在一个组织里，人们常常需要确定一个职位的价值，想知道财务经理与销售经理相比，究竟谁对组织的价值更大，谁应该获得更好的报酬。那么，究竟如何确定某个职位在组织里的地位呢？对不同职位之间的贡献价值如何进行衡量比较呢？这就需要进行职位评价。

职位评价（职务评估）重在解决薪酬的对内公平性问题。它有两个目的：一是比较企业内部各个职务的相对重要性，得出职务等级序列；二是为进行薪酬调查建立统一的职务评估标准，消除不同组织间由于职务名称不同或即使职务名称相同但实际工作要求和工作内容不同所导致的职务难度差异，使不同职务之间具有可比性，为确保工资的公平性奠定基础。

职位评价（Job Evaluation，或称为岗位评价、岗位测评）是一种职位价值的评价方法，职位评价代表组织对每个职位劳动价值的衡量标准。它是在职位描述（Job Description）的基础上，对职位本身所具有的特性（比如职位对组织的影响、职责范围、任职条件、环境条件等）进行评价，以确定职位相对价值的过程。很显然，职位评价原则是“对岗不对人”，评价对象是职位，而非任职者。而且，职位评价反映的只是职位的相对价值，而不是职位的绝对价值（职位的绝对价值是无法衡量的）。

(1)作用

①确定职位级别的手段。

职位等级常常被组织作为划分工资级别、福利标准、出差待遇、行政权限等的依据,甚至被作为内部股权分配的依据,而职位评价则是确定职位等级的最佳手段。

有的组织仅仅依靠职位头衔称谓来划分职位等级,而不是依据职位评价,这样有失准确和公平。尽管财务经理和销售经理都是经理,但他们在组织内的价值并不相同,所以职位等级理应不同。同理,在不同组织之间,尽管都有财务经理这个职位,但由于组织规模不同、该职位的具体工作职责和要求不尽相同,所以职位级别也不相同,待遇自然也不同。

②薪酬分配的基础。

在工资结构中,很多组织都有职位工资这个项目。在通过职位评价得出职位等级之后,就便于确定职位工资的差异了。当然,这个过程还需要薪酬调查数据作参考。国际化的职位评价体系 HAY,CRG,由于采用的是统一的职位评价标准,使不同组织之间、不同职位之间在职位等级确定方面具有可比性,在薪酬调查时也使用统一标准的职位等级,为薪酬数据的分析比较提供了方便。

③员工确定职业发展和晋升路径的参照系。

员工在组织内部跨部门流动或晋升时,也需要参考各职位等级。透明化的职位评价标准,便于员工理解组织的价值标准是什么,员工该怎样努力才能获得更高的职位。

(2)方法

职位评价最常用的方法有两种:排序法(Ranking Method)和因素评分法(Point Method)。

①排序法。

排序法是比较传统的方法,它首先列出组织内的所有职位,然后划分出职位系列(诸如管理人员、技术人员、作业工人),然后再选择排序标准(诸如工作复杂程度),最后按照类似高矮站队排序的方式,对这些职位作重要性比较,最后排列出各职位的相对位置。

排序的具体做法是采用交替排序方式进行,首先选出价值最高和最低的职位,然后在剩余的所有职位中选出价值最高和最低的职位,依此类推将所有职位排出等级。大学职位序列如表 4.8 所示。

表 4.8 大学职位序列

等级序列	津贴标准
1.校长(教授)	36
2.副校长(副教授)	33

续表

等级序列	津贴标准
3.校长助理(讲师、高级技工)	30
4.处长(助理讲师、中级技工)	28
5.副处长(教员、初级技工)	25
6.科长(普通工人)	23
7.副科长	21
8.科员	19
9.办事员	17

这种方法的好处是操作简单,容易实行,耗用的时间和资源较少。由于这种方法是根据职位的“总体情况”而不是根据一系列细分的评价因素而排序的,所以职位说明书在排序法中并不像在其他方法中那样不可或缺。

但这种方法的弊端也很明显,就是过于主观,不精确,缺少说服力,并且,它只能得出职位高低顺序,却难以判断两个相邻职位之间实际差距的大小。通常,这种方法适用于规模较小的组织,因为它们无力花费更多时间和开支去开发或采用比较复杂但是相对精确的体系。

②因素评分法。

目前应用最广泛、最精确、最复杂的职位评价方法是因素评分法(又称要素计点法、点值法等)。世界最著名的人力资源顾问组织如 HAY,CRG,Watson Wyatt 等,都是采用此类方法。在美国,有 60%~70%的组织采用此法。国内从 20 世纪 90 年代初开始,在国有组织中大力提倡岗位技能工资制,与之相配套确定岗位等级的方法——岗位测评,也是属于因素评分法。

因素评分法是采用对评价因素进行量化打分的办法,有多种具体形态,主要操作步骤是:

A.首先需要做好基础工作,比如做好职位分析,撰写职位说明书,同时对职位进行分类(划分职族),比如分成销售职位、行政职位、生产职位等。

B.其次需要挑选并仔细定义影响职位价值的共同因素,即付酬因素(Compensable Factors),比如该职位对组织的影响、职责大小、工作难度(包括解决问题的复杂性、创造性)、对任职人的要求(包括专业技术要求、能力要求、生理要求等)、工作条件、工作饱满程度等。在国内组织特别是国有组织的岗位测评中,常用的评价要素是岗位责任、岗位要求技能、劳动强度、劳动条件 4 个。在外资企业中,采用的多是 CRG,HAY,Watson

Wyatt 等咨询组织的模式，主要偏重于决策自由度、最终结果的影响力、责任的重要性、沟通技巧、任职资格、解决问题难度、工作条件等因素。

C.对每个付酬因素赋予不同的分数（点值），分数的大小视这个因素在全部的付酬因素中所占的重要性而定，每个因素的权重是不同的，分数代表付酬因素的权重。然后，对每个因素进行分等级（比如分成 5 档），给出每个等级所对应的分数。当然，对每个等级还要给出具体的定义。注意，相邻等级必须是清晰可辨的。

D.根据上述定义，确定每个职位在每个因素项上的得分；然后，把各项得分汇总，得出每个职位的总分；最后，按照预先设定的职位级别划分标准（比如每 25 分相差一级），得出每个职位的具体等级。

因素评分法的最大优点体现在公平性和准确性。当然，它的缺点也很明显，就是实施复杂、周期长，所耗用的时间、费用非常大。

科学的职位评价体系是通过综合评价各方面因素得出工资级别，而不是简单地与职务挂钩，这有助于解决“当官”与“当专家”的等级差异问题。比如，高级研发工程师并不一定比技术研发部经理的等级低。前者注重于技术难度与创新能力，后者注重于管理难度与综合能力。

3）薪酬结构设计

薪酬结构设计的最终目的是让员工所获薪酬额与其贡献量成正比变化，而且这种变化是时刻动态进行。

以职位评价为主的动态结构工资（Structure-based Pay）、以技能为基础的付酬办法（Skill-based Pay）、以能力为基础的付酬办法（Competencies-based Pay）、以绩效为基础的付酬办法（Performance-based Pay）、项目工资制（Project-based Pay）等。

目前最常见的薪酬形式仍然是结构工资制，由职位工资（岗位工资）、年功工资（类似于工龄工资）、效益工资和特殊工资 4 单元组成（大体比例为 38∶5∶55∶2）。动态薪酬结构的价值表现在两方面：通过岗位绩效考核，使岗位之间的晋升或降级有了量化的考核数据，增加公平性，使员工的力量集中到努力工作，提高工作绩效上来。同级岗位采取无级系数考核法，使动态绩效工资时刻随工作绩效的好坏而变化。

组织在确定人员工资时，往往要综合考虑 3 个方面的因素：职务等级、个人的技能和资历、个人绩效。在工资结构上与其相对应的，分别是职务工资、技能工资、绩效工资。

职务工资由职务等级决定，它是一个人工资高低的主要决定因素。职务工资是一个区间，而不是一个点。企业可以从薪酬调查中选择一些数据作为这个区间的中点，然后根据这个中点确定每一职务等级的上限和下限。

技能工资指以员工个人所掌握的知识、技术和所具备的能力为基础来进行工资报酬的支付。技能工资制确定员工工资水平的标准是员工的技能类型和水平，而不是其所任职位的特征。技能工资制与职位工资制相比有以下特点：技能工资评定的依据是技能特征而不是职位特征;员工技能掌握程度也要被评定;在技能工资制中,员工职位改变但工资可能不变;在决定员工工资水平时很少考虑资历因素;员工升职加薪的机会相对会更多。

绩效工资是对员工完成业务目标而进行的奖励,即薪酬必须与员工为企业所创造的经济价值相联系。绩效工资可以是短期性的,如销售奖金、项目浮动奖金、年度奖励,也可以是长期性的,如股份期权等。此部分薪酬的确定与组织的绩效评估制度密切相关。

总之,确定职务工资,需要对职务做评估;确定技能工资,需要对人员资历做评估;确定绩效工资,需要对工作表现做评估;确定组织的整体薪酬水平,需要对组织盈利能力、支付能力做评估。每一种评估都需要一套程序和办法。

4)薪酬体系的调整

从本质意义上讲,劳动报酬是对人力资源成本与员工需求之间进行权衡的结果。世界上不存在绝对公平的薪酬方式,只存在员工是否满意的薪酬制度。人力资源部可以利用薪酬制度问答、员工座谈会、满意度调查、内部刊物甚至 BBS 论坛等形式,充分介绍组织的薪酬制定依据。为保证薪酬制度的适用性,规范化的组织都对薪酬的定期调整做了规定。

4.4.3 股票期权制度

香港凤凰卫星电视有限公司 2000 年 6 月在香港联合交易所创业板挂牌上市,所发行新股份中的 10%向公众发售,90%配售给机构投资者和公司员工。凤凰卫视向包括 2 名董事、4 为高级管理人员和 146 名员工发行 5 974.2 万股的股份,占所发行新股份中的 1.45%。其中,吴小莉、窦文涛、鲁豫、许戈辉 4 位著名节目主持人所获得的配售股份仅次于副总裁级高级管理人员,吴小莉 159.6 万股、窦文涛 106.4 万股、鲁豫 106.4 万股、许戈辉 106.4 万股。4 位著名节目主持人可以在 1 年后 10 年内选择任何时间以公司最初发行价购买规定数量的股份,据此推算每人应该收益在数百万港元,成为首批身价超过百万港元的华语节目主持人。

吴小莉、窦文涛、鲁豫、许戈辉 4 位所获得股份的方式就是目前欧美国家非常流行的经理人股票期权(激励)。

1)认识经理人股票期权

"经理人股票期权"(Executive Stock Options,简称 ESO)是一种薪酬制度。其主要内容是,董事会下属的薪酬委员会授予经理人在未来的某一段时间内以一定价格购买公司股票的选择权,持有这种权利的经理人通过在规定的时间以规定的价格购买本公司股票(这种行为称之为“行权”),可以获得股票市价和行权价之间的差价。

股票期权制度,可以将公司高级管理人员的个人利益同公司股东的长期利益联系起来,避免了以基本工资和年度奖金为主的传统薪酬制度下经理人员的行为短期化倾向,可以使经理人员从公司股东的长远利益出发,实现公司价值的最大化,以使公司的经营效率和利润获得大幅度提高。

1952年,美国菲泽尔公司为了避免公司主管们的现金薪金被高额的所得税率“吃”掉,在雇员中推出了世界上第一个股票期权计划。近20年来,激励性质的股票期权计划发展很快。在当代发达国家,企业经理人的薪酬结构较以往有了较大变化,以股票期权为主体的薪酬制度已经取代了以基本工资和年度奖金为主体的传统薪酬制度。1996年《财富》杂志评出的全球前500家大工业企业中,有89%的公司已向其高级管理人员采取了经理股票期权报酬制度。特别是高新技术产业的公司,如微软、英特尔、雅虎等,目前已大量采用经理股票期权的薪酬制度。我国率先实行股票期权制度的国有企业是上海仪电控股(集团)公司(1997年),目前,联想、方正等高科技公司纷纷向其高级管理人员授予股票期权,开始造就数以百计的百万富翁。美国公司首席执行官的未来财富如表4.9所示。

表4.9 未来的财富

排 名	美国公司首席执行官	未执行的期权总值(千美元)
1	蒂默西·库格尔(雅虎公司)	2 251 451
2	史蒂芬·凯斯(美国在线公司)	1 263 767
3	巴里·迪勒(美国网络公司)	1 033 984
4	格论·米肯(Free Markets)	751 140
5	米拉尔德·德雷克斯勒(加普公司)	685 003
6	亨利·西尔弗曼(Cendant)	384 683
7	约翰·钱伯斯(思科系统公司)	482 453
8	洛伊斯·郭士纳(IBM公司)	481 350
9	约瑟夫·纳楚(QWEST国际通信公司)	467 546
10	威廉·埃斯莱(Sprint Fon Group)	452 837

2)股票期权的人性理论逻辑

经理人在组织中的作用超过普通员工,因此,现代公司治理机制需要解决的两个基本问题:经理人选择和经理人激励。前者是指用什么样的机制能选拔最有能力的人当经理,后者是指建立怎样的机制确保经理能尽力尽责地为股东利益工作。经理人薪酬制度是解决现代公司治理机制中经理人激励的制度,股票期权制度就是其中能够比较好地处理经理人激励的薪酬制度。

心理学研究显示,人的行为受需求(通俗称为利益)支配。人最基本、最基础的需求构成人性的主要特征,自私、懒惰和不负责是绝大多数人的共同人性特征,因此,人的行为是根据满足自私、懒惰和不负责需求来选择的。经理人的决策行为自然是受其自身需求(利益)左右的,其行为目标是在一定的约束条件下实现个人需求最大化满足。

股票期权制度的理论逻辑是:股票期权提供期权激励—经理人员努力工作,实现组织价值最大化—组织股价上升—经理人员行使期权获得收益。充分利用"人性恶"的人性特征,将组织价值最大化成为股东和经理人员的共同目标,确保组织长久生存与发展。

传统薪酬制度以基本工资和年度奖金为主,经理人的个人需求满足与组织的短期效益建立交换关系,经理人为了追求个人需求的最大化满足,必要的条件是组织效益的短期最大化,因此,经理人在管理组织过程中的行为必然短期化,忽视组织的长期利益。

基本工资和年度奖金←→组织的短期效益

按照国外企业老总的年薪一般不低于所创利润的2%的原则,邯郸钢铁总厂老总刘汉章1996年应该拿100万元年薪,但是,国家有关部门担心会激化企业内部分配矛盾,只能将此分配方案压下,刘汉章1996年的年薪仍是3万元奖金。

由于国内企业经理激励约束机制的扭曲,导致经理行为的扭曲。云南红塔集团总经理褚时健,过去每年创造巨额效益,每月工资只有4 000多元,导致心理不平衡后的巨额贪污腐败行为应该说来自制度性原因。

3)股票期权制度

股票期权制度以股票远期收益为主,而不是基本工资和年度奖金为主,经理人的个人需求满足以组织股票远期收益为基础,组织股票远期收益取决于组织远期的经营效益,因此,经理人的个人需求满足与组织远期的经营效益建立交换关系,经理人为了追求个人需求的最大化满足,必要的条件是组织效益的远期最大化,避免了忽视组织的长期利益弊病。

在行权以前,股票期权持有人没有任何的现金收益;行权以后,其收益为行权价与行权日市场价之间的差价。当行权价一定时,行权人的收益与股票价格呈正比。经理人为了个人收益最大化,必然产生推动股票价格上涨的个人动力,而股票上涨则来自于组织的经营效益增长,经理人自然产生推动组织的经营效益增长的个人动力。

股票远期收益←→组织的远期效益

1993—1995 年,IBM 的总裁因为使公司起死回生,从股票期权中得到了 6 000 万美元收益。1998 年,美国 CA 公司创办人王嘉廉以 6.7 亿美元年收入创造纪录。迪斯尼公司的总裁艾斯纳,薪水加奖金不过是 576 万美元,但是股票期权带来的财富,则有近 5.7 亿美元。

4)股票期权的运作

国内股票期权制度如何实施,涉及股票期权形成、股票期权比例、股票期权变现等问题。

(1)必要准备

必须首先实行年薪制。必须以合同的形式明确规定经理人的权利和责任。必须实行经理人个人财产抵押制度。要采取经理人绩效指标与股票期权挂钩的办法。

(2)股票期权形成

将对经理人的部分现金奖励转化为股票期权;调整公司股本结构,划出一部分形成经理人的股票权,用于设立经理人岗位股(干股)或奖励业绩良好的经理人;对有突出贡献并得到社会各方面认同的经理人,实行其无形资产(人力资本专用性)折股形成股票期权;通过股权转让形成经理人的股票期权;在公司增资扩股中形成经理人的股票期权。

(3)股票期权比例

对经理人的基本年薪、效益年薪、股票期权等全部经济收入,要通盘予以考虑,合理确定各个部分的份额。其中,经理人股票期权的数额,一般应控制在其全部收入的 1/3 以内。

(4)执行期限

有效期通常在 5~10 年,过期作废;购买股票期权后到抛售股票的时间等待在半年至 3 年;可以是其任期届满时以一次性方式变现股票期权,也可以是其任职期间经考核合格以每年一定比例的方式变现股票期权。

(5)执行方式

执行方式大概有 3 种。现金行权购买股票;无现金行权出售股票;割让部分股票期权套取现金,用换取的现金行权,替代股票期权的行权成本。此外,还有虚拟股票期权,给予管理者的股票期权额度,但是不需要管理者购买并持有股票,在一定期限后按照市场价格与最初确定的股票期权价格差价,支付给管理者现金。

(6)考核标准

在兑现股票期权时,必须按照合同规定的要求和标准进行严格考核,考核标准有资本市场指标、财务类型指标、竞争性指标。并按照经理人责任与权利对等的原则兑现股票期权,其中,对未达到合同要求和标准的,不仅不能兑现股票期权,还要适当扣减经营风险抵押金。

5) 股票期权可能存在的问题

首先,公司的高级管理人员在公司股价很高时,享有的高额回报是否公平(与其作出的贡献是否等值)就是一个问题,美国 1999 年,企业首席执行官的平均收入是蓝领工人的 475 倍,差距还在逐年加大;其次,股票期权会导致公司股权的分散化,同时会导致公司股东报酬的减少;然后,高级管理人员在股票下跌的时候会迅速跳槽流失;最后,也是最重要的一点,就是股票期权的发展有可能背离其创立的初衷,即公司高级管理人员为了使其持有的股票保持高价格,在公司需要资金时采取大举借债的方法,这样就可能使公司股票的价格高于它的实际价值,同时也增大了公司的经营风险。

调查表明,相当部分实行股票期权的企业,如 1999 年美国公司的首席执行官的表现,高级管理人员并没有作出与其获得的报酬相当的业绩。

股票期权可能存在问题其实全部都是如何针对人性"恶"特征进行修正完善的问题。例如针对"高级管理人员在股票下跌的时候会迅速跳槽流失"问题,可以采用被称为限制性股票和股票期权利息的方式解决。

4.4.4 薪酬激励的艺术

尽管薪酬不是激励员工的唯一手段,也不是最好的办法,但却是一个非常重要、最易被人运用的方法。薪酬总额相同,支付方式不同,会取得不同的效果。要想使薪酬既具有最佳的激励效果,又有利于员工队伍稳定,就要在薪酬制度上增加激励功能,同时在实际操作中学会使用一些技巧。

1) 在薪酬构成上增强激励性因素

从对员工的激励角度上讲,可以将广义的薪酬分为两类:一类是保健性因素(或称维护性因素),如工资、固定津贴、社会强制性福利、公司内部统一的福利项目等;另一类是激励性因素,如奖金、物质奖励、股份、培训等。如果保健性因素达不到员工期望,会使员工感到不安全,出现士气下降、人员流失,甚至招聘不到人员等现象。另一方面,尽管高额工资和多种福利项目能够吸引员工加入并留住员工,但这些常常被员工视为应得的待遇,难以起到激励作用。真正能调动员工工作热情的,是激励性因素。

如果以薪酬的刚性(即不可变性)为横坐标,以薪酬的差异性(即薪酬在不同员工之间的差异程度)为纵坐标,可以将薪酬的构成分为 4 类(4 个象限),如图 4.10 所示。

从激励的角度来看,第二象限的激励作用最强,第四象限的激励作用最弱甚至为零(最僵硬)。

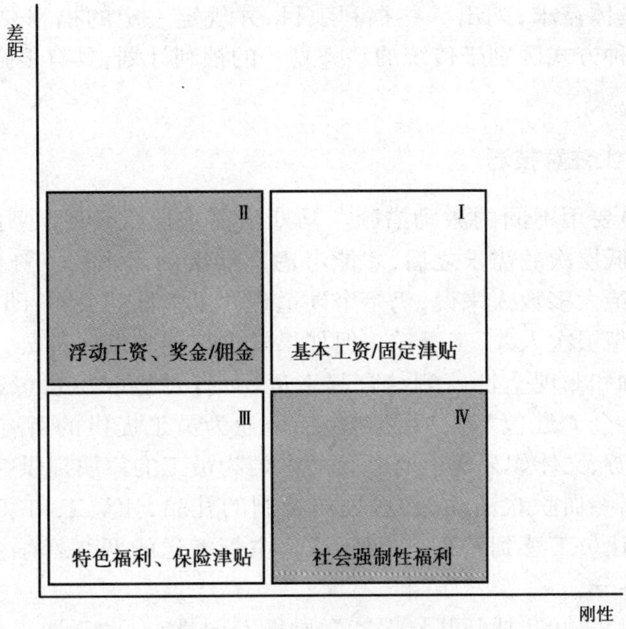

差距

Ⅱ 浮动工资、奖金/佣金	Ⅰ 基本工资/固定津贴
Ⅲ 特色福利、保险津贴	Ⅳ 社会强制性福利

刚性

图 4.10 薪酬的构成象限图

如果一个组织中员工的工作热情不高、员工比较懒散,想加大激励力度,可以采用高弹性的薪酬模式,即加大第二象限(浮动工资/奖金/佣金)的构成比例,缩小刚性成分。相反,如果是一个因品牌弱小导致招聘困难的新兴公司,可以采用高稳定的薪酬模式,增加薪酬中的固定成分,让员工有安全感。

2)设计适合员工需要的福利项目

完善的福利系统对吸引和保留员工非常重要,也是人力资源系统是否健全的一个重要标志。福利项目设计得好,不仅能给员工带来方便,解除后顾之忧,增加对公司的忠诚,而且可以节省在个人所得税上的支出,同时提高了公司的社会声望。

员工个人的福利项目可以按照政府的规定分成两类。一类是强制性福利,企业必须按政府规定的标准执行,比如养老保险、失业保险、医疗保险、工伤保险、住房公积金等。另一类是企业自行设计的福利项目,常见的如人身意外保险、医疗保险、家庭财产保险、旅游、服装、误餐补助或免费工作餐、健康检查、俱乐部会费、提供住房或购房支持计划、提供公车或报销一定的交通费、特殊津贴、带薪假期等。员工有时会把这些福利折算成收入,用以比较企业是否具有物质吸引力。

对企业而言,福利是一笔庞大的开支(在外企中能占到工资总额的30%以上),但对员工而言,其激励性不大,有的员工甚至还不领情。最好的办法是采用菜单式福利,即根据员工的特点和具体需求,列出一些福利项目,并规定一定的福利总值,让员工自由选择,各取所需。这种方式区别于传统的整齐划一的福利计划,具有很强的灵活性,很受员工的欢迎。

3)在薪酬支付上注意技巧

对不同的人员要用不同的激励措施。马斯洛需求层次理论说明,人的需求是分层次的,只有满足了低层次的需求之后,才能考虑高层次的需求。工资作为满足低层次需求的保障条件,对绝大多数人来说,仍是个硬道理。工资低的公司,即使企业文化搞得再好,也难留人。对高层次人才,工资较高但如果缺少培训和发展机会,仍然缺乏吸引力。

将现金性薪酬和非现金性薪酬结合起来运用,有时能取得意想不到的效果。前者包括工资、津贴、奖金、"红包"等,后者则包括企业为员工提供的所有保险福利项目、实物、公司举行的旅游、文体娱乐等。有些公司专门为员工的家属提供特别的福利,比如在节日之际邀请家属参加联欢活动、赠送公司特制的礼品、让员工和家属一起旅游、给孩子们提供礼物等,让员工感到特别有"面子"。主管赠送的两张音乐会票、一盒化妆品,常会让员工激动万分。

适当缩短常规奖励的时间间隔、保持激励的及时性,有助于取得最佳激励效果。频繁的小规模的奖励会比大规模的奖励更为有效。减少常规定期的奖励,增加不定期的奖励,让员工有更多意外的惊喜,也能增强激励效果。

4)选用具有激励性的计酬方式

计酬方式通常包括按时计酬、按件计酬、按绩计酬等。最缺乏激励效果的是按时计酬,其激励作用只是体现在每年调薪前后的一段时间,很难持久。但它也有明显的优点:收入稳定,给员工以安全感,便于留人和招聘;实施方便;劳动力成本易于预测;不会因为强调产出数量而忽视质量等。计件工资制对员工的激励作用十分明显,但它仅适用于产出数量容易计量、质量标准明晰的工作,对知识白领的工作很难计件。在IT行业,最通常采用的是按时计酬与按绩效计酬相结合。它需要事先设定具体的工作目标(指标),考核期结束时或项目完成后根据实际工作业绩评估结果计算浮动工资或提取佣金。业绩工资由团队业绩和个人业绩两部分所决定。对高级职位,企业利润常作为重要业绩指标而与薪酬挂钩。由于薪酬与可量化的业绩挂钩,更具激励性和公平性。这种方法需要有合理的目标设定方法和良好的绩效考评系统做支持。

对于高科技公司里的研发人员,根据项目管理法则,可以按研发项目中的若干关键阶段设置多个"里程碑",对按计划完成者实行奖励,而不是按工作时间行赏。另外,将研发人员的部分薪酬与产品的销售状况挂钩、增加加薪机会,使薪酬支付更加灵敏地体现员工的业绩。

5) 重视对团队的奖励

尽管从激励效果来看，奖励团队比奖励个人的效果要弱，但为了促使团队成员之间相互合作，同时防止上下级之间由于工资差距过大导致出现低层人员心态不平衡的现象，所以有必要建立团队奖励计划。有些成功企业，用在奖励团队方面的资金往往占到员工收入的很大比重。对优秀团队的考核标准和奖励标准，要事先定义清楚并保证团队成员都能理解。具体的奖励分配形式归纳为3类。一类是以节约成本为基础的奖励，比如斯坎伦计划，将员工节约的成本乘以一定的百分比，奖励给员工所在团队。另一类是以分享利润为基础的奖励，它也可以看成是一种分红的方式。第三类是在工资总额中拿出一部分设定为奖励基金，根据团队目标的完成情况、企业文化的倡导方向设定考核和评选标准进行奖励。

6) 在向员工沟通薪酬时注意技巧

有的公司在员工薪酬、福利待遇上破费不少，但员工却无动于衷。作为主管，建议将福利方面的开支做个支出明细说明，让员工明白公司为他们所付出的代价。要告诉员工你的分配哲学。如果你确信公司的薪酬具有竞争力，为了让员工信服，不妨将你在薪酬方面的调查结果公开，甚至让员工参与薪酬方案的设计与推动。即使因为公司遇到暂时困难而不得不减薪，只要你坦诚相见，公平对待，同时再把薪酬以外的优势尽可能展现出来，相信员工也会理解并能同舟共济。

在调薪时，员工与主管之间存在一种微妙的博弈关系。员工理所当然希望工资尽可能地高，作为老板则希望尽可能减少人力成本。如何在博弈中既能控制住薪酬，又能使员工获得激励？一种办法是先降低员工对其薪酬目标的期望值，比如对员工预期的调薪幅度和调薪范围做低调处理。当员工发现其事实上的调薪幅度超过其预想时，他会产生一种满足感。

7) 厚待高层员工和骨干员工

在薪酬有限的情况下，组织为了发展，不得不有重点地保留住重点员工和业务骨干。某著名美国公司在遇到业绩下滑后，在年度工资调整上采取这样的策略：对高层员工采用高于市场平均值的增长率，对中层员工和业务骨干采用平均市场增长率，对一般员工则保持工资不变。他们的思路是：80%的业绩是由20%的精英来完成的，少数骨干决定了公司的发展。对于一些新兴的高科技公司，或者实力不是很强的公司，这种方法尤其有效。

“先增加利润还是先提高工资？”这个问题很像是“先有蛋还是先有鸡？”，建议选择“先提高工资”，如果其资金能够支持一个利润周期的话。配合科学的绩效管理，公司将会进入“高工资、高效率、高效益”的良性循环，用一流的人才成就一流的事业，这样公司和员工都会有一个加速度的发展。

4.5 绩效管理

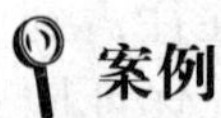

猎狗与猎人

一条猎狗将兔子赶出了窝,一直追赶他,追了很久仍没有捉到。牧羊看到此种情景,讥笑猎狗说:“你们两个之间小的反而跑得快得多。”猎狗回答说:“你不知道我们两个的跑是完全不同的!我仅仅为了一顿饭而跑,他却是为了性命而跑呀!”

这话被猎人听到了,猎人想:猎狗说的对啊,那我要想得到更多的猎物,得想个好法子。于是,猎人又买来几条猎狗,凡是能够在打猎中捉到兔子的,就可以得到几根骨头,捉不到的就没有饭吃。这一招果然有用,猎狗们纷纷去努力追兔子,因为谁都不愿意看着别人有骨头吃,自己没的吃。就这样过了一段时间,问题又出现了。大兔子非常难捉到,小兔子好捉。但捉到大兔子得到的奖赏和捉到小兔子得到的骨头差不多,猎狗们善于观察,发现了这个窍门,专门去捉小兔子。慢慢地,大家都发现了这个窍门。猎人对猎狗说:“最近你们捉的兔子越来越小了,为什么?”猎狗们说:“反正没有什么大的区别,为什么费那么大的劲去捉那些大的呢?”

猎人经过思考后,决定不将分得骨头的数量与是否捉到兔子挂钩,而是采用每过一段时间,就统计一次猎狗捉到兔子的总重量。按照重量来评价猎狗,决定一段时间内的待遇。于是猎狗们捉到兔子的数量和重量都增加了,猎人很开心。但是过了一段时间,猎人发现,猎狗们捉的兔子数量又少了,而且越有经验的猎狗,捉兔子的数量下降得就越多。于是猎人又去问猎狗。猎狗说“我们把最好的时间都奉献给了您,主人,但是我们随着时间的推移会老,当我们捉不到兔子的时候,您还会给我们骨头吃吗?”

猎人做了论功行赏的决定。分析与汇总了所有猎狗捉到兔子的数量与重量,规定如果捉到的兔子超过了一定的数量后,即使捉不到兔子,每顿饭也可以得到一定数量的骨头。猎狗们都很高兴,大家都努力去达到猎人规定的数量。一段时间过后,终于有一些猎狗达到了猎人规定的数量。这时,其中有一只猎狗说:“我们这么努力,只得到几根骨头,而我们捉的猎物远远超过了这几根骨头。我们为什么不能给自己捉兔子呢?”于是,有些猎狗离开了猎人,自己捉兔子去了。

猎人意识到猎狗正在流失,并且那些流失的猎狗像野狗一般和自己的猎狗抢兔子。情况变得越来越糟,猎人不得已引诱了一条野狗,问他到底野狗比猎狗强在哪里。野狗说:“猎狗吃的是骨头,吐出来的是肉啊!”接着又道:“也不是所有的野狗都顿顿有肉吃,大部分最后骨头都没的舔!不然也不至于被你诱惑。”于是猎人进行了改革,使得每条猎狗除基本骨头外，可获得其所猎兔肉总量的 $n\%$，而且随着服务时间加长，贡献越大，该比例还可递增，并有权分享猎人总兔肉的 $m\%$。就这样，猎狗们与猎人一起努力，将野狗们逼得叫苦连天，纷纷强烈要求重归猎狗队伍。

日子一天一天地过去，冬天到了，兔子越来越少，猎人的收成也一天不如一天。而那些服务时间长的老猎狗们老得不能捉到兔子，但仍然在无忧无虑地享受着那些他们自以为是应得的食物。终于有一天猎人再也不能忍受，把他们扫地出门，因为猎人更需要身强力壮的猎狗……

被扫地出门的老猎狗们得了一笔不菲的赔偿金，于是他们成立了 MicroBone 公司。他们采用连锁加盟的方式招募野狗，向野狗们传授猎兔的技巧，他们从猎得的兔子中抽取一部分作为管理费。当赔偿金几乎全部用于广告后，他们终于有了足够多的野狗加盟。公司开始赢利。一年后，他们收购了猎人的家当……

MicroBone 公司许诺给加盟的野狗能得到公司 $n\%$ 的股份。这实在是太有诱惑力了。这些自认为是怀才不遇的野狗们都以为找到了知音：终于做公司的主人了，不用再忍受猎人们呼来唤去的不快，不用再为捉到足够多的兔子而累死累活，也不用眼巴巴地乞求猎人多给两根骨头而扮得楚楚可怜。这一切对这些野狗来说，这比多吃两根骨头更加受用。于是野狗们拖家带口地加入了 MicroBone，一些在猎人门下的年轻猎狗也开始蠢蠢欲动，甚至很多自以为聪明实际愚蠢的猎人也想加入。好多同类型的公司像雨后春笋般地成立了，BoneEase，Bone.com，ChinaBone……一时间，森林里热闹起来。

猎人凭借出售公司的钱走上了老猎狗走过的路，最后千辛万苦要与 MicroBone 公司谈判的时候，老猎狗出人意料地顺利答应了猎人，把 MicroBone 公司卖给了猎人。老猎狗们从此不再经营公司，转而开始写自转《老猎狗的一生》，又写《如何成为出色的猎狗》《如何从一只普通猎狗成为一只管理层的猎狗》《猎狗成功秘诀》《成功猎狗 500 条》《穷猎狗，富猎狗》，并且将老猎狗的故事搬上屏幕，取名《猎狗花园》，4 只老猎狗成为了家喻户晓的明星 F4，收版权费，没有风险，利润更高。

4.5.1 绩效管理

绩效（Performance）是指组织和其子系统（部门、流程、工作团队和员工个人）的工作表现和业务成果。绩效管理（Performance Management）就是管理者通过一定的方法和制度确保企业及其子系统（部门、流程、工作团队和员工个人）的工作表现和业务成果能够与组织的战略目标保持一致，并促进组织战略目标实现的过程。

组织内部子系统（流程、部门、团队、员工等）的绩效会影响到组织的总体绩效目标，绩效管理的最终目标就是保证组织和它的所有子系统（流程、部门、团队、员工等）以一种优化的方式在一起工作以获得组织希望的结果。

绩效管理基于这样的认识(假设):人性是恶的,通过绩效管理形成认真工作的压力;人性是善的,通过绩效管理形成镜子,让员工在改进不足中自我提高。绩效管理包括合理的绩效计划、充分的绩效沟通、准确的绩效评价3部分。因此,管理者需要避免将绩效评价等同于绩效管理,绩效评价只是绩效管理的一部分,绩效管理是一个持续、系统的工作。

完整的绩效管理可以分作两个内容:一是组织绩效管理,管理的对象是组织绩效;二是员工绩效管理,以员工作为绩效管理对象。绝大多数组织的重点在员工绩效管理。

组织绩效管理用4个指标来衡量,分别是员工指标、流程指标、财务指标和客户指标。员工指标包括员工满意度(适配度、满意度和重要性)、优才流失率和员工生产率等因素。客户指标包括市场份额、老客户挽留率、新客户拓展率、客户满意度和客户忠诚度等几个因素。流程指标包括响应周期、总缺陷率、成本改进率和产品开发周期4个因素。财务指标则包括销售收入、经营利润和经济附加值3个因素。

绩效管理可以达到以下目标:使管理者不必介入所有正在进行的各种事务中(过细管理);通过赋予员工必要的知识来帮助他们进行合理的自我决策,从而节省管理者的时间;减少员工之间因职责不明而产生的误解;减少出现当管理者需要信息时没有信息的局面;通过帮助员工找到错误和低效率原因的手段来减少错误和差错(包括重复犯错误的问题)。

图4.11 绩效管理流程

绩效管理流程要经过13个基本步骤:①对比组织战略目标确定组织要获得的成果,用绩效词汇表达出来。②确定每个领域要达到的工作成果。③保证要达到的领域成果对组织成果有直接的贡献。④确定每个领域成果的权重或优先级。⑤确定测量领域成果的方法,尽量具体。⑥确定评估的标准。⑦编写绩效计划(包括要达到的结果、测量方法和标准)。⑧对绩效进行持续跟踪观察和测量。⑨动态反馈沟通绩效信息。⑩进行绩效评估。⑪对达到绩效标准者予以奖励。⑫对未达到预期绩效者分析原因,制订绩效发展计划以消除绩效差距。⑬重复步骤⑧—⑫直到得到满意的绩效或标准改变。

绩效管理流程如图4.11所示。

1)绩效计划

绩效计划常常是员工和管理者开始绩效管理过程的起点。由员工和管理者共同讨论确定的绩效计划,以搞清楚在计划期内员工应该做什么工作,做到什么程度,为什么要做这项工作,完成工作的时间和资金限制,员工完成工作任务时的权力和可以参与的决策级别,员工完成工作后的回报等。通常绩效计划都是做一年期的。

在IBM公司,每一个员工工资的涨幅,会有一个关键的参考指标,这就是个人业务承诺计划。只要你是IBM的员工,就会有个人业务承诺计划。制订承诺计划是一个互动的过程,你和你的直属经理坐下来共同商讨这个计划怎么做切合实际,几经修改,你其实和老板立下了一个一年期的军令状,老板非常清楚你一年的工作及重点,你自己对一年的目标非常明白,剩下的就是执行。大家团结紧张、严肃活泼地干了一年,到了年终,直属经理会在你的军令状上打分,直属经理当然也有个人业务承诺计划,上头的经理会给他打分,大家谁也不特殊,都按这个规则走。IBM的每一个经理都掌握了一定范围的打分权力,他可以分配他领导的那个组的工资增长额度,他有权力决定将额度如何分给这些人,具体到每一个人给多少。

2)绩效沟通

及时将员工在绩效方面的实际情况反馈给员工,寻找影响绩效的障碍以及得到使员工成功所需信息,绩效沟通是一个持续追踪进展的过程。持续的绩效沟通能保证管理者和员工共同努力以避免出现问题,及时处理出现的问题。

常用的方法:定期同每名员工进行一次简短的情况通气会;定期召开小组会,让每位员工汇报他完成任务和工作的情况;每位员工定期进行简短的书面报告;非正式的沟通(诸如管理者到处走动并同每位员工聊天);当出现问题时,根据员工的要求进行专门的沟通。

3)绩效评价

准确及时地界定员工的工作行为和工作结果,以此作为奖惩、升降、培训和辞退的依据。但是,绩效评价的出发点是解决问题,实事求是地发现员工工作的长处、短处,提供建议以扬长避短,使得员工能够得到持续的改进和提高。

评价需要先建立评价的原则,而后设计评价的流程和具体评价指标,明确评价的负责人员及其需要的技能。评价的结果必须要有激励机制的配套。

4)薪酬与奖励

绩效评价结果需要与激励因素联动,特别是通过绩效评价结果与薪酬、奖励挂钩,发挥薪酬、奖励的导向与杠杆作用。

5)绩效管理的误区

对绩效管理的一个普遍的误解是认为它是“事后”检讨,目的是抓住那些犯过的错误和不佳的问题。其实,绩效管理的核心不是简单地以反光镜形式来找员工的不足,而是为了防止问题发生,找出通向成功的障碍并予以扫除,以免日后付出更大的代价。

管理者担心绩效管理对员工会很尴尬,从而导致员工反击。问题的关键在于,当员工认识到绩效管理是一种帮助而不是责备时,绩效管理不是讨论绩效低下的问题,而是讨论成就、成功和进步的问题,是一种合作的过程,员工会更加合作和坦诚相处。管理者不应仅仅局限于将绩效管理视为评判员工。

参考资料:惠普的员工绩效管理

惠普的员工绩效管理包括4个步骤:设定业绩目标、制定考核标准;与员工交流沟通、建立广泛共识;动态评估业绩、过程与结果并重;积极奖励先进、果断处理后进。

通过这4个步骤的测评,惠普员工绩效管理最后要达到的目标是:造氛围(培养绩效文化)、定计划(运筹制胜业绩)、带团队(建设高效团队)、促先进(保持激发先进)、创优绩(追求卓越成果)。

惠普的员工绩效管理又可分为以下7个方面。

(一)制订上下一致的计划

一个公司有许多不同职位上的人员,惠普要求每个层面上的人员都要作各自的计划。股东和总执行官要制订战略计划,各业务单位和部门要制订方针计划,部门经理和其团队要制订实施计划,通过不同层面人员的相互沟通,公司上下就能制订出一致性很高的计划,从而有利于发展步骤的实施。

(二)制定业绩指标

对于员工的业绩指标,公司用6个英文字母来表示:SMTABC。具体的解释是:S(Specific,具体性),要求每一个指标的每一个实施步骤都要具体详尽;M(Measurable,可衡量),要求每一个指标从成本、时间、数量和质量4个方面能作综合的考察衡量;T(Time,定时),业绩指标需要指定完成日期,确定进度,在实施的过程中,管理层还要对业绩指标作周期检查;A(Achievable,可实现性),员工业绩指标需要和老板、事业部及公司的指标相一致且易于实施;B(Benchmark,以竞争对手为标杆),指标需要有竞争力,需要保持领先对手的优势;C(Customer Oriented,客户导向),业绩指标要能够达到客户和股东的期望值。

(三)向员工授权

经理是这样一些人,他们通过别人的努力得到结果同时达到公司期望的目标,所以惠普特别重视经理怎样向员工授权。

惠普强调的是因人而异的授权方式,根据不同的员工类型、不同的部门类型和不同的任务,惠普把授权方式分为5种,分别是:Act on your own(斩而不奏)、Act and advise(先斩后奏)、Recommend(先奏后斩)、Ask what to do(问斩)、Wait until told(听旨)。不同的员工要用不同的授权方法,因人而异。

(四)教导员工

根据员工的工作积极性和工作能力,惠普把员工分成5个类型,分别采用5种方法进行教导。最好的员工既有能力又有积极性,对于这样的员工,惠普公司的管理层只是对他们做一些微调和点拨,并且很注重奖励,以使员工保持良好的状态;第二等级的员工有3种,一是工作能力强但工作积极性弱,这样的员工,公司主要对他们做思想上的开导和鼓励,解决思想问题,还有的员工工作积极性强但能力弱,公司教导的重点就在教育和训练上,还有的员工能力和积极性都处在中等,这样的员工,公司需要就事论事地对他们作出教导,以使得他们在能力和积极性上都有提高;最坏的员工是既无能力又无积极性的,公司要对这样的员工作出迅速的处理,要么强迫他们提高能力或增长积极性,要么毫不犹豫地开除。

(五)处理有问题的员工

和其他公司一样,惠普公司也会有一些表现不好的员工,面对这些员工,迅速地作出反应是很重要的,一般处理时间在60~90天。惠普希望迅速而永久地解决不可接受的差员工,不让他们在公司过久停留。一旦公司发现哪个员工表现不好,就会向他们发出业绩警告,当年不会涨工资,也不会有股票期权。经过一番教导以后,当发现员工的表现没有显著改善时,就要进入留用查看期,除了不涨工资、不配授股票或期权以外,这些员工还不能接受教育资助,也不允许内部调动工作。如果一段时间的教导以后员工的表现仍未提高,公司就要立刻行动,开除这些员工。

(六)确定员工业绩等级

在评定员工业绩时,惠普要综合考虑以下一些指标:个人技术能力,个人素质,工作效率,工作可靠度,团队合作能力,判断力,客户满意度,计划及组合能力,灵活性创造力和领导才能。在评定过程中,惠普会遵循9个步骤:协调评定工作,检查标准,确定期望,确定评定时间,进行员工评定,确定工作表现所属区域,检查分发情况,得到最终许可,最后将信息反馈给员工。

(七)挽留人才

惠普通过体制、环境、员工个人事业和感情4个方面来挽留人才。惠普试图通过自己良好的公司体制来吸引员工,在平时的管理中,对员工的工作目标有很明确的界定,对个人的工作职责和工作流程有明确的划分,对不同表现的员工奖惩分明,这些体制上的优点都有可能促使员工对公司产生好感而不愿离开。在工作环境方面,公司倡导开放和平等的工作气氛,强调员工和管理人员间的相互信任和理解,同时积极营造活泼自由的工作氛围。公司尽量让员工跨部门轮换工作,从而增加员工的工作履历和工作经验,为员工的发展打造基础,并且提供大量的培训机会,让员工感觉到自己的事业能够得以迅速发展。公司还通过亲和的上下关系和对员工家庭、健康等全方位的关怀来取得员工对公司的依赖感,增强员工对公司的感情,让员工最终不愿意离开公司。

4.5.2 绩效评价

绩效评价是指用系统的方法、原理,评定、测量员工在职务上的工作行为和工作效果。绩效评价的最终目的是改善员工的工作表现,以达到企业的经营目标,并提高员工的满意程度和未来的成就感。绩效评价的结果主要用于工作反馈、报酬管理、职务调整和工作改进。诸如:判断员工是否称职、人员配置是否有失误、员工培训该如何进行等。

1)绩效评价的内容

(1)标准

绩效评估的标准包括绝对标准、相对标准和客观标准3种。绝对标准,就是建立员工工作的行为特质标准,然后将达到该项标准列入评估范围内,而不在员工之间作比较。相对标准,就是将员工间的绩效表现相互比较,也就是以相互比较来评定个人工作的好坏,将被评估者按某种向度作顺序排名,或将被评估者归入先前决定的等级内,再加以排名。客观标准,就是评估者在判断员工所具有的特质,以及其执行工作的绩效时,对每项特质或绩效表现,在评定量表上每一点的相对基准上予以定位,以帮助评估者作评价。

绩效评估标准的总原则:工作成果和组织效率。依据组织的战略,可制订个人或群体的工作行为和工作成果标准,标准尽管可有多项,每一项也有很明细的要求,但衡量绩效的总原则只有两条:是否使工作成果最大化;是否有助于提高组织效率。

(2)内容

绩效评价的内容通常是系列化的指标,指标来源于3方面:品质、行为、业绩。

品质:使用忠诚、可靠、主动、有创造性、有自信、有协助精神等定性的形容词,很难具体掌握,含混而主观,不具体、不明确、不易公正,操作性与效度比较差。且往往与具体的工作行为和效果没有必然的直接联系,思想高尚的员工未必业绩优异。

行为:对工作行为不但分等级,而且每个等级都设计了标准的尺度以供定量性的测定。尺度的描述不应是A,B,C,D,E等,这样主观性较强,应该将一定行为的描述语和某一刻度联系起来,增加考评的可操作性。

业绩:着眼于"干出了什么",而不是"干什么",重点在结果,而不是行为。这种测量操作性好,但具有短期性和表面性,对具体生产操作的员工较适合。

实际上同时使用上述3种基础型进行考评是最佳的方案。这种考评内容的设计既客观又合理、全面,并且易于对不同岗位的考评进行统一管理。国内的组织通常倾向从德、能、勤、绩4个方面进行评估评价。

2)绩效评价的流程

绩效评价流程如图4.12所示。

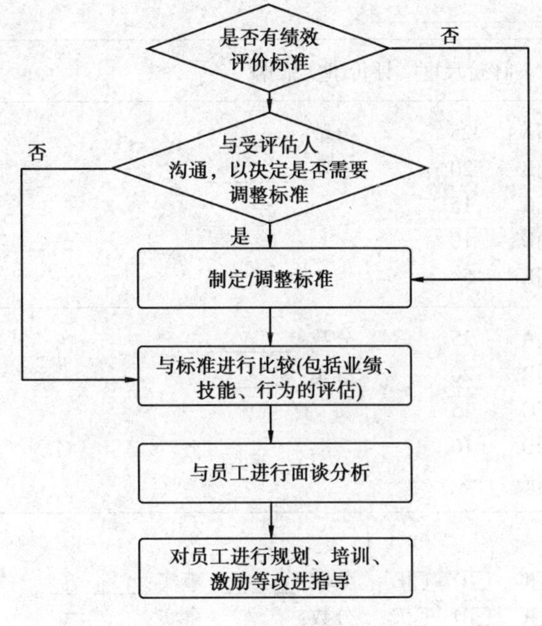

图4.12 绩效评价流程

3)绩效评价方法

绩效评价是人力资源管理的基础工作,其价值是容不得半点忽视的。怎样才能做好绩效评价,除了绩效评价内容之外,更要挑选恰当的方法。目前绩效评价方法相当多,书面描述法、关键事件法、图示标尺定位法、行为定位评分法、多人比较法(Multi-person Comparisons,包括分组排序法、个体排序法、配对比较法等3种方法)、目标管理法。

(1)图示标尺定位法(Graphic Rating Scale)

图示标尺定位法是指列出所有需要考评的绩效因素,每个绩效因素划分出5~7个等级,对员工逐项评等打分,然后将每位员工在所有绩效因素上的等级得分累加,形成员工最终的工作绩效评价结果(表4.10)。图示标尺定位法是目前最为常用的方法,优点在于方便横向比较,缺点是确保评价规则的合理与公正比较困难。

表 4.10 大学教师工作绩效评价表

姓名________________ 职位________________

部门________________ 编号________________

评价原因:□年度例行评价 □晋升 □薪酬

□试用期结束 □绩效不佳 □其他

任职时间________________

最后一次评价时间________________

绩效评价要素	评价尺度		评价事实依据
教学课时数	□A	25	分数:________
	□B	20	事实:________
	□C	15	
	□D	10	
	□E	5	
行政学生工作	□A	25	分数:________
	□B	20	事实:________
	□C	15	
	□D	10	
	□E	5	

教学质量

学生反映 □A □B □C □D □E 分数:________ 事实:________

作业检查 □A □B □C □D □E 分数:________ 事实:________

考试成绩 □A □B □C □D □E 分数:________ 事实:________

绩效评价要素	评价尺度		评价事实依据
科研论文	□A	25	分数:________
	□B	20	事实:________
	□C	15	
	□D	10	
	□E	5	
出勤	□A	25	分数:________
	□B	20	事实:________
	□C	15	
	□D	10	
	□E	5	

(2)书面描述法(Written Essays)

书面描述法是指采用简单的描述材料,描述员工的长短特点、工作业绩与潜能,最后提出改进与提高的建议。

(3)关键事件法(Critical Incidents)

关键事件法是指对能够反映员工工作绩效的关键行为进行详尽描述,不对员工所有行为进行评价,通常使用关键业绩指标(Key Performance Indicator,简称 KPI)。

KPI 是一个标准体系,确定 KPI 有一个重要的原则:SMART 原则。S 代表 Specific(具体的),指绩效指标要针对特定的工作目标,适度细化,而非笼统的;M 代表 Measurable(可衡量的),指绩效指标是量化的,可以是质量、数量、时间、成本等,或者是行为化的;A 代表 Attainable(有挑战、可实现的),是指绩效指标有一定的挑战、经过努力可以实现的,避免设立过高或过低的目标;R 代表 Realistic(现实的)指的是绩效指标是现实的、可以证明和观察得到的,而非假设的;T 代表 Time-bound(有时限的),工作完成需有时间的限制,即绩效指标期限,强调的是工作效率。

组织中每个职位的工作都可以从多个角度进行评价,也就有多种业绩指标,而找到合适的关键业绩指标是首要任务。在为每个职位设置 KPI 时,需要遵循以下原则:一是 KPI 须与组织战略目标相符合,并能够促进组织财务业绩和运作效率;二是 KPI 必须是被评价者所能够影响的,同时应能够测量和具有明确的评价标准;三是 KPI 必须具备有效的业务计划及目标设置程序的支持;四是设置 KPI 时必须充分考虑其结果如何与个人收入挂钩。

在实践中,常常会遇到两类不同性质的工作岗位:一是工作结果较易量化的岗位,如销售人员;一是工作结果不易量化的岗位,如市场部职员。对于后者,管理者常会感到束手无策,在年终的绩效评价时往往只得根据个人印象随便打分。其实这在一定程度上是可以避免的,容易量化的职务(诸如推销员等):合理设置关键业绩指标,并且为每个指标确定目标值(例如推销员每月需要完成销售额 50 万元);不容易量化的职务(诸如出纳员等):预先制订详尽工作计划,并且为每项工作设置可操作性的标准。

(4)行为定位评分法(Behaviorally Anchored Rating Scale)

行为定位评分法是将关键事件法与图示标尺定位法结合使用,对反映员工工作绩效的关键行为进行打分评等,仍然只是对员工的局部表现进行评价,不对员工整体进行评价。如表 4.11 所示。

表 4.11　绩效评价表

适用:行政管理人员/中层管理干部/专业人员	
姓名:________	工作职称:________
部门:________	评价期间:________
工作说明书:□附件	

续表

Ⅰ.前一年达成的成果

逐项摘述前一年度所订立的主要目标、达到成果

目标 1 □达成 □未达成

目标 2 □达成 □未达成

目标 3 □达成 □未达成

Ⅱ.员工评估

主要工作成效——职位说明中各项职责达成的程度

□极优 □杰出 □平均 □可接受 □差

评语:

管理技术——计划、组织、领导、控制的成效

□极优 □杰出 □平均 □可接受 □差

评语:

沟通能力——口头、文字沟通的成效

□极优 □杰出 □平均 □可接受 □差

评语:

人际关系——上司、部属的成效

□极优 □杰出 □平均 □可接受 □差

评语:

自发与创新——发展新观念与处理异常情势的能力

□极优 □杰出 □平均 □可接受 □差

评语:

适应性——配合改变的能力

□极优 □杰出 □平均 □可接受 □差

评语:

Ⅲ.摘 述

与前次考试(日期)相比,综合成绩与效率的水平:

□进步 □相同 □退步

考虑本评优表中所列各项要点或其他您认为重要的事项,再概要列出您对该员工整体成效的评估。特别要对影响工作环境的条件加以点评,即是工作挑战性的程度。对成效达成的方式也需加以评述,着重看该员工在组织内影响其他成员的方法,亦即对其他人的支持。

续表

Ⅳ.新年度目标

目标 1

细节:______

预期成果:______

预期阻碍:______

如何解决:______

目标 2

细节:______

预期成果:______

预期阻碍:______

目标 3

细节:______

预期成果:______

预期阻碍:______

Ⅴ.成绩与效率改进

将员工成绩与效率有待加强的地方予以列出,并提出有助员工改进的建议。

评价人签名:______ 评价人主管签名:______

日期:______ 日期:______

评价人主管的评语(可不填):______

(5)多人比较法

分组排序法(Group Order Ranking)将员工的绩效从高到低排序,然后划分出几个档次,每个档次作为一组,诸如前 10 名、前 1/5 等。强制分布法(Forced Distribution Ranking)

是在分组排序法基础上发展起来的，预先设立好等级和每个等级人数的百分比，再将所有员工分别排进各个等级，诸如学校规定 90 分以上学生不超过 5%。个体排序法（Individual Ranking）将每位员工的绩效单独从高到低排序。交替排序法（Alternative Ranking）是普遍使用的排序方法，将所有需要评价的员工名单列出来，按照某个标准挑选出最好和最差的员工，然后从剩余的员工中再按相同标准挑出最好和最差的，依此类推直到所有员工被排出顺序。配对比较法（Paired Comparison）将同级员工编成组，进行两两对比，优者得 1 分，劣者得 0 分，最后将每位员工的得分或汇总进行排序（表 4.12）。

表 4.12　配对比较法

比较	周星驰	李连杰	张曼玉	章子怡	赵薇	得分
周星驰		1	0	0	1	2
李连杰	0		0	0	1	1
张曼玉	1	1		1	1	4
章子怡	1	1	0		1	3
赵　薇	0	0	0	0		0

4.5.3　职业发展规划

人无远虑，必有近忧。激烈竞争的人才市场和职业市场使得每个从业者都可能感到忧虑，有些人整天提心吊胆，生怕失去工作；而有些人却可以稳坐钓鱼台，不是工作在选他，而是他在选工作。很显然，后者是职场中的成功人士，要做到这一步，除了具备一定的知识、技能外，还需要进行职业发展规划。

1）职业发展规划的内涵

职业发展规划内涵的界定：个人结合自身情况以及眼前的制约因素，为自己实现职业目标而确定行动方向、行动时间和行动方案。个人职业规划在了解自我的基础上确定适合自己的职业方向、目标并制订相应的计划，以避免就业的盲目性，降低从业失败的可能性，为个人走向职业成功提供最有效的路径。规划的前提是有明确的意识、强烈的愿望：我要干什么、要达到什么目标。

组织与员工是相互依存的关系，两者都是为了求得良好的发展，在根本目标上存在一致性。北大方正集团宣称：要造就 100 个百万富翁，既体现了公司发展的要求，又满足员工个人发展的需要。组织采取积极接纳的态度,对员工实施职业管理,是应该有所作为的。因此,人力资源管理部门需要关注员工的职业发展规划,为员工进行职业发展规划提供足够的帮助,促进员工更充分地发挥自己的才能,形成员工与组织的最优化匹配,激发员工表现出与其潜在能力相当的行为和业绩。

组织有所作为的范围主要包括:各类培训、发展咨询、心理辅导、讲座以及为员工自己强化技能、提高学历的学习提供便利等(针对员工个人的);规范职业评议制度、建立和执行有效的内部升迁制度、劳动保护与社会保障制度等(针对组织的各种人事政策和措施)。

2)职业发展规划的内容

职业发展规划内容主要包括5个方面:确定职业目标;确定成功标准;制订职业发展通路计划;明确需要进行的培训和准备;列出大概的时间安排。

3)职业生涯规划的程序

职业生涯规划可以按如下步骤进行:

①自我分析。首先,思考自己所扮演的角色,根据能力和个性,尽量写出自己的优势和劣势,哪些应该保留,哪些必须改正。必要时可以到专业机构接受心理测试,帮助自己进行分析。其次,认真思考自己的过去和未来,以及现在所处的位置。最后,要思考自己擅长干什么,有哪些成就?

②自我诊断。进行职业规划,每个人都要明白需要学习什么新技能,清楚自己与组织相互配合的情况,自己是否在组织内部适合领域发挥专长,和其他人员的团结协作程度如何,自己对组织有什么贡献,组织对自己的职业生涯设计和自己制订的职业生涯规划是否冲突等。

③制订职业发展计划。第一个步骤是确定组织内部的职业生涯道路。个人职务如何由低往高发展,如推销员—片区经理—营销部经理—市场营销副总裁;若组织不适合自己就应考虑流动,可以按着职业生涯道路来安排个人的工作变动。

职业发展计划应该包括以下内容:你的工作可能有哪些变动?不同的工作内容对你有哪些要求?详细说明职业生涯道路的每一职位所需的学历、工作经历、技能和知识。

④明确需要哪些培训。列目录清单,按照职业生涯道路的发展阶段,明确以下问题:需要学习什么内容?需要增加什么经验?如何利用你的优势?现在应该停止做什么?开始干什么?培训和准备的时间如何安排?

⑤求助咨询。可以同朋友、同事或专业培训人员探讨或研究,询问诸如怎样找到更适合自己的职业发展途径,如何同上级打交道,怎样兼顾家庭与工作等问题。

⑥总结并把自己的规划写出来,列出大概的时间安排。

职业规划对个人而言是意义重大的工程,规划不能是短期目标,必须具有可持续发展性。另外,设计职业规划一定要切合实际,不要过高地估计自己的实力,还要和整个社会大环境结合起来。如果过高地设计目标,一旦目标达不到,挫折感会使人不自信,影响更长远目标的实现。

组织的职业管理是组织为其员工设计的职业发展规划,有别于员工个人制订的职业发展规划,是从组织的角度出发,将员工视为可开发增值而非固定不变的资本。必须满足个人需要与组织需要,通过员工职业目标上的努力,谋求组织的持续发展,职业管理带有一定的引导性和功利性。

4.5.4 培训

国际500强的企业,平均寿命为30年左右,美国新企业80%在第二年就宣布倒闭,市场经济竞争的严酷性已经近在眼前。基于优秀员工的素质、技能和知识是可以通过学习而获得的,培训变得必要而可行。培训的意义在于,充实员工的内蕴,跟随企业的发展,亦跟随社会的进步。

鉴于现实的时间与费用的考虑,组织往往不再视培训为组织必须为员工提供的条件,而视为员工为获得更好工作条件与报酬所进行的个人投资与成本,更多的组织视培训为奖励表现优秀的员工的激励因素。将好的培训机会作为奖励员工的重要手段,让能力越强、贡献越大、工作越离不开的人去参加培训,获得的培训回报是极为值得的。

正因为如此,培训战略的制定就有必要。培训战略有助于公司在较长时期内排除多种变动因素给培训工作带来的影响,使培训工作有条不紊地展开。培训的战略包括:培训的总体方向、发展趋势;培训的整体规划;完善、公平的培训机制;灵活而适时调整的培训政策。

1)培训流程

培训流程如图4.13所示。

需要注意的是,有效的培训流程容易被忽视的环节:在培训前有没有做需求分析;做完培训之后有没有做效果追踪两方面的问题。

2)培训需求分析

培训的需求分析正像企业的市场需求分析一样重要,而且它同样有严格的分析工具和严密的逻辑分析模式。

从整个企业的培训需求来说,大致可以分为3种。第一种是以组织为主,关注组织的策略发展。目前在中国,主要任务有e化(因特网化)、国际化、学习性组织的建立、以顾客为中心的导向以及企业文化的建设等。第二是以个人为主,考虑绩效的差异。每年年底很多公司都在进行绩效评价,评价之后会有一个差距分析,应该做的跟实际上做的

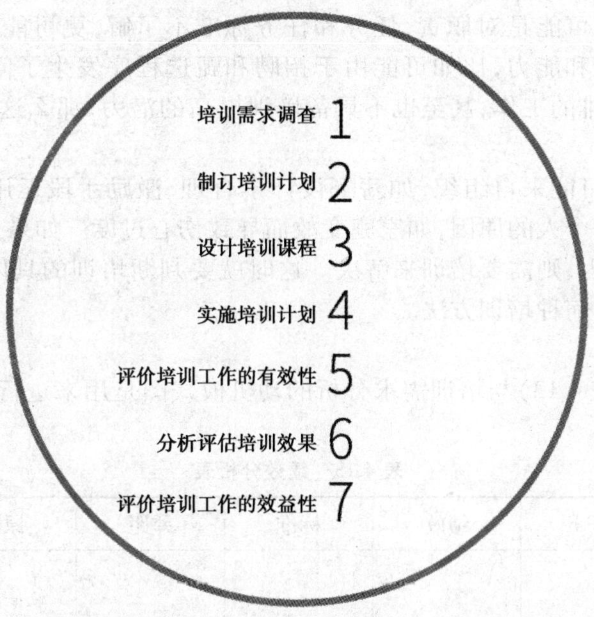

图 4.13　培训流程

之间有什么差距,应该提供什么样的培训来帮助员工克服绩效差距,对于表现优异的要提供前程规划,下一步要担任什么,这种升迁还需要哪些培训。第三,就是在国内的调查中最常见的,把培训当作是解决问题的法宝。当销售业绩不好的时候,怎么样通过培训来刺激一下,如果发现团队之间沟通有问题,协作不好,就去做拓展活动,希望大家因此拥抱在一起。

从绩效的角度进行培训需求分析是经常利用的方法,也是最常见的培训需求分析方法。

①绩效分析法。

绩效分析法是把绩效评价的结果与绩效的标准和目标进行对比,分析绩效结果和绩效标准之间存在差距的原因:是不能做还是不想做? 接下来,还要进一步分析知识、能力和行为改善方面存在的差距的程度,最后确定培训的具体选择——培训的类型、层次和方法。

②进行分析。

经过绩效考评,对照实际绩效和标准绩效的差距之后,要重点分析产生差距的原因,因为这关系到培训能否解决问题。原因的分析实际上就是搞清“不能做”(can't do)和“不想做”(won't do)。

不能做的进一步原因可能来自组织,也可能来自个人。来自组织的原因如工作设计不合理,标准定得太高,工作过程中组织没有提供必需的原材料、工具、设备和人际合作;来自个人的原因可能是对职责、任务和任务标准不了解,更可能是缺乏胜任岗位所需的基础知识、技能和能力,比如可能由于招聘和甄选程序发生了问题,所录用的员工不仅无法胜任所安排的工作,甚至也不具备培训提高的潜力,那么这种难题就不是仅靠培训可以解决的。

不想做的原因可能来自组织,如薪酬设计不合理、激励手段运用不当、人际关系矛盾重重;也可能来自个人的原因,如家庭变故而导致伤心过度。如果是属于个人知识、技能和态度方面的原因,则需要培训来解决。这时就要判断培训的具体内容和力度,培训的目标是什么,选择何种培训方法。

③分析工具。

绩效分析表(表4.13)与培训需求分析的动机模式图是用来进行培训需求分析的有效工具。

表4.13 绩效分析表

职务说明书中的任务	绩效	标准	差距	原因	培训选择
职责1 任务1.1					
职责2 任务2.1					
职责3 任务3.1					

在需求分析基础上,组织应该制订培训计划,制订培训计划要以公司的经营计划、人力规划、培训任务等为依据,针对某一个培训项目而具体拟订。培训计划的内容通常包含:培训项目、培训目标、培训对象、培训负责人、培训内容、培训进度、培训费用预算。

3)培训内容

第一层次是知识培训,第二层次是技能培训,第三层次是素质培训。针对新员工的培训偏重于公司文化的灌输,知识与技能;旧员工的培训偏重于技能和态度的培训。

知识培训,这是培训中的第一层次。员工只要听一次讲座,或者看一本书,就可能获得相应的知识。在学校教育中,获得大部分的是知识。知识培训简单易行,但主要缺点是容易忘记,因此,企业培训如果只停留在知识培训层次上,那么效果不好是可以预见的。

技能培训,这是培训中的第二层次。"知识就是力量"应该在这个层次上体现,也就是说被运用的知识才有力量。所谓技能,就是指能使某些事情发生的操作能力。技能一旦学会,一般不容易忘记,例如:骑车、打球、游泳、操作电脑、演讲、写文章等,都是一种技能。企业中目前在这个层次上的培训很多,也就是通过做来学会某种技能,进而提高企业的效益。

素质培训,是培训中的第三层次。素质有种种解释,这里素质的含义指态度:个体是否有正确的价值观、有积极的态度、有良好的思维习惯、有较高的目标。素质高的员工,可能暂时缺乏知识和技能。但他会为实现目标有效地、主动地学习知识和技能;而素质低的员工,即使已经掌握了知识和技能,但他可以不用。通过培训,可以使员工的素质提高。这是一种见效快、作用持久的高层次的培训。

4)培训形式

在职培训(On the job Training),又称带徒培训,通过实际做某项工作来学会做这项工作。这种培训的优点在于成本低、实用,要使这种培训卓有成效的关键是要有一批合格的师傅,这些师傅必须敬业、态度积极、有技能、有知识、懂得如何传授、如何激励徒弟等。

工作指导培训(Job Instruction Training)按照工作的逻辑循序列出步骤,并且注明每个步骤操作的要点,让员工参照练习。

参加学习是组织员工参加学校培训。这种培训的目的是可以获得较系统的知识,成本也较低,但实用性可能不强,而且效果不一定最好。这种培训的成功关键在于了解课程内容以及教师教学水平。

聘请培训师在企业内部培训,其效果往往较理想,要使这种培训卓有成效的关键在于聘请到一位高质量的培训师,优秀的培训师有丰富的知识和人格魅力。

外派培训是组织员工参加公开招生的培训。这种成本最高,但效果相对较好,因为这种培训往往是有一定标准的培训。参加这类培训的关键是选择信誉较好的咨询公司,其途径是从已参加过培训的人那里获得信息。

组织内部培训方法比较如表4.14所示。

表4.14 组织内部培训方法比较

方 法	师资要求	培训投入	交互性	培训时间	对受训者的要求	效 果
课堂讲授法	高	较少	一般	可长可短	水平较一致为好	较好
程序化教授法	不高	多	好	短	有一定工作经验或技巧	好
案例研究法	较高	较少	较好	较长	有较高的管理决策水平	不易见效
模拟培训法	不高	较多	好	较长	无工作经验或有初步工作经验	好

续表

方 法	师资要求	培训投入	交互性	培训时间	对受训者的要求	效 果
影视培训法	低	较少	差	可长可短	对培训内容有一定基础	较好
现场培训法	较高	少	好	较长	无特别要求	较好
角色扮演法	不高	少	好	较长	能积极参与,有创新意识	一般
工作轮换法	低	较少	一般	长	有较多的工作经验	较好
参与管理法	较低	较少	较好	可长可短	有较高的管理决策水平	好
经营演习法	低	多	较好	较短	有一定的经营决策水平	较好
行为模仿法	较高	较少	好	较长	无特别要求	较好
参观访问法	低	少	较差	较短	有一定的工作技能和经验	较好

培训形式的选择取决于:培训内容在哪种形式下能为被培训者接受、接受培训者的水平、培训成本与费用、培训的时间要求与限制等因素。

5)培训管理的技巧

有效培训的秘诀在于激励。要使员工愿意学习,向他们表明,培训将使他们在掌握更多技术和提高收入方面、在晋升机会或工作保障方面,得到应有报偿。如果他们知道为什么要按规定的方式去做,那他们就能更好地被激励起来。

如果你正在培训新员工,不要指望在短期内就能见效。多数人在学习中都会遇到某种困难,有些人对问题理解得快,有些人则要花费很多的时间和精力。员工们学得快时要给予表扬,当他们遇到困难时要给予鼓励。反复向他们讲解应如何去做。告诉他们,别人在学习这一部分工作时也遇到了困难,但不久之后他们都能找到窍门。如果工作很复杂,就带领员工做一遍,你做复杂的部分,让他们做容易的部分,然后逐渐让员工去从事更困难的工作。记住告诉他们去做什么,怎样做,以及为什么要这样做,多多给予表扬和鼓励。

这是被证明有效的培训技巧:了解受训者需求;传递相关信息;组织受训者活动或练习;总结、归纳要点;激励受训者。美国培训与发展协会(ASTD)曾做过一个调查,来研究投资于培训会带来什么效益。研究结果指出,培训有以下几个趋势:第一,管理者主导,企业不仅仅是一个学习性的组织,现在还要变成是一个教导型的组织,而企业的主管就担负培训的任务,尽管他不一定是专业的培训师,但是他可以提供专业知识、行业的知识和公司的文化等；第二，回归本职，也就是说在职培训，因为很多培训不一定要课堂式的，很多在职就可以进行；第三，培训投资不只花在传统上的核心能力和技巧的部分，而是回到思想和心态，强调的不光是左脑的学习，还是一个全脑的部分，所用的不只是一个脑，还要整个全身心的方式，即所谓整合性的学习和体验式的学习。

参考资料：拓展训练

拓展训练（Outward Development），又称外展训练（Outward Bound），原意为一艘小船驶离平静的港湾，义无反顾地投向未知的旅程，去迎接一次次挑战。

知识和技能还只是有形的资本，意志和精神则是无形的力量，在何种情况下能使有限的知识和技能释放出最大的能量正是意志和精神。拓展训练通常利用崇山峻岭、瀚海大川等自然环境，拓展训练项目本着心理挑战最大、体能冒险最小的原则而定，通过精心设计的活动达到"磨炼意志、陶冶情操、完善人格、熔炼团队"的培训目的。

拓展训练的课程主要由水上、野外和场地3类课程组成。水上课程包括：游泳、跳水、扎筏、划艇等；野外课程包括：远足露营、登山攀岩、野外定向、伞翼滑翔、户外生存技能等；场地课程是在专门的训练场地上，利用各种训练设施，如高架绳网等，开展各种团队组合课程及攀岩、跳跃等心理训练活动。

训练环节

1.团队热身。在培训开始时，团队热身活动将有助于加深学员之间的相互了解，消除紧张，建立团队，以便轻松愉悦的投入到各项培训活动中去。

2.个人项目。本着心理挑战最大、体能冒险最小的原则设计，每项活动对受训者的心理承受力都是一次极大的考验。

3.团队项目。团队项目以改善受训者的合作意识和受训集体的团队精神为目标，通过复杂而艰巨的活动项目，促进学员之间的相互信任、理解、默契和配合。

4.回顾总结。回顾将帮助学员消化、整理、提升训练中的体验，以便达到活动的具体目的。总结，使学员能将培训的收获迁移到工作中去，以实现整体培训目标。

显著特点

1.综合活动性。拓展训练的所有项目都以体能活动为引导，引发出认知活动、情感活动、意志活动和交往活动，有明确的操作过程，要求学员全身心的投入。

2.挑战极限。拓展训练的项目都具有一定的难度，表现在心理考验上，需要学员向自己的能力极限挑战，跨越"极限"。

3.集体中的个性。拓展训练实行分组活动，强调集体合作。力图使每一名学员竭尽全力为集体争取荣誉，同时从集体中吸取巨大的力量和信心，在集体中显示个性。

4.高峰体验。在克服困难，顺利完成课程要求以后，学员能够体会到发自内心的胜利感和自豪感,获得人生难得的高峰体验。

5.自我教育。教员只是在课前把课程的内容、目的、要求以及必要的安全注意事项向学员讲清楚,活动中一般不进行讲述,也不参与讨论,充分尊重学员的主体地位和主观能动性。即使在课后的总结中,教员只是点到为止,主要让学员自己来讲。达到了自我教育的目的。

通过拓展训练,参训者在如下方面有显著的提高:认识自身潜能,增强自信心,改善自身形象;克服心理惰性,磨炼战胜困难的毅力;启发想象力与创造力,提高解决问题的能力;认识群体的作用,增进对集体的参与意识与责任心;改善人际关系,学会关心,更为融洽地与群体合作;学习欣赏、关注和爱护大自然。

拓展基础课程

回归自然课程。在空气清新、阳光明媚的自然中,在层峦叠嶂的崇山峻岭中陶冶情操、磨炼意志;在群体的配合下,接受考验,挑战自我,熔炼团队。

团队建设课程。增进队员对团队力量的认识,培养学员的归属感,感受沟通、合作、激励、融洽人际关系以及遵从团体规范的重要性。

挑战自我课程。通过个人项目使学员充分认识自身的潜能,培养良好的心理素质和勇敢、顽强和意志品质;通过团队项目培养学员对群体的参与意识和责任心。

经典项目

断桥。在距离地面 7.2 米高的空中架设两块宽 30 厘米的木板,中间间隔 1.2~1.9 米,要求学员从一块木板跳到另一块木板上。每个学员都有安全保护,整个过程没有任何危险,考验的只是学员能不能战胜自己的怯懦心理。

背摔。已有 58 年历史的这个项目要求一个人站在 1.6 米高的台上,双手交叉抱在胸前被布绳捆住,然后挺直身体向后倒去。台下相对而站两排素不相识的人,每人伸出手臂搭成"床",准备接住跌倒下来的人。背摔是拓展项目中最具危险性的内容,因为倒下去时没有系安全绳,要考验的正是台上的人对他人的信任程度,国外称这个项目为"信任跃"。

有轨电车。在地上平行地摆放两条长长的厚木板,每条木板上间隔一只脚的距离拴一根提绳。学员两脚分跨在两条木板上,手上拽起绳子,齐声喊着"左、右"的口令,全队同时提起一侧的木板向前走。之后,随着训练难度加大,学员们被要求不喊口令地无声行走,继而在行进中转向、调头,整齐有序地行进,训练学员们在工作中的同心协力和默契。

罐头鞋。十几个人脚不着地,利用两块木板依次挪动 3 个大油桶。训练学员们在团队中的合理分工和密切合作。

求生。以组和队为单位,所有学员在规定的时间内不借助任何工具,翻越 3.9 米高且垂直光滑的断墙。这是个熔炼团队的集体项目。

空中单杠。在距离地面约7~10米的高空,学员(系安全带)脚踩在木板的前端,然后跳出去抓住被风吹得微微晃动的单杠。这是考验个人勇气和胆量等心理素质。

4.6 沟通与人际交往

案例

艾森豪威尔与士兵

艾森豪威尔是二战时的盟军统帅。有一次,他看见一个士兵从早到晚一直在挖壕沟,就走过去跟他说:"大兵,现在日子过得还好吧?"士兵一看是将军,敬了个礼后说:"这哪是人过的日子哦!我在这边没日没夜地挖。"艾森豪威尔说:"我想也是,你上来,我们走一走。"艾森豪威尔就带他在那个营区里面绕了一圈,告诉他当一个将军的痛苦和肩膀上挂了几颗星以后,还被参谋长骂的那种难受,打仗前一天晚上睡不着觉的那种压力,以及对未来前途的那种迷惘。最后,艾森豪威尔对士兵说:"我们两个一样,不要看你在坑里面,我在帐篷里面,其实谁的痛苦大还不知道呢,也许你还没死的时候,我就活活地被压力给压死了。"这样绕了一圈以后,又绕到那个坑的附近时,那个士兵说:"将军,我看我还是挖我的壕沟吧!"

类似需要沟通的现象大量存在组织中。

任何制度的实施、活动的执行,在很大程度上依赖于员工对这项制度的价值的真正理解和接受。好的沟通渠道,能够形成通达的组织氛围。人和组织制度达到互动,就会激发员工开动脑筋,改进工作,形成强劲活泼的组织文化。

4.6.1 理解沟通

在商业活动中,最棘手的工作就是"管人",而"人"却又是商业活动的主体。离了"人"一切均为未然。"人管人"使不少企业盈利,也使不少单位倒闭。怎样才能管理好人呢?这里有一个很重要的课题——沟通。

1)什么是沟通

沟通(Communication)是意义的传递与理解。完美的沟通如果存在,应该是经过传递后接受者感知到的信息与发送者的信息完全一致。人际沟通(Interpersonal Communication)是管理者更为关心的沟通类型。

无论是像文件、会议这样的正式沟通,还是像娱乐、社交聚会这样的非正式沟通,如果沟通工作做得好,能够达成良好的效果:能够获得管理所需要的各种信息、建立和改善人际关系、改变人员的态度与行为、促进形成融洽的组织文化气氛。

人员沟通主要通过语言交流,也有姿态、手势等交流混合其中。不限于信息沟通,包括思想、感情的沟通。常常受到复杂的心理过程影响而导致信息失真。

体会下面同样的语言所包含的不同真实含义:

真的, 平淡
真的。 干脆
真的! 惊讶
真的? 怀疑
真的…… 神秘

开会与吃饭是中国最典型的沟通方式。

2)沟通过程

总经理通过桌上的内部电话通知外面办公室的秘书:"下午2点在会议室召开市场需求分析会,请市场部、销售部和企划部的主管准时参加。你立刻拟订通知并下发。"秘书记下命令要点后,立即在电脑上拟订通知文稿,打印之后逐个发放到与会者手上,然后整理会议室。最后,秘书通过内部电话告诉总经理已经办妥。

这是比较典型的沟通过程:

信息源(发送者)——总经理

信息——通知召开市场需求分析会

编码——"下午2点在会议室召开市场需求分析会,请市场部、销售部和企划部的主管准时参加。你立刻拟订通知并下发。"

通道——内部电话

解码——打印通知文稿、下发通知、准备会议室

接受者——秘书

反馈——秘书通过内部电话告诉总经理已经办妥

完整的沟通过程(Communication Process)包括7个要素:信息源、信息(Message)、编码(Encoding)、通道(Channel)、解码(Decoding)、接受者、反馈。组成相对独立的回路,整个过程容易受到噪声(Noise)的干扰(注意我们是在用比较抽象的信息术语说明)。

火星接近地球,曾经变成了"火星撞地球"的谣言;普通的疾病,经辗转相传也会造成公众恐慌。由此可见科学传播的某种困难。

4.6.2 沟通渠道

组织内部的信息沟通有两个渠道:正式渠道和非正式渠道。

1) 正式渠道

正式渠道是指由组织建立起来的法定渠道。下行信息主要是政策、常规、命令和要求等,这些信息由上至下传递到管理部门的各个层次,最终达到执行的个人;上行信息是指报告、请示、意见和抱怨等,是由组织的下级向上级传递;平行信息是指组织内部平行管理层各部门之间、各职能单位或人员之间的信息交流。这3种渠道是一个组织中最正常的信息传递渠道,在这3种渠道中,上行渠道是最容易出现问题的,下情不能上达,管理就会出问题,管理者需要随时查找影响下情上达的问题所在。

有效的正式渠道应该是制度化的立体沟通,通常包括会议沟通、媒体沟通、专人沟通。会议沟通是定期举行会议通报和学习,进行各种满意度调查,临时性会议讨论紧急情况和意外事件;媒体沟通是利用组织内部媒体进行沟通,诸如内部报刊、闭路电视、广播、黑板报、内部网站、电子邮件等形式;专人沟通是设立员工关系经理(地位类似于国有企业中的思想政治工作者),专门充当桥梁作用负责协调工作。

摩托罗拉公司提供12种沟通渠道:IDE(肯定个人尊严)、I Recommend(我建议)、Speak out(畅所欲言)、M Dialogue(总经理座谈会)、Newspaper & Magazines(报纸和杂志)、DBS(每日简报)、Twnhall Meeting(员工大会)、Education Day(教育日)、Notice Board(墙报)、Hotline(热线电话)、ESC(职工委员会)、589 Mail Box(天津市589#信箱)。

除了传统的5种方式:信件(文件式交往)、电话(口头式)、计划外的会议(非正式的个人对个人的交往)、计划内的会议(正式的个人对个人的交往)以及巡视(视觉性交往),还有很多电子交流手段,如电子邮件、办公局域网讨论工具(如Lan Talk、信使服务),甚至还有ICQ类的交流工具。

很多企业都没有对公司内部把哪种途径作为正式权威的信息传递途径有过清楚的规定,容易造成沟通的误会。例如规定所有重大事项如任命、提升、奖励、转正等都通过书面文件进行,重大活动的组织安排都必须当面向上级汇报等。

2) 非正常渠道

非正常渠道,即小道消息,是由于组织内部成员之间的共同利益而形成的。这些利益可能是由工作、社会或组织外部的各种条件所产生。实际上,小道消息是一个信息量极大的渠道,统计表明,管理者制订计划所必需的信息,50%是从小道消息获得的。小道消息可能经常被曲解,因此,许多管理者往往制订严格的措施来尽量减少小道消息的传递,但是,很显然,无论怎样做,小道消息是不可能消除的。所以,管理者需要考虑的是怎样利用这个消息传递的渠道。特别是,正式渠道不通畅时,小道消息可能是唯一的沟通渠道。

4.6.3 沟通方式

组织中普遍采用的沟通方式为语言沟通、书面沟通和非语言沟通,差别在于沟通所借助的媒体不同。

1)语言沟通

语言的发明本身就是为了沟通的需要,因此,语言沟通自然成为最常用的沟通方式。在组织中经常可以见到的演说报告、会议讨论、传达精神与口头传播(小道消息)都是比较典型的语言沟通。

语言沟通以其传递和反馈快速著称,而且容易带上比较强烈的感情色彩,这些应该算是语言沟通的优点。但是,语言天然存在的多义性和表述者附加的感情色彩将导致语言表面信息与真实信息的偏差,“吃饭没有?”与“有空上我家玩”的真实信息是类似于“你好”的礼貌性问候。

组织内部最高管理者的决策,如果通过语言沟通方式,经过组织结构中的层层传达,员工所获得的信息将会失真于原始信息。这也正是现在的组织结构倾向于扁平化的重要理由,依次减少组织内部信息传递的失真程度,确保组织能够得到统一指挥、协调一致。

2)书面沟通

书面沟通是更为正规和正式的沟通方式。组织的文件、通知、报告、信件与公告属于相当典型的书面沟通的具体形式。

针对语言沟通的信息失真度比较大,书面沟通的优势就非常显著。信息含义准确度大为上升、能够持久有形地保存可供再次核实的信息、可以做到更容易理解的图文并茂效果。在正规的场合都倾向采用书面沟通,诸如签订合同、制订计划、登记注册等。

当然,你也会看到,秘书通知管理者开会,使用电话口头通知和打印正式开会通知在结果上没有差别,但在运作上书面沟通方式的打印开会通知将比电话口头通知更加耗费时间,程序更复杂,也可能无法及时得到反馈(例如通知送达却遇到没有人)。

3)非语言沟通

在语言沟通与书面沟通之外,还大量存在既非语言沟通又非书面沟通的沟通现象存在,这些就是属于非语言沟通,在非正式沟通中被广泛使用。

非语言沟通(Nonverbal Communication)主要是借助体态(体态语言)与语调为沟通媒体进行沟通,具有比较强烈的含蓄色彩。体态语言与语调本身具有特定含义,如果结合沟通环境,将产生极为丰富的隐藏信息,需要仔细抓住细微的变化,才能够“破译”公开信息背后的真实含义。

(1)体态

体态语言(Body Language)包括手势、面部表情与身体姿态。体态语言在表达意思时有一些最基本的规则(公众默认的),像“V”字形手势表示胜利、挥挥手表示“再见”等。与初次见面的人握手切记别太用力,要与对方的握手力度大致相同,懂得配合对方的力度显示出你的稳重与友善,否则,下手太重会显得唐突和急切,太轻又显得自卑和冷漠,这两者都有失分寸。

文化背景不同的环境,使用手势的方式及其所具有含义都有一系列差异,简单的致意有许多种不同的手势来表现,相同手势所具有的含义也是不同的。对于经济全球化背景下的跨国经营活动,识别文化差异带来的体态语言差异就很有必要。

(2)语调

语调(Verbal Intonation)属于另一种非语言沟通方式,高语调传递出强调、愤怒、高兴等情绪信息,低语调传递出柔弱、消沉、失望等情绪信息,功能性发音唉、哦、啊、呀等更是在传递丰富的情绪色彩信息。

管理者可能有过这样的体会,报告时听众开始在会场里窃窃私语的交谈,已经影响到管理者报告的气氛,管理者在此时突然停止说话,听众会立刻从短暂的寂静中体会到语调变化发出的信息,会场也随之安静下来。

据专门的研究者统计,在口头交流中,信息的55%来自于面部表情和身体姿态、38%来自于语调变化,仅仅7%来自于真正的词汇语言。调查的事实应该引起管理者的重视,非语言沟通是很复杂的,体态语言的破解就能够让人成为半个心理学家。

然而需要注意的是非语言沟通方式的反馈问题,通常非语言信息被传递出去了,别人尽管装着好像没有注意到这些,但他们是了解你所隐藏的真实情感的。

4.6.4 有效沟通

1)沟通障碍

此前的讨论中已经看到沟通中存在信息失真问题,是怎样的因素导致信息失真的,我们除了从沟通过程了解到产生的一般失真,也可以看到各种障碍也在干扰有效的沟通。有效沟通的障碍主要来自于:表达中的障碍、沟通中的障碍(如时机不当,干扰误差)、接受方面的障碍。

(1)沟通障碍

据说,美军1910年的一次部队的命令传递是这样的:

营长对值班军官:明晚大约8点钟左右,哈雷彗星将可能在这个地区被看到,这种彗星每隔76年才能看见一次。命令所有士兵着野战服在操场上集合,我将向他们解释这一罕见的现象。如果下雨,就在礼堂集合,我为他们放一部有关彗星的影片。

值班军官对连长:根据营长的命令,明晚8点哈雷彗星将在操场上空出现。如果下雨,就让士兵穿着野战服列队前往礼堂,这一罕见的现象将在那里出现。

连长对排长:根据营长的命令,明晚8点,非凡的哈雷彗星将身穿野战服在礼堂中出现。如果操场上下雨,营长将下达另一个命令,这种命令每隔76年才会出现一次。

排长对班长:明晚8点,营长将带着哈雷彗星在礼堂中出现,这是每隔76年才有的事。如果下雨,营长将命令彗星穿上野战服到操场上去。

班长对士兵:在明晚8点下雨的时候,著名的76岁哈雷将军将身着野战服,开着他那"彗星"牌汽车,经过操场前往礼堂。

信息在传递过程中会失真的问题,导致沟通障碍。

①过滤与选择性知觉。

过滤是指信息的发送者可能刻意操纵信息,使得信息显得对接受者有利。管理者在向上级汇报时非常可能进行信息过滤,仅仅告诉上级感兴趣和想听到的内容,在管理跨度大的组织中是常有的事情。选择性知觉使接受者根据自己的需要、知识、经验等个人特性有选择地接受信息。足球迷在欣赏体育节目时,只会挑选其中的足球内容,而对其他运动的内容视而不见。管理者在甄别应聘者时最容易选择与自己观点同步的应聘者,而可能不是客观评价应聘者。甚至管理的地位都会形成与员工沟通的鸿沟。

②语言背景。

语言的词汇本身固然有其特定而约定俗成的含义,但是在沟通过程中,语言表达者的年龄、生活经历和受教育程度将极大地影响语言的真实含义。许多女性在成长的过程中,文化与道德的教化告诉她们不要显露自己的愤怒和不满;而很多男性则被告知要隐藏自己痛苦和脆弱感情的一面。发怒被认为是非淑女的表现,而诉苦也是男子汉所不耻的行为。

③非语言信息。

在沟通过程中,非语言的信息通常会伴随语言出现。当管理者对下属工作不满意时说:"我对你的工作不满意。"如果是平平淡淡这么说,可能表示管理者的失望和期望;如果用眼睛紧盯着下属这样说,可能表示管理者已经气愤到难以容忍。管理者的非语言信息——眼神在传递语言之外的强调信息。

(2)克服沟通障碍的建议

运用反馈。通过反馈核实信息是否被接受者及时准确地接受,能够克服很多由于误解造成的无效沟通。在管理者那里经常能够听到这样的问话"你明白我的意思吗",从反馈回答中证实沟通是否有效。尽可能多样化的提问,将会获得更多的信息。反馈的方式可以多样,语言的、书面的和非语言的都可以。

简化语言。语言的多义性和情感色彩是导致语言沟通未能有效的本质,专业术语和杜撰词汇经常是导致沟通困难的原因,简化语言和选择恰当的语言能够减少这方面的麻烦,使接受者理解信息不至于那么困难。

积极倾听。沟通过程中人们似乎总愿意充当信息发送者,而对充当信息接受者敷衍塞责,做个好听众是有难度的,也难怪电台聊天节目主持人极度受到听众欢迎,因为主持人在充当积极倾听的听众。沟通是一个交互的过程,仔细地倾听对方的表述对于信息传递者更好地传递信息非常重要。在倾听的过程中,不要随意打断对方的讲话,也不要想自己应该说些什么,仅在自己不是很清楚的时候,提出一些问题,让对方作出进一步的解释。

留意非语言信息。沟通过程中的非语言信息通常在有意表达的同时会无意流露,造成对沟通过程的严重干扰而沟通者却没有意识到。管理者在说话时用手指指点点,在有些人身上产生社交距离内的压力。

2)有效沟通的建议

沟通总是容易出现差强人意的情况,有效地沟通秘诀在哪里,尝试这样的技巧。

(1)空间要求

人际交往中的物理距离通常是心理距离的反应,存在非常隐含的规则。你站在桌子后与别人说话,所传达的信息与你站在他旁边时是不一样的。诸如在与上司交谈的时候,如果靠得太近会给上司心理压力,侵入了他的私人空间,而你也许只是想说话方便点。有趣的是,你越往地球北端行时,你会发现人与人之间的空间距离越大;而越往南走,人与人之间越亲近则越舒适。一个英国人与人交谈时,则希望保持一定的距离;阿拉伯人在与人交谈时,你几乎可感觉到他的鼻息;而日本人在大笑时,总是要捂住嘴以免口气触及对方。

人际交往的空间距离也就是足以使非语言沟通复杂化的因素,凡是读过80年代国内大学流行的散文集《一个女大学生手记》都能体会到人类学家霍尔开创的"距离学"的精彩。人际交往中距离越近显示关系越密切,大致的范围是15~46厘米传递出亲密感受、46~76厘米传递出熟悉感受、1.22~2.13米传递出社交感受、大于6.10米感受是处于演讲区域。来自欧洲的男性移民总是自由地彼此拥抱,而当他们在美国待一阵后就会发觉,彼此间较远距离的握手才是更容易接受的。

衡量你与沟通对方的亲密关系与程度,以此决定在沟通中你与对方的物理距离,以免站在不适当的距离上,无意间传递出不适当的信息造成误解,甚至是反感。

(2)把握时机

下属在觐见老板时必须等到老板忙完手头的事情方能开口,而老板有事情交代下属时,下属是绝对不能让他的老板也垂手而立、恭候多时的。

把握时机在与人交往中是门艺术,大概秘书是比较能够很好掌握这方面技巧的人员。其重要性经常表现在谁先落座、谁先发话、谁第一个站起来、谁最后总结的安排上。

把握时机还包含时间观念。时间观念是由于工业化发展所带来的必然的文化现象,在非工业化国家是很难感觉到时间压力的。美国商务人员的时间观念很强,但到了中东或南美地区,他们便无法做到这一点。因为根深蒂固的文化传统导致那里的人并不具备这种时间观念,他们认为 8 点钟到 9 点钟到没有差别,只要你来了就行。

(3)外表形象

在公司成立 3 周年的酒会上,负责广告与市场策划工作的黄先生与公司的国外朋友同桌。当时黄先生是西装、衬衫、牛仔裤和皮鞋打扮,同时梳的是郭富城式发型。国外朋友透过翻译聊天询问黄先生的职业,当听到是广告人之后立刻笑起来,"你的打扮真是很有广告人的个性"。

外表形象被人注意不仅仅是外形本身的好坏特征,而是因此产生的联想与评价——第一印象。15 年前穿喇叭裤留长发的男性总是脱离不了流氓阿飞的范围,不修边幅的外形常常与标新立异、前卫新潮或者失魂落魄联系起来,穿着高雅的丽人通常会被认为出生于文化背景档次高的家庭和环境。尽管这些可能并非事实,却能极大地影响沟通过程中对信息的判断与解读,信息接受者会竭力将信息与对发送者的评价联系起来。

体态、衣着、眼神应该是最能影响外形价值判断的因素。正因为如此,相当多的组织对员工的体态、衣着有明确的要求,以符合职业特点和形象需要。

4.6.5 人际交往技能

《财富》全球最大 500 家公司总经理的调查发现,导致其失败的主要原因是缺乏人际交往技巧。据估计,50%的管理存在这方面的困难。由于缺乏人际交往技巧而被解雇的管理者,可能超过因技术能力欠佳而被解雇的管理者。在对即将进入管理层的商学院学生的调查也证实,人际交往技巧与领导才能是最缺乏的。

有人认为人际交往的能力是天生的,好像外向型性格的人通常被认为擅长人际交往。真实的情况并非如此,内向型的人同样也能够做好人际交往。人际交往的能力是可以在实践与培训中逐渐培养起来,尽管这是个比较长的过程,当然也存在难度。

1)倾听的技巧

倾听在不同人身上表现为主动倾听与被动倾听,区别就在于听众是否真正投入到发言者的信息当中。倾听本身看起来是相当被动的行为,越来越多的人因为烦闷在放弃倾听。通常在学校的学生如果在课堂 45 分钟内,时刻跟随教师的思路,集中精力于教师传授的内容,收获颇多的同时也会相当的疲惫。

①主动倾听。

主动倾听应该是非常投入到与发言者的沟通活动过程中，站在发言者的立场理解沟通的信息，需要做到专注、移情、接受和对完整性负责4项基本要求，属于相当积极的人际交往行为，也是极为有效的人际交往手段。侃侃而谈在很多时候不如专心致志做个出色的听众更受人欢迎。

据说人脑接纳的说话速度是通常人说话速度的6倍，当量空闲的接纳能力可能造成人在听话的时候分散精力，导致对发言者的说话没有全部接收到。专注就显得非常必要，是保证未来顺利沟通的首要步骤。

②移情。

移情就是站在发言者的立场，以发言者的角色理解信息，而不是从自己的角度去理解说话，以保证获得与发言者真实信息相符合的信息理解结果。这也是出色听众的特征表现，能够获得与发言者的良好沟通。

③接受。

接受是指客观地倾听说话者的说话内容而不作出价值衡量与判断，但并非要求听众赞同说话者的观点。通常很多人在听到与自己所持观点相左的意见时，最容易作出的反应就是立即反驳。显然这样会漏掉说话者的其余信息内容。积极倾听应该是把自己的判断推迟到说话者说完之后。

对完整性负责的说法太正规了。大意是千方百计地从沟通中获得说话者的全部信息。采用的技术有两种：倾听内容的同时倾听情感（也就是语言沟通的同时增加非语言沟通）和必要及时地提问证实（如“你的意思是……”来重述别人的话），来保证信息理解的正确性。

许多研究表明，这些应该是主动倾听的良好而有效的技巧。使用目光接触，显示你的兴趣与关注；赞许地点头与恰当的面部表情，与说话者形成及时的沟通；避免诸如左顾右盼、玩弄小饰物这样产生分心的举动，强化说话者的信心；适当地提问，在交流的同时证实信息理解的准确性；使用“你是否是这个意思”这样的提问复述内容，检查你对信息理解的准确性；避免中途打断说话者，干扰其思路将导致部分信息遗漏；做良好的听众的基本要求就是少说话，发言的机会留给说话者会为你赢得说话者的信任。

2）谈吐的技巧

做个出色的听众不容易，能够有动人的谈吐是否就简单些呢？说与听是问题的两个侧面，可以同时在训练中得到提高。

好像给人印象是沉默者的兹皮先生，在别人的眼中读到的是自己不善交流，始终对自己被分配到学校任教忧心忡忡。每次上课之前都要将所讲的每句话写出来，然后带上厚厚的讲稿到课堂，这样才会感到踏实安稳。渐渐地他发现自己不那么怯场了，可以尝试学习别人怎么讲的方法，从过去需要避开学生的眼光到现在可以坦然面对了，进步在悄悄地而又是迅速地发生。在短短的一个学期之后,他的讲稿厚度变成正常情况的薄薄的几张纸,熟练之余甚至产生不过如此的感觉,想不到自己竟然有这么好的口才。

说话的确有许多艺术与技巧。自信、勤练、学习是获得动人谈吐的3部曲。自信是任何事情成功的基石,想要有动人的谈吐也是如此。想想看对自己讲话感到担忧,你又能讲什么呢?大概只能像赵本山在婚姻介绍面前冒出"我叫不紧张"的话。

在语言表达的技巧上,女性通常比男性略胜一筹。当男孩子们忙着在草地上踢球玩耍时,女孩子就已经开始相互谈及她们自己,谈及人们如何行事并开始分辨各种感情。因为女性总是有更多的时间和机会来尝试语言表达的技巧。所以,在长大以后她们对如何沟通总是很有一套。

精心准备谈话内容、言为心声。表达你的诚挚、大胆地把你的热情加入谈话内容中、注意声音的力度与弹性都是被认为不错的技巧。

此外,在人际交往中如何使你的人缘更好,戴尔·卡耐基提出有效的建议:给予真诚的赞赏、真诚地关心他人、经常微笑、不批评、不责备、不抱怨、聆听——鼓励别人多谈他自己的事、衷心让他人觉得他很重要、引发他人心中的渴望、谈论他人感兴趣的话题、记住别人的名字——姓名对任何人而言都是最悦耳的语言。

4.6.6 谈判的艺术

对管理者来说,内部和外部的谈判成了一种生活方式。每当利益或观念相异,各方要互相依靠才有结果时,谈判的需求就出现了。谈判的本质是什么?是讨价还价,是建立关系,瓜分经济蛋糕,把蛋糕做大?这些都有道理。但是用意大利外交家Daniele.Vare的话来说:谈判就是让他人为了他们自己的原因按你的方法行事的艺术。

1)谈判的实质

国际著名管理咨询专家迈克尔·唐纳森、米尼·唐纳森在《如何进行商务谈判》(Negotiating for Dummies)一书中开宗明义地说明谈判其实是人格、人品的较量。

在位于棕榈温泉的一家专为购车人提供服务的咨询公司,接待了一位购车女士。她一进门就连珠炮似地一通发问,态度蛮横。然而,咨询公司方面却和颜悦色地将女士的问题一一给予耐心解答,又为其选择适合她需要的车型和车体颜色,使女士大为感动。最后买卖成交。

自古人性是相通的,人的个性风格魅力在谈判中应尽其展现。比如在谈判中必须确信自己的观点清晰、准确、有效;自信靠自己的交际能力和技巧能够征服对手。只有具备这样的心理素质才能展现出有别于他人的风采,就会给对手传递一种感知感觉的信息。人在感观上的互相交流是十分重要而又极其微妙的。

人格魅力、心理素质、谈判技巧上的训练是谈判必备的3个方面内容,比如谈判前的充分准备、确定谈判目标、善听别人意见的技巧、语言交流简明扼要、懂得如何结束谈判等。谈判的学问其实就是与人交流的学问,聪明的谈判高手就聪明在与人交流的技巧上胜人一筹。

2)怎样进行谈判

首先,绘制利益关系图,其中包括所有潜在的会使问题复杂的各方,让谈判者对谈判有深刻的认识。

其次,评估利益。最佳谈判者对自己的和他方的最终利益非常清楚。他们也清楚可作为交换的稍次一点的利益。他们在手法方面异常灵活,富有创造性。谈判一般谈的是有形的因素,如价格、时间和计划书。但是一位老资格的谈判专家观察到,大多数的买卖达成的要素,50%是感情上的,50%是经济方面的。决定性的利益往往是无形的、主观的,如谈判中的感受、对方的信誉、沟通理解的程度等。

再次,评价你预想中的协议的最佳替换物。也就是说如果提出的协议行不通,你将会采取的行动。这包括从散伙、转向另一个对手直至更严厉的任何手段。

最后,解决双方共有的问题,达成协议成为可能。当埃及和以色列为西奈半岛归属问题谈判时,他们的立场是不能共存的。然而对两者的立场进行更深的研究后,谈判者发现两者的根本利益有极度的不同:以色列人更关心国家安全,而埃及更关心的是领土归还。最后的解决方法是建立一个在埃及旗帜下的非军事区。

3)谈判者的素质

成功的谈判专家,需要具备这样的基本素质:足智多谋、有足够的耐心以及坚定不移的意志。

(1)足智多谋

谈判的过程充满着大量的不确定因素,即使有了充分的预测和准备,谈判者仍然不得不面对众多临时出现的问题。唯一能够应付的做法是随机应变、急中生智,必然要求谈判者具备机智灵活地处理大量不断变化的信息的素质和技能。

先天能够表现出机智灵活的谈判者甚少,机智灵活其实得益于对工作的了解程度,高度的熟悉才会在谈判过程中滋生自信,胸有成竹后才容易表现出足智多谋。首先要了解自己的谈判目的是什么,谈判的底线是什么,并做好充分的谈判准备工作,仔细考虑可能遇到的各种情形,仔细筛选各种情形下最好的候选应对方案。

(2)足够的耐心

中国加入世界贸易组织的谈判进行了13年,足见谈判的耗时是对谈判者耐心的考验。谈判者需要耐心,是因为谈判开始使用直截了当的方式具有局限性,也只有短期效果。而使用逼迫或者狼牙大棒的谈判方式迫使谈判对手向谈判目标靠拢,其结果只能使谈判对手更加强硬、更加冷漠。

通常谈判过程是讨价还价、逐渐缩小双方分歧的冗长过程，在表面的平静下充满斗智斗勇的过程。没有足够的耐心，甚至可能无法坚持到谈判结束，在急躁中让谈判逐渐趋于破裂。

在谈判过程中，谈判者最关心的应当是自己的谈判目标。在谈判的进展中，要随时能够把握目前的状况与目标还有多少距离，接下来的谈判是否可能达到自己的谈判目标。坚持目标，是建立谈判耐心的基础，在这个不能动摇的基础上，谈判者需要通过各种方式，甚至是迂回的方式来达到目标。每一步的小目标实现了，最终的大目标也就到来了。

(3)坚定不移的意志

谈判的双方在谈判的过程中，是具有敌对性的，相当多的谈判是地位不平等的状态下进行的，尤其是处于劣势的谈判者更加需要坚定不移的意志。

抱定自己的谈判目标，确定自己的心理底线，不必害怕僵局的出现，也许再坚持就会越过僵局获得谈判的成功。在谈判的过程中，你需要知道谈判到什么时候你应该终止谈判，不要为了眼前的蝇头小利而损害更大的利益。当然，为了达到既定的目标，做出些让步是非常重要的，它将表现出一种希望达到双赢谈判结果的积极姿态，也是一种以退为进的手段和方法。

4 内容归纳

1.管理者是正式任命的，领导者是与影响力密切相关的，与是否正式任命没有直接关系。领导者在进取心、领导意愿、诚实与正直、自信、智慧和工作相关知识等6个方面显示出与非领导者有明显区别的特质。但是具备这些特质的领导者不能保证是成功的领导者。

2.各种行为理论研究领导者的行为方式是否存在与非领导者显著的区别，力图归纳出对工作的关心与对人的关心两方面的因素，作为划分领导行为方式的标准。权变理论则将领导者素质、领导行为方式与领导环境结合起来研究，寻求其中的相关关系，建立各种领导方式适用的环境条件。

3.X理论持消极的人性观念，将人性视为“恶”；Y理论持积极的人性观念，将人性视为“善”。X理论与Y理论没有绝对的正确与错误，在现实世界都能找到符合两类特征的个体，有区别地、针对性地对待组织成员才能将理论的作用发挥出来。

4.需要层次理论将个体需要分为5个层次，按照由低到高的顺序逐层满足。双因素理论将组织提供的各种条件分为激励因素与保健因素，满足保健因素的需要可以消除不满意感，只有满足激励因素的需要才能刺激组织成员的积极性。强化理论强调奖励管理，认为个体行为是环境导致的，而不是个人内在目标所致。公平理论强调的是相对感觉。期望理论实际上是目标激励的扩展。

5.薪酬对员工极为重要，不仅是员工的谋生手段，而且还能满足员工的价值感。法律、政策、公平是确定薪酬需要考虑的基本因素。职位评价解决的是薪酬的内部公平性问题，而薪酬调查解决的是薪酬的外部公平性问题。薪酬作为激励员工的手段，使用需要讲究艺术。

6.绩效管理包括合理的绩效计划、充分的绩效沟通、准确的绩效评价3部分。绩效评价的最终目的是改善员工的工作表现，以达到企业的经营目标，并提高员工的满意程度和未来的成就感。常见绩效评价方法是：书面描述法、关键事件法、图示标尺定位法、行为定位评分法、多人比较法、目标管理法。

7.员工培训是必要的，尽管员工可能流失导致培训成本升高。培训有在职与脱产培训两种形式。在职培训的主要方法包括职务轮换、预备实习和师徒制度，脱产培训的主要方法包括课堂讲座、录像和模拟练习。

8.沟通是信息的传递与理解。反馈是接受者检验自己是否准确理解发送者的信息的手段。沟通在过程中会存在各种障碍，尤其是噪声。克服沟通障碍的技术有：反馈、简化语言、积极倾听、克服情绪干扰留意非语言提示。

9.积极倾听是非常有价值的。目光接触、赞许性地点头、避免分心举动、适当提问与复述、避免中途打断说话者和与说话者角色转换是积极倾听的行为。

10.人际交往的技巧在于关注"人性"，具体说就是更多地站在对方立场上思考和决策，自己就会获得良好的人际关系。

11.开会是沟通协调的最为经典和传统的方式。要组织一个高效的会议，必须要有周全的准备工作。组织会议通过3个阶段完成：会议前期准备（甚至应该有会议长期规划）、会议召开与控制、会后决议执行。

学习项目 5
控　制

学习要求

理解控制的内涵，说明控制的重要性，能够实施控制过程
比较控制的 3 种类型
说明有效控制的原则特征
熟悉控制的各种方法，掌握组织控制、目标控制、预算控制 3 种方法
比较控制方法与计划方法的异同
明白组织时刻可能存在危机，正确认识危机的正反面，掌握危机管理的过程
深刻理解信息不对称理论，能够在控制中较好地运用其思想

参考读物

《6σ 管理法——追求卓越的阶梯》	彼得 S.潘德，等	机械工业出版社
《大败局》	吴晓波	浙江人民出版社

5.1　控制的过程与类型

案例

降落伞质量问题

在二战中期，美国空军和降落伞制造商之间的真实故事。在当时，降落伞的安全度不够完美，经过厂商努力的改善，降落伞制造商生产的降落伞的良品率已经达到了99.9%，应该说这个良品率即使在现在许多企业也很难达到。但是美国空军却对此公司说No，他们要求所交降落伞的良品率必须达到100%。于是降落伞制造商的总经理便去飞行大队商讨此事，看是否能够降低这个水准？因为厂商认为，能够达到这个程度已接近完美了，没有什么必要再改。当然美国空军一口回绝，因为品质没有折扣。后来，军方要求改变检查品质的方法。那就是从厂商前一周交货的降落伞中，随机挑出一个，让厂商负责人装备上身后，亲自从飞行中的机身跳下。这个方法实施后，不良率立刻变成零。

因为种种原因，组织运行结果和计划预期目标的差距总是存在的，不能保证所有的行动都能够按照计划执行，目标都能够顺利实现。识别偏差和纠正偏差变得必要，自然产生出对计划执行的控制问题。

5.1.1　什么是控制

控制（Control）可以理解为，监督各项活动，保证各项活动按照计划目标进行，并纠正各种重要偏差的过程（图5.1）。自从诺伯特·维纳（Nobert Wiener）1948年发表著名的《控制论——关于在动物和机器中控制和通信的科学》著作后，创立了控制论（Cybernetics），控制论的思想被广泛运用到包括管理在内的领域。

在管理中，控制的目的和价值（或者说能够解决的问题）主要有两个：限制偏差的累积和适应环境的变化。①限制偏差的累积：组织及其活动是由众多因素构成的，而且所有因素在环境的动态变化中也是动态变化的，导致组织在运行中出现因素配合非尽善尽美现象，这样，工作中出现偏差是不可避免的。由于微小的偏差、失误经过较长时间会积累放大，并最终对计划的正常实施造成严重威胁。因此管理控制应当能够及时地获取偏差信息。②适应环境的变化：制定出目标到目标实现前，总是需要相当一段时间。在这段时间，组织内部的条件和外部环境可能会发生一些变化。这需要构建有效的控制系统帮助管理人员预测和把握这些变化，并对由此带来的机会和威胁作出适当的反应。

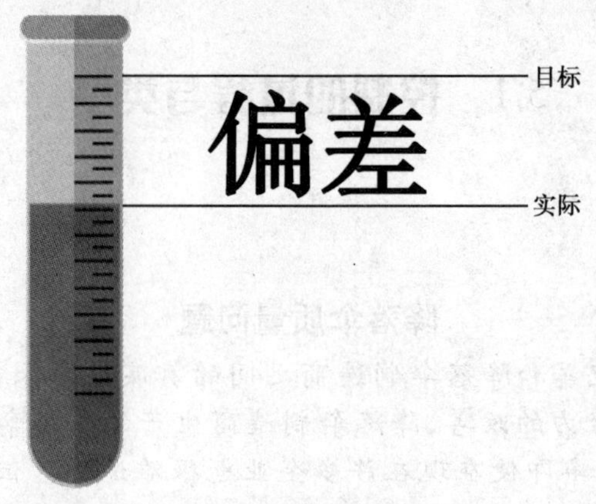

图 5.1 控制的理解

控制是一项基础的管理职责,与企业的计划及组织流程紧密相连。它对企业员工的行为动力和团队行为具有重要影响。控制既是一个流程(使各项工作按计划进行),又是一种结果(使产品达到标准)。控制适用于所有企业组织类型,而不仅仅是制造企业。提供服务的企业也必须关心对其运营及工作质量的控制。控制是组织全体成员的职责,并非只有管理者才需要进行,诸如质量管理中提倡的操作者自我检验所制造的产品,就是非管理者在进行控制。

控制从技术角度还有技术型控制与管理型控制。技术型控制通过技术手段实现控制目的,管理型控制通过组织手段实现控制目的。

5.1.2 控制过程

控制过程(Control Process)划分为 3 个步骤:建立标准、衡量实际绩效并与标准比较、采取管理行动纠正偏差或不适当的标准(图 5.2)。

1) 建立标准

标准是控制的前提、依据和尺度,通常标准是来自于计划中的目标,由于目标一般是多重的,需要将目标进行分解为系列指标。在实行 MBO 的计划活动中,目标是明确、可度量和可证实的,标准也就是明确、可度量和可证实的。在没有采用 MBO 的计划活动中,标准来自于需要被强制执行的公开的标准(诸如 ISO 9000 质量管理体系标准),或者是管理者自行决定的衡量指标(诸如员工满意程度)。

企业的传统业绩标准偏重财务标准,而未将重点放在能为企业增值并创造财富的实际问题上。其实,使世界一流企业取得不俗业绩的并不总是财务数据,还包括:质量、生产率、按时送货、创新、团队协作、灵活性、短周期和顾客服务等极为重要的问题,企业

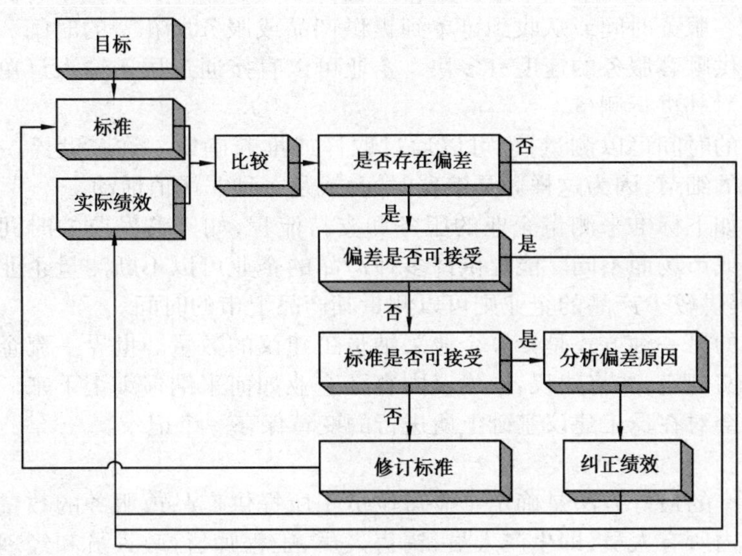

图 5.2 控制过程

需要新的业绩测量标准。

(1)标准来源

随着顾客需要和期望的变化,组织的测量标准也必须进行改变。组织所测量的标准会对员工造成影响,如果组织测量的标准是正确的,员工就会做得正确。员工需要能正确引导他们的新标准。

①顾客服务。

测量顾客满意度的最好方法是掌握顾客的直接反馈。你可以通过调查获取顾客的直接反馈,或利用自动反馈机制,如答复卡、问卷调查及电子数据交换等。若难以获得直接反馈,可使用一些间接标准,如按时装运等来跟踪顾客的服务水平,这些标准能表明按时送货的数量。评估顾客服务时,应避免使用太多标准,不要使用那些结合几种因素的标准,因为这会使员工感到迷惑,并阻碍企业的改进。选择一种能解决顾客难题的标准,并借此制定企业的顾客服务目标。

②流程时间。

企业的运作是指一系列不断重复的流程。有些流程显而易见,如制造流程,但有些流程却难以界定,如服务和支持流程。提供会计信息和提高产品质量是个流程,录入顾客订单和满足顾客需要也是一个流程。此类流程是可以测量的。要创造世界一流的业绩,简短的流程必不可少。简短的流程可以降低库存,使企业能更加灵活地满足顾客需要。快速的准备和产品转换对缩短生产流程时间至为重要。

世界一流企业无论对内对外,都极为强调向顾客提供及时服务。对此,一种简单的测量标准是顾客服务时间或从收到订单到提供产品或服务所花费的时间。它所测量的是你的企业提供顾客服务的速度有多快。企业可以直接通过用于输入订单和装运资料的计算机系统对其进行测量。

制造流程的时间可以测量,也可以通过取样或推断确定。许多世界一流企业从不跟踪有关流程的细节,因为这样做是浪费时间,或是一种非增值活动。

可以通过如下标准来测量企业的服务和支持流程,如开具发票的时间。创新的测量标准因企业或市场而不同。能提供许多种产品的企业可以不断测量企业推出新产品的速度,而能提供较少产品的企业则可以测量其产品上市的时间。

测量创新的另一种方式是计算企业采纳员工建议的数量。世界一流企业对员工的建议都具有明文规定,并将建议者、建议内容及企业如何采纳仔细记下来。使用先进创新方式的企业会对在员工建议基础上所进行的变革保存一个记录。

③生产率。

测量生产率的最好方法是确定企业每位员工所提供产品或服务的数量。理想的做法应包括企业内所有人员,即生产人员、销售人员、工程师、行政人员和经理人。然而这是无法经常做到的,因为那些间接参与生产的人员或许在为具有多来源的产品工作,或者他们在另一家工厂工作,企业很难将他们归入某一具体的产品范围。多数企业将大量“直接”和“间接”员工包括进来,以此作为一种测量企业总生产率的标准。它们的做法是,将产品按不同用途分类,对每一类采用简单直接的测量标准。

④灵活性。

传统企业通过保持成品库存等满足顾客的需要。世界一流企业将灵活性注入各流程,是为了在按订单生产时缩短出货期。灵活性的测量标准正是测量企业满足这种灵活性要求能力的方法。

⑤质量。

质量的测量可以从供应商开始。对来料的质量进行测量,可以使企业对供应商的质量做出报告。不过别做得太过火,因为这是非增值活动。如此做的目的是保证每个供应商准时提供达到标准的配件和原材料。具有合格供应商的比率或合格供应商所提供原料的比率这种标准常常对企业很有帮助。

制造质量几乎总是可以按照每千件或百万件产品中的废品量来测量。这种质量测量标准直接易懂。另一方法是测量采用数据流程控制的流程数量和“人工控制”的流程数。顾客满意度是另一种很好的质量标准。它不仅测量产品质量,也测量顾客服务的质量。

(2)制定标准的常用方法

利用统计方法来确定预期结果:统计性标准,也叫历史性标准,是以分析反映企业经营在各个历史时期状况的数据为基础来为未来活动建立的标准。历史性标准统计资料作为某项工作确定标准具有简便易行的好处,但是据此制定的工作标准可能低于同行业的卓越水平,甚至是平均水平。

根据经验和判断来估计结果,根据评估建立标准:要注意利用各方面的管理人员的知识和经验,综合大家的判断,列出一个相对先进合理的标准。

工程(工作)标准:工程(工作)标准是通过对工作情况进行客观地定量分析来制定的。

(3)制定标准应满足的要求

制定标准应满足的要求:使控制便于对各部门工作进行衡量;应该有利于组织目标的实现;应与未来发展相结合;尽可能体现出公平、一视同仁;应是经过努力后可以达到;应具有一定的弹性,一定的适应性。

2)衡量实际绩效

衡量实际绩效的具体内容是根据标准来寻找对应的实际情况,诸如标准确定员工管理有出勤率,衡量实际绩效的内容就应该包括员工总人数和实际准时上班人数等信息数据统计。由此也可以看到,衡量实际绩效是建立在信息基础上的。控制对信息的要求应符合及时性、可靠性、适用性(尽可能简便又满足要求)原则。

有4种方式可以提供管理者衡量实际绩效的信息,分别是个人观察、统计报告、口头汇报和书面报告。4种方式各有长短,结合起来使用可以提高信息的准确可信程度和时效性。个人观察是最直接和最深入的,可以获得广泛的信息,真实的细节观察能够保证管理者不会忽略员工表情、语调等细微信息,只是所花费的时间比较多,也比较琐碎。统计报告现在被越来越多的管理者所依赖,能够在原始信息基础上利用直观的图表,显示出各种数据的关联性,但是也存在容易忽视部分信息的弊端。口头汇报的具体形式——会议和谈话是司空见惯的,真实可靠及时应该是其优点,但是不易保存记录和重复使用,好在现在电子技术的进步已经可以比较好地解决存储问题。书面报告是最为正式的信息,形式多样而内容全面,保存和查询极为方便,就是形成完整信息的时间比较长,可能导致信息时效性下降。

建立实时获取实际绩效的信息管理系统是未来衡量实际绩效的最必要选择,具有快速、准确的特点,确保管理者能够及时采取相应的管理行动。

有了标准和实际绩效,只要进行比较就能够发现活动是否存在偏差。

管理者在衡量实际绩效的过程中应注意以下几个问题:通过衡量成绩,检验标准的客观性和有效性,找出是否有标准本身的问题;确定适宜的衡量频度,“适当”取决于控制活动的性质,确定时应考虑的主要因素是对象可能发生重大变化的时间间隔;建立有效的信息反馈网络,使反映实际绩效的信息及时传递给管理人员,使之能与预定标准相比较,及时发现问题。

比较的结果将决定控制应该采取的行动。管理者通常可以采取的行动包括:无所作为的维持现状、改进实际绩效、修订标准。当然,如果标准和实际绩效没有偏差,管理者的行动就是维持现状,这点很容易理解。鉴定偏差应采取纠正措施,需要注意的是:判断偏差的严重程度;找出偏差产生的主要原因,并非所有偏差都可能影响企业的最终成果;确定纠正偏差措施的实施对象。

3)采取管理行动

当偏差发生的时候,管理者最容易想到的是改进实际绩效,事实证明大多数情况的确如此。管理者的行动有两种选择:及时纠正行动(Immediate Corrective Action)和彻底纠正行动(Basic Corrective Action)。及时纠正行动是立即将出现偏差的活动矫正到标准允许范围内,是针对偏差结果采取行动;彻底纠正行动则事先分析产生偏差原因之后,针对偏差原因采取行动,相当于系统性的改进。两者相当于消防队员在火灾发生时,只去扑灭大火还是扑灭大火后还去纠正产生大火的故障。通常管理者会以时间为借口放弃彻底纠正行动。毕竟彻底纠正行动要花费更多的时间,涉及更为广泛的部门和人员,总之会有更多自找的麻烦。

产生偏差并不完全是实际绩效的问题,也有可能是标准制定存在问题,过高过低的标准都是无益的。过高标准导致实际绩效与此差距过大,员工将会抱怨标准的不合理。学校屡禁不止的学生作弊就是相当多的学生归咎为考试要求太难,甚至难以获得及格水平而"被迫"作弊。管理者应该对标准有深刻的认识,如果标准是现实的就必须坚持,否则还是及时修订标准更好。

5.1.3 控制类型

控制可以在活动开始之前、进行当中、完成以后进行,由此划分出3种类型的控制:前馈控制(Feed Forward Control)、同期控制(Concurrent Control)和反馈控制(Feed Back Control)(图5.3)。

1)前馈控制

存在考试的地方几乎没有能够逃脱作弊现象的。学校在防范学生作弊上也是煞费苦心,从随机编排考号与座位、考桌倒扣、收缴所有书籍与纸张、增加监考人员、拉开考生间距、相邻考生交叉使用AB试卷等,目的只有一个,就是竭尽全力不给任何学生作弊提供条件与机会。

学生作弊防范应该是比较典型的前馈控制,规章制度的制定基本上也可以认为是,还有通过分析投资回收期和投资回报率评估投资决策也属于前馈控制类型。前馈

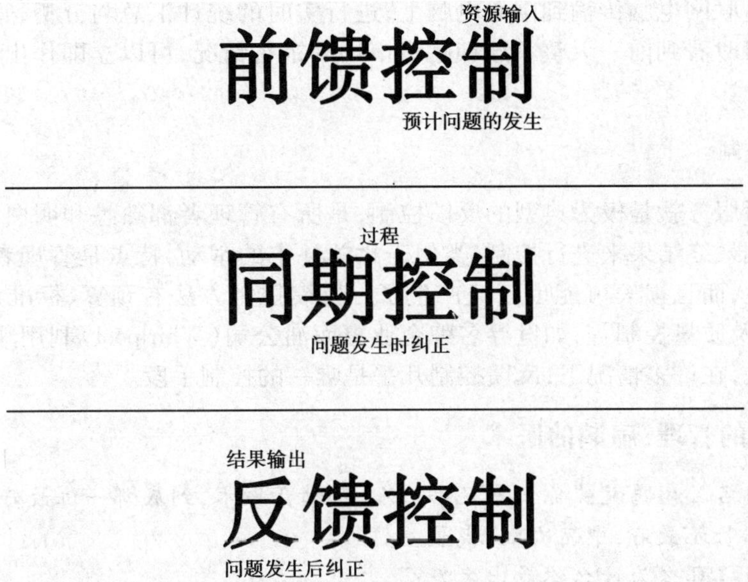

资源输入
前馈控制
预计问题的发生

过程
同期控制
问题发生时纠正

结果输出
反馈控制
问题发生后纠正

图5.3　控制类型

控制是管理者最渴望采用的理想控制类型,能够在偏差出现之前进行预防(防患于未然),避免预期的问题出现。前馈控制是针对活动的资源进行控制,不对人,易于被接受并实施。

前馈控制是在防止问题发生,因此需要极为准确的预测,而这正是通常难以做到的。况且在管理中要求连续不断地进行预防控制才会有效,容易导致麻木心理状态出现,失去对可能产生问题的警觉,因此,实际上更为常用的是其余两种控制类型。

2)同步控制

香港收视率高居榜首的许多电视连续剧,往往采取非常独特的拍摄方式,导演在拿到整个剧情的故事大纲和开始几集的剧本后,立刻投入拍摄。电视台则将拍摄出来的开始几集进行播放,测定电视连续剧的观众收视率,再根据观众的评判对后续剧本进行调整,增加观众喜欢的人物和情节,压缩甚至删除观众冷淡的人物和情节,以提高整个电视连续剧的收视率。因此,整个电视连续剧的拍摄是在一个循环的动态环境中进行的,实质就是借鉴同步控制思想。最终电视连续剧的收视率是比较高的。

同步控制在活动进行当中实时控制。同步控制的优越性是显著的,但是信息实时收集与实际绩效的实时衡量比较困难,实时监督的技术难度比较大。管理者的反应到纠正行动发生依然存在延迟,尽管非常短暂,现在可以建立电脑网络系统,利用技术的进步带来的优势,真正保证做到同步控制。像连锁超级市场采用自动收款机(POS),每笔销售都通过联网电脑传输到中心电脑上,进行实时的统计汇总与分析,管理者可以在每天早上上班时看到前一天整个连锁超级市场的销售情况,可以立即作出进货、铺货等控制"指令"。

3)反馈控制

产品售后服务就是极为典型的反馈控制,是所有管理者都熟悉和明白的控制类型。反馈控制利用最终结果来进行控制,类似于亡羊补牢的举动,特点是管理者获得信息时偏差已经发生,而且损失可能也已经产生了。反馈控制方法有预算、标准成本、财务报表、业绩评估及质量控制等,如世界名牌企业惠而浦公司(Whirlpool)利用顾客控制其质量系统。但是,在许多情况下,反馈控制几乎是唯一的控制手段。

故事中的管理:扁鹊的医术

魏文王问名医扁鹊说:"你们家兄弟三人,都精于医术,到底哪一位最好呢?"

扁鹊答:"长兄最好,中兄次之,我最差。"

文王再问:"那么为什么你最出名呢?"

扁鹊答:"长兄治病,是治病于病情发作之前。由于一般人不知道他事先能铲除病因,所以他的名气无法传出去;中兄治病,是治病于病情初起时。一般人以为他只能治轻微的小病,所以他的名气只及本乡里。而我是治病于病情严重之时。一般人都看到我在经脉上穿针管放血、在皮肤上敷药等大手术,所以以为我的医术高明,名气因此响遍全国。"

管理心得:

事后控制不如事中控制,事中控制不如事前控制,可惜大多数的事业经营者均未能体会到这一点,等到错误的决策造成了重大的损失才寻求弥补。而往往是即使请来了名气很大的"空降兵",结果也于事无补。

5.1.4 控制的焦点

美国首都华盛顿广场的杰佛逊纪念馆大厦年深日久,建筑物表面出现斑驳裂纹,采取若干耗费巨大的措施都没有效遏制。政府请来专家调查原因,发现是冲洗墙壁的清洁剂对建筑物有腐蚀作用,而大厦每天都在清洗导致被腐蚀严重。

大厦为什么每天清洗?因为大厦被鸟粪弄脏→为什么大厦鸟粪多?因为大厦周围燕子特别多→为什么大厦周围燕子特别多?因为燕子喜欢吃这里的蜘蛛→为什么这里蜘蛛多?因为墙上飞虫多→为什么墙上飞虫多?因为飞虫在这里繁殖特别快→为什么

飞虫在这里繁殖特别快?因为这里的灰尘特别适宜飞虫繁殖→为什么这里的灰尘特别适宜飞虫繁殖?因为从窗外照射进来充足的阳光,形成刺激飞虫繁殖兴奋的温床→问题的关键很简单:关上窗帘。

这就是管理学上非常有用的"关键的少数与次要的多数"思想,将有限的资源运用到最关键的环境,以发挥资源的最大效用。这个管理思想最早是意大利经济学家巴雷特在分析社会财富分布状况时,发现少数人占有大量财富,提出的"80/20 原理",即 80%价值来自 20%因子,其余 20%价值来源于 80%的因子。类似的非常有趣的现象在生活中大量存在,例如:80%的电话都来自 20%发话人、80%的看电视时间都花在 20%节目上、80%的菜重复 20%菜色、80%的教师辅导时间都被 20%学生所占用、80%的看报时间都花在 20%版面上。

控制也就需要将更多的精力与投入集中在对组织目标实现影响最大的关键绩效领域。控制在许多时候总是集中在人员、财务、作业、信息与组织总体绩效,也就成为控制的重点(关键绩效领域)——控制点。

人因其具有独立的思想意识而有别于组织中的其他所有资源,成为最难控制的对象。组织对人的控制分散在许多方面,主要由人力资源部门来统领。常见的人员行为控制手段有:对应聘者的甄别、分解目标给个人、进行职务设计、定向、监督、培训、绩效评估、报酬、组织文化与规章制度。

鉴于组织各种资源有各自的度量单位,为了统一比较需要将所有资源折合成通用的度量单位,货币成为最好的选择,组织内与此相伴的就是财务指标。通过财务指标的建立、执行、反馈调节组织内部的所有行为,确保组织目标(通常就是财务方面的指标为主)的实现。

组织目标的实现是通过分解为成千上万个任务来进行,每个任务由作业来承担。在企业组织中主要体现在生产活动方面。

信息越来越成为管理赖以依存的条件,众多决策的正确性都建立其上。确保信息的及时、准确和全面应该是信息控制的要求。

组织绩效则是通过组织目标法、系统方法和战略伙伴法 3 种方式加以衡量的。组织目标法(Organizational Goals Approach)是以组织最终完成目标的结果来衡量其效果,而不管实现目标的过程与手段。但是,它是基于这样的假设:组织会认真地争取每个目标的实现,才放弃对过程的控制。系统方法(System Approach to Organizational Effectiveness)将组织视为由输入转换和输出构成的完整系统。因此可以从获得输入的能力、处理输入的资源的能力、产生输出的能力来进行衡量。着眼于防止管理者可能牺牲未来长远利益换取短暂的眼前利益。战略伙伴法(Strategic Constituencies Approach)是假设组织能够满足组织顾客群体的各种要求,并且获得顾客群的支持,从而保持组织的生存与发展。非常适用在非企业性质的组织中。

5.1.5 有效控制的原则

控制应该同计划与组织相适应。不同计划有不同特点,控制所需信息也各不相同。控制应当反映组织结构类型和状况,并由健全的组织结构来保证。

控制应具有客观性、精确性和具体性的特点。客观性只是实事求是,精确性指信息无误,具体性要求尽量具体明确。这都是对控制过程中实际绩效信息的获取要求,在此基础上进行的控制后续阶段才是正确和有价值的,否则徒增烦恼。

控制应具有及时性、灵活性和经济性。要注意信息收集和传递必须及时,才能及时纠偏,否则不起作用,甚至是消极作用;控制系统能适应组织外部环境与内部条件变化的变化,持续地发挥作用,与计划一同变动;坚持适度性,注意成本,因为投入大未必导致计划更顺利地实施。

控制应当突出重点,强调例外。控制不可能面面俱到,从成本角度考虑这样做也不够经济,需要找出最能体现绩效的关键因素加以控制;组织计划的执行中出现例外情况是难以避免的,控制手段的使用就要考虑例外情况,这样可以保证管理者在例外情况出现时不至于不知所措。

控制工作应注重培养组织成员的自我控制能力。自我控制是提高有效性的根本途径。因为自我控制有助于发挥职工积极性及创造性;减轻管理人员负担;有助于提高控制的及时性和准确性。当然,这并不意味对职工放任自流,自我控制应服从于组织总体目标的实现。

此外,控制越来越借助技术手段代替人工,提高控制的精确度和效率,降低人为因素所带来的控制结果的不确定性影响。

5.2 控制的方法

案例

"Q,S,C"造出麦当劳世界

克罗克原是美国一家食品机械公司的推销员,由于工作上的关系,他认识了许多城市的快餐店老板,并与他们沟通了业务往来。其间,他结识了一对名叫麦当劳的年轻兄弟以及他们开设的麦当劳公司。麦当劳兄弟生产和经营汉堡包小食店,而生意红火的现实促使克罗克认定经营汉堡包很有前景。于是,他决定辞去食品机械推销员的职务,投身经营汉堡包。不久,他买下了麦当劳公司一个营销店的专利。

由于汉堡包连带出售炸薯条大获欢迎,生意日渐兴隆。几年过后,汉堡包店一跃增至300多家,同时他还把麦当劳兄弟在美国的经营店全部买下。经过几十年的奋斗,麦当劳快餐店已发展到包括美国本土在内的60多个国家和70多个地区,这时的快餐连锁店已达两万多家,每年的汉堡包销售量达2 000多亿只,销售额高达数千亿美元。世界各国不同种族、肤色、语言、信仰和政治身份的人,一下子成了汉堡包的消费公民。

麦当劳为什么有如此强大的竞争力和广阔的销售市场,总结起来概括为3个字:“Q,S,C”(即Quality,Service,Cleanness英文的缩写),意思为“质量上等、服务周到、场所清洁”。极其普通的汉堡包一举成为世人喜爱的食品,是非常难能可贵的。

早在1954年,克罗克就聘请食品专家对汉堡包进行专项研究,譬如专门培育和精心挑选土豆、研究消费者口味、制定严格的标准等。如:控制牛肉的脂肪含量,绞碎后的直径、厚度,煎后的销售时间限制等,都有严格的规定和标准。为了获得消费者的青睐,他还把优质服务视为收买人心的工程。凡经营人员,必须经过专门人际学培训合格后,才能上岗服务。服务人员实行“微笑服务”,给顾客以“宾至如归”的感觉,倘若有谁触犯了顾客,必解雇无疑。在卫生方面,标准十分严格。例如:上岗人员一律经体检合格,而且每季度复检一次;一律不留长发;店堂内一律不许抽烟和销售香烟、报纸;餐具、炊具一律用不锈钢制作,并每天消毒使用;顾客离去,马上清理桌面;店堂四壁不允许有灰尘、蛛网、蚊蝇;布置清新、雅致、清洁、明亮;店堂内不允许丢弃废纸、污物,更不允许随地吐痰,等等。

由于麦当劳“Q,S,C”精神的普及和深入,几十年来,遍布世界各地的麦当劳分店,均以同一个标准和高大形象服务于大众,成为诱惑无穷的消费牵引力。人们为何对麦当劳有如此深厚的眷恋情感呢?因为麦当劳的经营风格体现在一个“快”字上——以其快速的食品迎合了人们快节奏生活的需要。当你往柜台前一站,用不了数十秒甚至几秒钟时间,一份用纸盒和纸杯装着的可口汉堡包和饮料便置于你的眼前。即便在人如潮涌的高峰时间,麦当劳快餐店的供货时间也不会超过两分钟。这与那些吃顿饭要坐等一小时、数小时的饭店相比,人们的首选自然是麦当劳了。为方便过往车辆和行人,麦当劳分店还广建于大街小巷、车站、码头、机场及其他公共场所,并设立醒目的拱形霓虹灯“M”标志。特别在高速公路旁,他们日夜为广大顾客服务,过往司机坐在车上只要从车窗口招一下手,即可买到用特制托盘盛装的暖融融的食品,司机可将托盘挂在窗口,一边驾车,一边用餐,给广大旅人带来了若干方便。

由于麦当劳经营方法有道,有口皆碑,如今它占领着世界最大范围内的食品市场,每年为其创造数百亿美元的利润。

控制是每个管理者的职责。来源于计划的控制标准是计划人员制定的,衡量绩效和比较绩效的工作可能是财务人员、统计人员和销售人员来完成(如果建立了管理信息系统 Management Information System 的组织则是由电脑网络系统来执行),采取纠正行动则要管理者来决定。甚至在自我管理程度较高的组织,不同操作人员在某种程度上也要承担控制职责,像采用自检与互检制度进行质量控制的企业,员工需要对提供给下道工序的零部件质量负责,自己就要进行工序质量控制,完成简单的控制过程。

计划与控制是同一个问题的两个方面。管理者首先制订计划,然后计划又成为用以评定活动效果的标准。计划越明确、完善,控制效果也就越好。因此,有效的控制方法通常首先也就是计划方法,方法的有效性也是通过是否按照计划要求实现组织目标和战略。

如果把一个公司看作为一部机器,把公司的所有业务流程用 1—12 月时间来编排,每个月应该做些什么,到哪个月应该达到什么效果,取得多少成绩,这就是战略实施系统。美国通用电气公司(GE)在全球 100 多个国家有几十种业务,34 万名员工,如何让如此庞大的公司按照统一的战略去获得高速增长?仅有韦尔奇伟大的"思维"显然无济于事,答案是:GE 精心构造了以一年为一个循环,以一季度为一个小单元的"战略实施系统",这一严密而有效的实施系统,保证可以将总部制定的任何战略举措都转化为实际行动。

(1)R1(Ready-all)——计划/预算系统

每到年终,99%的企业都在做经营计划和预算,但其中的 80%没有一套制订计划的流程和模板。结果"做计划"成了跟老板玩数字游戏,计划无法落实到执行人和关键行动措施,因而也不具可操作性。如果您的企业存在这样的现象,经营计划就是假计划。R1(计划/预算系统)就是指导企业如何正确地做经营计划和预算的。

(2)R2(Responsibility)——岗位职责系统

根据业务需要设定人员岗位(或调整现有的岗位),并通过职务说明书的形式把岗位职责澄清并固定下来。R2(岗位职责系统)就是避免相互推诿责任,避免吵架的。

(3)R3(Review)——业绩跟踪系统

如果没有一套业绩跟踪系统,企业年初的计划一定是假计划,年终时也一定不可能实现原计划的经营目标。R3(业绩跟踪系统)以事实和数据为基础,针对年初的经营计划对相关负责人进行阶段性地质询,同时提出改进方案,以保证年终经营目标的实现。

(4)R4(Result)——绩效考核系统

R4(绩效考核系统)保证企业员工按劳取酬,多劳多得;根据人力资源矩阵区分人群,真正做到能者上、劣者汰。GE 的考核体系如表 5.1 所示。

表5.1 GE的考核体系

业务主题	内 容	工 具
R1——计划/预算系统:将战略规划变成可执行的行动计划	制订年度经营/预算计划,并层层分解到基层业务单元。经营/预算计划除财务指标外,还包括完成预算的关键措施、时间表、负责人	公司年度计划模板(包括年度目标、生产/销售平衡表,财务预算); 生产/销售部门的详细季度、月度计划分解模板(如销售部门分为销售量、新客户开发、应收账款余额、库存量4部分); 完成这些计划的主要行动措施,责任人与时间安排模板
R2——岗位职责系统:为业务岗位进行角色定位并设计绩效目标	对业务工作岗位进行分析,划清岗位权责;根据年度经营/预算计划层层签订责任书	主要岗位工作职务权限模板; 关键岗位标准模板; 部门岗位设置表; 岗位职责说明书(每个职位的责任、汇报关系、可升迁的位置); 岗位业绩考核指标模板; 经营责任书模板
R3——业绩跟踪系统:加快改进速度,进行有效的控制	周期性总经理监督和指导体系,针对企业经营过程中出现的问题找出原因,改进行动,优化管理	业绩跟踪报表体系(计划完成情况的月报,季报,半年报,年报,重大措施的实施情况表,财务分析表)。周期性质询会(会议议程模板,总经理监督表模板)。行动改进系统(包括部门行动措施改进表,个人行动措施改进表,改进监督工作单)
R4——绩效考核系统:将个人利益与业绩完全挂钩	根据全年经营/预算的达成情况进行考核	主要业务指标制定方法模板; 工作责任书模板; 人力资源业绩矩阵模板; 短期激励体系; 长期激励体系

典型的控制方法有:组织控制、目标控制和预算控制。

5.2.1 组织控制

组织控制就是对为实现组织的共同目标而进行的一切有关组织活动进行调节和管理。例如某公司为了实现一定利润目标,规定其每一产品的成本不超过5美元,为了达到这一目标要求，就需要对组织即公司的一切活动进行控制。在生产过程中，如果发现成本快要高出5美元的限制标准，就要采取相应的措施（如改变原材料、减少人工投入、提高工作效率等）以保证不要突破这一生产成本线。

组织控制的功能主要有3个：①规定每个人的责任；②规定各成员之间的关系；③调动组织内每个成员的积极性。

在管理活动中，要保证组织控制的有效性，就需要一定的组织规范（规章制度）。组织规范越完备、越合理，就越容易实施控制。

1983年当时Intel的新任总裁葛洛夫出版著作《高产出管理》（High Output Management）提出这样的问题：假设你是一个餐厅侍者，要用3分钟煮半熟的蛋，要一分钟烤好多士（食品），要及时冲好热腾腾的咖啡同时送到客人面前。如何才能把这3项耗时不同的工作有条不紊、又能低成本地不断供应给到来的客人？3项工作都做到恰到好处，客人就会非常满意，餐厅生意不愁，但是如果出了差错，步骤一乱的话，客人可能捧着凉咖啡吃到一枚过熟的蛋，最后要啃一块被厨房遗忘送出的冷多士。

葛洛夫提出一个"完全产出时间"（Total Throughput Time）概念——生产与运作管理中的生产周期，首先计算出多士从烤机取出的时间、把咖啡倒入杯的时间及鸡蛋煮三分钟从锅中取出的时间总和——完全产出时间，然后更重要的是设计工作流程，利用同步并行思想，将工作步骤重叠，以节省时间提高效率。

组织在员工人数少时，可以没有什么管理制度，可是一旦员工人数增多了，就必须有一套完整的管理制度来规范企业和员工的行为，保证所有分工活动能够协调一致。诸如各部门的职责、奖惩升迁、每个人的工作说明等，都要有明确规定，从而使员工分工合作，发挥最大潜能，以促进企业不断发展。

美国宝洁公司的每个品牌的产品几乎都获得成功，与其独特的品牌经理制度有关，通过科学合理的制度化运行保证任何新产品的成功。宝洁公司洗发水开发过程如图5.4所示。

5.2.2 目标控制

美国企业相对于中国企业，拥有上下级之间较小的权力距离，下级通常认为上级是"和我一样的人"，美国人在"管理"概念的含义中，特别强调"授权"，信奉最接近过程的人最了解这个过程和问题，对问题最有发言权。美方的高层经理通常会给下属制订一个目标，然后就是由下属来达到这个目标和成果，高层经理只是以成果来衡量目标，至于中间用什么样的方式去做，他基本上是不会干预的。任何一个阶层的部门经理，都可以在部门的范围之内作决策，如何把工作做好，只要不违反公司的商业道德即可。例如，部门内部员工的招聘、升级，每一个员工的工资调整，都是由部门经理来决定。

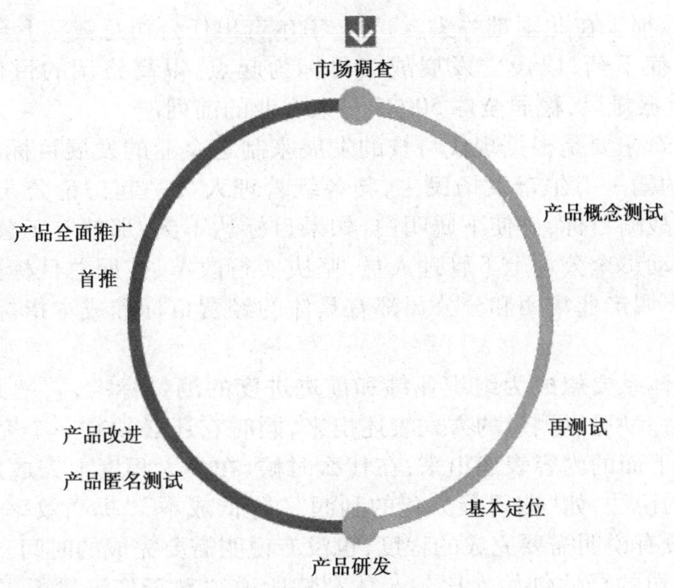

图5.4 宝洁公司洗发水开发过程

目标控制其实质是一种管理上的激励技术,它是通过上下级一起来确定共同的目标,使职工从中受到激励,并通过大家来对所确定的目标进行具体化,在实施目标中及时检验,对实施结果进行评价。目标控制着眼点不在于过程,而在于结果。

过去,人们习惯于"危机管理"和"压迫式管理"。所谓"危机管理"是指管理者开始满足于企业或组织内没有事,高枕无忧,只有发生意外的事之后,他才去处理。由于管理中没有预见性,出事也必然越来越多。结果,管理者一天到晚"现场救火",疲于奔命。所谓"压迫式管理",是指管理者时时、事事都紧盯着下属,总怕下属出乱子,迫使下属围着管理者的指挥转,导致管理者与被管理者之间的严重对立。无论是"危机管理",还是"压迫式管理"都是传统工业生产条件下的产物,很难适应现代社会复杂情况下的管理工作。因此,目标控制这种全新的管理方法就应运而生。

目标控制是以人为主体,以目标实现为宗旨,管理者把责任交给下属,使其有责任感,同时还赋予下属相应的权力。下属有了责任和权力以后,就会尽心尽力、想方设法地去完成工作目标。

由于目标控制重视人的主体性,因而它是自我控制,表现在最广泛地动员全体职工参与管理,一起协商,共同制订出管理目标,进而将目标层层分解,确定上、下彼此之间的成果责任,以进行成果控制、自我评估,最大限度地调动企业、组织内职工的积极性,以共同实现整体目标。

美国通用电器公司(GE)总裁兼董事会主席约翰·韦尔奇是一位善于利用目标进行控制的管理奇才。20世纪80年代初,美国经济发生持续滞涨危机,通用电器公司更是处境不妙,连年亏损。在此困难关头,约翰·韦尔奇出任公司总裁。上台伊始,他根据公司存在的问题对症下药,以设立发展战略目标为起点,以高格调的目标管理来寻求突破,从而使 GE 重振雄风,稳居全球 500 家最大企业的前列。

约翰·韦尔奇主要是根据现代科技的发展来制定企业的发展目标。为了使战略目标能如期实现,约翰·韦尔奇发扬民主,与各级管理人员一起讨论公司战略,使全体员工都能准确理解战略目标,并使下属明白,如果目标达不到,那就等于公司垮台,所有员工将会失业。他动员全公司上下管理人员,坚决实行改革,按照总目标要求,压缩机构,下放决策权,使下属产业集团和分公司都有具体的经营目标和成本指标,不断增强公司的应变能力。

组织的目标体系要想成为组织业绩和前进进度的测量标准,它就必须以一种可以计算或者说是以一种可以测量的方式表述出来,同时它还必须有一个完成的最后期限。它必须清晰地将下面的内容表述出来:在什么时候、在多大程度上完成怎样的业绩。要避免模糊、笼统的说法,如"取得最大化的利润""降低成本""提高效率""提高销售额"等,这种表述既没有说明需要完成的程度,也没有说明需要完成的时间。

正如惠普公司的合伙创始人比尔·休利特所说:"对于您测量不了的事情,您是管理不了的……那些能够被测量的东西才能被完成。"以测量的方式清晰地将公司的目标体系表述出来,然后让公司的管理者担负起在具体的时间内完成分配给他们的任务的责任,这样做有下面两个作用:①对于公司要获得的东西,取消漫无目标的行动和出现的混乱,代之以目的明确的战略决策;②为判断组织的业绩和进度提供一系列的"标杆标准"。

为了搞好目标控制,必须做到以下几点:确定目标、健全目标体系、保持各种目标的一致性、建立完善的反馈系统、建立有效的奖励制度。

5.2.3 预算控制

预算是控制活动中广泛运用的一种方法,它是用数字形式编制未来一定时期的计划。利用预算,管理者可以准确衡量部门运营情况和效益好坏,有利于管理者对各部门工作进行评价和控制。

1)预算类型

预算不仅表现为货币形式的预算,有时也有用产品单位数量或时间数量来进行预算,种类比较多,有以下 3 种类型的预算:第一类是与财务活动相关的预算,第二类是与业务管理相关的预算,第三类是与预算变化特征相联系的预算,最典型的是与财务活动相关的预算。

(1)财务预算

财务预算主要反映一个组织在某一时期内从何处获得资金以及对这些资金的使用情况,简言之就是资金收支情况。财务预算可细分为现金预算、基本建设费用预算、国家财政预算等。

①现金预算。

现金预算是把每月、每周、甚至每天的现金收入和支出列出明细账,以便于管理者能确保某一时期目标的实现。利用现金预算控制方法,便于企业掌握多余现金的使用情况,避免企业可观的利润都以库存、机器或其他非现金积压下来,从而为剩余现金编制投资计划提供依据。

②基本建设费用预算。

基本建设费用预算主要是指购买新厂、新机器设备、新技术专利、地产等方面的投资计划。由于基本建设项目一般都要花较多的钱,因此,公司、企业都很重视基本建设费用的预算工作。

③国家预算。

要有效地进行全面宏观的经济管理,还必须对整个国家的财政平衡体系进行控制,以实现财政平衡。

(2)营业预算

营业预算是组织计划中的营业活动在财务上的表现形式,它反映了一个组织(单位)某一时期收入和支出的内容与数量。

营业预算具体有以下3种预算方法:

①收支预算。

对企业而言,最常用的预算都是以货币形式把收入和经营费用支出计划表示出来,这就是收支预算。收支预算包括销售预算、经营费用预算和利润预算3方面内容。

②资产负债表预算。

资产负债表预算是对将来某一特定时期的资产、负债和资本账户的状况进行预测。由于资产负债表中项目的变化是由各种其他预算引起的,所以资产负债表也能起到衡量所有其他预算的精确度的作用。

③预算汇总表。

预算汇总表也称总营业预算,它是把各部门的预算集中归纳在一起,然后编制预测损益表和预测资产负债表。预算汇总表是对工作成效进行全面控制所采用的一种形式,它向最高主管部门表明公司在总体上实现其目标的进展情况。

(3)非货币式预算

非货币式预算是以产品单位或直接工时为单位的预算。较常见的实物单位预算有:直接工时数、台时数、单位原材料、划拨的面积和生产数量等。在预算控制中,有时用时间、面积、产品数量等实物单位表示比货币更好。例如,一个自行车装配车间的管理人员,知道每周有 8 千工时劳动力预算,要比知道每周 7 万元工资的工人数更容易安排工作。

2) 预算编制

不同组织的预算过程和方式可能差别很大。有的单位有专门的预算部门协助高级管理者审批下级各部门的预算方案;有的单位则是上面先有一个预算的总设想,高层管理者再向下级提出一些预算要求,便于下级在制订预算草案时了解预算的可行性。大多数单位都采用从下至上式的预算方式,从基层开始,逐级编制各自的预算,最后形成总预算。

3) 预算控制方法

预算控制在很大程度上就是财务控制,它具有全面控制的约束力。预算就是将组织各种管理活动贯穿在表格形式中,通过预算报表反映组织经营状况,便于管理者及时了解销售量、成本、利润、资金利用率、投资回收率等各种指标增减变化情况。

在预算控制操作中,有两种比较典型的应用方法:

(1) 费用专控目标体系

这是由企业单项费用指标和无程序性的随机费用指标组成的目标体系,专项控制主要内容有:单位成本、材料燃料消耗、水电消耗、办公费、差旅费、医药费、大修理费、生产生活设施维修费、易耗品购置费、储备资金周转天数等。这些专项控制费用量大、面广、随机性强,在预算中很难进行有效控制,因此需要采用专控目标体系方法,强化管理。

(2) 定额管理

定额是企业及职工从事生产活动时,在人力、物力、财力利用方面应遵守的标准。利用定额管理的目的:定额管理是为了以尽可能少的消耗,完成尽可能多的工作量,提高工作效率,从而提高企业经济效益。是对整个企业各项工作、各个生产岗位的定员进行核实,重新编制定员,使工作人员与工作任务相适应。

在此基础上,健全和完善各工种劳动定额、各处物资消耗劳动定额、各种资金、费用、劳务结算定额。

4) 柔性预算

是不是有了很好的预算就可以按部就班、高枕无忧了呢? 当然不是,组织内外环境在不断变化,虽然好的预算能屏蔽正常的环境波动,但突发事件是影响预算执行效果的罪魁祸首。如何在预算中和预算执行中进行风险规避,如何在预算管理中不丢失市场机会? 柔性管理思想应运而生。柔性管理是建立在预算管理基础上的更高层次的管理方法,以提高管理效率、准确性、管理适应能力。

TG 饮料是英国 TG 集团与可口可乐合作生产可口可乐系列饮料的事业部,在全国有多家合资装瓶厂。装瓶厂的市场费用由可口可乐与TG饮料分别承担,这种费用的支出严格按照预算管理,任何超支、变动或计划外支出,原则上都要有可口可乐中国总部和TG饮料总部的老板们共同协商决定。为了节约开支,可口可乐中国总部几乎没有批准预算外费用。为了深入开发农村市场,需要投入地方广告费用,眼看销售旺季一天天过去,额外媒体费用却杳无音讯,而竞争对手的攻势却越来越强,二级市场进展并不顺利。

在企业里如何建立和实施弹性预算管理?在预算执行中的备用预算、滚动预算、概率预算是不错的柔性预算方法。

通常在组织编制预算时,按照预算期间内可以预见的若干种内外环境状况,分别对应编制预算方案,然后选择其中某种预算为执行预算,其余为后备预算。当执行期间发生内外环境变化,超出正在执行的这份预算范围,立刻针对新的环境条件,从后备预算中启动最为接近的预算方案。

还可以在预算编制过程中采用滚动思想,每次同时编制若干个计划期的预算方案,按照"远粗近细"原则进行。每次执行单个计划期的预算,然后根据执行结果调整后续计划期的预算方案,另外再补充新计划期的预算方案,呈滚动方式进行预算编制与执行。

概率预算是在后备预算方式基础上的发展,通过预测推算预算期间内可以预见的若干种内外环境状况的出现概率,然后利用内外环境状况的出现概率作为权数,对后备预算的预算数据进行加权,求解出预算期望值,最后将所有备用预算方案合并为单独的预算方案,执行的是合并调整后的唯一预算方案。

5.2.4 绩效评估

绩效评估之所以能够帮助组织获取竞争优势,是通过两种途径来体现的。一是监督员工的行为以确保实现组织目标(监督职能),二是引导员工的行为趋向于组织的目标(引导职能)。所以,绩效考核的最重要的任务是将这两种职能有效地协调起来,在给员工压力的同时,又使员工感到服气,并从绩效评估中得到收获。

成功的绩效评估体系就在于它将目标管理(Management by Objectives,MBO)和行为评价(Behavior Appraisal)有效地结合起来,妥善地解决了绩效评估的上述两种职能。

绩效评估本来是各级主管行使管理职责的重要工具,但在这方面做得很成功的企业实在是凤毛麟角。怎样进行有效的绩效评估并发挥它应有的作用?

传统的单一财务评价体系只提供了关于企业财务的有限信息,通过财务评价报告有可能歪曲企业的实际经营能力和管理能力,影响企业管理者的决策。罗伯特·S.卡普兰(Robert S. Kaplan)与戴维·诺顿(David P. Norton)在1992年提出了称作"平衡记分卡(Balanced Score Card,简称BSC)"的战略管理绩效评价工具。平衡记分卡是一种以数据和信息为基础的管理工具和框架,通过将公司的战略目标转化为企业日常经营和运作目标,从而驱动企业和员工的行为和绩效,保证组织目标的实现。平衡记分卡与传统绩效考核的比较如表5.2所示。

表5.2　平衡记分卡与传统绩效考核的比较

平衡测分法	顾客怎么看待我们?	我们必须擅长什么?	我们能否继续提高并创造价值?	我们怎样满足股东?	企业外部
传统绩效考核指标体系	无	非财务指标否决指标部门指标	无	企业的运行状况与财务指标	企业内部

国内曾经出现的承包经营责任制,管理者在承包期结束时,虽然财务账面上是有利润,但是,机器严重磨损、员工技能停滞不前、新产品研发能力丧失、负债比例超过警戒,新任管理者无论怎样努力也难以避免企业的没落。平衡记分卡正是基于这样的现象进行改进和避免。

BSC是一个企业绩效管理的综合记分指标体系,是一系列财务指标和非财务指标的综合体。BSC将重点集中在企业组织战略目标的实现上。BSC指标体系由4个方面的内容构成:财务绩效衡量、顾客导向经营绩效、企业内部业务过程绩效衡量、学习创新和成长绩效。BSC的指导思想是"你想得到什么,你就考核什么"。把所要求的成果当作考核因素进行考核。BSC模型如图5.5所示。

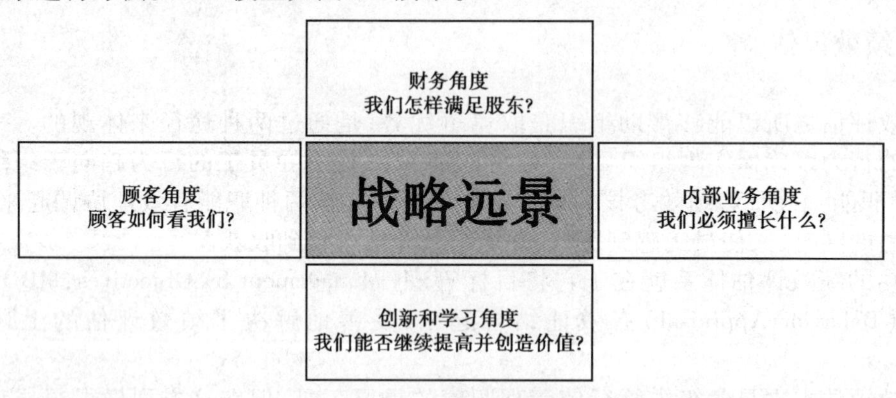

图5.5　平衡计分卡模型

客户角度——在多大程度上满足了客户的需要;内部流程角度——在做什么事?擅长做什么?特点是什么?学习和成长角度——业绩能不能继续提高,创造新的利润增长点,企业有没有不断创新,创造客户满意的产品;财务角度——从投资者的角度来衡量如何满足股东对利润的要求。如表5.3所示。

表 5.3 客户指标表(顾客角度)(a)

目 标	测评指标
新产品	新产品销售百分比
顾客反应度	按时交货率
客户	重要客户购买份额、新旧客户人数
顾客满意度	市场占有率、退货次数、客户满意度

内部业务测评指标表(b)

技术能力	同行业中的位置
制造水平	周转时间、质量、成本、返工率
新产品开发	新产品引入进度、新产品设计能力

创新与学习测评指标表(c)

目 标	测评指标
技术领先性	开发新产品所需时间
制造过程中的学习	新产品成熟所需时间
新产品上市时间	新产品上市所需时间
人力资源经营	培训支出、员工满意度、信息的传递和反馈所需时间、员工受激励程度、员工流失率、员工劳动生产率

财务分析指标表(财务角度)(d)

目 标	测评指标
生存	现金流
成功	季度销售增长率
繁荣	市场份额、权益报酬率、营业利润、资本报酬率、经济附加值

以航空公司为例说明:航空公司所拥有的知识、技能、系统和工具组成了公司的学习能力和成长的基础,在此之上,将可能形成自身的内部核心流程能力,从而能够为客户提供更多更好的优质服务,最终增加公司的赢利能力,为相关利益各方创造财富和价值。

客户角度:时间效率、服务质量、整体拥有成本。

内部流程角度:新业务推介能力、员工对全面质量管理的理解和应用、信息技术应用。

学习和成长角度:新业务占总运营收入的比例、培训和认证的评测、员工了解公司战略的程度和执行。

财务角度:赢利能力、资金安全性。

平衡计分卡是一种综合集成的报表的格式,包括各种不同的评价指标,财务和非财务的,并且所有的指标都是从公司战略目标衍生而来。同时在实施和执行中要求员工积极有效的参与和授权,在此过程中,经理、团队和工作小组可能会依据实际建立起某些更符合实际的绩效标准来改善整个体系。

好的管理方法和理念要真正发挥作用,关键在实施。在实践中将平衡计分卡全过程概括为5个阶段:①制定公司远景目标与发展战略。首先要分析公司的业务现状,包括生命周期分析、SWOT分析和价值定位分析。其次要确定公司的价值定位(一般有3种:产品领先、高效运作和顾客亲密度),价值定位能够帮助公司确立战略重点。②根据公司战略设定平衡计分卡4个角度(财务、顾客、内部流程以及学习与成长)的战略绩效目标。这一步开发的平衡计分卡,可以看成公司层面的平衡计分卡,后面的部门计分卡和个人计分卡将依此而定。③在组织内传达战略并把绩效目标逐级落实到组织内各部门和个人。部门和个人的平衡计分卡是在这个步骤开发的,通过部门和个人平衡计分卡的设计,可以有效避免横向失衡和纵向不一致。④将平衡计分卡和能力发展与浮动薪酬相挂钩。在这一步要确定员工的能力模型以发展员工的能力,同时要把能力发展的进展也计入员工的综合绩效评分中,用与薪酬直接挂钩的形式激励员工完善自己的能力。⑤使用平衡计分卡软件系统,定期汇报考核结果,根据评估分析对战略作相应调整,并重复上述流程。典型的平衡计分卡项目实施一般需要8~12周。

5.2.5 其他方法

控制方法还有其他的,包括视察、报告、内部审计、盈亏平衡分析、网络计划。被广泛推崇的走动管理,实质就是通过视察控制方法,及时准确获悉员工与工作的实际状况,发现其与计划目标的偏差,为及时采取相应的管理行动创造良好的基础,同时,也给下属员工形成心理压力,促进员工进行自我控制。

5.3 控制中的信息不对称

案例

世界信用评级业的发展历程

在19世纪末和20世纪初,美国正处于工业化带来的经济迅速发展时期。铁路为交通运输业增加新线路,以满足不断增长的货运需求。由于需要大量资本,许多公司通过发行债券融资。这些公司在信用质量上存在极大的差异,有的实力雄厚,有的则财务状况不佳,更有甚者纯粹就是欺骗,为了兴建子虚乌有的铁路和工厂发债券。当时在金融市场上,投资者缺乏可靠的金融信息,也很少有评估债券信用风险的方法。

1890年,穆迪投资者服务公司(Moody's Investors Service)的创始人约翰·穆迪开始编写美国公司财务信息手册,并逐步建立了衡量债券倒债风险的评估体系。他在1909年首次对美国铁路公司的债券进行评估,其评级手册受到了投资者的广泛欢迎。1918年,穆迪的评级对象开始扩展到外国政府在美国发行的债券。

随着投资者对评级服务需求的增长,市场上出现了其他信用评级公司。1923年,标准普尔公司(Standard & Poor's)开始资信评级业务。进入20世纪20年代,美国经济又经历了一次迅速增长时期,同时投机活动也很猖獗。企业发展很快,但并非都很可靠,很多公司利用股票和债券市场为不大现实的发展计划筹资。在30年代大萧条之前,信用评级的使用并不广泛。但在大萧条中,大量公司的破产导致债券倒债频繁,投资者因此损失巨大。

大萧条的教训使投资者认识到资信评估的重要性,信用评级作为帮助投资者作出适当投资决策的工具,其意义更为明显。监管机构也确认资信评级在为投资者提供保护方面起到了一定的作用。管理部门限定公共养老基金投资的债券种类,限制对高风险债券的投资,借助评级作为投资的准则,限定这些投资只能用于购买评级机构列为"投资等级"的债券。

从20世纪70年代到80年代中期,美国债券发行量有了较大的增长,二级市场的交易量也不断增加。与此同时,商业票据发展迅速,在市场上取代了传统上由银行扮演的对企业的短期贷款者角色。至此,信用评级已成为不断发展和具有更大风险性的资本市场体系中不可缺少的组成部分。美国资信评估业的一个主要特点是:对于同一受评对象,投资者坚持要有至少两家评级机构的评估,他们不愿只依赖一家评级机构的判断,要求有第二种意见。投资者认为,有两家独立的专业评级分析公司共同对一家企业进行分析更为可靠。通过评估机构之间的竞争得出高质量分析报告的做法被市场广泛接受。

目前,具有国际权威性的资信评估公司主要是3家:穆迪投资者服务公司——擅长主权国家评级;标准普尔公司——擅长企业评级;惠誉国际——擅长金融机构与资产证券化评级。

信息不对称现象及其解决办法,很早就引起了人们的关注。

任何控制行为都是建立在标准与实际绩效的比较基础上的,然而,管理者与被控制对象之间关于实际绩效的情况掌握存在差异,这样,管理者进行控制所依据的是不够真实准确的信息,结果自然不在理想中。因为,在管理者与被控制对象之间实际存在严重的信息不对称现象,形成有效控制的难点问题。

5.3.1 信息不对称理论

瑞典皇家科学院2001年10月10日宣布,3位美国教授乔治·阿克尔洛夫、迈克尔·斯彭斯和约瑟夫·斯蒂格利茨由于在"对充满不对称信息市场进行分析"领域所作出的重要贡献,而分享2001年诺贝尔经济学奖1 000万瑞典克朗(94.3万美元)的奖金。瑞典皇家科学院指出,将2001年度诺贝尔经济学奖授予这3位经济学家,是因为他们"揭示了当代信息经济的核心"。

早在20世纪70年代,他们就揭示了当代信息经济的核心,认为信息是有价值的。而诺贝尔经济学奖认可的都是经过实践检验的理论成果。而经济学理论成果经过实践检验被认为是正确的,通常需要二三十年。所以,此次获奖3人的理论成果主要集中在20世纪70年代。

乔治·阿克尔洛夫:1940年生于美国的纽黑文,1966年获美国麻省理工学院博士头衔,现为美国加利福尼亚州大学经济学教授。贡献:阐述了一个市场现实,即卖方能向买方推销低质量商品等现象的存在是因为市场双方各自所掌握的信息不对称所造成的。

迈克尔·斯彭斯:1948年生于美国的新泽西,1972年获美国哈佛大学博士头衔,现兼任美国哈佛和斯坦福两所大学的教授。贡献:揭示了人们应如何利用其所掌握的更多信息来谋取更大收益方面的有关理论。

约瑟夫·斯蒂格利茨:1943年生于美国的印第安纳州,1967年获美国麻省理工学院博士头衔,曾担任世界银行的首席经济学家,现任美国哥伦比亚大学经济学教授。贡献:阐述了有关掌握信息较少的市场一方如何进行市场调整的有关理论。

1953年的秋天,美国两位经济学家终于在争论之后,证实了市场的价格机能这只"看不见的手"在调节资源上的神奇功效——福利经济学的定理(通称阿罗—德布鲁定理)就此诞生,两位经济学家也因此获得了诺贝尔奖。

理论观点是:只要消费者的偏好和生产者的技术具有某些合情合理的特性,那么,一定有一套价值体系能使社会的资源达到最有效的使用状态。传统经济学认为,市场是万能的，通过自由竞争可以实现市场资源的优化配置。

但是，传统经济学理论是建立在这样的假设基础上的，就是假设信息是完整的，生产者和消费者都拥有充分的信息。但是，在真实的世界中，主体不可能占有完全的市场信息，由于信息不对称现象的存在，自由竞争的市场未必能带来最高的效率。

信息不对称必定导致信息拥有方为牟取自身更大的利益使另一方的利益受到损害，这种行为在理论上就称作道德风险和逆向选择。在现有经济环境下面，已经不是规模大、资金雄厚的企业就一定能战胜规模资金不如己的企业。因为在使用信息严重不公平的情况下，拥有100万元资金但能在最佳点切入，一定会战胜拥有1亿资金而盲目介入市场的企业。在不规范的证券市场，中小散户眼巴巴地长线投资时，庄户却利用先知信息竭力做短线投机，后者比前者最先知道重组、业绩及分配信息，等到信息公布能够让所有投资者共享时，中小散户的财富梦必然破裂。

为减少或避免这类行为的发生或者降低信息搜寻的成本，提高社会资源配置效率，经济学家为此提出了许多理论和模型。

5.3.2　信息不对称理论经典

20世纪70年代，乔治·阿克尔洛夫、迈克尔·斯彭斯和约瑟夫·斯蒂格利茨在双方信息不对称的假设之上（信息具有价值），建立了整套经济学理论，解释厂商、工人和消费者的行为，将信息不对称理论广泛应用于各个领域，并得到了实践的验证，从而揭示了当代信息经济的核心，奠定了信息经济学基础。

首先是阿克尔洛夫以其在哈佛大学期刊发表的论文《柠檬市场》（1970），拉开了对信息不对称在市场应用研究的序幕；然后是斯彭斯则以其在哈佛大学博士毕业论文《劳动市场的信号》（1973），对人才市场存在用人单位与应聘者之间信息不对称的根源进行了深入的挖掘；最后是斯蒂格利茨相继发表两篇论文分析了保险市场、信贷市场的道德风险问题（1974，1976），并相应地提出了缺乏信息的交易方应当如何获取更多的信息。

1）二手车市场

1970年，乔治·阿克尔洛夫发表了被认为是现代信息经济学的开山之作《柠檬市场：质量不确定和市场机制》，开创了逆向选择理论（Adverse Selection）的先河。这篇论文在先后被3家权威的一流经济学刊物因为“太浅”而退稿以后，终于在当时第二流的经济学期刊哈佛大学《经济学季刊》（Quarterly Journal of Economics）发表（后来也跻身于一流经济学刊物）。

阿克尔洛夫首次提出了“柠檬市场”的概念（词汇“柠檬”在美国俚语中意思为“次品”或不中用的东西）。柠檬市场是指信息不对称的市场，即在市场中，产品的卖方对产品的质量拥有比买方更多的信息，市场会止步萎缩和不存在，这就是信息经济学中的逆向选择。

阿克尔洛夫从分析二手车市场入手，阐述不对称信息是如何导致高质量的二手车无法卖出，而低质量的二手车则充斥市场，结果消费者只能以高价买到次品二手车的现象。汽车是典型的“经验商品”，用得越久了解越深。因此，二手车的卖主对自己汽车的质量了解得很清楚，而二手车的买主对这辆汽车的具体质量并不清楚，形成信息不对称。因为这种信息不对称，本来可以互利的生意将做不成。

假定一个买主面对许多卖主，不同卖主的二手车的质量有好有坏，比如好的应该值10万元，差的实际上几乎一文不值，但是买主从外表和短程试驶无法判断该车好还是差。买主哪怕很聪明，可以对二手车的“平均”质量水平作出八九不离十的猜测，但是因为不知道他将买到的那辆车质量究竟如何，于是不肯出10万元的价钱，而只按照“平均质量水平”所值的5万元出价。这是非常理性的行为，因为运气好他买到值10万元的车，运气不好买到不值钱的车，5万元正是他可能买到的车的“期望价值”。

可是由于他出价5万元，一些车子就要退出交易。哪些车子退出呢？是那些质量不止值5万元的车。买主看到一些车退出，他不是傻瓜，他知道退出去的是质量比较好的车，留下的很少有值5万元的车。根据好车子退出的判断，他要调整出价，比方说变成3万元。这时候质量在3万~5万元的车又要退出去。

就是这样，每出一个价，有一部分车子退出去；每退出去一部分，买主对留下来的车子的出价又要下降，于是出价、部分退出，再出价、再部分退出，最后剩下肯卖的，只是几乎相当于一堆废钢铁的坏车，也就没有人肯买了。

由于信息不对称，市场就这样被瓦解了，本来可以互利的生意，也就做不成。这种“按平均质量出价、部分退出，于是降低出价、再部分退出、再降低出价、再部分退出”的过程，导致有悖于优胜劣汰市场机制的“差的淘汰好的”逆向选择。

2) 劳动市场

斯彭斯1973年在哈佛毕业时，其博士论文《劳动市场的信号》通过剖析人才市场盛行的造假行为，指出人才市场同样存在用人单位与应聘者之间信息不对称的问题，并由此造成了人才市场上劣币驱逐良币的现象。

在劳动力市场上，对于雇主来说，应聘者的受教育水平起着筛选和指示的作用。一个有大学文凭的人可以向雇主提供一种能够证明其有能力的信号。正是凭着“文凭”这个信号，雇主会按平均水平所做的决策来取舍雇员，并决定其应得到的报酬。所以，人们待在学校里被认为可能主要不是为了获得更多的知识、生产技术，而是为了使潜在的雇主相信他们能创造较高的生产效率，应拿较高的工资。

正是由于劳动力市场上雇主和雇员之间的信息不对称，要求必须靠一种市场信号来帮助信息缺少的一方进行识别。诸如：强化招聘过程，综合使用查阅申请表、笔试、面试、情景模拟等甄别手段，提高雇主对应聘者的认知信息；增加3个月左右的试用期，以弥补可能在信息非充分情况下聘用应聘者带来的风险等。

3)保险市场

斯蒂格利茨则将信息不对称这一理论应用到保险市场,为此他于 1974 年、1976 年相继发表两篇论文。

在保险市场上,道德风险来自保险公司不能观察到投保人在投保后的个人行为:如果保险者不按常规履行合同或故意遭险,往往会使保险公司承担正常概率之上的赔付率;这时的逆向选择来自保险公司事前不知道投保人的风险程度,从而使保险水平不能达到对称信息情况下的最优水平。当保险金处于一般水平时,低风险类型的消费者投保后得到的效用可能低于他不参加保险时的效用,因而这类消费者会退出保险市场,只高风险类型的消费者才会愿意投保。当低风险消费者退出后,如果保险金和赔偿金变,保险公司将亏损。为了不出现亏损,保险公司将不得不提高保险金。这样,那些不可能碰到事故的顾客认为支付这笔费用不值得,从而不再投保,高风险类型消费者就会把低风险类型消费者“驱逐”出保险市场。这就是保险市场的逆向选择问题。

斯蒂格利茨提出的解决问题的理论模型是,保险公司可以通过提供不同类型的合同,将不同风险的投保人区分开,让买保者在高自赔率加低保险费及低自赔率加高保险费两种投保方式间作出抉择,以防止被保人的欺诈行为,以解决保险过程中的逆向选择问题。

凡是经验商品都可能有信息不对称的逆向选择问题。逆向选择就说明了假冒伪劣商品对市场的破坏作用:它们以低价出售,有可能将好产品挤出市场,并摧毁消费者对市场的信任,导致市场的萎缩,从而最终降低整个社会的发展水平。需要明白的是,这种恶性循环不会从根本上导致市场的彻底破产,实际情况是市场受到重创衰退,但是并没有完全瓦解。

降低信息不对称的反面影响并非没有解决的办法。无论是生产优质产品的厂商还是消费者,都能找到更好的传递信息和搜索信息的途径。首先,厂商可以提供保修承诺或以广告来向消费者传递优质产品的信号;其次,可以建立独立的质量监督、认证机构,帮助消费者识别劣质产品;此外,还有合同解决办法(即在合同中对交易双方进行行为约束)和信誉解决办法(即允许提供优质产品的厂商获得超额利润——“信誉租金”,从而形成一种有效的激励机制。厂商一旦在信誉上出问题,必定损失利益。这就使信誉成为一种真实的信号)。

5.3.3 信息不对称理论的管理应用

按照信息不对称理论,当管理者与被管理者、领导者与被领导者之间产生信息不对称时,占有信息多的一方就可以欺骗占有信息少的一方。

市场营销中信息不对称现象尤其典型。

1) 代理制

市场营销中对终端经销商控制，在总代理体制下变得异常困难，是因为消费者（用户）是直接与终端经销商接触，终端经销商掌握丰富的市场信息，而生产商（企业）是直接与总代理接触，并不会与消费者（用户）直接接触，无法获取确切的市场信息（生产商所获得市场信息是由终端经销商逐级上传到总代理，然后由总代理转达的），因此存在生产商与终端经销商之间的信息不对称问题，最终形成实力强大的终端经销商直接控制市场，间接控制生产商（企业）。类似的现象已经出现，国内市场中的国美、苏宁等大型家电连锁店已经可以得到体现。

生产商（企业）想要真正控制市场，只有采用小区域独家代理制，取消金字塔式的总代理制，直接面对众多终端经销商，继而直接掌握市场信息，打破与终端经销商在市场信息掌握上的不对称困局。

2) 推销员

生产商（企业）对内部推销员的控制也是令人头痛的事情，均是源自推销员在市场第一线，独自掌控与最终用户直接接触的所有信息，诸如用户名单、联系人详情、销售承诺、回款细节等，生产商（企业）最终紧紧掌握销售数量和金额，对用户名单、联系人详情、销售承诺、回款细节等皆是空白，形成生产商（企业）与内部推销员之间的信息不对称。当推销员不再满意生产商（企业）而跳槽时，生产商（企业）将随之失去由该内部推销员发展的所有用户，内部推销员会将掌握的用户名单、联系人详情、销售承诺、回款细节等信息，作为进入新的生产商（企业）的资本和价值。

解决办法是客户管理手段现代化或者三权分立制度。生产商（企业）通过客户关系管理系统（CRM）将内部推销员发展的所有用户的销售相关信息登录在电脑中，形成客户数据库（档案），防范最终用户的所有信息被内部推销员独自掌控。也可以将发展用户、签订合同、发货收款改由生产商（企业）的不同部门进行，内部推销员主要充当销售代表，功能职责主要限定在发展用户，防范最终用户的所有信息被内部推销员独自掌控。

5.3.4 削弱信息不对称的途径

事实是二手车买卖时，有信誉好的车行和专职的经纪人做中介沟通信息，帮助解决买车者缺乏信息的问题，甚至还可以帮着在消费者协会进行权益维护……各种制度设置缓和了信息不对称的程度，削弱了逆向选择的可能性。

为了避免信息不对称给社会带来的无效率，不能完全由市场机制自由来解决这些问题，政府有必要采取行动来削减信息不对称，更正自由市场机制所产生的某些不利影响，提高资源的有效配置。

削弱信息不对称的途径:沟通;认证;媒体。

1) 直接途径

充分有效的沟通是削减信息不对称的最重要方式。任何活动双方均可以通过增加接触次数和层次,在沟通对话中取得更为充分的信息,弥补双方在信息不对称中的盲点。就理论而言,销售者通过广告传递商品的市场信息,增强购买者对此的信息了解,就是属于在买卖者之间强化沟通,减少信息不对称可能带来的机会丧失和购买者的不信任感。

因为不知道别人提供的信息是真是假,只好借着"对方是否诚实"来间接地解读对方所提供的信息。因此,"诚实"品德作为信用表象,充当信用等级的代表,为信息弱势的对方提供万般无赖下的信任选择基础。

公共管理机构的透明化管理,能够为大众增强信息获取几率。

2) 间接途径

信息的不对称意味着信息在交易双方的一方中是稀缺的,而根据经济学的基本思想,任何稀缺资源都可以在自由市场上"寻租",因而信息对交易中信息匮缺一方是有价值的。因为信息可以在自由市场竞争条件下为所有者带来财富,因而它是有价值的,并表现为一定的价格。

在现实的市场中,由于信息流动的不充分(这是很普遍的),出现这样的现象不再奇怪:信赖重庆百货大楼品牌的顾客可能直接到重庆百货大楼购买7元/斤的新鲜荔枝,而相距不远的法国家乐福重庆店在以6元/斤销售同样的新鲜荔枝。结果是:6元/斤的新鲜荔枝没有买主,7元/斤的新鲜荔枝却能够轻易卖掉,如果新鲜荔枝的生产商掌握这个信息,则可以将准备出售给法国家乐福重庆店的新鲜荔枝,以更高的价格出售给重庆百货大楼,赚取更多的价差和利润。

信息能够为掌握者带来财富,也因而实现了信息的价值。无论如何,信息在竞争市场经济中由于其稀缺性,而可以去寻它的"租",而其价值的根源则在于自由市场经济里普遍存在的信息不对称现象。

传播媒体应信息加速需要的驱使而出现,诸如企业创办内部报刊和网站,继而发展出专门的信息收集整理的商业新公司,诸如市场调查与研究公司、信用评估公司等。传播媒体作为独立的信息来源,通过公开的出版发行促使经济活动双方在信息获取中拥有同等的机会,同时避免经济活动双方直接提供信息可能存在的信用危机,强化了信息的真实和可信。

独立的第三方认证的出现也是为了打破信息不对称现象,第三方认证鲜明的权威和独立特点,向处于信息弱势的对方提供弥补信息不对称带来的选择风险。诸如ISO 9000,CCIB等典型的认证标志已经在经济活动中发挥越来越重要的作用。

5.4 危机管理

案例

广告主应对"柯震东吸毒事件"

2014 年 8 月 18 日，北京警方证实了台湾影星柯震东因涉嫌吸毒而被拘留处理。需要面对这一负面事件的，除了柯震东本人、家人、经纪公司、电影公司外，还包括与他签约商业代言的大量品牌以及相关的广告、公关公司。

柯震东成名后，曾先后为 19 家品牌进行广告代言（图 5.6），涉及汽车、体育用品、服装、快餐、食品、化妆品等不同领域，其中世界 500 强企业约占 2/3。据凤凰娱乐统计，在涉毒被抓之前，柯震东近一年在中国大陆地区所代言的品牌有 9 个，主要包括：阿迪达斯、欧莱雅旗下的美宝莲、百胜旗下的肯德基、亿滋（原卡夫）旗下的炫迈口香糖、美国通用旗下的雪佛兰、德国拜尔斯道夫旗下的妮维雅男士、联合利华旗下的和路雪可爱多、国产品牌以纯旗下的 Y：2 服饰以及经营化妆品饰品的连锁店 MIXBOX 美爆妆扮。对品牌方而言，除了尽快撤换已投放的电视、视频广告，从门店撤销代言广告外，如何就此事表态，并通过网络、平面等不同平台进行危机公关，也是至关重要的工作。

图 5.6 柯震东代言的广告

（1）妮维雅男士：吸毒曝光当晚发布声明

表态：当天（8 月 18 日，微博发布）

广告撤换：第四天（8 月 22 日）

8 月 18 日晚，媒体证实了柯震东因涉嫌吸毒被抓的消息。反应最快的品牌当属妮维雅男士，在北京市公安局微博发布确认信息的两个半小时后，也就是当晚11点30分，妮维雅男士在微博发表声明，其中指出品牌方对此事件深感震惊和惋惜，希望柯震东能勇敢承担错误、积极改正，重回人生正轨，但并未明确表示是否终止代言合约。据记者观察，在涉毒事件曝光的3天内，妮维雅男士的中国区官网以及天猫旗舰店上仍然可以看到柯震东的广告。而到第四天（即8月22日），这些涉及柯震东形象的广告已被替换，仅留有产品的画面，而勒夫、牛尔、张亮等人代言的广告内容则没有变化。

（2）炫迈：两天内撤掉形象广告

表态：第三天（8月20日，媒体采访）

广告替换：第三天（8月20日）

自2012年9月进入中国市场开始，炫迈口香糖就与柯震东保持着合作。在近两年的时间里，柯震东除了一直担任炫迈的代言人外，还深度参与了该品牌冠名的湖南卫视《2013快乐男声》节目。直到柯吸毒被抓的3天前，炫迈还推出了柯震东的新款电视广告，并在网络上进行相关推广。8月19日炫迈在门户、电商网站上的官方活动页面还可以看到非常醒目的柯震东形象，而一天之后，这些照片均被一些电子产品的图片所替换，而相关的活动内容则没有变化。8月20日，亿滋中国向《21世纪经济报道》《南方都市报》等媒体表示，对于柯震东吸食毒品一案深感遗憾，并透露该公司正与柯震东的经纪公司联系，根据双方的合同约定，就事件后续处理进行协商。截至8月22日，炫迈并未在官方微博上就柯震东吸毒一事发表任何声明或看法，之前发布的87条柯震东相关微博也没有变化。

（3）和路雪：将依据合同考虑是否索赔

表态：第三天（8月20日，媒体采访）

广告撤换：第五天（8月22日）

和路雪从2013年开始启用柯震东为该品牌的可爱多冰淇淋代言。柯震东和陈柏霖、林依晨一起出演了《这一刻，爱吧》的系列微电影，今年5月还推出了新的一集。据8月20日的《南方都市报》报道，联合利华某高层表示，“和路雪是一个积极向上的品牌，我们在与柯震东合作时，在合同里面都有明确的规定，要求签约艺人遵纪守法、不可违反任何法律法规。目前我们法务部门和品牌部正在研究合同，将与柯震东的经纪公司联系，根据双方合同处理这一事件”。该高层还透露，联合利华与柯震东的代言合约今年就要到期，针对签约艺人违法引起的对和路雪品牌的伤害，公司将依据合同考虑是否索赔。联合利华对外发言人Teresa表示，现阶段还未跟柯震东终止合约，目前仍与柯震东的经纪公司商讨后续的问题，会按照合同来处理此事。同一天，和路雪的官方网站删掉了柯震东的形象广告，目前只保留了产品的图片。

资料来源：Travis丽塔.柯震东吸毒“进去”了，那些广告怎么办？http://ent.ifeng.com/idolnews/special/kzdguanggao/？tp=1409241600000

在商业活动中,经营环境变化越来越快,激烈竞争令组织此消彼长,难以预测的天灾人祸接踵而来,组织处处存在风险,时时可能发生危机。危机就像普通的感冒病毒一样,种类繁多,防不胜防。每一次危机既包含了导致失败的根源,又蕴藏着成功的种子。发现、培育,进而收获潜在的成功机会,就是危机管理的精髓;而错误地估计形势,并令事态进一步恶化,则是不良危机管理的典型特征。

组织依赖的大顾客突然破产;银行神经紧张突然取消了周转信贷额度;多年来你安安稳稳地主宰着一个缝隙市场,如今一个强大的竞争对手却开始挤了进来;品牌美誉度向来极佳的日本松下电视机,在中国家庭的使用中发生显像管爆炸,信誉急剧跌落;中国银行被香港《南华早报》造谣诋毁,公众对银行信誉发生动摇;使用移动电话会有酿成脑癌的危险,专家寥寥数语被新闻媒介成倍放大传播,用户对移动通信设备顿生疑虑;机场航班屡次误点,航空公司备受公众的指责;美国联合碳化物公司在印度博帕尔的仓库发生毒气泄漏死人事故;香港影星刘嘉玲控告珠海的化妆品公司侵犯肖像权,要求销毁产品并赔偿巨款;连续 4 年入选《幸福》杂志全美十佳公司的 IBM 在 1987 年被挤出,产品当年市场占有率和公司股票价格均告下跌;荷兰、法国等 4 国畜禽食用被致癌物质二噁英污染的饲料,其畜禽和乳制品在全球许多国家被禁止进口;全球著名的拍卖网站 eBay 在 1999 年因为所使用的 Sun 系统公司软件故障,破坏了 Oracle 数据库信息,导致终止业务 22 小时,Beanie Baby 网上交易被迫停止……

知识经济时代的典型特征就包含传播媒介的高度发达,信息传播的渠道、速度、影响都是前所未有的,媒体惯有的“报忧不报喜”的行业特征,注定任何危机都比成绩来得引人注目。

5.4.1 危机阴影

所谓危机是一个会引起潜在负面影响的具有不确定性的大事件,这种事件及其后果可能对组织及其员工、产品、服务、资产和声誉造成巨大的损害。组织常见的危机形式包括信誉危机、产品危机、人员危机、财务危机、财产危机。

组织生产经营管理是在维持组织目标、外部环境与内部条件的动态平衡中进行,但是组织外部环境与内部条件总在不断变化,时常有难以预测的突发事件出现,导致三者关系失衡,因此,组织生产经营管理充满风险,当风险没有预测和控制好,风险就会演化成危机。

风险来自 3 方面:组织内部渐变出的失误,组织外部突变来的风险,组织目标潜在不合理性。可能诱发风险的具体因素不胜枚举,目前国内外组织最常发生的风险来自 3 方面:规模经营与多元化陷阱、跨文化背景反差极大的领域经营、激烈竞争引发的环境动荡。多数组织危机起因于不良管理。

1）规模经营与多元化陷阱

“越大越好”的错误经营观点，加上规模化的成就感诱惑，盲目投资进入自己并不熟悉的行业和产品，结果经常是得不偿失，反而削减了组织的价值基础。要使多元化经营有所建树，必须时刻紧扣组织的核心竞争能力。组织的核心竞争能力是组织在市场中的立足之本，是组织竞争优势的源泉。在组织多元化的进程中，务必使新的业务领域能得到公司核心竞争能力的有力支持，并在市场上转化为相应的竞争优势，这样才能获取多元化经营中的协同效应。韩国许多大的集团就是热衷于多元化与规模化经营，在迅速发展的多元化中主营业务模糊或者没有主营业务，防范风险的能力在不知不觉中下降，当亚洲金融危机骤然发生时，根本没有还手之力。

2）跨文化背景反差极大的领域经营

在全球经济一体化的狂热呼声中，跨国经营成为相当时髦的管理活动，几乎使人忽略了其中隐藏的巨大文化背景风险，法律、风俗、文化等鸿沟让不少的组织落马，即便是不同组织文化的组织兼并，都需要较长的过渡时期磨合。2000 年开始的美国在线公司和时代华纳公司合并，就是快速成长的网络文化与稳健保守的传媒文化的碰撞，令新公司需要存在合并失败风险的融合期。

3）激烈竞争引发的环境动荡

日趋白热化的市场竞争，越来越挑剔的用户，迫使组织进行市场的快速反应，以期抓住稍纵即逝的机遇，于是，新产品必须接连不断推出、营销策略需要时时更新，甚至是违背商业道德的手段，满足市场和争取用户。这样会累积起经营管理中相当多的不够谨慎的后患。

风险往往是潜在的，发展成为危机也是渐变的，危机征兆不明显，甚至没有征兆，预测防范困难；危机发生通常是突然的，遍布世界的现代传播媒介会加快信息传播速度，引起公众的关注；危机若不及时处理，会给组织带来巨大的有形和无形损失。

危机带来的损失是可以想象的。形象受到损害，生产经营活动的关系者，尤其是公众和职员对组织失去信任感；直接的物质经济损失；生产经营活动陷入被动和困难，失去用户和市场，严重时危及组织生存与发展。

组织面临哪些风险？典型的风险包括：关键人员、技术和资源的流失或匮乏；契约风险——责任与处罚；关键客户的流失；产品信誉，产品责任；主要供货商或主要服务供应商的流失；金融与经济风险；主要分厂流程或设施的缺失；无法获得关键的信息技术系统和应用软件；各种环境因素。

5.4.2 两眼看危机——危机快乐公式

组织危机是双刃剑,表面的坏事也许是件好事,如何转化全靠巧妙、聪明的危机管理。世界上任何危机都孕育着商机,且危机程度愈重商机可能愈大。危机永远与机遇并存。好的"危机管理",就是将危机转化为机遇的金钥匙。

组织危机既可能破坏组织形象、损失市场与利润,也提供新的机遇与挑战,为组织及职员显示才华与智慧提供了舞台,产生具有强烈凝聚力的危机感和主动竞争的激情。组织处理得巧妙,不仅可以化险为夷,而且,可以借此提升组织形象,开创组织发展新境界。

自己组织危机意味着其他组织的机会,其他组织危机可能就是自己组织的机会,也为自己组织进行预警,从别人的失误中汲取教训。现在该是改变许多固有观念的时候了,不再是只重视自己组织的危机,忽视其他组织的危机,所有相关的危机发生后,组织不能置之度外,而是应该积极置身其中。

1995 年年初,日本发生了阪神大地震。这次大地震使该地区几乎陷于瘫痪。当时,国内大多数报刊都对此作了较为详细的报道,北京有位叫金萍的人却从中"悟"出了商机:大阪的新日本制铁所已完全停产,至少半年才能恢复,而该巨型钢铁厂生产出的优质冷轧薄钢板(包括冷卷钢板)每年向中国出口至少 50 万吨,在中国钢板市场上甚受欢迎。他预感到这场大地震必然影响到新日本制铁所向中国出口钢材的份额,于是立即把这信息和以前掌握的有关数据资料提供给江苏金坛市一家钢材销售公司。公司经理马上调集人力财力,吃进 5 000 吨优质冷薄钢板,比其他公司抢先一大步。果不其然,此前冷清、频频降价的优质冷薄钢板因货源紧,每吨涨了 100~400 元,公司一下子赚了近百万元。经理先生挺豪爽,到年底支付了金萍 1 万元人民币的信息费。

故事中的管理:驴子的故事

一个农夫与他心爱的驴子赶路,驴子在前面走,农夫在后面跟。突然,驴子一头栽入一个深坑里。由于坑太深,农夫无法救驴子出来,但又不忍驴子就这样死掉,遂决定直接将其掩埋坑中。农夫用铲子往坑里扔土,但是他每铲一铲土,驴子就很快抖掉身上的土,再用抖掉的土垫高一点。如此反复,农夫逐渐向坑里扔土,驴子逐渐垫高。结果是:驴子踩着垫高的土层走出了深坑。

管理心得:

并不是所有掉进深坑的驴子就一定死掉(启示:并不是每一场危机都意味着公司都要遭殃);并不是往坑里填的土,都是一定用来掩埋驴子之用(启示:并不是每一场危机都只是打击公司经营)。因此,并不是每一场危机对于任何公司来说,都意味着"浩劫"。

美国著名咨询顾问史蒂文·芬克(Steven Fink):企业主管都应当像认识到死亡和纳税难以避免一样,为危机做好计划,知道自己准备好之后的力量,才能与命运周旋。洛克希德—马丁公司前任CEO奥古斯丁:每一次危机的本身既包含着导致失败的根源,也孕育着成功的种子。发现、培育以便收获这个潜在的成功机会就是危机管理的精髓。事实上,并没有绝对糟糕的危机,只有绝对糟糕的危机管理。

5.4.3 危机二传手——媒体

知识经济时代的典型现象是信息产业高度发达,传播媒介的影响无处不在、无时不在。追逐新闻轰动效应的传播媒介习惯"好事不出门,坏事传千里",组织遇到的危机最容易成为媒体关注的焦点。当国内市场风头正劲的巨人集团、秦池集团、三株集团、太阳神集团、爱多公司陷入经营危机时,媒体以十二分的热情连篇累牍地报道,将处于危机中的组织彻底解剖,从历史到未来、从南方到北方、从国内到国际进行充分的比较分析。

媒体热心参与组织危机的结果是,要么起到共振作用,加速危机深度裂变,要么提供客观的第三只眼睛,为组织摆脱危机免费出谋划策。可惜,目前处于危机的组织都相当脆弱,经不起媒体的危机共振,无力享用媒体的免费"咨询",反而在媒体的大曝光下伤痕累累,并非想送危机中的组织上西天的媒体成为不受欢迎的角色,但是,无论是否处于危机中的组织,都应该感谢媒体的免费管理咨询,利用"旁观者清"的观点,马后炮地检讨自己的教训,迅速改正将受益颇多。

5.4.4 危机管理策略

危机管理是指组织对所有危机发生因素的预测、分析、化解、防范等而采取的行动。包括组织面临的政治的、经济的、法律的、技术的、自然的、人为的、管理的、文化的、环境的和不可确定的等所有相关的因素的管理。

1)危机预警,防范风险

房间安装了防范火灾系统,当房间温度过高,防火系统就会发出警报,火灾发生的概率将大大下降。组织的危机虽然难以预测,但并非不能采取预防措施,建立类似于地震预报的危机预警系统,根据若干经营管理指标的超警戒变化,及时提醒管理者采取措施。其次,事先准备若干危机应急计划,针对不同的风险和危机拟定启用条件,当危机来临时就能镇定自若地处理了。

2) 制造危机,检验风险

危机的产生实质是组织日常的生产经营活动的累计表现,危机也就是面镜子,透露出组织及产品存在的问题、改进的信息。但是,危机发生必然带来损失,如果模拟危机发生,居安思危和防微杜渐,则既能够认识清楚危机,又能够激发员工的危机感,将压力变成工作的动力。

3) 投资保险,转嫁风险

根据各种风险因素的影响,设计出组织的风险组合,明确其中组织可能承受的代价,分列出让保险公司承担的部分进行投保,将可能发生的风险转嫁到保险公司,增强组织经营的稳定性。

更为特别的投保方式是采取管理者持股和职工持股,把组织的管理者、职工和组织捆绑在一起以共同防范风险。在此基础上发展的克服危机的办法就是组织重组,当危机相当严重,超出了组织自救能力,寻求外部的力量来挽救组织仍然是非常好的转嫁风险和化解危机的最后选择。

危机管理并不是纯粹地描述危机或灾难控制,而是通过对日常组织事务及组织处理危机的现实的深入考察,帮助组织最圆满地处理引发公司长期问题的各种情况,建立一种全新的组织文化系统——危机预防及危机管理。

5.4.5 危机管理过程

在亲眼目睹了强生公司的“泰诺事件”、百事可乐的“注射器事件”、英特尔的“奔腾芯片事件”等危机之后,诺曼·R.奥古斯丁将危机管理总结为6个阶段。

1) 危机的避免

主动防范危机爆发比被动应付危机处理更为根本和有效,因此,将危机预防作为危机管理的首要阶段并不奇怪,简便又经济,令人奇怪的是宁愿在危机发生时竭力表现的人员远远多于在危机爆发前默默防范的人员。

要将所有可能会对商业活动造成麻烦的事件(危机来源)列举出来,考虑其可能的后果,并且估计预防所需的花费。这样做可能很费事,因为公司内数以千计的雇员中的任何一人,都可能因为失误或疏忽将整个公司拖入危机,但却很管用。甚至可以找出组织的同行或类似组织发生过的危机作为参照系,为制定反危机措施做好前期准备。

美国宝洁公司的用户免费申述电话。1977年美国宝洁公司开始把用户免费申述电话印在包装上,以加强与顾客的联系,接受用户的申述。1979年公司接到了20万个申述电话,公司都一一答复,并统计电话情况作系统分析后提交公司董事会。用户的申述反映的正是组织易于忽视的危机源头问题,可以作为决策参考。公司这样做既纠正了错误留住了顾客,防范危机的发生和扩大,又为公司提供了改进的思维来源。

谨慎和保密对于防范某些商业危机至关重要,比如由于在敏感的谈判中泄密而引起的危机。1993年马丁—玛丽埃塔公司与通用电气宇航公司(General Electric Aerospace)通过多轮磋商终于达成了30亿美元的收购案,这一秘密消息在高度紧张的日子中被保持了27天,结果却在预定宣布前两小时泄露给了媒体,给公司带来了不必要的麻烦。

要想保守秘密,就必须尽量使接触到它的人减到最少,并且只限于那些完全可以信赖且行事谨慎的人;应当要求每一位参与者都签署一份保密协议;要尽可能快地完成谈判;最后,在谈判过程中尽可能多地加入一些不确定因素(工程师们称之为"噪音"),这会使窃密者真假难辨。即使做了这些,也应当有所准备,因为任何秘密都可能会泄露。

确定重点沟通对象:关键环节是要考虑发生这种危机事故后,谁会受影响,是顾客、雇员、股东,还是社区?然后考虑与这些群体沟通的方案。

下面3种人通常是企业危机沟通中不可忽略的沟通对象:

(1)内部员工

当危机发生后,务必要坦诚而及时地通知内部员工,以稳定阵脚使全体员工齐心协力地对付危机事件。在危机面前,如果能使全体员工形成一体,团结一致,则不但有助于解决危机,还有可能因祸得福,使企业的凝聚力得以提升。当然,这并不是说要将所有的,尤其是尚未确证的消息都公布于众。

(2)遇害者亲属

如果危机事件涉及人员的伤亡,来自遇难者亲友和一般大众的反应可能会非常强烈。若不加以妥善的处理,将招致对企业极不利的流言,使企业的形象一落千丈。因此,当企业遇到这种性质的危机时,一定要及时而真诚地与遇难者亲属进行沟通,给他们以安慰,有时甚至需要企业的最高层领导人亲自出面才能解决。

(3)新闻媒体

不论危机是财务损失、产品滞销,还是已经造成人员的伤亡,媒体都一定会急于知道发生了什么事故和出事的原因。因此,向新闻界提供关于危机正确的最新消息,就有可能通过他们告诉大众事情的真相。然而,如果企业无法或不愿意提供这些真相,新闻媒体则会用尽各种手段——正当的或不正当的方法,追踪采访他们认为有疑点的线索,其结果是可能导致与实情有出入的错误和猜测性报导。

在与新闻媒体沟通时,公司指派的发言人异常重要。既然事件已经发生,而且无法挽回,公司应务必尽其所能,准备好各种需要回答的、大众关心的问题。

2)危机管理的准备

大多数管理者满脑子考虑的都是当前的市场压力,很少会有精力考虑将来可能发生的危机。

危机就像死亡和纳税一样是管理工作中不可避免的,所以必须为危机做好准备,比如行动计划、通信计划、消防演练及建立重要关系等。大多数航空公司都有准备就绪的危机处理队伍,还有专用的无线电通信设备以及详细的应急方案。今天,几乎所有的公司都有备用的计算机系统,以防自然或其他灾害打乱他们的首要系统。

另外,在为危机做准备时,留心那些细微的地方,即所谓的第二层的问题,将是非常有益的。危机的影响是多方面的,忽略它们任一方面的代价都将是高昂的。例如,在1992年安德鲁飓风过后,电话公司发现,它们在南加利福尼亚州短缺的不是电线杆、电线或开关,而是日间托儿中心。许多电话公司的野外工作人员都有孩子,需要日间托儿服务。当飓风将托儿中心摧毁之后,必须有人在家照看孩子,这就导致在最需要的时候工作人员反而减少了。这一问题的最终解决,是通过招募一些退休人员开办临时托儿中心,从而将父母们解脱出来,投入到电话网络的恢复工作中去。

(1)编制危机管理方案

危机管理方案应事先拟定,内容应包括:任命危机控制和检查专案小组;确定可能受到影响的公众;为最大限度减少危机对企业声誉的破坏,建立有效传播的渠道;在制订危机应急计划时,可倾听外部专家的意见;把有关计划落实成文字;对有关计划进行不断演习;为确保处理危机有一群专业人员,平时应对有关人员进行特殊训练。国际大型轮胎公司的危机处理计划如表5.4所示。

表5.4 国际大型轮胎公司的危机处理计划

1.建立危机处理指挥中心
• 建立指挥中心的组织机构,安排人员及确定职责,立即展开工作 • 招募必要的专业顾问,例如法律顾问、公关顾问、管理顾问、财务顾问等 • 对危机发展的可能情形进行预测、计划并制订相应对策 • 指挥各相关业务部门展开危机处理:生产计划、财务、销售与市场、制造、采购与后勤、法律、人事等 • 指挥公共关系和企业形象管理工作
2.制订全面的沟通计划并立即执行,沟通的领域包括:

续表

• 媒体沟通(媒体关系管理、新闻发布渠道、新闻材料准备、信息收集与跟踪等) • 政府沟通(联邦政府运输部、联邦议会、各州政府、消费者保护机构、国际相关机构等) • 员工沟通/工会沟通 • 投资者/股民沟通 • 业务伙伴沟通(供应商、汽车制造商、贷款银行、运输商、经销商等) • 法律事务沟通
3.保证业务运营的连续性,及时展开灾难恢复工作
• 战略规划与预测:历史数据已经无法用于业务预测,需要调整企业计划 • 预算:过去的预算制定方法与结果都需要调整 • 生产计划:危机时生产体系的灵活性成为关键,不再追求设备利用率 • 库存调整:需要快速处理当前的大量库存以保障生产资金 • 绩效管理体系需要调整,成本控制暂时让位于按时供货
4.风险管理:发现可能的风险并制定相应政策及时处理
• 政府与监管方面的风险 • 债务和欺诈风险 • 媒体和公共形象风险 • 各种业务风险(财务、广告、制造、供应链等)
5.关于问题轮胎召回方面的后勤处理
• 发现并确认有问题的轮胎 • 退货与替换 • 回收轮胎的销毁处理 • 发货与运输 • 财务处理 • 发现并避免欺诈

(2)做好危机沟通方案

危机沟通方案是危机处理的基本依据,内容包括:

时刻准备在危机发生时,将公众利益置于首位。例如,在“泰诺”中毒事件中,约翰逊公司5天之内从市场上回收了价值一亿美元的3 000万瓶药,将其全部销毁,并发了45万份电报、电传请各医疗机构停用该药。

掌握报道的主动权,以企业为第一信息源,向外界宣布发生了什么危机、企业正采取什么措施来补救。例如,灾难发生后,约翰逊联营公司立即作出了关键性的决策,向新闻界敞开大门,公布事实真相。该公司向新闻界宣布:“本公司是坦诚的、愧疚的、富有同情心的,决心解决中毒事件并保护公众。”

编制好危机沟通预案,包括目标大众传媒、企业背景资料、新闻发言人等要素。

(3)危机沟通训练

公司如果缺乏能够有效进行危机沟通的职员,则危机沟通的方案、步骤就形同虚设。

新闻处理小组:危机沟通的任务通常由企业的公共关系人员来承担,但许多企业没有大批的公关人员,甚至没有公关部。可以从各部门挑选合适人选,组成一个新闻处理小组,并进行如何接受记者采访、电话问询的训练。

亲属联络小组:挑选合适的人选,并进行训练,使他们对公司上下和作业程序了若指掌。

发言人:总经理未必能胜任新闻发言人的工作,应挑选最具“公司相”的人选并训练他们如何与媒体沟通。面对电视摄影机和采访人员是件“可怕”的工作,千万不要等到真正出现紧急事件才去“补课”。

3)危机的确认

这个阶段危机管理的问题,是感觉真的会变成现实,公众的感觉往往是引起危机的根源。以发生在1994年年底的英特尔公司奔腾芯片的痛苦事件为例,引发这场危机的根本原因,是英特尔将一个公共关系问题当成一个技术问题来处理了。随之而来的媒体报道简直是毁灭性的,不久之后,英特尔在其收益中损失了4.75亿美元。更可笑的是,当公司愿意更换芯片时,很少有用户肯接受。估计仅有大约1%~3%的个人用户更换了芯片。可见,人们并不真的要更换芯片,他们只要知道他们有权利换就行了。

法国最大的矿泉水公司——碧绿液公司在法国同行业组织中排名第二,有90年的历史。年产量为10亿瓶以上,60%出口美国、日本、欧洲等国,在美国矿泉水市场上占有率为25%,1988年销售额为5~6亿。公司对产品质量精益求精,以纯清闻名,素有“水中香槟”美誉。1990年2月初,美国食品及药物管理局通知该公司,北卡罗纳州食品卫生检验专家在13瓶矿泉水中发现了对人有害的苯,而且超过规定标准的2~3倍,长期饮用可能导致癌症。2月9日消息公布当天,公司股票价格下跌了16.5%,公司声誉受到了沉重的打击,出现了信任危机。

这个阶段的危机管理通常是最富有挑战性的。经验告诉我们,在寻找危机发生的信息时,管理人员最好听听公司中各种人的看法,并与自己的看法相互印证。

4)危机的控制

这个阶段的危机管理,需要根据不同情况确定工作的优先次序。

首先,让一群职员专职从事危机的控制工作,让其他人继续公司的正常经营工作,是一种非常明智的做法。也就是说,在首席执行官领导的危机管理小组与一位胜任的高级经营人员领导的经营管理小组之间,应当建立一座“防火墙”。

其次，应当指定一人作为公司的发言人，所有面向公众的发言都由他主讲。

第三，及时向公司自己的组织成员，包括客户、拥有者、雇员、供应商以及所在的社区通报信息，而不要让他们从公众媒体上得到有关公司的消息。管理层即使在面临着必须对新闻记者作出反应的巨大压力时，也不能忽视这些对公司消息特别关心的人群。事实上人们感兴趣的往往并不是事情本身，而是管理层对事情的态度。

最后，危机管理小组中应当有一位唱反调的人，这个人必须是一个在任何情况下都敢于明确地说出自己意见的人。

要想取得长远利益，公司在控制危机时就应更多地关注消费者的利益而不仅仅是公司的短期利益。美国著名的 Caponigro 公共关系公司的总裁兼首席执行官 Caponigro 郑重告诫："不要试图对你的顾客撒谎。他们可能会对让你忙得焦头烂额的危机或难题毫不介意，却不可能让你有第二次向他们撒谎的机会。"

1986 年中国决定在靠近香港的深圳大亚湾修建核电站，因事先缺少宣传，使香港居民对核电站产生了恐惧感，极力反对，并组织百万人签名示威。事后中国内地组织了全面的危机公关活动，在电台、电视台、报刊上刊登广告，举办核电站知识讲座，请著名物理学家解释核电站的安全性，组织香港人士参观大亚湾核电站，纠正了香港居民对大亚湾核电站的印象(形象)，反对修建大亚湾核电站的声音逐渐消失。

5)危机的解决

在这个阶段，速度是关键。危机不等人。3 年前，连锁超市雄狮食品(Food Lion)突然间受到公众瞩目，原因是美国某电视台的直播节目指控它出售变质肉制品。结果公司股价暴跌。但是，雄狮食品公司迅速采取行动，他们邀请公众参观店堂，在肉制品制作区竖起玻璃墙供公众监督，改善照明条件，给工人换新制服，增加员工的培训，并大幅打折，通过这些措施将客户重新吸引回来。最终，食品与药品管理局对它的检测结果是"优秀"。此后，销售额很快恢复到正常水平。

碧绿液公司总裁古斯塔夫·勒万在危机发生次日召开记者招待会，郑重宣布收回 2 月 9 日前出厂的已行销世界各国的全部产品，就地销毁(约 1.6 亿瓶报废，直接损失 2 亿法郎以上)。这成为轰动世界的新闻。翌日公司股价上升了 2.5%，而且公司的敬业精神得到了法国总理高度赞扬，同时巴黎公司总部也在积极酝酿治理危机，保全声誉的计划。公司以确切事实与数据指出事故原因是，在净水处理中的滤水装置没按章定期更换引起，并非水源受到污染，公司已将过滤装置负责人革职，又对滤水系统作了新的技术处理，强化了检测手段，以绝对高质量保证恢复公司的信誉。

6)从危机中获利

危机管理的最后一个阶段其实就是总结经验教训。如果一个公司在危机管理的前 5 个阶段处理得完美无缺(也就是说，没有莫名其妙地将危机搞得更糟)的话，第六个阶段就可以提供一个至少能弥补部分损失和纠正混乱的机会。

将群情激愤的危机成功化解的经典案例，是强生公司对“泰诺”事件的处理。当被氰化物污染的“泰诺”胶囊引发一系列死亡事件后，当时的首席执行官认为必须采取强有力的措施，来保证公众的安全和恢复公司最畅销产品的信誉。通过整页的广告和电视宣传，公司将3 100万个胶囊从全国各商店的货架上和家庭药柜中全部收回，然后重新设计了包装，并在三个月内将市场占有率恢复到危机前的95%。这个奇迹的取得当然不是没有代价的，但与不这样做而引起名誉受损再去恢复名誉所要付出的代价相比，就显得微不足道了。从商业角度看，“泰诺”危机的结果是强生公司再一次证明了它对其客户的关心以及它对道德标准的坚持。虽然这是一场悲剧，但悲剧过后，公司的声誉却明显得到了提高。

碧绿液公司产品重新上市时，巴黎所有报刊整版广告在碧绿液的绿色玻璃瓶图案的下端商标上加了“新产品”三字。同日首次新产品空运到纽约，法国驻纽约总领事馆举行了记者招待会，美国分公司总经理亲自畅饮碧绿液，次日巨幅照片出现在各报刊上，重新在美国市场上亮相成功。请两名知名法兰西学士为记者讲解“苯”的科普知识，矿泉水中苯的含量是在吸烟者1米远处闻一支烟的苯含量。

其实，公众对商业组织的预期并不高，以至于公司在做一件本应当做的事时却会受到热情洋溢的称赞。

危机降临时掩耳盗铃、欲盖弥彰是愚蠢的举动；记住进攻是最好的防御，主动采取措施化解危机比危机临头时被动应付有效；沟通是危机管理的基础性手段；反应迟钝的结果是可怕的，因为处理危机是在和媒体赛跑。总之，要尽一切努力避免使你的组织陷入危机；但一旦遇到危机，就要接受它、管理它，并努力将你的视野放长远一些。对危机管理的最基本的经验，可以用6个字概括：说真话、赶快说。

5 内容归纳

1.控制是监督活动过程，用来保证活动按照计划与目标进行，及时纠正其中的偏差。控制的重要性体现在监督目标的实现上。

2.在控制过程中，管理者将计划制定过程确立的目标作为标准，然后利用标准衡量实际绩效，如果存在偏差就采取纠正行动，或者调整实际绩效，或者修订标准。

3.有3种类型的控制问题：前馈控制、同步控制与反馈控制。控制的重点通常集中在组织的人员、财务、作业、信息与总体绩效。

4.可以描述出有效控制的特征：准确、及时、经济和灵活。

5.组织控制就是对为实现组织的共同目标而进行的一切有关组织活动进行调节和管理。目标控制其实质是一种管理上的激励技术，目标控制着眼点不在于过程，而在于结果。预算是控制活动中广泛运用的一种方法，它是用数字形式编制的未来一定时期的计划。

6.所有控制方法与计划方法是密切相关的。除了组织控制、目标控制和预算控制方法之外,其他控制方法包括视察、报告、内部审计、盈亏平衡分析、网络计划。

7.组织运营中时刻存在危机阴影,危机是危险和机会并存,危机管理有特定的6步骤过程,处理中关键是沟通,需要特别关注媒体的多种影响。

8.信息不对称导致有效控制的困难,有多种思路来削弱信息不对称对控制的负面影响。

参考文献

[1] 斯图尔特·克雷纳.管理百年[M].海口:海南出版社,2003.

[2] 许激.效率管理——现代管理理论的统一[M].北京:经济管理出版社,2004.

[3] 陈鸿桥.16 节科学管理课[M].北京:人民出版社,2007.

[4] 李可.杜拉拉升职记[M].西安:陕西师范大学出版社,2008.

[5] 凌语嫣.争锋[M].北京:人民文学出版社,2009.

[6] 成君忆.水煮三国:白金版[M].北京:中信出版社,2008.

[7] 谭蓓.管理学基础[M].重庆:重庆大学出版社,2014.

[8] 姜玲玲,管理学基础[M].2 版.重庆:重庆大学出版社,2015.